DROIT CIVIL

DROIT PATRIMONIAL DE LA FAMILLE AU MALI

RÉGIMES MATRIMONIAUX,
SUCCESSIONS ET LIBÉRALITÉS

AMADOU ALIOU N'DIAYE
Docteur d'État en droit
Ancien président de la Cour suprême du Mali
Ancien professeur de droit à l'ENA

DROIT CIVIL

DROIT PATRIMONIAL DE LA FAMILLE AU MALI

RÉGIMES MATRIMONIAUX,
SUCCESSIONS ET LIBÉRALITÉS

L'Harmattan
Mali

L'Harmattan 2021
5-7, rue de l'École-Polytechnique ; 75005 Paris

http://www.librairieharmattan.com

ISBN : 978-2-343-24742-7
EAN : 9782343247427

OUVRAGES ANTÉRIEURS

- « Violation d'une obligation contractuelle constitutive d'une infraction pénale »
  Thèse (1971), Bibliothèque universitaire, Lille-II France ;

- *Système juridique des relations internationales privées au Mali (1984)*
  (Inédit) ;

- *L'Urne et le Glaive*
  Réflexions sur les concepts sociopolitiques et judiciaires au Mali de 1960 à la Troisième République.
  (Éd. Jamana 1997) ;

- *Droit Civil*
  Droit patrimonial de la Famille au Mali :
  Régimes matrimoniaux, successions
  (Éd. Jamana 2008) ;

- *Réflexions sur le rapport portant avant-projet de réformes institutionnelles et administratives au Mali*
  (Éd. Jamana 2010) ;

- *De la Philosophie des Âges : le Réveil de l'Afrique.*
  Éd. Les Impliqués (2017), Paris et Éd. Jamana (2017) ;

- *In'na N'Diaye, ma fille :*
  La valeur de la vie
  Éd. L'Harmattan 2020, 5-7, rue de l'École-Polytechnique, 75005 Paris ;

- *Échappées vagabondes*
  (L'Homme, l'État, l'Univers)
  (Éd. Jamana 2021).

Pour la promotion du droit et celle de la famille au Mali.
Pour le respect scrupuleux de la Constitution et des grands principes internationaux.
Pour un éveil effectif de la conscience nationale et africaine.
Pour ma famille.

Le droit portant sur les régimes matrimoniaux, les successions et les libéralités présente dans toutes les sociétés une importance sociale, économique, culturelle et politique capitale. Il prolonge la législation sur la propriété et la famille. C'est pourquoi le grand retard accusé par la législation dans ce domaine constituait une lacune grave qu'il importait absolument et rapidement de combler. Ce fut chose faite heureusement. Cette lacune vient d'être effectivement levée par la promulgation le 30 décembre 2011 de la loi n° 2011-087 portant CODE DES PERSONNES ET DE LA FAMILLE.

L'Auteur

PRÉFACE

Nous avons connu le *Pr Amadou Aliou N'Diaye* lorsque nous avons eu à prendre en charge l'École nationale d'administration (ENA) au cours de l'année scolaire 1968–1969.
Cet établissement, qui avait été créé au début de la décolonisation en raison de la pénurie prévisible de cadres liée au départ massif des agents étrangers coloniaux, avait une mission particulièrement importante, à savoir : *la formation des fonctionnaires supérieurs pour les services administratifs, économiques et judiciaires.*
Le Pr Amadou Aliou N'Diaye y enseignait déjà depuis l'année scolaire 1966–1967 et c'est ainsi que nous avons eu à collaborer très étroitement jusqu'en 1977, date à laquelle j'ai été remercié et arrêté par le régime militaire issu du coup d'État du 19 novembre 1968, pour *« laxisme »* à l'égard de la révolte des étudiants accusés de vouloir renverser ledit régime.
Depuis cette période, ce praticien-enseignant docteur d'État en droit et ancien président de la Cour suprême, dont le profil était le mieux adapté au style de formation exigé, lequel visait à produire des agents en adéquation avec les besoins en cadres par *« un enseignement de masse et de qualité liant l'école à la vie »* selon les termes de la grande réforme de l'éducation de 1962, a assumé, sans désemparer et jusqu'au-delà de l'âge de la retraite, sa mission cumulativement avec ses fonctions de magistrat.
Mais cette réforme avait une autre exigence fondamentale qui reste très fortement d'actualité, à savoir *« la décolonisation des esprits »*, qui, de toute évidence, exprimait déjà la nécessité, d'une part, d'une vigilance accrue à l'égard du danger qui guette tous les pays qui ont connu la domination étrangère et que l'on appelle aujourd'hui *« le mimétisme institutionnel »* et d'autre part d'énormes efforts de création notamment juridique intégrant certes ce qu'il y avait de positif dans l'ordonnancement colonial mais aussi exprimant, le plus authentiquement possible, les réalités maliennes.

Aujourd'hui encore la liaison de la fonction à la vie et en quelque sorte l'adéquation de la formation à l'emploi demeure un impératif.
En effet, il faut rappeler que la décolonisation, qui s'est accentuée surtout après l'accession à l'indépendance suite à l'éclatement de la

fédération du Mali qui avait uni le Soudan et le Sénégal de 1959 au 20 août 1960, ne concernait pas seulement le domaine politique (souveraineté interne et souveraineté internationale) mais aussi et surtout tout l'arsenal juridique imposé par la domination étrangère.
La colonisation, constituant un choc de cultures, s'est traduite partout en Afrique par une très forte acculturation entretenue par le colonisateur pour les besoins de l'entreprise coloniale.
Les sociétés africaines ont subi constamment des agressions qui visaient à les remodeler à l'image de l'Occident donnant ainsi naissance au célèbre problème de *« Tradition et Modernité »*.
C'est dans ce contexte extrêmement important de la nécessaire adaptation de l'apport extérieur aux réalités du pays et de l'élaboration d'un droit national que nous situons tout l'intérêt de l'ouvrage du *Pr Amadou Aliou N'Diaye* que nous avons l'honneur et le plaisir de présenter ici et qui a pour titre : *Droit patrimonial de la famille au Mali : Régimes matrimoniaux et successions.*

Ce travail, qui est le fruit d'une longue expérience faite, d'une part, de pratique (par l'exercice de la magistrature de la base au plus haut niveau de l'institution judiciaire) et d'autre part de théorie (par l'enseignement supérieur et la recherche), le tout fondé sur une qualité de *« grand témoin de l'histoire coloniale et postcoloniale du Mali »*, apparaît comme une contribution exceptionnelle à l'étude des problèmes de la société malienne.

En effet, il suffit de rappeler que près de quarante ans après l'accession à l'indépendance et malgré la grande euphorie et tout l'enthousiasme qui ont accompagné la reconquête de la souveraineté politique, c'est-à-dire la naissance de l'État nouveau, bien des domaines demeurent encore entièrement régis par la législation coloniale.
Même la plupart de ceux qui ont fait l'objet d'intervention du législateur malien ressemblent à des copies plus ou moins fidèles qui se sont généralement révélées inadaptées aux réalités du pays.
Le Code domanial et le Code du mariage et de la tutelle, qui constituent aujourd'hui de véritables serpents de mer, comptent parmi les exemples les plus frappants.
En effet s'ils ont constitué au lendemain de l'indépendance une véritable avancée et l'expression de la volonté forte du législateur malien d'appréhender au plus vite les graves problèmes sociaux et

même « civilisationnels » que sont le droit de la famille et de la terre, ils n'ont pas, pour autant, répondu aux espoirs, tant s'en faut, qui les avaient motivés et qu'ils avaient légitimement suscités.

À l'évidence, la promotion des droits de la femme, condition *sine qua non* du progrès social et la réforme agraire recentrée à la fois sur les principes modernes conformes aux exigences du développement socio-économique et culturel et les données fondamentales de la culture malienne, demeurent toujours des tâches prioritaires.
Les nombreuses insuffisances du Code du mariage et de la tutelle et les conflits fonciers souvent sanglants entre villages et au sein des communautés urbaines sont particulièrement significatifs à cet égard.
Le droit patrimonial de la famille et le droit foncier interpellent, comme le souligne *le Pr Amadou Aliou N'Diaye*, le législateur pour la prise en compte de ces éléments de base qui conditionnent, de toute évidence, l'équilibre global de la société malienne encore dominée par les coutumes et la religion.

L'article 231 *(ancien*) du Code de procédure civile, commerciale et sociale mérite une mention particulière.
Il déclare en effet : *« En attendant la promulgation du Code civil malien, les règles relatives aux successions, donations, aux rapports des époux, à l'exercice de leurs droits et de ceux des mineurs, demeurent applicables devant les juridictions visées dans le présent code.*
En outre, les matières non réglées par le présent code demeurent régies par les textes en vigueur en leurs dispositions non contraires à celles dudit Code. »

Ce texte extrêmement important exprime manifestement, en même temps que l'embarras du législateur, l'ampleur du vide législatif et l'urgence de la tâche à entreprendre dans le cadre de « *la décolonisation* » du fonctionnement de la société par la création d'un véritable droit national.
Mais en renvoyant à la législation antérieure à l'indépendance acquise le 22 septembre 1960, il ne faisait, comme du reste le colonisateur lui-même, que recommander le retour ou le recours (*certes perçu comme provisoire*) à la coutume ou plus exactement aux coutumes, dont le nombre varie non seulement avec celui des ethnies mais aussi à

l'intérieur d'un même groupement social. Ces coutumes, on le sait, sont étroitement pratiquées dans le pays à savoir : l'islam pour près de 85 %, le christianisme pour environ 10 % et l'animisme et autres formes de croyance pour 5 %.

Partant des études fragmentaires effectuées sur le sujet, de la jurisprudence de la Cour suprême et des fruits de ses propres recherches, *le Pr Amadou Aliou N'Diaye* fait l'état des lieux en mettant en évidence l'affrontement des diverses influences, c'est-à-dire la législation française coloniale, la tradition et le modernisme que tendent à instaurer les diverses lois fondamentales définissant les règles et les principes de base qui devraient régir la société malienne.
Dès lors, il n'a aucune peine à mettre en lumière toute la complexité et la grande sensibilité des régimes matrimoniaux et du droit successoral dans une société en transition vers la modernité dans le respect de l'identité nationale.

Devant la diversité des sources de droit disponibles : les coutumes, le droit positif, le droit musulman, la philosophie chrétienne et les principes non écrits d'un animisme résiduel, l'on ne peut qu'être perplexe devant la nécessité évidente et urgente de la création d'un droit unifié ou à tout le moins harmonisé en conformité avec les droits et libertés fondamentaux de la personne humaine affirmés solennellement par la Constitution, notamment en ce qui concerne la Femme et l'Enfant dont on sait que la première, dans la société traditionnelle et musulmane, a toujours été considérée comme une mineure au regard autant du droit du mariage que du droit successoral.
La femme est considérée comme *une chose* au même titre que les autres éléments du patrimoine familial.
Le lévirat qui est une manifestation de cette situation comporte au Mali un aspect encore plus dramatique dans certaines ethnies en ce que le fils aîné peut hériter de « *la petite femme* », c'est-à-dire la dernière (en rang) épouse de son père polygame.

Le Pr Amadou Aliou N'Diaye met en exergue tous les problèmes ethniques, sociologiques, économiques, politiques, etc. que les projets de loi sur les régimes matrimoniaux et le droit successoral tentent de résoudre pour mettre notre société en harmonie avec l'ordre public national et international.

Mais les pesanteurs sociales et politiques étant ce qu'elles sont en pareil cas, la réalisation d'une telle législation apparaît comme une gageure si l'on se rappelle que les responsables politiques avaient une conscience aiguë de l'importance de cette situation déjà quand ils mettaient en œuvre en 1961 le Code du mariage et de la tutelle dont les articles 10 à 56, comme le souligne *le Pr Amadou Aliou N'Diaye*, constituent, avec la jurisprudence de la Cour suprême, la base à partir de laquelle il devient possible de parler d'un droit malien du patrimoine familial et d'envisager pour l'avenir une législation rationnelle conforme aux exigences de la vie moderne et de la revendication de l'identité nationale et des valeurs spécifiques de la société malienne.

Il apparaît que le travail du *Pr Amadou Aliou N'Diaye* constitue *un essai* qui a le mérite inestimable de mettre en évidence l'essentiel des problèmes que pose aujourd'hui pour la société malienne en général et les praticiens du droit (juges, avocats, notaires...) en particulier, l'organisation du patrimoine de la famille, tout en proposant des solutions.
À ce titre, il constitue une interpellation du législateur à qui il fournit par ailleurs les éléments d'une législation, qui s'avère autant impérieuse que difficile constituant ainsi un véritable défi.

Mais cette gageure peut être et est même en voie d'être relevée grâce à la conjugaison d'une volonté politique réelle et la compétence des juristes maliens et l'engagement sans faille des ONG féminines.
Les avant-projets de lois portant régimes matrimoniaux et droit de succession, même s'ils accusent des retards au regard de leur examen par le Parlement, montrent que beaucoup de progrès ont été déjà accomplis et que ces graves problèmes seront bientôt pris en charge par les pouvoirs publics.
Il faut donc saluer l'initiative du *Pr Amadou Aliou N'Diaye* qui aura été constamment présent sur ces grands chantiers de la construction nationale qui constituent la formation des cadres et la création du droit malien.
Du reste, après avoir été décoré respectivement de la médaille de *Chevalier de l'Ordre national* et de celle *d'officier de l'Ordre national du Mali,* hommage lui a été rendu par les étudiants de l'ENA *(section sciences juridiques, promotion 1995) ;* c'est ainsi que cette promotion de l'ENA, transformée en faculté des sciences juridiques, a été

baptisée : *Promotion « Professeur Amadou Aliou N'Diaye ».*
Puisse l'ouvrage du *Pr Amadou Aliou N'Diaye* servir d'exemple et susciter de nombreuses autres initiatives non seulement en matière de droit mais aussi dans tous les autres domaines de la vie nationale.
L'espoir est permis, car, aujourd'hui manifestement, ce ne sont pas les compétences qui manquent.

El Hadj Abdoulaye Sékou Sow
Ancien Premier ministre

AVANT PROPOS

Le présent ouvrage traite à la fois des régimes matrimoniaux, du droit sur les successions et aussi des libéralités actuellement applicables au Mali.
Il constitue une synthèse, le résultat d'une étude comparative entre le droit français, le Code du mariage et de la tutelle au Mali de 1962, les codes de la famille du Sénégal et de la Côte d'Ivoire…, la jurisprudence civile au Mali et au Cameroun, le droit musulman et les principales dispositions coutumières de la République.
Cet ensemble de textes utilisés dans une certaine incohérence par les praticiens du droit avait absolument besoin d'une intervention urgente et unificatrice du législateur, laquelle se réalisa heureusement le 30 décembre 2011.

L'ouvrage se compose de trois livres traitant respectivement du régime matrimonial, des successions et des libéralités.
En ce qui concerne le régime matrimonial, à la question de savoir si au Mali il existait avant la loi n° 2011-087 du 30 décembre 2011 une législation positive propre qui organisait les rapports pécuniaires des époux entre eux et avec des tiers, l'on a tendance à répondre par la négative.
Il y avait cependant, mais malencontreusement dans le Code du mariage et de la tutelle (art. 10 à 56), des textes épars qui consacraient un certain régime matrimonial malien, mais insuffisamment ; or, il est constant que le régime matrimonial sous-tend la famille, cellule fondamentale de la société et avait donc besoin d'une nécessaire intervention du législateur, car l'absence d'une bonne organisation des rapports patrimoniaux entre époux peut constituer certes une source de dissentiment, de conflit qui pourrait entraîner l'éclatement de la famille, créer des obstacles sociaux et freiner ainsi tout développement économique de l'État.
C'est pourquoi en tenant compte des quelques textes susvisés contenus dans le Code du mariage et de la tutelle, nous avions par un effort d'analyse, d'interprétation et de synthèse, essayer de présenter, en comblant bien des lacunes par certaines dispositions du Code civil français, un document qui consacrait le droit matrimonial au Mali et qui pourrait éventuellement servir de base au travail prochain du législateur[1].

---

[1] En vertu de l'article. 231 du CPCCS (ancien) relayé par une jurisprudence constante de la CSM.

Mais il ne s'agissait là que d'un essai, fondé principalement tant sur les articles 10 à 56 du Code du mariage et de la tutelle (CMT) que sur les dispositions de l'avant-projet de loi relatives aux régimes matrimoniaux au Mali.
Cet ouvrage devait donc servir utilement le législateur dans sa mission de mise en état prochaine d'un Code matrimonial au Mali.
Le travail serait ardu compte tenu de la grande diversité ethnique de la nation malienne, et pour réussir le législateur doit être absolument sous-tendu par un courage politique, ce qui fut certes une réalité le 30 décembre 2011 ; il n'existait encore au Mali aucune disposition législative positive, ni même un commencement.
Dans ce domaine, c'est la coutume des parties qui s'appliquait, et cela constituait une lacune grave que le législateur se devait rapidement de combler, tâche également accomplie par la promulgation récente de la loi portant Code des personnes et de la famille.

Le Livre I traite donc *des Régimes matrimoniaux* et contient respectivement en annexes I et II une analyse intitulée *« Des concepts du mariage civil et du mariage religieux, vers un hypothétique consensus »*, et une reproduction de la loi n° 2011-087 *sur les Régimes matrimoniaux.*
Le Livre II concerne *le Régime successoral et les libéralités applicables au Mali conformément aux dispositions de la loi n° 2011-087 visée ci-dessus.*
Il est la synthèse d'un certain nombre de textes législatifs français, musulmans, coutumiers et d'une jurisprudence par endroits incohérente, que nous présenterons dans l'annexe IV (Livre II) sous le titre : *« Quelques arrêts importants de la jurisprudence de la Cour suprême en matière de succession ».*

Il est par ailleurs intéressant de noter que la République du Mali comprend environ 85 % de musulmans, 10 % de chrétiens et 5 % d'animistes et de libres penseurs, soit environ 95 % de musulmans et chrétiens réunis, ce qui a facilité la confection et l'unification de la législation successorale applicable au Mali, la seule pierre d'achoppement ayant été la détermination de la quotité des parts revenant respectivement au garçon et à la fille, encore qu'il s'agisse là d'un *faux problème* comme tout esprit bien éclairé pourra le constater en examinant dans l'annexe II (Livre II) l'analyse intitulée : *« Le Régime successoral actuel au Mali. Cas particulier de la femme ».*

L'annexe I (Livre II) conforte cette analyse.
Le lecteur non avisé s'étonnera peut-être de constater par ci et par là des développements et analyses juridiques sur la base des dispositions soit du Code civil français d'avant 1960 soit du droit coranique.
Ce sont là évidemment des incohérences mais nécessaires dans le contexte actuel de notre pays, car elles régissent les unes des citoyens soumis au régime du Code civil qui jusqu'en 2011 était encore en vigueur, les autres, plus des deux tiers de la population soumis respectivement aux règles du droit coranique et à celles de la coutume.
Après cette mise au point, nous nous efforcerons de dégager, dans une conclusion générale, les forces et les faiblesses du régime actuel susvisé par rapport à l'égalité des citoyens.

Nous présenterons en annexe III (Livre II) une étude en date de 1998 sur *« la Dévolution successorale et le fisc au Mali »* avant de présenter en annexe V *les dispositions actuelles de la loi nº 2011-087 (ci-dessus) sur les successions et libéralités au Mali.*
Cette loi nouvelle pourra malgré tout être source de certaines difficultés d'application surtout quant à la quotité des parts successorales et aussi s'agissant de l'enfant naturel.
Il appartiendra à l'État d'imposer, avec la rigueur qui se doit, le respect de la Constitution en vigueur envers toutes les composantes de sa nation.
Le Livre III est relatif à l'étude portant sur les libéralités.

Enfin dans ce travail d'ensemble, l'on pourrait constater quelque déséquilibre sur le plan de la forme entre les deux parties consacrées, l'une à l'ouverture et à la dévolution de la succession, l'autre à la liquidation et au partage de la succession.
Ce déséquilibre s'explique par le fait que c'est dans la première partie que se posent tous les grands problèmes et leurs discussions relatifs à la succession ; la liquidation et le partage n'étant que la conséquence logique et la mise en pratique des solutions dégagées dans la première partie.
Par ailleurs, le fait de regrouper dans la deuxième partie les différents documents annexes tempère quelque peu le déséquilibre formel que nous avons relevé.

ABRÉVIATIONS

ANRM ……………..Assemblée nationale de la République du Mali
AO……………………………………………Afrique occidentale
CAS………………………..……………Cour de cassation
C. civ……………………………………...Code civil français
Ch. réun……………………………………Chambres réunies
CMT ……………………………Code du mariage et de la tutelle
COFEM ……………..…………………Collectif des femmes du Mali
CMLN ………………..………Comité militaire de libération nationale
CPCCS …………....Code de procédure civil, commerciale et sociale
CPF………………..………Code des personnes et de la famille au Mali
CSM ………………………………..……Cour suprême du Mali
D …………………………………..…………Recueil Dalloz
DE-CUJUS : *is de-cujus successionis agitur :* expression latine qui signifie : « celui de la succession duquel il s'agit ».
DP……………………………..………… *Dalloz périodique*
ENA ………………………….…École nationale d'administration
JCP ……………………………….....*Jurisclasseur périodique*
JP…………………………..………………… Jurisprudence
IGR ………………………………… Impôt général sur le revenu
JO ……………………………………………*Journal officiel*
JORM …………………...*Journal officiel* de la République du Mali
JORF …………………..*Journal officiel* de la République française
LGDJ …..…………Librairie générale du droit et de la jurisprudence
S…………………………………………………Recueil Sirey
V. ………………………………………………………Voir

GÉNÉRALITÉS
Qu'est-ce que le patrimoine familial ?

Le patrimoine est tout d'abord *une universalité de droits*, un ensemble des biens et des obligations d'une personne. C'est un tout dans une unité juridique. Les droits dont il s'agit sont tantôt réels, tantôt insaisissables et dans tous les cas doivent avoir une signification économique. Les droits publics et politiques sont *extrapatrimoniaux* (droit de vote, droit de la famille, droit de la personnalité, droit moral…). Il existe des droits *insaisissables qui ne sont pas extrapatrimoniaux :* par exemple, le droit de faire tomber une révocation pour cause d'ingratitude.
Par ailleurs, s'agissant *de la force de travail*, l'on s'accorde généralement à soutenir que bien qu'elle ait une signification économique, elle est néanmoins extrapatrimoniale puisqu'elle est étroitement liée au corps humain, lequel est en dehors du patrimoine.
Le patrimoine est plutôt *un attribut de la personnalité.*

Alors, peut-on vraiment *parler de patrimoine familial* sachant que le patrimoine est un attribut de la personnalité et que la famille, cellule sociale par excellence, *n'a pas de personnalité juridique ?* Il faut cependant répondre affirmativement puisque malgré cette absence de personnalité juridique les biens composant le patrimoine lui sont *affectés en raison de sa nature particulière* pour assurer l'entretien de ses membres et permettre la survie de l'œuvre commencée par les générations précédentes. Il s'agit ici surtout *d'un patrimoine d'affectation* afin que se réalisent au fil des ans la cohésion et l'unité des familles autour de la famille d'origine. *Celle-ci est une institution fondamentale créée par le mariage.*
L'organisation et la gestion du patrimoine qui la sous-tend constituent *la matière des régimes matrimoniaux* alors que la transmission des biens à la suite du décès d'une composante de la famille s'appelle *succession.* L'ensemble des règles juridiques et coutumières qui régissent une telle dévolution forme *le droit des successions.*
Le droit patrimonial de la famille est par conséquent à la fois l'étude *des régimes matrimoniaux, des successions et aussi celle des libéralités.*
Nous allons respectivement examiner dans *un Livre I* les Régimes matrimoniaux, dans *un Livre II* le Droit successoral actuel et dans *un Livre III* les Libéralités.

LIVRE I
RÉGIMES MATRIMONIAUX

(Articles 385 à 444)

INTRODUCTION
IMPORTANCE SOCIALE DE LA NOTION DE FAMILLE DANS LE DROIT MODERNE

I. LA FAMILLE, UNE NECESSITÉ SOCIALE

« Sous quelque aspect qu'on l'envisage elle apparaît comme une institution nécessaire et sacrée ; on a peine à concevoir une communauté sociale dans laquelle aucun groupement ne viendrait s'interposer entre l'individu et l'État ; une telle société ne serait pas viable ; c'est la famille qui par une première synthèse, non pas artificielle, mais matérielle et bienfaisante, vient préparer la synthèse plus vaste que réalise le concept de la nation ; elle est un élément de cohésion, une condition de l'équilibre sociale. »[2]
« *Cellule sociale par excellence* », la famille constitue le fondement de la nation dont la grandeur est directement proportionnelle à celle des familles qui la composent.
En effet une famille heureuse fait la grandeur d'une nation et la force d'un État ; c'est pourquoi les législateurs de tous les pays se sont attachés à l'organiser, à lui donner un statut équilibré afin qu'elle s'épanouisse.

« Une famille épanouie est celle qui constitue pour les époux et pour les enfants une école d'abnégation, d'entraide, du savoir-vivre… qui ne laisse aucune place à l'égoïsme, qui est un foyer de réconfort et de protection sûre de l'individu. »[3]
Selon le professeur Mazeaud : « *Que deviendraient la mère et l'enfant abandonnés par le père ?* »[4]

Mais que deviendraient aussi, serions-nous tentés de répondre, le père et l'enfant abandonnés par la mère ?
Que deviendrait également l'enfant abandonné par ses parents ?
Une famille épanouie, c'est aussi « celle qui permet aux relations entre hommes et femmes de constituer autre chose que débauche, luttes sans merci et *esclavage* de la femme ; c'est celle qui peut défendre l'individu

---

[2] Josserand : *Cours de droit positif français*, 3e édition, tome I, n° 676.
[3] Mazeaud : *Leçon de droit civil*, 1re édition, tome II, n° 689.
[4] *Ibid.*

contre l'État et l'État contre toute agression étrangère ; c'est pourquoi si la famille n'existe pas, l'État se substitue à elle pour recueillir les enfants, les élever, les éduquer », comme l'a si bien dit le professeur Josserand.
« Mais on sait aussi où sont conduits les peuples dont les gouvernants prétendent livrer l'enfant à l'État »[5].
Aussi, aucune institution, si puissante soit-elle, ne saurait remplacer la famille, cet ensemble composé du père, de la mère, des enfants et qui, par sa vocation, devrait être *le creuset naturel de la bonne éducation des enfants*, pour peu que l'État lui voue *l'attention qu'il faut*.
Considérons par exemple le cas d'un enfant, sorti d'une bonne famille, laquelle a porté sur celui-ci l'attention qu'il faut, l'éducation qu'il faut, lui a donné la santé qu'il faut et l'instruction qu'il faut.
Pensez-vous que cet enfant attendra, s'il le faut, le temps nécessaire pour que son pays fasse quelque chose pour lui ?
Non ! Pas du tout.
C'est lui qui se posera plutôt la question, comme l'ont constaté certains grands hommes, de savoir ce qu'il doit et peut faire maintenant pour son pays, afin que celui-ci aille toujours de l'avant tant sur le plan économique, social que culturel.
Cet enfant ainsi lancé dans la vie active va-t-il s'adonner à l'escroquerie, au vol, à la drogue, au grand banditisme, à la criminalité ou encore à la corruption… ?
Non, jamais !
Mais pour que cela soit une *évidence*, il faudrait que l'on soit dans un État conscient où ceux qui nous gouvernent ont une vision éclairée de l'extrême importance *de la famille et de son rôle* dans le développement tant économique que social et culturel du pays.

Si l'on veut donc combattre définitivement les vices qui gangrènent actuellement nos sociétés et qui sont entre autres particulièrement *la corruption, l'escroquerie, les actes criminels…*, il faudrait *commencer la lutte par la base*, c'est-à-dire se battre afin de mettre d'abord la *Famille* dans les conditions les meilleures *quel qu'en soit le coût*, car répétons-le, pour tout développement tant économique que social et culturel d'un Pays, *la priorité des priorités est la bonne éducation de ceux qui constituent l'essence et la sève de la nation : les enfants.*
Il faudrait combattre les vices visés ci-dessus dès la base, afin de parvenir à

---

[5] Josserand : Cours de droit positif français, 3e édition, tome I, n° 676.

un nécessaire *changement total de mentalité de notre société*, dont, en ces temps *présents*, nombre de sa composante est adepte, dans sa grande majorité, de la philosophie selon laquelle *« celui qui ne puise pas dans les caisses de l'État ou dans toute autre caisse alors qu'il en a l'occasion ne saurait être qu'un individu frappé de malédiction ».*
Drôle de philosophie !
Il faut donc absolument un changement total de mentalité de la société.
En attendant l'avènement d'un tel changement, il importe qu'une application correcte, rigoureuse et efficace des dispositions de la loi, particulièrement celles du Code pénal, sous l'œil vigilant, approbateur et énergique *du chef de l'État qu'il faut*, c'est-à-dire un chef d'État vigilant, conscient, *tant de l'extrême gravité de ce grand fléau national que sont : corruptions, détournements de deniers publics..., que de la hauteur de ses responsabilités vis-à-vis de son peuple.*
Une telle solution est certes bonne, et il le faut présentement, mais elle est encore quelque peu insuffisante, car elle est malheureusement *ponctuelle*, si nous nous rappelons que les porteurs de tels vices sont généralement des *habitués* ; or, nous savons par un proverbe *que lorsque l'on chasse l'habitude, elle revient toujours et au galop.*

En conséquence, la meilleure méthode pour enrayer définitivement l'ensemble de ces vices qui constituent *le grand fléau social aujourd'hui*, lequel fléau freine tout élan économique, c'est la nécessaire projection de notre vision sur l'avenir, *le futur prochain* et la recherche, avons-nous souligné, *d'un véritable changement de mentalité*.
Pour cela, il faut se placer à la base, en portant sans compter, *donc quel que soit le coût*, une attention appropriée sur la famille (*sur toutes les familles sans exception)* et sur ses corollaires que sont *la nécessaire bonne santé et la nécessaire bonne instruction.*

II. ASPECT SOCIOLOGIQUE ET JURIDIQUE DE LA FAMILLE TRADITIONNELLE MALIENNE

A. AVANT LA PÉRIODE COLONIALE

Au Mali, la notion moderne de la famille conjugale monogamique ou polygamique à quatre degrés est le résultat d'une évolution.
Avant la pénétration coloniale et même au cours de cette période, la

notion qui prévalait au Soudan[6] était celle de la famille *globale* que Maurice Delafosse définissait comme étant *« une institution sociale traditionnelle comprenant tous les descendants vivants de la famille ou tout au moins tous ceux de ces descendants qui ne sont pas trop éloignés par le temps et par l'espace de leurs ancêtres pour avoir oublié les liens de parenté qu'ils doivent à une couche commune.*
Dans la pratique une famille globale se compose en général de quatre générations : le chef de famille ou patriarche et ses frères et cousins, leurs enfants et petits-enfants de ceux-ci...
Le chef est, avec des tempéraments sans grande importance, le plus ancien de tous les membres de la famille »[7].

C'est le chef de famille qui a la gestion du patrimoine familial mais non sa disposition, il a l'obligation de nourrir et d'entretenir les membres de la famille…, il perçoit les redevances coutumières sur les biens collectifs.
Enfin, la famille traditionnelle peut être comparée à un foyer dans lequel se regroupent **tous** les parents sous la direction du *« pater familias »*, c'est-à-dire du père de famille.
Les structures de la famille traditionnelle sont différentes de celles de la famille moderne ; en effet, la conception de la parenté ne considérait pas *la consanguinité* comme une donnée suffisante et nécessaire.

Pour la société traditionnelle, celle-là n'est pas conçue comme *un lien fondamentalement physiologique.*
Elle est à la fois sociale et religieuse en tant qu'elle est appartenance et participation mystique à un groupe social, à tous les préceptes religieux et aux valeurs morales de ce groupe, « *ce qui caractérise la parenté, c'est donc une communauté de pensée religieuse et de vie sociale* »[8].
Si la consanguinité n'est pas l'élément essentiel pour l'établissement de la parenté, c'est cependant grâce à elle que se définit le statut juridique de l'enfant et se détermine la famille à laquelle il est rattaché.
Aussi le lien de filiation est-il soit *patrilinéaire, soit matrilinéaire, soit bilatéral.*
Enfin, ce qui caractérise également la famille traditionnelle c'est aussi

---

[6] Actuelle République du Mali.
[7] Voir Maurice Delafosse : Le Haut Sénégal Niger, page 94.
[8] Voir G. Kouassigan, Quelle est ma loi, Édition A. Pedone, 13 rue Soufflot, Paris V.

sa conception du mariage considéré comme « un contrat par lequel le chef de famille, agissant au nom et pour le compte de la famille, engage une jeune fille avec ou sans son consentement et sur laquelle il exerce la puissance paternelle, dans des liens conjugaux avec un homme, membre d'une autre famille, représenté par son chef et moyennant une contrepartie qui est définie par la coutume de la fille »[9].

Le mariage était donc *un accord de volonté entre deux familles* ; il est générateur de droits et d'obligations réciproques.

Le consentement des futurs époux n'est généralement pas pris en considération cependant qu'il peut arriver que l'on laisse le soin au jeune homme de choisir sa future épouse, la décision des parents venant par la suite entériner ce choix dans la mesure bien sûr où il n'est pas fait en violation des règles de l'endogamie, de l'exogamie ou de l'inceste.

Nous constatons qu'en cette période la réglementation des rapports patrimoniaux des époux est basée sur un ordre juridique édicté par les coutumes, lesquelles étaient aussi complexes que variées.

Il y avait autant de coutumes que de variétés ethniques[10].

Dans ces conditions, il était difficile de dégager un type de régime matrimonial.

L'on constate cependant que la tendance générale qui se dégageait parmi les diverses coutumes était défavorable à la femme ; celle-ci n'avait aucune place dans la gestion des biens familiaux.

B. PENDANT LA PÉRIODE COLONIALE : LES BOULEVERSEMENTS APPORTÉS DANS L'ORGANISATION DE LA FAMILLE TRADITIONNELLE

La période coloniale est caractérisée par la dualité des ordres juridiques : d'un côté le droit traditionnel ou statut personnel et de l'autre côté le statut civil français.

Le statut civil français concernait une infime partie de la population : ressortissants français résidant dans les colonies, métis et étrangers qui ne pouvaient se prévaloir d'aucune coutume locale, indigènes devenus citoyens français qui avaient renoncé à leur statut local ; cet acte juridique les obligeait à rester monogames.

---

[9] G. Kouassigan, Quelle est ma loi, *op. cit.* p. 210.

[10] Au Mali il existe une douzaine d'ethnies : cf. Déclaration de l'ex-président de la République du Mali Alpha Oumar Konaré dans l'émission intitulée *Bouillon de culture* réalisée au Mali et dirigée par le sieur Bernard Pivot.

Le statut du droit local ou statut coutumier concernait l'immense majorité de la population autochtone.
Il est constitué par un faisceau de statuts particuliers ayant chacun sa sphère d'application limitée à une ethnie.
Les mariages étaient célébrés devant l'officier d'État civil indigène.
Ils étaient polygamiques.
À ces deux systèmes correspondaient deux conceptions de mariage[11].

Leur coexistence entraînait certaines difficultés dans la pratique au niveau des mariages mixtes.
Au début lorsqu'un individu de statut moderne contractait mariage avec un autre de statut local, la loi autorisait une double célébration devant l'officier d'État civil français et l'officier d'État civil indigène.
Plus tard, cette théorie a été abandonnée au profit de la primauté de la loi française.
Enfin comme pour pallier l'inégalité créée, l'autorité coloniale édicta dans le domaine du mariage un certain nombre de textes tels que les décrets du 15 juin 1939 *(décret Mandel)* et du 14 septembre 1951 *(décret Jacquinot).*

Le décret du 15 juin 1939 ou décret Mandel a eu pour objet de fixer l'âge minimum des époux : 14 ans pour la fille et 16 ans pour le garçon, *en faisant du consentement des époux une des conditions de validité du mariage.*
Par ailleurs, il interdisait toute revendication de veuve par le frère de l'époux décédé[12].
Le décret du 14 septembre 1951 ou décret Jacquinot stipule dans son article 5 que : « *Tout citoyen ayant conservé son statut personnel peut au moment de contracter mariage faire inscrire par l'officier d'État civil sur un acte de mariage sa déclaration expresse de ne pas prendre une autre épouse aussi longtemps que le mariage qu'il contracte ne sera pas régulièrement dissout.* »
Ce décret offrait aux futurs époux la possibilité d'opter pour l'un des deux régimes *(polygamique ou monogamique)*.
Par ailleurs, l'originalité de ce décret résidait essentiellement dans son

---

[11] Mariage civil et mariage religieux coutumier : voir l'analyse de ces deux concepts de mariage dans l'annexe I (Livre I).
[12] *Jurisclasseur d'outre-mer*, tome VII.

caractère définitif et dans le fait que l'option sera déterminée lors même de la célébration du mariage, dans l'acte d'État civil constatant l'union[13].

L'engagement de monogamie sera alors établi, et l'époux ne pourra contracter un second mariage avant la dissolution du premier sous peine d'être frappé par les dispositions de l'article 340 du Code pénal applicable aux territoires d'outre-mer conformément à la loi du 17 février 1933 qui correctionnalisa la bigamie, la punissant de 6 mois à 3 ans d'emprisonnement et de 12 000 à 200 000 F d'amende[14].
Ainsi, la position de l'autorité coloniale était claire ; elle n'a pas porté atteinte à la polygamie ni même restreint le nombre des épouses comme le fera le législateur malien dans la limite des règles coraniques.

Cependant dans son encouragement pour le mariage monogamique, il a rendu *irrévocable* l'engagement de monogamie souscrit par les citoyens ayant conservé leur statut personnel ; quant à ceux de statut civil français nul doute que leur mariage demeurait impérativement monogamique.
Malgré toutes ces innovations, nous constatons que les textes de la période coloniale ne concernent pas les rapports patrimoniaux entre les époux, et c'est à juste raison qu'un auteur a affirmé que :
« Les mesures prises par le législateur colonial en matière de mariage ont trait aux conséquences personnelles mais non patrimoniales du mariage. »[15]
Ce sont dit-il *« des mesures de protection de la femme et de sa liberté de consentement… ».*
Aussi la colonisation n'a-t-elle pas eu de conséquence sur les régimes matrimoniaux, du moins pour les autochtones ayant conservé leur statut personnel.
Dans ce contexte, le salut devait-il venir de l'accession du Mali à la souveraineté internationale ?

C. APRÈS LA PÉRIODE COLONIALE

L'indépendance du Mali a entraîné une redéfinition de la notion de famille et une interférence certaine de celle-ci sur la nation et le jeune État du Mali. Le Code du mariage et de la tutelle adopté le 3 février 1962 par l'Assemblée

---

[13] Marc-Dumetz, *Le Droit du mariage en Côte d'Ivoire,* Édition : Presse des Imprimeries Reunies, 22 rue de Nemours (Rennes) p. 24.
[14] Le décret Mandel fut complété par un décret du 20 février 1946 énonçant des sanctions pénales pour la violation de ses dispositions : cf. *JORF* du 29 juillet 1946, p. 652.
[15] G. Kouassigan, *op. cit..* , page 123 et suiv.

nationale, puis modifié successivement par la loi 63-19 AN-RM du 25 janvier 1963 et l'ordonnance n° 26 du 30 mai 1975 était dominé par deux soucis majeurs : d'abord un souci d'unification et de conformité, ensuite un souci de « modernisme » ; il fallait épurer les coutumes, les débarrasser de leur contenu barbare, les mettre en harmonie avec le développement social de la population.

C'est dans ce cadre que furent créés deux types de rapports nouveaux entre personnes au sein de la famille, mais aussi *la Charte d'un nouveau statut de la femme malienne* en raison des contraintes sociales qui pesaient jusqu'alors sur elle.

Il s'agit de la sortir de son rôle de citoyenne diminuée, et en conséquence de donner pleinement son sens aux dispositions de la Constitution du 22 septembre 1960 qui proclame la République et « *assure à tous l'égalité devant la loi sans distinction de race, de sexe et de religion* ».

Pour cela il importait dans la redéfinition de la notion de famille de retenir son sens classique tel qu'il résulte de la Déclaration universelle des droits de l'homme de 1948 (article 16 al. 3) selon laquelle la famille est l'élément naturel et fondamental de la société qui, à ce titre, a droit à la double protection de la société et de l'État.

Cette déclaration confirme l'importance que le législateur malien a portée à la notion de la famille, institution qu'il importe d'organiser sur des bases plus justes et plus solides et de lui assurer ainsi une protection efficace.

Tel est l'objectif visé par la plupart des législateurs à travers le monde.

Organiser la famille sur des bases saines et solides, c'est avant tout préciser le sort du patrimoine familial, le patrimoine étant un élément prépondérant de la famille dont il assure cohésion, unité et permanence.

Sans patrimoine la famille ne saurait remplir pleinement ni son rôle social ni son rôle économique.

Mais, parler de patrimoine familial ne constitue-t-il pas un écart de langage ?

Assurément oui, car la famille *n'a pas de patrimoine au sens propre du terme :* seulement elle dispose de l'ensemble des biens de ses membres, lesquels (biens) lui sont *affectés* ; c'est cette affectation que réalisent les règles des régimes matrimoniaux et des successions.

Le législateur malien s'était penché mais très timidement sur la rédaction d'un Code consacré aux régimes matrimoniaux ; seuls les articles 10 à 56 du Code du mariage et de la tutelle lui étaient consacrés.

Cette insuffisance législative conduisit à la nécessité de l'élaboration d'un avant-projet de loi en la matière qui (soumise enfin, après des décennies de retard, à l'appréciation et à l'adoption éventuelle de l'Assemblée nationale) donna heureusement naissance à la loi n° 2011-087 du 30 décembre 2011 portant Code des personnes et de la famille : (Livre III).

Comment définir les régimes matrimoniaux ?
Le droit positif malien dans l'article 385 de son Code civil malien stipule tout simplement que les régimes matrimoniaux règlent les effets matrimoniaux du mariage dans les rapports des époux entre eux et à l'égard des tiers.
Pour le doyen Jean Carbonnier : « *C'est l'ensemble des règles de droit qui s'appliquent aux intérêts pécuniaires des époux…* ».
Quant au Code civil français (art. 1387), il affirme que c'est *« l'ensemble des règles de droit qui gouvernent l'association, la société conjugale quant aux biens »*.
Le lexique des termes juridiques (Dalloz) le définit de la façon suivante : « *Statut qui gouverne les intérêts pécuniaires des époux, dans leurs rapports entre eux, et dans leurs rapports avec les tiers et dont l'objet est de régler le sort des biens actifs et passifs pendant le mariage et à la dissolution.* »
Cette dernière définition semble plus complète et précise.
Dans le même sens, le Code de la famille du Sénégal stipule : « *Le régime matrimonial règle les effets patrimoniaux du mariage dans les rapports des époux entre eux et à l'égard des tiers* » (art. 368).
De l'ensemble de ces définitions, il ressort que le but principal de cette branche du droit est surtout de régler le sort des biens des époux pendant et à la dissolution du mariage.
Il s'agit de déterminer : d'une part qui a la propriété, la jouissance, l'administration et la libre disposition de tels biens et d'autre part quels sont les biens susceptibles d'aliénation et ceux qui ne peuvent l'être ?
Comment s'effectue la contribution aux charges du ménage… ?
Le régime matrimonial constitue ainsi l'aspect économique du mariage ; lorsqu'il est bien organisé, il devient une assurance pour le ménage et un facteur de stabilité sociale.

D. NOUVEAU DROIT MALIEN SUR LES RÉGIMES MATRIMONIAUX

Le nouveau droit malien (loi n° 2011-087 du 30 décembre 2011) a adopté deux régimes matrimoniaux : la séparation des biens et la communauté,

sans toutefois les organiser ni imposer un régime en supprimant par exemple la polygamie.
Ainsi tradition et modernisme coexistent dans le droit malien ; cela est une résultante de l'article 231 CPCCS (ancien) qui disposait qu'en *« attendant la promulgation du Code civil malien, les règles relatives aux successions, donations, aux rapports des époux, à l'exercice de leurs droits et de ceux des mineurs, demeurent applicables devant les juridictions visées dans le présent code.*
En outre, les matières non réglées par le présent code demeurent régies par les textes en vigueur en leurs dispositions non contraires à celles dudit code »[16].
Ce texte effectuait ainsi un renvoi aux dispositions antérieures à l'indépendance.

De quelles dispositions antérieures s'agissait-il ?
C'étaient les dispositions du droit coutumier et celles du Code civil français.
Or, il se trouvait que les régimes matrimoniaux et les successions faisaient partie de ces matières non réglées.
Fallait-il les laisser sous l'emprise des coutumes ?
Non !
C'est pourquoi dans les libellés des articles 10 à 56 du Code du mariage et de la tutelle de 1962, le législateur stipulait qu'au Mali les régimes matrimoniaux sus-envisagés existaient déjà, mais de façon incomplète, organisant les pouvoirs respectifs des époux, concevant le mari comme le chef de la famille et un administrateur des biens affectés à la famille et enfin donnant à chacun des époux le pouvoir :

- d'accomplir tous les actes justifiés par les besoins de la famille ;
- d'engager non seulement ses biens mais aussi ceux de son conjoint.

Le principe directeur de ce Code est la primauté de l'intérêt de la famille.
C'est cet intérêt qui doit dominer la réglementation des régimes matrimoniaux et commander en conséquence le statut des époux.
La loi nouvelle, celle nº 2011-087 du 30 décembre 2011 portant Code des personnes et de la famille, a tenu compte de ce principe directeur, tout en complétant les diverses dispositions relatives aux régimes matrimoniaux en se penchant plus particulièrement sur :

---

[16] Dans le nouveau Code de procédure civile, l'article 231 a disparu, mais ses effets intrinsèques restent bien sûr gravés dans la jurisprudence, laquelle constitue une source de référence certaine.

- la séparation des biens ;
- la communauté universelle ;
- la communauté réduite aux acquêts ;
- les autres communautés convenues entre les époux.

Cette loi est malgré tout restée muette sur certains points de droit et aussi en ce qui concerne *l'existence de la famille naturelle*.
Ce silence devant une telle réalité sociale ne nous surprend pas dès lors que nous savons que le Mali est un pays à prédominance musulmane (85 %) et que les règles coraniques ne conçoivent pas une pareille institution.
Néanmoins, tout en soulignant que nous sommes dans un État de nature démocratique et laïque, du fait de leur communauté de vie, une confusion peut nécessairement se produire entre les biens des concubins.
Comment en opérer la répartition en cas de litige ?
Le droit français a recouru aux règles de l'indivision et fit procéder au partage par moitié.
Cette procédure peut être injuste, c'est pourquoi la jurisprudence française a fait appel à la notion *de société de fait*.
Pourquoi cette notion ?
Parce que l'existence d'une société présente un intérêt pour les créanciers qui pourront poursuivre *conjointement* les deux concubins et même *solidairement* si la société est commerciale.
La simple communauté d'existence constitue-t-elle une société de fait entre les concubins ?
Les tribunaux ont déclaré qu'une *société de fait* peut exister entre les concubins.
Est-ce à dire que les biens des concubins seront toujours liquidés selon les règles des sociétés ?
Nullement.
La jurisprudence française exige que les trois éléments constitutifs du contrat de société soient réunis, à savoir :

1) l'intention de collaborer à l'entreprise commune ;
2) les apports réciproques ;
3) la volonté de participer aux bénéfices et aux pertes.

Or ces conditions ne sont pas remplies par le seul fait du concubinage.
La volonté réciproque de vivre en commun et de contribuer aux charges du faux ménage ne suffit pas.
L'appréciation de ces éléments demeure délicate.

Le juge du fond en est souverain.
Lorsque les concubins se faisaient passer pour mariés et qu'on les considérait ainsi, les creanciers victimes trouveront protection dans la théorie de l'apparence[17].
Quelle est la position du législateur malien dans ce cas précis ?
Nous n'en savons rien.
Enfin après ces quelques observations préliminaires, notre étude sera conduite conformément au plan suivant :

- PREMIÈRE PARTIE : STATUT DE BASE DES ÉPOUX ET CHOIX DU RÉGIME MATRIMONIAL ;
- DEUXIÈME PARTIE : DIFFÉRENTS RÉGIMES MATRIMONIAUX.

[17]Henri, Léon et Jean Mazeaud, *Leçons de droit civil, tome IV : Régimes matrimoniaux, successions et libéralités*, Édition Montchrestien, 1963.

PREMIÈRE PARTIE

STATUT DE BASE DES ÉPOUX
CHOIX DU RÉGIME MATRIMONIAL

TITRE I
STATUT DE BASE DES ÉPOUX
(Articles 385-444 du CPF).

GÉNÉRALITÉS

En élaborant en 1962 un Code du mariage et de la tutelle (loi n° 62-17 / AN-RM du 3 février 1962), le législateur malien a adopté un concept nouveau de la famille, celui de la famille conjugale ou famille ménage ; en effet, avec l'accession du Soudan (français) à la souveraineté internationale et l'éclatement de la grande famille traditionnelle, la notion nouvelle de famille ménage apparut.
Elle devint la cellule de base de l'organisation sociale et devra par conséquent être précisée dans son cadre de vie juridique.
C'est dans cette optique que se situera notre analyse qui ne concernera point la famille sous tous ses aspects mais portera uniquement sur les structures de base (ou statut) des rapports pécuniaires des époux.

Ce statut de base assure l'organisation du patrimoine familial et de ce fait il est déterminé dans le contrat de mariage des futurs époux.
Par exemple dans le système français les futurs époux peuvent opter pour :

1) le régime de la communauté réduite aux acquêts (régime de droit commun) ;
2) le régime de la communauté conventionnelle des meubles et acquêts ;
3) le régime de la séparation des biens ;
4) le régime de la participation aux acquêts.

Cependant, qu'ils aient opté pour un régime de leur choix ou qu'ils soient soumis au régime légal (régime de droit commun), les futurs époux sont tenus d'observer certaines prescriptions d'ordre public ; ces règles impératives édictées dans le cadre du droit français par la loi n° 65-570 du 13 juillet 1965, modifiant profondément les dispositions de la loi du 22 septembre 1942, constituent le statut de base des époux.

Dans le système malien actuel, cette disposition de base résultant de la loi n° 62-17 /AN-RM du 3 février 1962 susvisée dont les articles 10 à 56 traitent du consentement au mariage, des devoirs et droits respectifs des époux, des seconds mariages, de l'engagement de monogamie et du régime matrimonial *(réglé de façon incomplète)* fut abrogée et remplacée par la loi n° 2011-087 AN-RM du 30 décembre 2011 en son Livre III consacré aux « Régimes matrimoniaux » en République du Mali.

Quelles en sont les dispositions générales ?
Le régime matrimonial est l'ensemble des règles de droit qui s'appliquent aux intérêts pécuniaires des époux.
Le code civil français le définit comme étant « *l'ensemble des règles de droit qui gouvernent l'association, la société conjugale quant aux biens* ».
Le lexique des termes juridiques le définit comme « *un statut qui gouverne les intérêts pécuniaires des époux, dans leurs rapports entre eux, et dans leurs rapports avec les tiers et dont l'objet est de régler le sort des biens actifs et passifs pendant le mariage et à la dissolution* ».
Quant au code de la famille du Sénégal « *le régime matrimonial règle les effets patrimoniaux du mariage dans les rapports entre époux et à l'égard des tiers* » (art. 368).
Abondant dans le même sens, la loi malienne n° 2011-087 du 30 décembre 2011 susvisée affirme elle aussi en son article 385 que *« les régimes matrimoniaux règlent les effets patrimoniaux du mariage dans les rapports entre époux et à l'égard des tiers »* et organise les différents régimes suivants :

- la séparation des biens ;
- la communauté universelle ;
- la communauté réduite aux acquêts ;
- et les autres communautés convenues entre les époux.

Le régime de la séparation des biens reste *le régime légal, c'est-à-dire celui de droit commun*, dans les mariages contractés sous l'option de la polygamie ou de la monogamie.

Les époux ne peuvent déroger dans leurs conventions matrimoniales ni aux devoirs, ni aux droits qui résultent pour eux du mariage, ni aux règles de l'autorité parentale, de l'administration légale et de la tutelle (art. 386 et suiv. du CPF).
Ils ne peuvent faire non plus aucune convention ou renonciation dont l'objet serait de changer l'ordre légal des successions.

Toutefois, ils pourront faire des libéralités conformément aux formes et aux cas déterminés par la législation en vigueur.
Les conventions matrimoniales sont obligatoirement rédigées par acte notarié et doivent être remises à l'officier d'état civil avant le mariage.
À défaut de convention, les époux seront à l'égard des tiers réputés mariés sous le régime de la séparation des biens, à moins que dans les actes passés avec les tiers, ils n'aient déclaré, preuve à l'appui, avoir fait une convention matrimoniale.
Ces conventions matrimoniales doivent être rédigées avant la célébration du mariage et ne peuvent prendre effet qu'au jour de cette célébration.

Tout changement apporté à ces conventions *avant le mariage* doit nécessairement être constaté par actes passés devant un officier d'état civil ou un notaire dans les mêmes formes.
Après le mariage tout changement devra être constaté par l'effet d'un jugement soit à la demande de l'un des époux en cas de communauté de biens ou de mesures judiciaires de protection ; soit à la requête conjointe des deux (2) époux.
La modification de la convention matrimoniale *ne peut intervenir que dans l'intérêt de la famille et au bout d'un délai d'application de deux (2) ans* ; elle est faite par acte notarié lequel devra être soumis à homologation par le tribunal civil du lieu de la convention.
Toutes les personnes qui avaient été parties dans le contrat modifié doivent être présentes à l'instance d'homologation ; *mais non leurs héritiers au cas où elles seraient décédées (art. 392 du CPF).*
Le changement homologué produit effet entre les parties à dater du jugement et à l'égard des tiers trois (3) mois après que mention en aura été portée en marge de l'un et de l'autre exemplaire de l'acte de mariage.

En l'absence même de cette mention, le changement homologué est opposable aux tiers si, dans les actes passés avec eux, les époux ont déclaré, preuve à l'appui, avoir modifié leur régime matrimonial.
Au cas où ce changement *a été fait en fraude à leurs droits*, les créanciers pourront former *tierce opposition* contre le jugement d'homologation.

Le mineur habilité à se marier aussi bien que le majeur incapable peut consentir toutes les conventions matrimoniales avec l'assistance des personnes dont le consentement est nécessaire pour la validité du mariage.

À défaut de cette assistance, l'annulation pourra être demandée *respectivement* par le mineur et le majeur incapable ou par les personnes *respectives* dont le consentement est nécessaire pour la validité du mariage dans l'année du mariage en ce qui concerne le majeur incapable et jusqu'à l'expiration de l'année qui suivra sa majorité s'agissant du mineur.
Enfin, l'étude du statut de base des époux nous conduit à l'examen des prescriptions d'ordre public ayant trait d'une part à la capacité civile de la femme mariée et aux pouvoirs des époux (Chapitre I) et d'autre part à l'obligation de ceux-ci aux charges du ménage (Chapitre II).

CHAPITRE I
CAPACITÉ D'EXERCICE ET POUVOIR DES ÉPOUX

SECTION I
ACTION DU MARIAGE SUR LA VIE JURIDIQUE DES ÉPOUX

La *« capacité d'exercice »* et le *« pouvoir des époux »* sont deux notions voisines, mais distinctes, l'une exprimant un état et l'autre une action virtuelle.
Avoir la capacité d'exercice c'est être en état d'accomplir librement les actes de la vie juridique sans représentation ni assistance.
Ainsi, un individu bien que capable peut ne pas disposer du pouvoir de faire tel ou tel acte.
Une pareille situation survient lorsque le régime choisi par les époux transfère au mari l'administration et la jouissance de tout ou partie des biens de la femme.
Par exemple dans les régimes de communauté quoique les biens communs appartiennent à la fois au mari et à la femme, le mari, à quelques restrictions près, se comporte comme s'il en était l'unique propriétaire.
La femme conserve son état de copropriétaire, mais c'est le mari qui dans la pratique dispose seul du pouvoir d'accomplir tel ou tel acte juridique sur tels ou tels biens communs.

Après cette précision la question qui nous vient à l'esprit est la suivante :
Dans quelle mesure le mariage porte-t-il atteinte à la possibilité d'agir dans la vie juridique ?

Lorsque deux individus se marient, ils fondent une famille pour l'intérêt de

laquelle ils agissent de concert dans le cadre d'une communauté de vie.
Pour assurer une meilleure gestion de cette communauté conjugale, il faut une certaine unité de direction ; autrefois, cette unité de direction dans le domaine matrimonial était réalisée par l'incapacité de la femme mariée et le transfert au profit du mari des pouvoirs de celle-ci. La famille malienne se caractérisait par une prédominance absolue du mari.
La femme était complètement effacée ; sa voix ne rentrait pas officiellement en compte dans la prise des décisions d'ordre matrimonial ; selon un vieil adage, *« la femme, éternelle mineure, doit toujours obéissance à l'homme »*.
Cette prééminence juridique du mari caractérisait également la famille française jusqu'à la loi du 18 janvier 1938 et celle du 22 septembre 1942 qui ont supprimé l'incapacité de la femme mariée.
Au Mali, il a fallu attendre la loi de 1962 portant Code du mariage et de la tutelle pour voir la femme mariée jouir de la capacité civile.
Celle-ci résulte de l'article 36 de la loi modificative de 1963 qui dispose que la femme mariée a la pleine capacité civile, l'exercice de celle-ci n'étant limité que par le contrat de mariage et par la loi.

Ne s'agit-il pas là d'une loi *hardie* qui mettait un terme à une tradition séculaire ? Désormais la femme mariée n'est-elle pas pleinement capable ?
N'est-ce pas que la situation des deux époux, quant au patrimoine familial, est aujourd'hui égale, chacun gérant librement ses biens ?
Nous ne le pensons pas en raison du transfert de pouvoirs qui résulte le plus souvent, en droit, dans le régime matrimonial, du fait de la communauté de vie.
N'est-ce pas aussi que la femme mariée dispose désormais des droits absolus sur sa personne et n'a plus d'ordre à recevoir sur sa vie professionnelle ?
N'est-ce pas enfin qu'elle est désormais libre de son emploi du temps, de ses relations…, qu'elle est juridiquement capable de contracter sans la moindre participation de son mari, qu'elle dispose à l'égard de ses enfants des mêmes droits que son époux ?
Cette série de questions nous conduit à examiner successivement d'une part l'étendue de la capacité civile de la femme mariée, tant dans le droit français que dans le droit malien, d'autre part les limitations à la capacité civile de la femme mariée.

SECTION II
ÉTENDUE DE LA CAPACITÉ CIVILE DE LA FEMME MARIÉE

I. DANS LE DROIT FRANÇAIS

Conformément à la loi française n° 65-570 du 13 juillet 1965, la pleine capacité civile de la femme mariée se traduit dans les faits suivants :

a) la femme mariée est chef de famille au même titre que son époux ; en conséquence elle dispose également des prérogatives de la puissance paternelle ;
b) elle jouit d'une autonomie professionnelle totale sans aucune nécessité d'autorisation maritale ;
c) elle n'est plus comparable à une perpétuelle mineure sous tutelle ; elle est une personne juridiquement capable, qui peut contracter valablement sans la participation ni l'assistance de son époux, qui incarne désormais au sein du ménage une force, qui a su admirablement secouer le joug de l'égoïsme masculin ;
d) elle n'a plus d'ordre à recevoir sur sa vie personnelle ; aussi est-elle libre de son emploi du temps et de ses relations… ;
e) elle a des droits égaux à ceux de son époux sur la personne de leurs enfants communs et sur la gestion du patrimoine familial.

II. DANS LE DROIT MALIEN

L'article 36 du Code du mariage de 1962 *(que nous utilisons ici comme raison écrite)*, en consacrant la capacité civile de la femme mariée a pris en même temps soin d'en préciser les limites.
Mais avant d'étudier ces limites ne convient-il pas mieux de circonscrire l'étendue de cette capacité civile ?
Cela nous conduit à poser la question suivante : comment s'analyse la capacité civile de la femme mariée tant dans les domaines contractuel, professionnel, dans la gestion du patrimoine familial, que dans les prérogatives de la puissance paternelle et dans le choix du régime matrimonial ?

A. DOMAINE CONTRACTUEL

Dans le tourbillon de la vie contemporaine dominée par l'intensité de l'activité économique, la femme mariée jouit d'une certaine autonomie afin d'accomplir librement des actes de la vie juridique sans représentation ni assistance (précisément dans le domaine des actes ménagers).

L'article 321 du Code des personnes et de la famille au Mali stipule que « *les époux ont sous tous les régimes, le pouvoir de se représenter mutuellement pour les besoins du ménage* » et en conséquence d'employer pour cet objet les fonds que l'époux laisse entre ses mains. L'alinéa 2 ajoute : les actes accomplis par la femme obligent le mari envers les tiers à moins qu'il n'ait retiré à la femme le pouvoir de faire les actes dont il s'agit et que les tiers n'aient eu personnellement connaissance de ce retrait au moment où ils ont traité avec elle.

L'article 318 du CPF dispose que : « *les époux contractent ensemble par le seul fait du mariage l'obligation d'assurer la direction morale et matérielle de la famille, de nourrir, entretenir, élever leurs enfants et préparer l'établissement de ceux-ci* ».

Il résulte de ce texte que la femme peut engager les dépenses concernant la subsistance et l'entretien du ménage à savoir : nourriture, habillement, frais de scolarité des enfants, honoraires et ordonnances médicales (en cas de maladie de la femme) puisque l'article 316 du CPF établit entre les époux l'obligation de secours et d'assistance, etc.

B- DOMAINE PROFESSIONNEL

L'une des conséquences de la capacité civile de la femme mariée est l'octroi *de l'autonomie professionnelle* consacrée par le Code du travail lequel, en définissant le travailleur, a écarté toute distinction fondée sur la différence de sexe (art. 1er du Code du travail au Mali).

La femme mariée, de par sa capacité, a le même droit au travail que son mari.

De cette autonomie découle une conséquence toute naturelle : la **femme** mariée a droit à la libre perception et disposition de ses gains et salaires.

Contrairement à son mari et malgré le nombre de ses enfants, elle subit le poids de l'IGR (Impôt général sur le revenu).

Cela se comprend si l'on sait que c'est le mari qui est le chef de la famille et que c'est sur lui que pèsent à titre principal les charges du

ménage.
Il est donc raisonnable que dans ce contexte l'incidence du nombre des enfants aura une influence bénéfique sur le quantum de l'IGR à payer. Elle ne jouera qu'en faveur du mari seul.
Cette disposition est vivement critiquée par diverses organisations féminines maliennes.

La femme mariée a la pleine disposition de ses gains et salaires perçus dans l'exercice d'une profession.
La législation malienne a donc évolué dans le même sens que celle française consacrée par l'art 224 al. 1 du Code civil en ces termes : « *chacun des époux perçoit ses gains et salaires et peut en disposer librement après s'être acquitté des charges du ménage* ».
En effet, l'article 35 al. 1 du code de mariage de 1962 stipulait que « *si la femme exerce une profession séparée, elle doit contribuer aux charges du ménage* ».
Cette obligation ne suppose-t-elle pas que la femme exerçant une profession peut librement percevoir et disposer comme elle l'entend de ses gains et salaires, la seule exigence qui lui soit imposée par la loi étant de fournir sa part contributive aux charges du ménage (art. 318 du CPF).
De même la libre perception et disposition des gains et salaires n'est-elle pas une conséquence normale découlant de la capacité civile de la femme mariée ?
Enfin en interdisant au mari polygame d'utiliser les revenus d'une de ses épouses au profit de ses coépouses, le législateur malien ne prouve-t-il pas là également que les revenus de la femme mariée exerçant une profession lui restent pleinement acquis ?

C. GESTION DU PATRIMOINE FAMILIAL

La femme mariée dispose de pleins pouvoirs sur ses biens réservés c'est-à-dire ceux acquis par elle grâce à ses gains ou salaires.
En droit français, ces biens demeurent « sous la jouissance, l'administration et la libre disposition de la femme pendant le mariage mais ils seront considérés comme communs à la dissolution » (art. 224 al. 2 C. civ.).
Le législateur malien adopta à son tour une disposition analogue dans l'article 418 al. 3 du CPF) ; à cet effet lorsque la femme a l'administration et la jouissance de ses biens personnels ou des biens

réservés qu'elle acquiert par l'exercice d'une activité professionnelle séparée, elle peut se faire ouvrir un compte courant en son propre nom.

L'analyse de cet article ainsi que l'article 398 du CPF permettent d'affirmer que la femme peut transférer sur la tête de son époux les pouvoirs qu'elle détient sur ses biens personnels et réservés par le biais d'un mandat.
Mais la possibilité du transfert de tels pouvoirs se trouve réglementée par trois séries de règles relatives :

- à la possibilité de représentation ;
- à la situation des biens réservés ;
- au consentement des époux pour passer un acte.

1) POSSIBILITÉ DE REPRÉSENTATION DE L'UN DES ÉPOUX PAR L'AUTRE

(Art. 321 et 398 du CPF).

Les époux ont sous tous les régimes, le pouvoir de se représenter mutuellement pour les besoins du ménage… article 321 du CPF.
La loi permet à l'un des époux de donner à l'autre mandat général d'administrer et de disposer : c'est *la représentation conventionnelle.*
Elle permet également au tribunal d'autoriser l'un des époux à représenter son conjoint hors d'état de manifester sa volonté : c'*est la représentation judiciaire.*
Être hors d'état de manifester sa volonté peut supposer qu'on a une volonté mais qu'on n'arrive pas à l'exprimer.
C'est par exemple le cas du prisonnier de guerre.
Il ne semble pas que tel soit le cas du mari aliéné ; il serait seulement difficile pour le tribunal de confier à la femme un pouvoir de représentation générale du mari, car ce serait supprimer toute activité du tuteur encore que les juges pourraient le faire s'ils estimaient que l'intérêt de la famille l'exige.

À défaut de représentation conventionnelle ou judiciaire, l'époux qui s'immisce dans la gestion des biens de son conjoint sera soumis aux règles de la gestion d'affaires[18].
Si malgré une opposition manifeste un des époux s'immisce dans la

[18] Sur la gestion d'affaires, voir l'ouvrage de Me Abdoulaye Garba Tapo, Édition Jamana, 1996, page 115 et suiv.

gestion des biens de l'autre, il est responsable de toutes les conséquences de son immixtion et comptable de tous les fruits qu'il a perçus ou négligés de percevoir.
Par ailleurs la loi donne à la femme le pouvoir de représenter son mari dans les actes ménagers. *C'est la représentation légale.*

2) SITUATION DES BIENS RÉSERVÉS

La femme a tous les pouvoirs sur les biens qu'elle acquiert par l'exercice d'une profession séparée.
Ces biens sont dits « biens réservés ».

3) CONSENTEMENT DES ÉPOUX POUR PASSER UN ACTE

Lorsque le consentement des deux époux est requis pour la validité d'un acte de disposition, le tribunal peut autoriser l'un des époux à passer l'acte quand bien même son conjoint s'y oppose ou est hors d'état de manifester sa volonté.
L'acte est opposable au conjoint qui n'a pas consenti mais celui-ci n'est pas débiteur.

D. DOMAINE DE LA PUISSANCE PATERNELLE

Contrairement à la conception traditionnelle, au droit musulman et dans le même sens que le droit français, le législateur malien a innové en ce qui concerne la situation de la femme mariée à l'égard des enfants.
Il lui a octroyé les mêmes droits qu'au mari ; l'article 33 du Code de mariage et de la tutelle de 1962, relayé par l'article 318 du CPF stipule à cet effet que les époux « *contractent ensemble par le seul fait du mariage l'obligation... de nourrir, entretenir, élever leurs enfants et préparer l'établissement de ceux-ci* ».
Il résulte de ce texte que le mari aussi bien que sa femme ont *sans distinction aucune* les mêmes droits *(obligations et devoirs)* dans l'éducation et l'entretien de leurs enfants ; certes en cas de déchéance de la puissance paternelle ou d'abandon de famille, ces droits sont exercés par la femme.

En droit musulman cette obligation incombe essentiellement au mari.
En effet selon les principes musulmans *« c'est le père qui doit assurer l'éducation et l'entretien des enfants »*, la mère n'y participe que subsidiairement.
En cas de détresse du père, la mère doit avant tout autre parent, être

chargée de pourvoir à l'éducation des enfants sans ressource »[19].
Par ailleurs et conformément à l'article 319 du Code des personnes et de la famille (CPF), la femme mariée est investie de la puissance paternelle lorsque le mari est déchu de sa qualité de chef de famille.
Cette qualité cesse d'exister au profit du mari en cas d'absence prolongée et injustifiée, d'interdiction, d'impossibilité pour le mari de manifester sa volonté, de séparation de corps.
Le législateur du Code des personnes et de la famille du 30 décembre 2011 n'a pas retenu, pour des raisons qui lui sont propres, la déchéance de la qualité de chef de famille du mari au profit de sa femme en cas de condamnation de celui-ci à une peine criminelle, contrairement aux dispositions des articles 40 à 41 du Code de mariage et de la tutelle de 1962[20] selon lesquelles le mari est remplacé par la femme dans un mariage monogamique et par la première épouse dans un mariage polygamique ou toute autre personne qui aura été désignée préalablement par lui.
Cette attitude de la loi du 30 décembre 2011 est fortement critiquable et même contraire aux dispositions du droit musulman selon lequel *« en cas de détresse du père la mère doit avant tout parent être chargée de l'éducation des enfants sans ressources »*.

E. CHOIX DU RÉGIME MATRIMONIAL

La femme malienne choisit librement son régime matrimonial.
Ce choix fera l'objet d'une étude ultérieure.
Malgré la réalité des dispositions de l'article 36 du Code de mariage et de la tutelle de 1962 et les pouvoirs qui en découlent pour la femme mariée et ayant trait à *sa pleine capacité civile*, l'évolution sociale instituant une telle capacité de la femme mariée ne fut pas la résultante d'une action législative aussi hardie comme l'on peut se l'imaginer ; elle ne constitue qu'une réforme sans grande valeur eu égard à l'importance des restrictions limitatives (soit par le contrat de mariage soit par la loi) auxquelles se heurte cette pseudo « pleine capacité civile » de la femme mariée.

---

[19] Voir Introduction à l'étude du droit musulman par Louis Milliot, Édition Sirey, Paris, page 403, n°451 à 452.

[20] « Selon l'article 40 du CMT, dans un mariage, la qualité de chef de famille cesse d'exister au profit du mari : a) dans le cas d'absence prolongée et injustifiée, d'impossibilité pour le mari de manifester sa volonté, de séparation de corps ;
b) lorsqu'il est condamné à une peine criminelle. »

SECTION III
LIMITATIONS À LA CAPACITÉ CIVILE DE LA FEMME MARIÉE

Deux sortes de limitations résultent de l'article 36 *in fine* : l'une du contrat de mariage, l'autre de la loi.

I. LIMITATION PAR LE CONTRAT DE MARIAGE

Le contrat de mariage est une convention que concluent les futurs époux pour fixer un régime matrimonial.
Dans cet acte juridique, les parties intéressées peuvent volontairement apporter une restriction à la capacité civile de la femme mariée.
Étant un pacte de famille les époux peuvent s'en servir et déroger à toutes les dispositions matrimoniales qui ne sont pas d'ordre public.
Par exemple, une femme peut donner à son conjoint mandat général d'administration et de disposition de tous ses propres : (article 398 du CPF).
Par ailleurs, on constate dans le régime légal de la séparation des biens au Mali que la femme mariée bien que conservant en droit tous ses pouvoirs, dans la pratique elle abandonne souvent à son mari la gestion de ses biens qu'elle laisse se confondre avec ceux de son époux.

II. LIMITATION PAR LA LOI

Les textes qui portent atteinte à la capacité civile de la femme mariée sont importants et divers ; ils sont relatifs soit aux prérogatives attachées à la puissance maritale, soit aux prérogatives du mari sur la personne de sa femme. Examinons successivement ces prérogatives.

A. PRÉROGATIVES LIÉES À LA PUISSANCE MARITALE

Le mari est le chef de la famille, et les conventions matrimoniales ne doivent jamais déroger aux prescriptions d'ordre public, notamment à celles relatives aux droits reconnus au mari comme chef de la famille.
Ces textes tout en consacrant la puissance maritale réalisent une atteinte à la capacité de la femme mariée qui se trouve placée sous l'autorité du chef de la famille : le mari. De cette prépondérance du mari, chef de famille découlent les conséquences suivantes :

1) le choix de la résidence de la famille lui appartient ;

2) la femme est obligée d'habiter avec lui et il est tenu de la recevoir ;
3) les charges du ménage pèsent à titre principal sur lui.
   Je souligne que cette obligation est *« à titre principal »*, ce qui est, dirais-je, différent de l'expression *« entièrement »* ;
4) la femme doit obéissance au mari, et le mari protection à sa femme (article 316 du CPF)

Le problème relatif à la contribution aux charges du ménage fera l'objet du chapitre suivant.

Avant d'aborder ce problème, nous évoquerons d'abord la nécessité du maintien de l'expression *« chef de famille »* dans notre code alors que d'autres l'ont supprimée : *(art. 213 nouveau droit civil français).*
Bien que l'article 319 soit considéré comme une atteinte à la capacité civile de la femme mariée, le législateur l'a quand même maintenu, malgré son désir d'instaurer grâce aux dispositions de l'article 319 al. 1, 2 et 3, une certaine égalité entre les époux.
Le mari ne perd la qualité de chef de famille au profit de la femme qu'en cas :

- d'absence prolongée et injustifiée ;
- de disparition ;
- d'interdiction ;
- d'impossibilité de manifester sa volonté.

En effet, la famille est un groupement qui a besoin de stabilité sans laquelle le mariage serait voué l'échec.
Or cette stabilité ne saurait exister sans autorité, sans pouvoir de décision.
Ce sont là des critères qui faisaient autrefois l'homogénéité, la force et la solidité des familles traditionnelles.
De nos jours encore malgré le modernisme qui pénètre nos familles cette puissance maritale subsiste car à partir du moment où la femme bien que capable civilement, continue à se référer au mari lorsqu'il y a des décisions importantes à prendre ou en cas de difficultés, elle lui reconnaît de ce fait implicitement une certaine autorité, une certaine supériorité, *en un mot la qualité de Chef de famille.*
Le législateur n'a fait que confirmer cette réalité évidente dans son article 319 al. 1, 2, 3.
Cependant, cette autorité ne doit pas signifier arbitraire.
Des garanties doivent être offertes à la femme.

B.-PRÉROGATIVES DU MARI SUR LA PERSONNE DE SA FEMME

La capacité civile de la femme mariée est atteinte par le fait que le mari, chef de famille peut épouser jusqu'à quatre femmes légitimes auxquelles il attribue son patronymique. Le législateur malien justifie cette attitude par une disposition coranique selon laquelle il est stipulé que l'homme peut épouser quatre femmes légitimes, *que cependant s'il ne peut pas être juste entre elles, qu'il se contente d'une seule.*

La nature humaine de par son imperfection, est-elle capable d'une justice absolue ?

L'homme est-il capable d'être juste envers quatre (4) épouses ?

Non, absolument pas, car la justice absolue n'appartient qu'à Dieu et à lui seul.

La réponse négative s'impose donc et il convient d'interpréter les dispositions coraniques susvisées comme une invitation à la monogamie.

Telle semble être et à juste raison la conception du législateur tunisien.

Par ailleurs la primauté de la puissance maritale peut encore se traduire au Mali par le vieil adage selon lequel *« la femme éternelle mineure doit toujours obéissance à l'homme ».*

Cette affirmation se trouve confirmée par l'article 316 du Code des personnes et de la famille : *« le mari doit protection à sa femme ; la femme obéissance au mari ».*

Ce texte fortement inspiré de l'ancien article 213 du Code civil français vient une fois de plus consacrer la conception traditionnelle de la famille qui a toujours maintenu la puissance maritale contrairement à la conception moderne qui tend à libérer la femme et à faire d'elle la *« collaboratrice »* du mari.

De ce texte découlent certaines conséquences qui ont amené la jurisprudence française à demander son abrogation.

En vertu de son droit de protection, le mari malien à la faculté de surveiller les relations de sa femme et de lui interdire certaines fréquentations.

Le mari demeure responsable de ses agissements même en cas de séparation de fait.

Cette responsabilité peut avoir des conséquences graves dans la mesure où la femme en séparation de fait peut contracter des engagements importants, l'époux n'étant dispensé des obligations de protection et d'obéissance qu'en cas de séparation de corps.

Dans ce contexte la situation de la femme mariée malienne jouissant de *« sa*

pleine capacité civile » n'est pas différente de celle de la femme mariée musulmane que son mari peut empêcher de sortir sans permission pour aller aux fêtes et invitations, la seule atténuation étant la possibilité pour elle de recevoir (même contre le gré de son mari), les visites de ses parents ; et là encore le mari peut se faire autoriser par le juge afin d'assister à ces visites s'il estime qu'elles exercent une mauvaise influence sur sa femme ou demander l'espacement desdites visites.
Dans sa ligne d'évolution, le législateur français a supprimé purement et simplement la formule « le mari doit protection à sa femme, la femme obéissance à son mari. »
Son nouvel article 216 dispose : *« chaque époux a la pleine capacité de droit »*… au lieu de : « la femme doit obéissance à son mari. »
Ainsi le terme capacité civile de la femme mariée trouve en droit français toute sa signification ; la femme mariée n'a plus d'ordre à recevoir sur sa vie personnelle, elle est libre de son emploi du temps et de ses relations.

Au Mali au contraire la capacité civile donnée à la femme mariée n'a pas tellement d'effet sur sa personne. En effet dans le cadre de sa vie professionnelle, « la femme ne peut tenir un commerce sans l'autorisation de son mari ».
La femme commerçante peut s'obliger pour ce qui concerne son négoce ; dans ce cas elle n'oblige son mari que s'il y a communauté entre eux ; elle n'est commerçante que si elle exerce un commerce séparé et non quand elle participe au commerce du mari ; on en déduit que l'exercice d'une profession commerciale est lié à l'autorisation maritale ; à défaut de cette autorisation, malgré sa capacité civile il n'est pas possible à la femme mariée de faire un négoce.
Il y a là une restriction à sa capacité civile.
Cette situation d'infériorité est semblable à celle qu'avait la femme française de 1942.
Il a fallu attendre la loi du 13 juillet 1965 pour voir l'épouse française bénéficier pleinement des conséquences de sa capacité civile conformément à l'article 223 du Code civil :
« La femme a le droit d'exercer une profession sans le consentement de son mari, et elle peut toujours pour les besoins de cette profession, aliéner et obliger seule ses biens personnels en pleine propriété. »
Souhaitons que la femme malienne atteigne rapidement ce même degré d'évolution.

CHAPITRE II
CONTRIBUTION AUX CHARGÉS DU MÉNAGE

(*Article 318 du CPF)*

Observations :
L'article 318 du CPF dispose clairement en ces termes :
« Les époux contractent ensemble par le seul fait du mariage, l'obligation d'assurer la direction morale et matérielle de la famille, de nourrir, entretenir, élever leurs enfants et préparer l'établissement de ceux-ci. »

L'article 319 du CPF *in fine* au contraire affirme comme suit :
*« Les charges du ménage **pèsent sur le mari.** La femme mariée qui dispose de revenus **peut** contribuer aux charges du ménage. »*

En analysant le contenu de ces deux (2) articles nous relevons ce qui suit :
Il résulte des dispositions de l'article 318 du CPF que le mari aussi bien que la femme sont tenus *sans distinction aucune tenant au sexe* des mêmes charges, c'est-à-dire des mêmes obligations et devoirs d'assurer la direction morale et matérielle de la famille, nourrir, entretenir, élever leurs enfants, préparer l'établissement de ceux-ci.
Ce sont ces mêmes devoirs et obligations, ces mêmes charges que préconisait l'article 33 du Code de mariage et de la tutelle de 1962.
Une telle disposition est conforme à la Constitution sur laquelle est fondée la République du Mali.
Elle est également conforme à l'esprit de la philosophie relative au principe de l'égalité des sexes tant prôné par la gent féminine.
En déclarant donc que les charges du ménage ***pèsent*** sur le mari ***seul*** et encore que la femme mariée qui dispose de revenus ***peut** (au lieu de **doit**)* contribuer aux charges du ménage, l'article 319 du CPF viole les dispositions de la Constitution, viole le fait qu'au regard de la loi *(art. 318 du CPF)* l'homme aussi bien que la femme ont les mêmes droits et devoirs, enfin viole le principe de l'égalité des sexes.
Nous constatons donc ici, à travers l'article 319 in fine, une nette et regrettable confusion *(dans l'esprit du législateur entre les dispositions de la Constitution et celles du droit musulman)* qui interpelle la Cour constitutionnelle.
En attendant, il importe de considérer comme ***nulle, non écrite et donc***

non avenue la disposition suivante de l'article 319 al. 3 du CPF ainsi libellée : « *les charges du ménage* ***pèsent sur le mari.*** *La femme mariée qui dispose de revenus* ***peut contribuer*** *aux charges du ménage* ».

SECTION I
CAS OÙ LA FEMME EXERCE UNE PROFESSION SALARIALE

Le patrimoine familial est affecté à l'entretien de la famille (art. 318 du CPF).
Aussi chacun des époux doit-il contribuer à cette charge (dépenses personnelles des époux, dépenses pour leurs enfants, etc.).
Dans quelle mesure les biens et les ressources des époux sont affectés à ces dépenses ?

L'article 34 al. 1 du Code de mariage et de la tutelle relayé par l'article 318 du CPF donne la réponse en considérant que le mari en tant que chef de famille, donc premier responsable dans la direction matérielle et la bonne marche du foyer conjugal, « est plutôt tenu des charges du ménage *à titre principal*.
Dans les mariages polygamiques chaque épouse est considérée comme un ménage.
Lorsque la femme exerce une profession ***elle doit contribuer*** aux charges du ménage. Toutefois, il est interdit au mari d'utiliser les revenus d'une de ses épouses au profit de ses autres épouses.

La femme qui a obtenu la séparation de biens doit contribuer proportionnellement à ses facultés et à celles du mari tant aux frais du ménage qu'à ceux d'éducation des enfants communs.
Elle doit supporter entièrement ces frais s'il ne reste rien au mari ; la contribution aux charges du ménage doit donc se faire en principe proportionnellement aux facultés de chaque époux.
Celui qui s'y refuse peut y être contraint : poursuite pour abandon de famille, saisie-arrêt des salaires.
La contribution des époux aux charges du ménage marque l'unité de la famille et du patrimoine familial, la destination normale des biens des époux étant de permettre à la famille de subsister.
Cette charge ne peut se confondre avec l'obligation alimentaire entre époux et à l'égard des enfants.

Les deux notions sont voisines mais néanmoins différentes en ce sens que l'obligation alimentaire n'a *d'autre limite que les ressources du débiteur et les besoins du créancier* ; un époux peut acquitter sa part contributive dans le ménage et être tenu quand même de l'obligation alimentaire.

SECTION II
CAS DE LA FEMME AU FOYER

Le législateur ne s'est intéressé qu'au cas de la femme exerçant une profession.
Qu'en est-il de celle qui ne travaille pas ?
La femme mariée qui n'exerce pas une profession salariée mais qui opère au foyer, fait le ménage, la cuisine, s'occupe des enfants, de l'ensemble des travaux ménagers... contribue sûrement en nature aux charges du ménage.

C'est pourquoi il avait été prévu dans un avant-projet de loi sur les régimes matrimoniaux que lorsqu'après plus dix (10) années de mariage un divorce intervenait aux torts du mari, une quotité de son patrimoine revenait d'office à la femme innocente et sans ressources. Cette disposition très controversée a été supprimée au motif qu'elle viole la Constitution en portant atteinte au droit de la propriété.

Cependant une telle disposition permettait de résoudre nombre de problèmes concernant des femmes qui après des années et des années de mariage, de rudes labeurs et de participation active à la formation du patrimoine familial, se voient « du jour au lendemain » tout d'un coup divorcées, frustrées, rejetées dans la rue, sans ressources et condamnées à vivre dans la précarité et la médiocrité, peut-être tout le restant de leur vie.
L'on répond que la loi permet à la femme frustrée d'ester en justice et de demander des dommages-intérêts appropriés.
Mais cette possibilité constitue-t-elle vraiment une solution dans le contexte social de la plupart des pays d'Afrique ?
Le problème demeure à présent entier.
Il importe de le résoudre.
Avant de préciser la structure de chacun des différents régimes (régime de communauté, régime de séparation des biens) examinons les règles qui gouvernent le choix du régime par les futurs époux.

TITRE II
CHOIX DU RÉGIME MATRIMONIAL

CHAPITRE I
CARACTÈRES DU CHOIX MATRIMONIAL

Les futurs époux peuvent fixer dans leur contrat de mariage leur régime. Celui-ci est alors appelé régime matrimonial. Lorsqu'ils ne font pas de conventions la loi détermine elle-même leur régime. Ils sont alors soumis au régime légal de la séparation des biens. Mais ce régime légal n'est-il pas lui-même *(quelque peu)* à base contractuelle ? En effet, les époux qui n'ont pas de contrat de mariage ne sont-ils pas censés s'y être référés tacitement ? Deux traits essentiels caractérisent le choix du régime matrimonial : la *liberté* des conventions matrimoniales et leur *mutabilité*.

SECTION I
LIBERTÉ DES CONVENTIONS MATRIMONIALES

Les futurs époux sont libres de fixer leur régime matrimonial à leur guise. Cependant, ils ne peuvent déroger aux prescriptions d'ordre public notamment à celles relatives aux droits reconnus au mari comme chef de la famille ; ils ne peuvent déroger aux droits que la femme tient de l'exercice d'une profession ; ils ne peuvent déroger aux droits que les époux tiennent de l'organisation de la puissance paternelle et de la tutelle : Ils (les époux) ne peuvent stipuler d'une manière générale que leur association sera réglée par l'une des coutumes ou statuts locaux qui régissaient les diverses ethnies maliennes et qui sont abrogées par le présent code. En résumé, les époux ne peuvent porter atteinte ni sur le plan extrapatrimonial au statut de la famille, ni sur le plan patrimonial aux règles de base impérativement édictées pour tous les régimes.

SECTION II
MUTABILITÉ DES CONVENTIONS MATRIMONIALES

(Art. 392 du CPF)

Les conventions matrimoniales ne peuvent recevoir aucun changement après la célébration du mariage, sauf à la demande expresse des conjoints. Il s'agit là du principe de la mutabilité de la convention matrimoniale à la requête conjointe des deux époux.

Ceux-ci peuvent en effet convenir dans l'intérêt de la famille, de modifier ou de changer entièrement de régime matrimonial conventionnel ou légal. L'intérêt de la famille peut s'entendre dans le sens de l'intérêt du mariage et surtout de l'intérêt de l'ensemble formé par le ménage et les enfants. La mutabilité de la convention matrimoniale peut être consécutive à un jugement de séparation de corps. Dans ce cas, la séparation des biens qui en résulte, remonte au jour de la demande.
La femme peut renoncer à la communauté.
Cette renonciation de la femme à la communauté sera faite au greffe du tribunal saisi de la demande en séparation.
Toutes les personnes qui avaient été parties dans le contrat modifié doivent être appelées à l'instance d'homologation ; mais non leurs héritiers, si elles sont décédées.
Le changement homologué a effet :

- entre les parties à dater du jugement ;
- à l'égard des tiers, trois mois après que mention en aura été portée en marge de l'un et de l'autre exemplaire de l'acte de mariage.

En l'absence de cette mention, le changement n'en est pas moins opposable aux tiers si dans les actes passés avec eux les époux ont déclaré avoir modifié leur régime matrimonial. Il sera fait mention du jugement d'homologation sur la minute du contrat de mariage modifié.
La demande d'homologation aussi bien que la décision d'homologation doivent être publiées dans les conditions et sous les sanctions prévues par le Code de procédure civile, commerciale et sociale ; en outre si l'un des époux est commerçant la décision est publiée dans les conditions et sous les sanctions prévues par les règlements relatifs au registre du commerce.
Les créanciers, s'il a été fait fraude de leur droit, pourrons former tierce opposition contre le jugement d'homologation.

CHAPITRE II
CONTRAT DE MARIAGE

(Art. 284 à 315 du CPF)

Le contrat de mariage est une convention solennelle par laquelle les futurs époux fixent devant l'officier d'état civil ou devant le ministre du culte leur régime matrimonial. Des libéralités en vue du mariage y sont généralement insérées.

Cette convention constitue à la fois un véritable pacte de famille et un statut pécuniaire de l'association puisqu'il détermine les pouvoirs, crée des obligations, règle des actes juridiques. Pour que le contrat de mariage soit valable deux catégories de conditions sont exigées : les conditions de fond et les conditions de forme.

SECTION I
CONDITIONS DE FOND ET DE FORME

(Articles 280 à 287 du CPF)

I. CONDITIONS DE FOND

Les parties intéressées doivent donner leur consentement et être capables.

A. CONSENTEMENT

Le consentement doit être donné avant la célébration du mariage.
Il doit être clairement exprimé ; il n'est pas valable s'il est extorqué par *violence* ou s'il n'a été donné que par suite d'une *erreur sur la personne.* Il est donné oralement et en personne devant l'officier d'état civil par chacun des futurs époux. Il est constaté par la signature et à défaut par l'apposition d'empreintes digitales au pied de l'acte.
Par exemple, les parties ne peuvent pas accorder un mandat général de conclure le contrat en leur nom. Elles peuvent seulement déléguer leur signature pour tel contrat dont elles ont approuvé toutes les dispositions en *cas d'empêchement ou de maladie* ou pour toute autre cause (art. 283 du CPF).
Par exemple en cas *d'éloignement* la partie ainsi empêchée peut donner son consentement par un acte dressé par l'officier d'état civil de sa résidence. De même en cas *d'empêchement* pour cause de maladie le consentement des parents ou représentants légaux peut être donné par écrit dans un acte dressé par le maire ou le chef de circonscription administrative de la résidence de l'intéressé.
Le contrat devenu définitif ne prend effet qu'à compter du jour de la célébration du mariage.

B. CAPACITÉ

Pour qu'un contrat de mariage soit valable faut-il que les futurs époux aient seulement la capacité de se marier ou faut-il qu'ils aient en outre la capacité d'exercice, celle de conclure un contrat ?

Dans le droit commun français, particulièrement dans le domaine contractuel le mineur non émancipé ne peut contracter lui-même ; c'est son père (administrateur légal), ou son tuteur, qui gère ses biens.
Le mineur ne peut faire aucune donation entre vifs (art. 904 du Code civil français).
Au Mali le contexte est le suivant :
Pour se marier librement les futurs époux doivent avoir 18 ans révolus en ce qui concerne le garçon et 16 ans en ce qui concerne la fille (art. 281 al. 1 du CPF).
La majorité civile étant de 21 ans au Mali, nous constatons qu'à 18 ans les futurs époux sont encore mineurs.
Ils seront bien sûr émancipés par le mariage.
Le garçon et la fille de moins de 18 ans peuvent-ils conclure un contrat de mariage ?
Cette question est résolue par le législateur malien dans l'article 284 du CPF qui permet au futur époux de contracter mariage *en cas de dispense d'âge*, mais seulement avec le consentement nécessaire de ses père et mère.
En cas de désaccord entre les deux, l'avis du père suffit (cela est à notre avis est une solution profondément critiquable).
Par ailleurs en cas de décès ou d'incapacité pour le père de manifester sa volonté, le consentement du Conseil de famille élargi à la mère suffit.

Lorsque les futurs époux sont orphelins de père et mère, le consentement requis est celui du tuteur ou du chef de la circonscription administrative en cas de refus du tuteur à consentir.

Concernant l'enfant naturel mineur il faudra le consentement de celui de ses père et mère qui l'a reconnu ou l'un et l'autre s'il a été reconnu par tous les deux.
L'enfant naturel mineur qui n'a point été reconnu et celui qui après l'avoir été a perdu ses père et mère ou dont les père et mère sont hors d'état de manifester leur volonté et qui n'a pas de tuteur ne pourra contracter mariage sans autorisation spéciale du chef de la circonscription administrative de leur domicile.
L'expédition de cette autorisation est annexée à l'acte de célébration du mariage.
Le mineur habile à contracter mariage est habile à consentir toutes les conventions dont ce contrat est susceptible et les conventions et

donations qu'il y a faites sont valables pourvu qu'il y ait été assisté dans le contrat des personnes dont le consentement est nécessaire pour la validité du mariage.

Nous pouvons donc admettre que tout comme dans le droit français le droit malien rend le mineur pleinement capable de consentir à son contrat de mariage dès lors qu'il est assisté des personnes dont le consentement est nécessaire pour la validité du mariage.
Les règles de l'administration légale, de la tutelle et de la curatelle ne jouent pas ; mais la loi exige outre le consentement du mineur celui des personnes qui doivent consentir au mariage. Ces personnes ne peuvent pas donner *une autorisation générale*, elles doivent connaître obligatoirement le contrat qu'elles approuvent.
Peut-on adopter le même raisonnement s'agissant de majeurs incapables tels que les prodigues, les faibles d'esprit, les interdits ?
Il faudrait répondre qu'en l'absence d'autorisation, les majeurs incapables peuvent se marier sans contrat.

C. SANCTION
L'article 289 est ainsi libellé : Le mariage est prohibé entre :
- le fils et la mère ;
- le frère et la sœur ;
- le père et la fille ;
- l'oncle et la nièce en ligne directe et au 1er degré ;
- le neveu et la tante paternelle ou maternelle ;
- l'homme et la femme qui l'a allaité ;
- l'homme et la fille de la femme qui l'a allaité ;
- l'homme et les tantes paternelles ou maternelles de sa nourrice ;
- l'homme et les enfants de la fille de sa nourrice ;
- l'homme et la mère de sa femme ;
- l'homme et l'ancienne épouse de son fils ;
- l'homme et l'ancienne épouse de son père ;
- l'homme et la fille de son épouse née d'un autre mariage ;
- l'homme et la sœur de son épouse vivante ;
- l'homme et la nièce de son épouse ;
- les personnes de même sexe.

Par ailleurs, l'article 307 est ainsi libellé : » Le mariage peut être contracté :
- soit sous le régime de la monogamie auquel cas les époux ne

peuvent contracter un second mariage avant la dissolution du premier… ;
- soit sous le régime de la polygamie auquel cas il faut que la femme y consente… »

Le mariage contracté en violation de ces deux (2) articles est nul sans préjudice des poursuites prévues par le Code pénal et l'article 311 du CPF ajoute que « *toute personne ayant connaissance de la célébration prochaine d'un mariage nul est tenu d'informer l'officier d'état civil qui doit surseoir à la célébration et rendre compte au Ministère public qui saisira la juridiction civile compétente* ».
L'article 287 du Code civil malien dispose que tout « officier d'état civil qui procédera à la célébration d'un mariage sans qu'il se soit assuré du consentement des personnes ci-dessus indiquées, consentement qui doit être énoncé dans l'acte de mariage, encourra un emprisonnement de six mois au moins et d'un an au plus et d'une amende de 25 000 à 125 000 francs, ou de l'une de ces deux peines seulement ».

La loi prévoit également que si des conventions ont été passées sans l'assistance des personnes requises (dont le consentement est nécessaire pour la validité du mariage) l'annulation en pourra être demandée :
- par celui dont le consentement a été vicié ou par l'époux victime de l'erreur ;
- par les personnes visées aux articles 285 et 286 du CPF dont le consentement était requis ; que cependant ces personnes ne peuvent toutefois intenter une action en nullité lorsque le mariage aura été approuvé par elles ; ainsi le contrat n'est pas nul mais il est annulable.

Ces personnes ne peuvent pas non plus intenter une action en nullité lorsqu'il se sera écoulé un délai de deux mois depuis la célébration du mariage (art. 313 al. 2 du CPF).
Par ailleurs nous pensons que le mineur en tutelle ou en curatelle, les personnes pourvues d'un conseil judiciaire, les prodigues, les faibles d'esprit, les interdits ne peuvent passer de conventions matrimoniales sans être assistés dans le contrat des personnes qui doivent consentir à leur mariage.
À défaut de cette assistance, l'annulation des conventions

matrimoniales peut être poursuivie par les incapables eux-mêmes ou leurs conseils dans l'année du mariage.

II. CONDITIONS DE FORME

Le contrat de mariage est un acte solennel préalable au mariage qui exige pour être valable la rédaction d'un acte notarié conformément à l'article (389 du CPF).
Ainsi toutes les conventions matrimoniales seront rédigées par acte devant le notaire en la présence et avec le consentement simultané de toutes les parties qui y adhèrent ou de leurs mandataires.
Il est loisible aux parties de modifier le contrat de mariage jusqu'au jour de la célébration. Ces modifications sont nommées *contre-lettre.*
Elles sont soumises aux conditions de fond et de forme imposées au contrat de mariage. Elles doivent notamment être rédigées devant notaire.
Les changements qui seraient apportés aux conventions matrimoniales avant la célébration du mariage doivent être constatés par acte passé dans les mêmes formes.

Nul changement n'est au surplus valable sans la présence et le consentement simultanés de toutes les personnes qui ont été parties dans le contrat de mariage ou de leurs mandataires. Tout changement, même revêtu de formes prescrites par l'alinéa précédent, sera inopposable aux tiers, *s'il n'est rédigé à la suite de la minute du contrat de mariage* ; et le notaire ne pourra délivrer ni grosse ni expédition du contrat de mariage sans transcrire à la suite le changement.
Le mariage célébré, il ne peut être apporté de changement au régime matrimonial que par l'effet d'un jugement rendu soit à la demande de l'un des époux dans le cas de séparation de résidence ou autres mesures judiciaires de protection ; soit à la requête conjointe des deux époux ou encore exceptionnellement sur la requête de l'un d'eux dans l'intérêt du mariage.

SECTION II
CONTENU DU CONTRAT DE MARIAGE

Le contrat de mariage a pour objet principal de fixer le régime matrimonial.

Dans ce contrat les époux peuvent :

- opter pour un régime matrimonial déterminé (*monogamie ou polygamie)* ;
- adhérer à un régime matrimonial prévu par le Code *(Séparation des biens, Communauté des biens…)* ;
- modifier les dispositions conventionnelles relatives à la communauté des biens ;
- y inclure des conventions annexes.

I. DE L'OPTION MATRIMONIALE

(Articles 307 à 310 du CPF).

L'article 307 de la loi n° 2011-087 du 30 décembre 2011 portant Code des personnes et de la famille stipule comme suit :

« Le mariage peut être contracté :

- *soit sous **le régime de la monogamie,** auquel cas, les époux ne peuvent contracter un second mariage avant la dissolution du premier. Toutefois, l'homme ayant opté pour le mariage monogamique aura la faculté de réviser son option avec le consentement exprès de l'épouse ;*
- *soit sous **le régime de la polygamie** auquel cas, il faut que la femme y consente, et l'homme ne peut être tenu simultanément dans les liens du mariage avec plus de quatre femmes ».*

A. *Choix entre la monogamie et la polygamie*

Le choix entre le régime monogamique et le régime polygamique dans les dispositions ci-dessus visées n'est en matière de mariage qu'une résultante de la coutume islamique.

Cette option matrimoniale peut être souscrite dans le contrat de mariage, au moment de la célébration ou même postérieurement à la célébration du mariage.

Elle consiste pour les époux à choisir entre *le régime monogamique* (auquel cas ils ne peuvent contracter un second mariage avant la dissolution du premier) et *le régime polygamique « à quatre degrés »* (c'est-à-dire la possibilité de prendre pour épouses jusqu'à quatre femmes), auquel cas les époux respectifs doivent être absolument consentants.

Il en sera fait mention dans l'acte de mariage.

Postérieurement à la célébration du mariage, ce choix peut être révisé avec le consentement exprès des époux par un acte passé devant un officier d'état civil.
Il en sera fait mention dans l'acte de mariage (art. 307 à 309 du CPF).
Enfin, la violation de ces articles est punie conformément aux dispositions du Code pénal et tout officier d'état civil ou tout ministre du culte qui y aura prêté sciemment son ministère sera puni des mêmes peines.

B. *Observation critique*

La coutume islamique, résultante des dispositions coraniques, dispose qu'***en matière de mariage l'homme est autorisé à épouser jusqu'à quatre (4) femmes dans la mesure où il peut être juste entre elles.***

Quelle est la portée réelle et profonde d'une telle assertion ?

ANALYSE

ÊTRE JUSTE ?

C'est se conformer à l'équité en respectant les règles de la morale ou de la religion ; c'est donc être impartial ; or, l'impartialité est une qualité exclusive de la perfection.
La justice, qualité morale qui consiste à être juste, est une expression de la transcendance de la vérité et de la perfection : elle est l'apanage de Dieu.
Dieu seul est parfait et juste.
L'homme, créature de Dieu, est imparfait de par sa nature ; aussi ne peut-il jamais être juste au sens religieux du terme.
Il en résulte que dans le régime matrimonial, en matière de mariage, les dispositions visées ci-dessus de la Sainte Écriture, *le Coran*, consacrent plutôt le principe de la monogamie.
De ce fait, l'on peut affirmer à juste raison que la pratique de la polygamie constitue :

1) *Une violation du principe de l'égalité entre l'homme et la femme que prône la Sainte Écriture :*
   En effet, le grand maître du savoir religieux Bahram Elâhi d'origine iranienne, dans son ouvrage intitulé *La Voie de la perfection* en sa page 95, a affirmé que : *« du point de vue spirituel les âmes qui habitent des corps d'hommes, de*

femmes… ont les mêmes possibilités de réalisation, aucune n'est défavorisée.
En aucun cas l'homme n'est supérieur à la femme si ce n'est par sa force musculaire ».
Par ailleurs, un Hadith édicte le principe suivant : *« Dieu prescrit la justice et la bienfaisance ; les gens sont égaux comme les dents d'un même peigne ; ils ne se surclassent que par leurs bonnes actions. »*
Il n'existe donc entre la femme et l'homme aucune inégalité fondamentale liée à leur nature.
La polygamie est une expression criarde de l'inégalité.
La femme est l'égale de l'homme, et les droits qui lui sont reconnus ressortent de nombreux domaines : humain, social et civil.

2) ***Une source de malheur, d'innombrables difficultés et de souffrances :***
Pour les femmes la polygamie est une source de grand malheur imposé à elles non pas par la fatalité mais par la force du destin.
Cela explique :

- le pourquoi des désordres conjugaux existant généralement au sein des familles polygamiques ;
- le pourquoi des crimes odieux qui se commettent au sein des familles polygamiques entre les épouses et même contre l'homme : « empoisonnement, meurtre par de l'acide, à coup d'armes blanches ou de pilons, suicide, etc., etc. etc. »

Par ailleurs un homme acceptera-t-il de voir sa femme entretenir des relations conjugales avec d'autres hommes ?
Jamais ! Au grand jamais !
Ceux-là se combattront à mort immédiatement.
Aussi autant est-il exécrable et infernal pour les hommes la polyandrie de leurs femmes, autant il est extrêmement exécrable et infernal pour les femmes la polygamie de leurs maris respectifs.

Conclusion

Le Dieu, le très miséricordieux est Amour, Bonté, Vérité, Justice… ; de ce fait, il ne saurait jamais consacrer une institution source de malheur, de difficultés de toutes sortes ou de souffrances de toutes natures.

En conséquence, en matière de mariage le principe matrimonial que consacre le Coran est à n'en pas douter la MONOGAMIE.

II. ADHÉSION À UN RÉGIME MATRIMONIAL PRÉVU PAR LE CODE SUR LES RÉGIMES MATRIMONIAUX

En dehors de cet engagement monogamique ou polygamique, les époux peuvent déclarer de manière générale qu'ils entendent se marier sous l'un des régimes prévus au Code.
Il s'agit là de la consécration du principe de la liberté du choix des conventions matrimoniales.
Les régimes prévus dans le droit positif malien sont soit *la communauté* (la communauté réduite aux acquêts, la communauté universelle ou autres), soit *la séparation des biens.*
La séparation des biens est le régime de droit commun au Mali.

L'article 385 du CPF organise les différents régimes comme suit :

- le régime de la séparation des biens *(régime de droit commun)* ;
- le régime de la communauté réduite aux acquêts ;
- le régime de la communauté universelle ;
- autres régimes de communauté convenus entre les parties, ce qui donne libre cours à la volonté des époux, dès lors que l'ordre public est respecté en leur permettant ainsi de convenir que :
- la communauté peut être celle des meubles et acquêts,
- celle de la participation aux acquêts,
- celle autorisant les époux à déroger aux règles concernant son administration,
- celle permettant à chacun des époux à prélever, si nécessaire, certains biens moyennant indemnité,
- celle autorisant chacun des époux à prélever, avant tout partage, soit une certaine somme, soit certains biens en nature, soit une certaine quantité d'une espèce déterminée de biens ou enfin,
- ou enfin celle autorisant les époux à convenir sur le quantum de la quotité des parts respectives à percevoir.

Dans le droit français, la loi du 13 juillet 1965 prévoit 5 sortes de régimes matrimoniaux :

- la communauté réduite aux acquêts *(communauté légale);*
- la communauté de meubles et acquêts ;

- la communauté universelle ;
- la séparation des biens ;
- la participation aux acquêts.

III. MODIFICATIONS DU RÉGIME MATRIMONIAL CHOISI

(art. 391 et s. 443 dus CPF)

Les conventions matrimoniales sont obligatoirement rédigées par acte notarié avant la célébration du mariage et ne peuvent prendre effet qu'au jour de cette célébration.

Au Mali, le législateur permet aux époux de modifier aussi bien dans leur contrat de mariage qu'après la célébration de leur mariage le régime matrimonial choisi pour l'adapter à leur tempérament, et cela par toutes sortes de conventions non contraires aux bonnes mœurs, aux droits et devoirs du mariage, aux règles de l'autorité parentale, de l'administration légale, de la tutelle, à l'ordre légal des successions ; en un mot à l'ordre public malien.

Les changements apportés aux conventions matrimoniales avant la célébration du mariage doivent être constatés par acte passé dans les mêmes formes par l'officier d'état civil. Après le mariage ils ne peuvent intervenir que sous l'effet d'un jugement à la demande de l'un des époux *(en cas de communauté de biens ou des mesures judiciaires de protection)*, soit à la requête conjointe des deux époux (lorsqu'après deux années d'application du régime matrimonial, conventionnel ou légal ils estiment, dans l'intérêt de la famille, le modifier ou même le changer entièrement par acte notarié soumis à *l'homologation* du tribunal civil de leur domicile).

L'instance d'homologation exige la présence de toutes les personnes *(mais non leurs héritiers si elles sont décédées)*, qui avaient été parties au contrat de mariage modifié.

Le changement homologué s'impose aux parties dès le jour du jugement.

Il n'aura effet à l'égard des tiers que *trois mois* après que mention en aura été porté en marge de l'un et de l'autre exemplaire de l'acte de mariage.

Même en l'absence de cette mention le changement homologué sera opposable aux tiers dès lors que dans les actes passés avec eux les époux ont déclaré avoir modifié leur régime matrimonial.

Les actes passés entre les époux peuvent être attaqués par les tiers, s'ils sont faits en fraude de leurs droits ; aussi les créanciers, s'ils existent, pourront-ils former tierce opposition contre tout jugement d'homologation fait en fraude à leurs droits.

Les conventions matrimoniales ne doivent jamais déroger aux prescriptions d'ordre public, notamment à celles relatives aux droits reconnus au mari comme chef de famille, aux droits que la femme tient de l'exercice d'une profession séparée, à ceux que les époux tirent de l'organisation de la puissance paternelle et de la tutelle.
Les époux ne peuvent faire aucune convention ou renonciation dont l'objet serait de changer l'ordre légal de succession soit par rapport à eux-mêmes dans la succession de leurs enfants ou descendants, soit par rapport à leurs enfants ; c*'est bien là une forme d'interdiction des pactes sur succession future.*
Les époux ne peuvent également stipuler d'une manière générale que leur association sera réglée par l'une des coutumes ou statuts locaux qui régissaient les diverses ethnies maliennes et qui sont abrogées par le présent code.
Ils peuvent notamment convenir et nous le répétons :

- que la communauté sera réduite aux seuls acquêts ou qu'elle comprendra tous les meubles et acquêts ;
- qu'il sera dérogé aux règles concernant l'administration ;
- que l'un des époux aura la faculté de prélever certains biens moyennant indemnité ;
- que les époux auront des parts inégales ;
- qu'ils administreront conjointement la communauté...

Dans ce cas, les actes de disposition et même l'administration des biens communs y compris les biens réservés doivent être faits sous la signature conjointe du mari et de la femme et emportent de plein droit solidarité des obligations ; les actes conservatoires peuvent être faits séparément par chaque époux : c*'est la clause de la main commune.*
Les actes d'administration que l'un d'eux a faits seul en vertu de cette clause sont opposables à l'autre.
Les actes de disposition ne peuvent être faits que du consentement commun des deux époux.
Ils peuvent convenir que les vêtements, bijoux et autres objets mobiliers à l'usage personnel de chacun des époux qui existent lors de la dissolution de la communauté seront repris en nature par chaque

époux ou ses héritiers quelles que soient la valeur et la provenance de ces objets : c*'est la clause de reprise en nature des objets à usage personnel.* Elle s'applique quelle que soit la cause de la dissolution de la communauté.
Enfin les époux peuvent établir qu'en cas de dissolution de la communauté par décès et dans ce cas seulement le survivant des époux prélèvera à titre de préciput et avant tout partage la totalité des meubles meublants, objets mobiliers existants alors et qui dépendraient de ladite communauté : c*'est la clause de préciput.*
Les règles de la communauté universelle resteront applicables en tous les points qui n'auront pas fait l'objet de la convention des parties.

IV. CONVENTIONS ANNEXES

Les conventions annexes contenues dans le contrat de mariage peuvent consister en des libéralités consenties par l'un des futurs époux à l'autre ou par des tiers *(généralement leurs parents)* aux futurs époux. Ces conventions font corps avec la fixation du régime. Ils sont et constituent des clauses du contrat de mariage lorsqu'elles font parties des conventions matrimoniales ; les règles spéciales à ces conventions déteignent sur elles. Sur la question de savoir si leur nullité est liée à celle du contrat de mariage nous affirmerons, dans le même sens que le Pr Mazeaud, que ce serait aller « *trop loin en affirmant que libéralités et clauses du régime se conditionnent nécessairement* ».

Non, elles ne se conditionnent pas nécessairement. Il convient dans chaque cas de rechercher la volonté du donateur et des futurs époux afin de savoir si la nullité des clauses du régime entraîne celle des libéralités et réciproquement si la nullité d'une libéralité emporte celle du contrat tout entier.
Cela dépend de l'appréciation souveraine du juge du fond. Outre les conventions annexes au régime matrimonial, on trouve dans les contrats de mariage des conventions tout à fait indépendantes du régime des biens des époux. Leur lien n'est plus alors avec le contrat de mariage « *negotium* » mais plutôt avec l'« *instrumentum* », ce lien est donc purement formel. Les conventions annexes sont des actes juridiques qui sont conclus dans le même contenant que le contrat de mariage et qui en demeurent

néanmoins distincts, restant notamment soumis à leurs règles propres et pouvant par suite subsister malgré la nullité du contrat de mariage. Par exemple *une reconnaissance d'enfant naturel* contenue dans un contrat de mariage demeurera valable malgré la nullité ultérieure dudit contrat. La non-célébration du mariage et la caducité du contrat de mariage « *negotium* » qui en résulte laisseront intactes les dispositions relatives à la reconnaissance de l'enfant naturel. Le contrat de mariage annulé subsistera en tant qu'« *instrumentum* » c'est-à-dire en tant que moyen de preuve.

SECTION III
NULLITÉ, CADUCITÉ ET PUBLICATION DU CONTRAT DE MARIAGE

I. NULLITÉ ET CADUCITÉ

A. NULLITÉ
Lorsque les conditions requises pour la formation du contrat de mariage ne sont pas réunies, la sanction est la nullité. La jurisprudence estime que cette nullité est *absolue* et qu'elle peut donc être invoquée par tout intéressé même lorsqu'il s'agit d'un contrat de mariage passé par un mineur sans le consentement requis. Il y a par contre *nullité relative* lorsqu'il s'agit de la nullité d'une clause du contrat et lorsque cette clause est contraire à la loi. Il y a nullité absolue lorsque le contrat n'est pas régulier. Par exemple l'époux n'a pas été assisté à la conclusion du contrat chez le notaire ou lorsqu'il n'a pas été représenté par le mandataire dûment habilité. La nullité est également absolue lorsque le contrat de mariage est postérieur à la célébration du mariage.

B. CADUCITÉ
Le contrat de mariage est caduc lorsque le mariage est nul à moins qu'il ne s'agisse d'un mariage putatif. Le contrat de mariage est également caduc lorsque les futurs époux ont renoncé à leur projet de mariage. Le contrat de mariage caduc est dépourvu d'effet. Cependant, les actes y contenus, distincts du contrat de mariage, sont valables. Par exemple, *le cas de la reconnaissance d'un enfant naturel*. Il peut arriver que les futurs époux après avoir renoncé à leur projet de mariage changent à nouveau d'avis et font célébrer leur mariage ; *ils sont soumis au régime légal, c'est-à-dire au régime de la séparation des biens*, le contrat

auquel ils avaient renoncé restant toujours caduc (à défaut d'un nouveau contrat). S'ils avaient simplement retardé la réalisation de leur projet, leur mariage célébré plus tard serait régi par leur contrat.

II. PUBLICITÉ

La sécurité du commerce juridique exige que les tiers soient informés du régime matrimonial des personnes avec lesquelles ils traitent. Ces tiers ont en effet intérêt à connaître la situation des biens qui composent le patrimoine de leurs contractants : biens communs, biens propres, clauses d'emploi et de remploi, etc. De là résulte l'obligation d'une publicité bien organisée permettant à ceux-ci de savoir si les époux ont passé un contrat de mariage et dans l'affirmative quel en est le contenu en demandant une expédition. Cette publicité ne sera efficace que dans la mesure où le notaire et l'officier d'état civil sont contraints à certaines obligations que nous allons examiner immédiatement.

A. OBLIGATIONS DU NOTAIRE

L'article 389 du CPF stipule : au moment de la signature du contrat, le notaire délivre aux parties un certificat sur papier libre et sans frais, énonçant ses noms, prénoms, et lieu de résidence, et les noms, prénoms, qualités et demeures des futurs époux ainsi que la date du contrat. Ce certificat indique qu'il doit être remis à l'officier d'état civil avant la célébration du mariage.

B. OBLIGATIONS DE L'OFFICIER D'ÉTAT CIVIL

L'officier d'état civil interpelle les futurs époux et s'ils sont mineurs, leurs ascendants présents à la célébration du mariage, d'avoir à déclarer s'il a été fait un contrat de mariage et dans le cas de l'affirmative, la date de ce contrat ainsi que les noms et lieu de résidence du notaire qui l'aura reçu. L'acte de mariage énoncera la déclaration qu'il a été ou qu'il n'a pas été fait de contrat de mariage et autant que possible la date du contrat, s'il existe, ainsi que le nom et le lieu de résidence du notaire qui l'aura reçu. En cas d'omission c'est-à-dire si l'acte de mariage mentionne qu'il n'a pas été fait de contrat de mariage, les époux seront à l'égard des tiers, réputés mariés *sous le régime du droit commun, c'est-à-dire le régime de la séparation des biens*, à moins que dans les actes passés avec les tiers ils n'aient déclaré avoir fait un contrat de mariage.

Dans le cas où la déclaration aurait été omise ou serait erronée, la rectification de l'acte, en ce qui touche l'omission ou l'erreur, pourra être demandée par le procureur de la République. Si l'un des époux est commerçant lors du mariage ou le devient ultérieurement le contrat de mariage doit être publié dans les conditions et sous les sanctions prévues par la législation en vigueur sur le registre du commerce. *Quelle sanction le législateur a-t-il prévue lorsque la mention du contrat de mariage ne figure pas dans l'acte de mariage ?* Le législateur malien a passé cela sous silence tant dans le code sur le mariage que dans la nouvelle loi n° 2011-087 susvisée sur les régimes matrimoniaux. Le législateur français quant à lui a prévu que la faute sus-invoquée peut incomber :

- soit au notaire qui a omis de délivrer le certificat ; *dans ce cas, il est passible de dommages-intérêts envers les tiers victimes de son oubli* ;
- soit à l'officier d'état civil qui a oublié d'interpeller les parties ou de mentionner leur réponse et *il est alors passible d'une amende* ;
- soit aux époux qui ont faussement déclaré en se mariant, ne pas avoir fait de contrat : ils sont alors réputés à l'égard des tiers, *mariés sous le régime de droit commun*, à moins que dans les actes passés avec ces tiers ils n'aient déclaré avoir fait un contrat de mariage.

Ces dispositions conformes à une jurisprudence constante s'appliquent également au Mali.

Conclusion :

Les conditions de validité des contrats de mariage s'expliquent par la volonté du législateur de sauvegarder d'une part les intérêts fondamentaux des familles des futurs époux et de la famille qu'ils vont créer et d'autre part les intérêts des tiers. De même dans la réglementation qu'elle donne des grands types de régime, la législation s'efforce également de concilier le souci de la défense du patrimoine familial et celui de la protection des intérêts des tiers. Le droit positif malien prévoit deux types de régime matrimonial : celui de la séparation des biens (régime légal) et celui de la communauté (régime conventionnel). Nous allons successivement examiner ces deux catégories de régime dans une deuxième partie intitulée : DIFFÉRENTS RÉGIMES MATRIMONIAUX

DEUXIÈME PARTIE
DIFFÉRENTS RÉGIMES MATRIMONIAUX

(Art. 385-444 du CPF)

TITRE I
RÉGIME DE LA SÉPARATION DES BIENS

(Art. 396-401 du CPF)

Dans la conception moderne, le mariage est fondé essentiellement sur la volonté réciproque des deux époux.
L'article 283 du CPF est très explicite : « *il n'y a pas de mariage lorsqu'il n'y a pas de consentement* ».
Ainsi donc le mariage n'apparaît plus comme l'expression de la volonté de deux familles, du moins en droit, mais un accord de volonté entre les époux.
C'est une association conjugale de l'homme et de la femme, laquelle suppose une égalité de droit, de pouvoir entre les associés (art. 318 du CPF).
Tel est le principe admis dans la gestion des régimes matrimoniaux (régime légal de la séparation des biens ou régime de communauté).

En effet aux termes des Titres II et III du CPF, le régime matrimonial est soit la séparation des biens, soit la communauté.
Les époux qui demandent le régime de la communauté doivent rédiger un contrat de mariage.
Dans le Code des personnes et de la famille relatif aux régimes matrimoniaux, il ressort qu'à défaut de stipulation expresse dans le contrat de mariage les époux sont censés avoir opté pour le régime de la séparation des biens.
Aussi, lorsque la femme renonce à la communauté, tombe-t-elle d'office dans le régime de la séparation des biens.

Une interprétation extensive de ces dispositions permet également d'affirmer que lorsque les époux mariés sous un régime monogamique modifient l'option monogamique souscrite par le mari au moment de la célébration du mariage en celle polygamique, la communauté sera dissoute d'office à la requête de l'un des époux ; le tribunal devra constater cette dissolution et procéder à la liquidation des biens communs.
Au cas où il s'en suit ainsi, l'association sera régie désormais par le droit commun de la séparation des biens.
La séparation des biens est un régime matrimonial qui laisse à chacun des époux l'administration, la jouissance et la libre disposition de ses

biens propres (art. 378 du CPF) ; cette séparation peut également résulter mais à titre accessoire de la séparation de corps.
Le régime légal de la séparation des biens répond au souci du législateur de rendre la femme *aussi indépendante que possible* de son conjoint ; admis avec beaucoup de circonspection au Mali, il est cependant dangereux pour la femme lorsque celle-ci néglige de s'occuper de la gestion de ses biens, une telle négligence est chose courante dans un milieu à majorité analphabète.
Par exemple lorsque deux personnes se marient sans contrat de mariage, le régime qui leur sera applicable est celui de la séparation des biens ; or en pratique nombre des époux en font fi et vivent dans la confusion la plus totale de leurs biens.

Aussi, en cas de divorce un mari sans scrupule ne peut-il pas soulever le fait qu'ils sont mariés sous le régime de la séparation des biens et qu'en conséquence il n'a absolument aucun compte à rendre à son épouse ; que les biens réclamés par celle-ci sont sa propriété privative exclusive, tous les titres étant à son nom ?
Voilà un cas *qui peut être fatal à l'épouse négligente.*

Heureusement, il peut aussi arriver parfois des cas où un mari scrupuleux, conscient de la réalité des faits, c'est-à-dire de la participation active de sa femme dans la constitution du patrimoine familial, et soucieux d'assurer, après sa mort la protection de celle-ci à l'ouverture de sa succession, prend la précaution de rédiger un testament généralement olographe dans lequel il précise que leur régime matrimonial est la communauté des biens *auquel cas la masse successorale à partager sera la moitié des biens communs.*
À l'ouverture d'une telle succession, la validité du testament olographe pourra être diversement appréciée ; certains cohéritiers peuvent même être tentés de demander sa nullité devant les tribunaux.

Que va-t-il se passer ?
Tout dépendra du pouvoir souverain d'appréciation du juge du fond ; cependant il est souhaitable que la dernière volonté du *de-cujus* se réalise, ce qui évitera une frustration certaine de l'épouse innocente[21].
C'est pourquoi pour pallier quelque peu ce danger et éviter que l'époux

[21] Voir arrêt n° 227 du 18 août 2003 de la 1re Ch. civ. de la CSM.

innocent ne soit trop frustré, il avait été suggéré *(mais malheureusement sans succès)* dans un précédent avant-projet de loi susvisé que lorsqu'après (dix) 10 années de mariage effectif, sans contrat de mariage, des époux viennent à divorcer, il sera alloué à l'époux démuni et innocent le quart (1/4) de la valeur des biens du conjoint acquis à titre onéreux pendant le mariage.

Par ailleurs, la femme peut demander en cours de mariage au tribunal de prononcer une séparation de biens lorsque par le « désordre des affaires de son époux, sa mauvaise administration ou son inconduite, il apparaît que le maintien de la communauté met en péril ses intérêts. » (art. 420 du CPF).

Le régime de la séparation des biens se caractérise par l'absence d'une masse commune. Son étude nous commande les questions suivantes :

Comment les biens sont-ils gérés dans le régime de la séparation des biens ?

Comment les époux contribuent-ils aux charges du ménage ?

Quelle est la preuve de la propriété des biens utilisés par les époux respectifs en cas de dissolution du régime ?

CHAPITRE I
GESTION DES BIENS

Sous le régime de la séparation des biens chaque époux conserve en propre tous les biens qu'il possède au jour du mariage ainsi que ceux qui lui adviennent en cours de mariage ; ils ont des pouvoirs certains sur ces biens ; ils peuvent faire ouvrir un compte courant en banque ; ils conservent dans le régime de la séparation des biens l'administration, la jouissance et la libre disposition de leurs biens personnels sauf stipulation expresse contraire. Chaque époux reste en conséquence tenu des dettes nées de son chef avant ou pendant le mariage hors les cas relatifs aux droits et devoirs respectifs des époux entre eux, consacrés par le présent code (art. 316) et concernant entre autres les devoirs de secours et d'assistance : (art. 396 du CPF).

Cependant malgré l'indépendance théorique des biens, dans le cadre du régime de la séparation, il peut se produire, du fait de la communauté d'existence, *une confusion des deux patrimoines.*

Cette confusion peut résulter soit de l'intrusion de l'un des époux dans la gestion des biens de l'autre, soit que l'un des époux abandonne

(tacitement ou expressément) la gestion de ses biens à l'autre. À la suite de ces faits, des mésintelligences peuvent surgir entre eux.
Comment trancher le litige ?
Le législateur l'a fait en préconisant des solutions : (art. 398, 399 et suiv. du CPF).
En effet lorsque l'un des époux gère les biens de l'autre, cinq cas peuvent être envisagés :

- *premier cas :* pendant le mariage l'un des époux confie à l'autre l'administration de ses biens personnels ;
  Les règles *du mandat* sont applicables.
  L'époux mandataire ne rendra compte des fruits que lorsque la procuration l'y oblige expressément ;
- *deuxième cas :* lorsque l'un des époux gère les biens de l'autre au su de celui-ci et en l'absence d'opposition, celui qui gère est censé avoir reçu un mandat tacite.
  Il répond alors de la gestion envers l'autre.
  Il n'est cependant comptable que des fruits existants ; pour ceux qu'il aurait négligé de percevoir ou consommés frauduleusement, il ne peut être recherché que dans la limite des cinq (5) dernières années ;
- *troisième cas* : en cas d'opposition, l'époux qui s'immisce dans les affaires de l'autre est responsable des suites de son immixtion et comptable sans limitation de tous les fruits qu'il a perçus, négligé de percevoir ou consommés frauduleusement : (art. 400 du CPF) ;
- *quatrième cas* : lorsque l'un des époux est dans l'impossibilité de manifester sa volonté (éloignement...) l'autre peut se faire habiliter par justice à le représenter.
- *cinquième cas :* les règles de *la gestion d'affaires* s'appliquent à défaut de pouvoir légal de mandataire ou d'habilitation de justice.

Enfin après la dissolution du mariage par le décès de l'un des conjoints, le partage des biens indivis entre époux séparés de biens (maintien de l'indivision et attribution préférentielle licitation des biens, effets du partage, garantie et soulte) est absolument soumis à toutes les règles établies au titre des *« Successions »* pour le partage entre cohéritiers (401 du CPF).
Il en est de même en ce qui concerne le divorce ou la séparation de

corps ; toutefois, *l'attribution préférentielle n'est jamais de droit* et il peut toujours être décidé que la totalité de la soulte éventuellement due sera payable au comptant.

CHAPITRE II
CONTRIBUTIONS AUX CHARGES DU MÉNAGE

L'absence de masse commune oblige chaque époux à opérer un prélèvement sur ses ressources pour subvenir aux frais d'entretien.

SECTION I
MODE DE CONTRIBUTION

Nous avons affirmé précédemment que les dispositions de l'article 319 *in fine* (selon lesquelles *« les charges du ménage **pèsent** sur le mari et que la femme mariée qui dispose de revenus "**peut**" (au lieu de "**doit**")* contribuer aux charges du ménage »), au regard tant du Code de mariage et de la tutelle de 1962 que de la Constitution de 1992, *doivent être considérées comme nulles, non écrites et donc non avenues.*
Dans la pratique juridique courante depuis 1962, confortée par l'article 318 du CPF, c'est le mari qui fixe le train de vie du ménage puisque c'est sur lui que « pèsent *à titre principal* les charges du ménage », mais aucun texte n'empêche les époux de le faire conjointement.

D'ailleurs, nous précisons à travers l'analyse des dispositions du Code de mariage et de la tutelle *(abrogé)* que l'intention profonde du législateur était que les époux doivent contribuer aux charges du ménage au prorata de leurs facultés contributives respectives.
Cette précision s'induit des dispositions de l'article 13 du (Code de mariage et de tutelle de 1962) aux termes duquel *« sous tous les régimes, les époux s'engagent entre eux à pourvoir à l'entretien du ménage et à l'éducation des enfants mineurs »* ; par ailleurs, *« la femme qui a obtenu la séparation des biens doit contribuer proportionnellement à ses facultés et à celles du mari tant aux frais du ménage qu'à ceux d'éducation des enfants communs.*
Elle doit supporter entièrement ces frais s'il ne reste rien au mari » (art. 53 CMT).

Cette interprétation concerne *a fortiori* le cas de la femme exerçant une profession séparée (art. 35 al. 2).
Cette réalité confirmée par l'article 318 du CPF s'impose et nous conduit logiquement, après examen des dispositions de l'article 319 du CPF (*que nous avons analysées, critiquées et rejetées dans notre précédente étude) à considérer ledit article comme nul, non écrit et donc non avenu.*

Telle est également la position du droit français qui résulte de l'article 214 du Code civil, disposition abrogée par la loi n° 65-617 du 13 juillet 1965 selon laquelle la femme s'acquitte de sa contribution en la prélevant sur les ressources dont elle a l'administration et la jouissance… ou par son activité au foyer ou par sa collaboration à la profession de son mari.
La contribution de la femme sans profession consiste dans sa participation active tant à l'entretien (travaux ménagers, établissement et éducation des enfants…) et au fonctionnement du ménage qu'à l'accroissement de l'économie familiale.
En matière de polygamie une question s'élève et retient l'attention, c'est celle de savoir :

À quelles charges la femme du mari polygame doit contribuer ?
Aux charges globales ou à celles relatives à ses besoins ou aussi à celles de ses enfants ?
La réponse résulte des termes de l'article 320 du CPF selon lesquels chaque épouse constitue un ménage à part.
Aussi doit-elle contribuer aux dépenses *de son ménage propre.*
L'obligation de contribuer aux charges du ménage crée entre les époux des liens pécuniaires.
Chacun est tenu seul responsable des dettes nées de son chef avant et pendant le mariage.
Les créanciers pourront néanmoins poursuivre l'époux débiteur et son conjoint solidairement lorsque celui-ci s'est endetté « *pour la satisfaction des besoins communs dont la charge incombe aux époux* ».
Cette solidarité ne jouera pas pour les dépenses dont l'exagération est manifeste par rapport au train de vie du ménage ou qui seraient occasionnées par un tiers de mauvaise foi.
Les créanciers personnels de la femme ne peuvent, sans son consentement, demander la séparation de biens.

Néanmoins *en cas de faillite ou de déconfiture* du mari, ils peuvent exercer les droits de leur débitrice jusqu'à concurrence de leurs créances (art. 54).
L'action oblique ne peut donc pas jouer parce que le législateur n'entend pas troubler les ménages par l'intervention des tiers.
Ces deux derniers cas comme d'ailleurs les suivants ne sont pas traités par le CPF.
Aussi nous sommes-nous servis tant des dispositions du Code de mariage et de la tutelle de 1962 que de celles du Code civil français *comme raison écrite.*
En effet, les créanciers du mari peuvent se pourvoir contre la séparation de biens prononcée et même exécutée en fraude de leurs droits par la voie de la tierce-opposition (art. 1447 C. civ. français).
Ils peuvent même intervenir dans l'instance sur la demande en séparation pour la contester et conserver leurs droits.
De même, en vertu des règles de l'action oblique (art. 1166 C. civ. français), ils peuvent interjeter appel contre les décisions d'instance rendues au détriment de leurs débiteurs, alors même qu'ils n'étaient jamais intervenus en premier ressort.

SECTION II
SANCTION DE L'INEXÉCUTION

L'article 352 dernier alinéa du Code des personnes et de la famille fait du défaut d'entretien, de nourriture, d'habillement, logement… une des causes de divorce.
De son côté, le Code pénal fait de l'inexécution de cette obligation un délit, celui d'abandon de famille, prévu et puni, par l'article 184 nouveau, d'une peine d'emprisonnement de trois à deux ans.
Cette sanction n'intervient qu'après appréciation souveraine soit du juge civil soit du juge correctionnel. Il peut arriver que le juge ordonne une saisie-arrêt sur la part de revenu de l'époux défaillant.
Par ailleurs, des difficultés peuvent subsister à la dissolution du régime, relatives à la propriété de certains biens. La solution consiste dans l'apport des preuves.

CHAPITRE III
PREUVE DE PROPRIÉTÉ

Le législateur fait jouer la notion de la présomption de propriété en faveur de l'époux qui détient le bien ; aussi, d'après leur nature et leur destination, les biens meubles qui ont un caractère personnel et les droits exclusivement attachés à la personne sont-ils présumés appartenir à l'un ou l'autre des époux sauf preuve contraire.
Cette présomption joue non seulement à l'égard des tiers mais aussi bien dans les rapports entre époux.
La preuve contraire est néanmoins valable et elle peut se faire par tous les moyens admis par la loi.
La propriété exclusive d'un bien peut s'établir par tous les moyens tant à l'égard du son conjoint que des tiers.
La preuve de la propriété des autres biens peut s'établir de la manière suivante :

- s'agissant de meubles corporels, la preuve se fait par tous les moyens ;
- s'agissant de meubles incorporels (parts, actions de sociétés civiles ou commerciales, fonds de commerce) la preuve se fait par écrit soit authentique soit sous seing privé ;
- s'agissant d'immeubles, par actes authentiques ou par décision de justice ou témoignage.

Les biens pour lesquels aucun des époux ne peut justifier d'une propriété exclusive sont réputés leur appartenir d'une façon indivise, à chacun pour moitié (art. 397du CPF).

TITRE II
RÉGIME CONVENTIONNEL : COMMUNAUTÉ DES BIENS

(Art. 402-444 du CPF)

I. GÉNÉRALITÉS

La communauté, régime conventionnel matrimonial très usité en Afrique, particulièrement au Mali, tire son nom des patrimoines communs aux deux époux. Dans ce régime les biens des époux (présents et futurs, actifs et passifs) sont répartis en trois masses : les biens communs, les biens propres du mari, les biens propres de la femme.

S'agissant du droit de propriété littéraire ou artistique, il faut distinguer entre le droit pécuniaire et le droit moral.
Le droit pécuniaire *suit le sort des meubles* alors que le droit moral demeure *propre* et se transmet au décès de l'auteur.
Tout bien, meuble ou immeuble est réputé acquêt de la communauté sauf preuve contraire, dont l'appréciation relève de la compétence du juge.

II. NATURE JURIDIQUE DE LA COMMUNAUTÉ

Il est difficile de faire entrer la communauté dans une catégorie connue d'institutions juridiques.
La question de la nature juridique de la communauté conserve un intérêt pratique.
Par exemple :
Les créanciers de la communauté ont-ils sur les biens de la communauté dissoute un droit de préférence à l'encontre des créanciers des époux postérieurs à la dissolution ?
Oui, si la communauté est une personne morale.
Non, si elle ne l'est pas.
La communauté *n'est pas une société entre les époux* car elle ne recherche pas de bénéfices ; par ailleurs, les tiers ne traitent pas avec elle, mais individuellement ou ensemble avec les époux ; elle *n'est pas une masse de biens ayant la personnalité morale*, mais une masse de biens ayant une individualité propre respectivement distincte des patrimoines des époux ; la communauté se partage entre les époux.
Elle *n'est pas non plus une indivision ordinaire* car elle comporte en son sein des biens propres du mari et ceux de la femme.
Masse de biens autonomes, nous pouvons seulement affirmer que la communauté n'est ni une copropriété sans indivision, ni une propriété en main commune mais :
« Un ensemble de biens communs, sans aucune personnalité morale, appartenant à chacun des époux et affecté à la famille. »
Au Mali lorsque les époux veulent adopter pour base de leurs rapports pécuniaires un régime de communauté de biens, ils sont obligés de rédiger un contrat de mariage qui contiendra le type de communauté qu'ils entendent adopter.
Le législateur a défini dans les articles 396 à 443 du CPF les différents régimes communautaires susceptibles d'exister au Mali.

III. DE QUELLE COMMUNAUTÉ S'AGIT-IL

D'ores et déjà il faudrait exclure le régime de la communauté traditionnelle dès lors que le concept ancien de la famille a disparu au profit d'un concept nouveau, celui de la famille nucléaire. Par ailleurs, *la communauté dont il s'agit ne peut se situer que dans le prolongement de la conception monogamique* bien qu'il soit clairement énoncé en l'art. 320 du CPF que chaque épouse polygame constitue un ménage.
En effet, comment peut-on être en communauté avec telle épouse et en séparation de biens avec telle autre ?
Pourrait-on être en communauté avec l'épouse Aminata mariée en 1968, puis avec l'épouse Bineta mariée en 1975 et aussi avec l'épouse Kandia mariée en 1982 ?
En outre comment ces trois épouses A, B et K pourront-elles constituer avec leur mari une communauté de biens ?
Cela n'est pas possible malgré l'adage selon lequel « *la communauté de vie engendre la communauté de biens* » ; *aussi importe-t-il de prime abord de conclure fermement qu'au Mali le choix du régime communautaire doit être exclusif de toute conception polygamique du mariage.*
Une telle attitude est confirmée par les articles (388 et 389 du CPF) sur les régimes matrimoniaux.
Ainsi lorsque les époux mariés sous l'un des régimes communautaires modifient l'option monogamique souscrite par le mari au moment de la célébration du mariage en celle polygamique, la communauté sera dissoute d'office.
L'association sera alors réglée par le droit commun de la séparation des biens.

Dans le droit français, le régime de la communauté comporte plusieurs types :

- celui de la communauté des meubles et acquêts ;
- de la communauté universelle ;
- de la participation aux acquêts et enfin ;
- celui de la communauté réduite aux acquêts qui constitue depuis la loi n° 65-570 du 13 juillet 1965 le régime légal.

Dans le droit malien, le membre de phrase suivant *« ... les autres communautés convenues entre les époux... »*, qui se trouve dans l'article 385 du CPF, semble autoriser les futurs époux à adopter dans leurs contrats de mariage, à l'exception de la communauté traditionnelle, n'importe quel régime de communauté qui leur conviendrait. Un tel raisonnement est erroné et dangereux, car une telle tendance risquerait d'entraîner la création anarchique de régimes de communautés.

L'objectif du nouveau droit malien est la promotion de la femme malienne (art. 318 du CPF) et consiste donc à réhabiliter la femme en lui conférant plus de droit, plus de jouissance dans la gestion des biens familiaux et donc plus de responsabilité.
C'est à ce prix que l'article 318 susvisé aura sa raison d'être. Par conséquent, tout régime de communauté, *tel celui visé par les dispositions de l'article 319 in fine du CPF*, qui méconnaîtrait ces principes serait contraire à la nouvelle optique juridique.
Nous pensons donc que le régime de communauté qu'exprime l'artice 385 du CPF n'est autre que celui qui va assurer l'indépendance des époux tout en maintenant l'unité de direction des biens sous l'autorité du mari avec bien sûr un droit de contrôle de la femme.
Un tel régime sera certes l'expression de la volonté pleinement autonome des époux, c'est-à-dire celui librement choisi par eux dans l'arsenal des régimes communautaires visés ci-dessous :

- communauté universelle ;
- communauté réduite aux acquêts ;
- les autres communautés convenues entre les parties.

La philosophie de cette option est qu'il fallait éviter autant que possible de *coincer* les époux dans un système communautaire unique.

Enfin nous allons exposer brièvement les particularités de chacun de ces régimes communautaires avant d'étudier comment s'exercent les droits des époux sur les biens de la famille pendant et à la dissolution des différents régimes conventionnels de communauté convenus entre les parties.

CHAPITRE I
PARTICULARITÉS DES DIFFÉRENTS RÉGIMES CONVENTIONNELS DE COMMUNAUTÉ

(Art. 402-444 du CPF)

SECTION I
RÉGIME DE LA COMMUNAUTÉ DES ACQUÊTS

Le régime de la communauté se compose de tous les acquêts (corporels

ou incorporels) faits par les époux ensemble ou séparément durant le mariage, provenant tant de leur industrie personnelle que des économies faites sur les fruits et revenus de leurs biens propres.
Tout bien meuble ou immeuble est réputé acquêt de la communauté si l'on ne prouve pas qu'il est à l'un des époux.
Tous les biens présents, tous les droits dont les époux sont titulaires au moment où ils se mariaient restent propres.
Tous les autres, c'est-à-dire les biens futurs, demeurent communs sauf ceux acquis à titre gratuit.
Les biens propres sont généralement tous ceux présents dans le patrimoine des époux lors de la célébration de leur mariage ainsi que ceux acquis par eux en cours du mariage par succession, arrangement de famille, legs ou donation ; la libéralité peut stipuler que les biens qui en font l'objet appartiendront à la communauté.
Sont propres, sauf récompense, les biens abandonnés ou cédés par père, mère ou autre ascendant à l'un des époux, soit pour le remplir de ce qu'il lui doit, soit à la charge de payer les dettes du donateur à des étrangers.

Par ailleurs forment *des biens propres par le jeu de la subrogation réelle* les biens, créances et indemnités, en remplacement d'un bien propre, de même que tout bien acquis à titre d'accessoire d'un bien propre, notamment les fruits et revenus des biens propres ainsi que tout accroissement se rattachant à des valeurs mobilières propres.
L'acquisition d'un bien dont un époux est déjà propriétaire indivis lui demeure propre.
Ce bien ne tombe dans la communauté que s'il y a eu récompense de la part de celle-ci, c'est-à-dire de la communauté.

Forment des *biens propres par leur nature* même s'ils ont été acquis pendant le mariage, les vêtements et linges à usage personnel de l'un des époux, les actions en réparation d'un dommage matériel ou moral, les créances ou pensions incessibles ainsi que tous les biens qui ont un caractère impersonnel et aussi tous les droits exclusivement attachés à la personne.
Les instruments de travail nécessaires à l'exercice de la profession de l'un des époux forment aussi des propres par leur nature sauf récompense s'il y a lieu, à moins qu'ils ne soient l'accessoire d'un fonds de commerce ou d'une exploitation faisant partie de la communauté.
Les biens acquis à titre d'accessoire d'un bien propre ainsi que les valeurs

nouvelles et autres accessoires se rattachant à des valeurs mobilières propres sont propres, sauf récompense s'il y a lieu.

Chaque époux conserve la propriété de ses propres.
La communauté n'a droit qu'aux fruits perçus et non consommés ; mais à la dissolution de la communauté, elle aura droit à récompense pour les fruits que l'époux a négligé de percevoir ou a consommés frauduleusement ; toutefois au-delà des cinq (5) dernières années aucune poursuite n'est recevable. Les créances et indemnités qui remplacent des propres, ainsi que les biens acquis en emploi ou remploi constituent également des biens propres par l'effet de la subrogation réelle.

L'emploi ou le remploi n'est pris en considération que lorsqu'à la suite d'une acquisition, l'époux intéressé a déclaré que ladite acquisition a été faite par ses deniers propres ou provenus de l'aliénation d'un propre pour lui servir d'emploi ou de remploi ; à défaut d'une telle déclaration, l'emploi ou le remploi ne vaudra que par l'accord intervenu entre les époux et ne produira ses effets que dans leurs rapports réciproques.
Lorsque l'emploi ou le remploi est fait par anticipation, le bien acquis est propre à condition que les sommes attendues du patrimoine propre soient payées à la communauté dans les cinq (5) ans de la date de l'acte.
En cas d'échange d'un bien appartenant en propre à un époux, le bien acquis est propre sauf la récompense due à la communauté ou par elle s'il y a soulte ; lorsque cependant la soulte mise à la charge de la communauté est supérieure à la valeur du bien cédé, le bien acquis en échange tombe dans la masse commune sauf récompense au profit du cédant.
En cas d'acquisition faite, à titre de licitation ou autrement, de portion d'un bien dont l'un des époux était propriétaire indivis, cette acquisition ne forme nullement un acquêt, sauf récompense due à la communauté pour la somme qu'elle a pu fournir.

SECTION II
COMMUNAUTÉ UNIVERSELLE

(Art. 442 du CPF)

Dans leur convention matrimoniale, les époux peuvent opter pour une communauté universelle de leurs biens. Une telle communauté implique la communauté de tous les biens, aussi bien meubles qu'immeubles, présents et à venir.
Toutefois, sauf stipulation contraire, les biens propres par leur nature tels

que le véhicule, les linges personnels, l'action en réparation d'un dommage corporel ou moral, les créances et pensions incessibles, les droits personnels, les instruments de travail nécessaires à la profession sauf s'ils constituent des accessoires d'un fonds de commerce ou d'une exploitation de la communauté ne tombent pas dans la communauté.
Le passif antérieur, présent et futur tombe en communauté tant au point de l'obligation que de la contribution.

SECTION III
DES AUTRES COMMUNAUTÉS
(Art. 443 du CPF)

Par une convention matrimoniale, les époux peuvent toujours modifier la communauté des acquêts par une autre convention qui semble mieux leur convenir tels que *le régime de la communauté des meubles et acquêts, le régime de la participation aux acquêts* ou autres :

I. RÉGIME DE LA COMMUNAUTÉ DES MEUBLES ET ACQUÊTS

Dans ce régime tous les meubles corporels ou incorporels ainsi que les acquêts tombent dans la communauté.
Les immeubles acquis avant le mariage demeurent des biens propres.

II. RÉGIME DE LA PARTICIPATION AUX ACQUÊTS

Ce régime est peu connu au Mali ; il pourrait cependant faire l'objet d'une convention matrimoniale.
Il s'agit d'un régime successivement séparatiste et communautaire.
Séparatiste pendant le mariage, les époux administrent, disposent et jouissent séparément de leurs biens.
Communautaire à la dissolution du mariage, on crée une masse commune comprenant tous les biens acquis par les époux pendant le mariage autrement qu'à titre gratuit.
C'est cette masse commune qui est soumise au partage.
Le régime en question a l'avantage de laisser à la femme l'administration de tous ses biens propres et acquêts et de faire participer les deux (2) époux, à part égale, aux économies du ménage.

Très compliqué et exigeant une comptabilité bien tenue, ce régime est très peu usité sinon inexistant au Mali.

Enfin, outre ces conventions précédentes, les époux peuvent convenir que :
- dans la gestion de la communauté, il sera dérogé, dans le respect des dispositions du code des personnes et de la famille au Mali, aux règles concernant son administration ;
- que l'un des époux aura la faculté de prélever certains biens communs moyennant indemnité
- que l'un des époux sera autorisé à prélever, avant tout partage, soit une certaine somme, soit certains biens en nature, soit une certaine quantité d'une espèce déterminée de biens ;
- que les époux auront des parts inégales.

CHAPITRE II
GESTION DES BIENS PENDANT ET À LA DISSOLUTION DE LA COMMUNAUTÉ

(Art. 418 à 441 du CPF)

SECTION I
GESTION DES BIENS PENDANT LA COMMUNAUTÉ

I. RÈGLES CONCERNANT L'ADMINISTRATION ET LA DISPOSITION DES BIENS COMMUNS

Le passif de la communauté se compose :
- à titre définitif des aliments dus par les époux et des dettes contractées par les époux pour l'entretien du ménage ou l'éducation des enfants ;
- à titre définitif sauf récompense selon les cas, des autres dettes nées pendant la communauté.

Dans un régime de communauté conventionnelle, ce sont les conventions matrimoniales qui fixent les pouvoirs des époux quant à la gestion de leurs biens pendant le mariage. L'acte passé par un époux qui n'en a pas le pouvoir est inopposable à son conjoint et à la communauté.
Mais il oblige l'époux qui l'a passé.
Le mari exerce sur ses biens propres un pouvoir ordinaire.
Les règles de la représentation judiciaire et de la représentation légale

justifient l'action de la femme vis-à-vis des biens de son mari lorsque les intérêts du ménage sont en jeu.
Le pouvoir du mari en matière de gestion des biens communs est limité. Il est ainsi interdit au mari tout acte de dispositions importantes (donations ou actes à titre onéreux) sans le consentement de sa femme.

Chacun des époux ne peut engager que ses biens propres et ses revenus par un cautionnement ou un emprunt ; le conjoint ne saurait être engagé que dans la mesure où le cautionnement ou l'emprunt serait contracté avec son consentement exprès *et même dans ce cas il n'engage pas ses biens propres.*
Les biens réservés de la femme, c'est-à-dire ceux provenant de l'exercice d'une profession séparée échappent à la gestion du mari.
Les règles qui gouvernent la gestion des biens communs ainsi que celles des biens réservés *sont d'ordre public* et ne sauraient être dérogées.

Les dettes nées pendant le mariage sont supportées par la communauté ; ainsi le paiement des dettes dont chaque époux est tenu, pour quelque cause que ce soit, pendant la communauté peut toujours être poursuivi sur les biens communs, à moins qu'il n'y ait eu fraude de l'époux débiteur et mauvaise foi du créancier, et sauf récompense due à la communauté, s'il y a lieu.

Lorsqu'une dette tombe dans la communauté par le fait d'un seul des époux, elle ne peut pas être poursuivie sur les biens propres de l'autre époux *sauf lorsqu'il y a solidarité,* auquel cas la dette sera réputée entrée en communauté du chef des deux (2) époux.

Les gains et salaires d'un époux, c'est-à-dire ses biens réservés, peuvent être saisis par les créanciers de son conjoint sauf lorsque l'obligation envers lesdits créanciers a été effectivement contractée *pour l'entretien du ménage ou l'éducation des enfants.*
Par contre, les dettes dont les époux étaient tenus au jour de la célébration de leur mariage ou dont se trouvent grevées les successions et libéralités qui leur échoient durant le mariage, leur demeurent personnelles, tant en capitaux qu'en arrérages ou intérêts ; aussi le paiement des créances de l'un et l'autre des époux ne saurait être poursuivi que sur leurs biens propres et respectifs.

Les dettes d'aliment (*de luxe, dirais-je), c'est-à-dire les dettes autres que celles ayant trait aux besoins de la famille)*, sont propres à l'époux débiteur et engagent en conséquence ses biens propres et ses revenus ; elles peuvent également être poursuivies sur les biens communs, *sauf dans ce cas la récompense due à la communauté, s'il y a lieu.*

Conformément à l'article 318 du CPF visé ci-dessus les époux « contractent ensemble par le seul fait du mariage, l'obligation d'assurer la direction morale et matérielle de la famille, de nourrir, entretenir, élever leurs enfants et préparer l'établissement de ceux-ci ». Il résulte de cet article que la femme mariée est *une associée, une collaboratrice* du mari dans la gestion des biens familiaux.
Dans la convention de communauté, les époux, au nom du principe de l'autonomie de la volonté, peuvent convenir qu'ils administrent conjointement la communauté ; qu'ils pourront se donner autorisation réciproque d'administration ; que tels ou tels biens de la communauté pourront faire l'objet de cession en nature par chaque époux ou ses héritiers.

En tant que chef de famille, le mari exerce naturellement la direction de la communauté. Il peut seul, en principe engager la communauté ; *toutefois il revient à la femme un droit de regard sur la gestion de son mari.*
La femme assure seule la gestion de ces biens réservés.

A. COMMENT ET SUR QUOI S'EXERCE LE DROIT DE CONTRÔLE DE LA FEMME ?

Dans la gestion de la communauté par le mari deux actes retiennent notre attention.
Ce sont :

1) les actes de disposition à titre gratuit ;
2) et ceux à titre onéreux.

En Côte d'Ivoire, selon la loi ivoirienne n° 65-375 du 7 octobre 1964 (art. 77), le mari ne peut sans le consentement de la femme vendre, aliéner les biens personnels de celle-ci, ni disposer entre vifs à titre gratuit des biens de la communauté.
Au Sénégal, le Code de la famille abonde dans le même sens : « *Ne peuvent être faits, que du consentement des époux, les actes de disposition comportant aliénation totale ou partielle, à titre onéreux ou*

gratuit d'immeuble, de fonds de commerce ou de droits sociaux non négligeables.
Les capitaux provenant de ces opérations ne peuvent être perçus sans ce consentement commun.
Ce consentement des époux est également exigé pour donner à bail un immeuble à usage commercial et pour les autres baux excédant neuf années... » (art. 391, al. 1 et 2 du Code de la famille au Sénégal).
Dans le système français, « le mari ne peut, même pour l'établissement des enfants communs, disposer entre vifs, à titre gratuit des biens de la communauté sans le consentement de la femme » (art. 1422 Code civil français).
« Le mari peut disposer des biens communs pourvu que ce soit sans fraude et sous les exceptions qui suivent » (art. 1421, al. 2. Code civil français).
Conformément à l'article 1424 du Code civil français, ces exceptions sont les immeubles, fonds de commerce et exploitations dépendant de la communauté, les droits sociaux non négligeables et les meubles corporels dont l'aliénation est soumise à publicité ; pour tous ces actes, il est nécessaire que le mari obtienne le consentement de sa femme.

Dans le Code malien de la personne et de la famille le contexte est différent.
En effet, il y a lieu ici de ne faire aucune distinction entre les biens et soumettre tout acte de disposition (à titre gratuit ou onéreux) quelles que soient l'importance et la nature des biens communs, *au double consentement des époux.*

Quel est dans ce cas le sort des donations que l'un des époux peut faire à l'autre ? L'article 83 al. 1 du Code du mariage stipule : *« l'époux contre lequel le divorce aura été prononcé perd tous les avantages que l'autre époux lui avait faits soit par contrat soit depuis le mariage ».*
Ce texte exprime la volonté du législateur de faire supporter par l'époux fautif toutes les conséquences du divorce.
Il semble résulter de l'interprétation de ce texte que l'époux, qui a bénéficié d'une libéralité de l'autre, en perdra l'avantage... même dans le cadre de la communauté des biens.
Mais qu'en est-il dans les autres cas de dissolution de la communauté, par exemple, en cas de décès de l'un des conjoints ?
L'époux bénéficiaire de la libéralité doit-il en perdre l'avantage ?

Nous pensons qu'il devra la conserver.
La loi n° 2011-087 du 30 décembre 2011, portant Code des personnes et de la famille contrairement aux dispositions du Code de mariage et de la tutelle susvisé de 1962, est *restée muette et ne répond pas à ces deux questions ci-dessus soulevées.*
Doit-on interpréter ce silence comme un rejet ?

Enfin chacun des époux a le pouvoir d'administrer seul les biens communs et d'en disposer sauf à répondre des fautes commises dans sa gestion ; ils ont chacun l'administration et la jouissance de leurs biens propres ; ils peuvent en disposer librement.
Les actes accomplis sans fraude par l'un sont opposables à l'autre.
Nous avons déjà étudié les cas où l'un des époux est :

- hors d'état, d'une manière durable, de manifester sa volonté ;
- ou lorsque sa gestion de la communauté ou de ses biens propres met en péril les intérêts de la famille… ;
- ou encore les impacts des différents cas d'interférence d'un époux dans la gestion des biens de l'autre…

Enfin les époux ne peuvent :

- aliéner ou grever de droits réels un fond ou une exploitation dépendant de la communauté, de même que les droits sociaux non négociables et les meubles corporels dont l'aliénation est soumise à publicité ;
- aliéner des titres inscrits au nom de l'un ou l'autre ;
- disposer entre vifs à titre gratuit des biens de la communauté ;
- donner à bail un immeuble commercial dépendant de la communauté.

Si l'un des époux a outrepassé ses pouvoirs, l'autre à moins qu'il n'ait ratifié l'acte, peut en demander l'annulation ; l'action en nullité est ouverte au conjoint pendant un an à partir du jour où il a eu connaissance de l'acte, sans pouvoir jamais être intentée au-delà d'un an à partir de la dissolution de la communauté.

B. SITUATION DES BIENS RÉSERVÉS

Les biens réservés sont des biens meubles et immeubles acquis au cours du mariage par les époux grâce à leurs salaires ou aux revenus de leurs biens propres.

Ils sont communs.
Chaque époux a respectivement l'administration et la jouissance libres de ces biens.
Par conséquent, aucun des époux ne doit en disposer sans le consentement de l'autre.
Par mesure de sécurité et dans le cadre du contrôle de la femme sur la gestion de son mari, *l'article 420 du CPF donne à la femme la possibilité de renoncer à la communauté et de reprendre ses biens qui deviennent de ce fait des biens propres, désormais soustraits à l'emprise du mari ;* l'article 420 du CPF constitue pour la femme une excellente soupape de sécurité.
Les créanciers de la femme aussi bien que ceux du mari (lorsque ceux-ci ont contracté dans l'intérêt du ménage) ont un droit sur les biens réservés.

C. CAS DES SOCIÉTÉS COMMERCIALES

Que se passe-t-il dans le cas des sociétés commerciales formées soit entre les époux soit avec des tiers ?
La femme mariée jouit d'une pleine capacité (art. 318 CPF).
Elle peut librement s'associer avec des tiers pour faire du commerce.
Tandis que l'homme dispose d'une entière liberté professionnelle, l'article 38 Code de mariage et de la tutelle de 1962 soumet la femme à une autorisation de son époux pour tenir un commerce.
Ce droit d'opposition du mari se limite à la seule activité commerciale de la femme, l'accès de toute autre profession lui restant libre.
Sous tous les régimes, la femme peut exercer une profession même séparée de celle de son mari ; cependant ; l'on a craint que les époux qui s'associent au sein d'une même société soit seuls, soit avec des tiers, n'essayent par ce biais de mettre en échec les règles normales de leur régime matrimonial.
Il n'y a aucune difficulté lorsque les époux sont soumis à un régime de séparation des biens.
Sous le régime de la communauté des biens, le droit malien n'interdit pas la société entre les époux ou avec des tiers *sauf dans le cas où les époux doivent être indéfiniment et solidairement responsables des dettes sociales.*

Une telle responsabilité est dangereuse parce qu'elle conduit à l'affectation du patrimoine familial *(biens de la communauté)* au

remboursement des dettes sociales lors de la dissolution de la société en cas de liquidation des biens ou de règlement judiciaire.
C'est pourquoi le droit malien est réticent à toutes sociétés de personnes engageant la responsabilité des associés au-delà de leurs apports.
Il est au contraire plus tolérant quant aux sociétés par actions dans lesquelles la responsabilité de l'associé au-delà de son apport n'est pas engagée.

D. SORT DES DETTES COMMUNES

(Art. 411 et suiv. du CPF)

Dans le régime de la communauté, chacun des époux engage la communauté et ses biens.
Dans le cadre de telles dépenses domestiques, la femme agit en représentation de son mari et de ce fait l'oblige envers les tiers.
En effet, « la femme mariée a sous tous les régimes le pouvoir de représenter le mari pour les biens du ménage et d'employer pour cet objet les fonds qu'il laisse entre ses mains ».
Les actes ainsi acceptés par la femme obligent le mari envers les tiers sauf dans les cas où il a retiré à la femme le pouvoir de faire les actes dont il s'agit et aussi dans les cas où les tiers n'ont pas eu personnellement connaissance de ce retrait au moment où ils ont traité avec elle.
Les engagements les plus importants requièrent le consentement commun des époux sinon les actes incriminés acceptés unilatéralement n'engageront que les biens propres de l'époux contractant sauf bien sûr dans le cas où l'autorisation du tribunal aura suppléé à celle du mari.

Le paiement des dettes dont chaque époux est tenu, pour quelque cause que ce soit, pendant la communauté, peut toujours être poursuivi sur les biens communs sauf fraude de l'époux débiteur et mauvaise foi du créancier et sauf la récompense due à la communauté, s'il y a lieu.
Les gains et salaires ne peuvent être saisis par les créanciers de son conjoint que si l'obligation a été contractée *pour les besoins du ménage ou l'éducation des enfants.*
Lorsqu'une dette est rentrée dans la communauté du seul chef d'un époux, cette dette ne saurait se répercuter sur les biens propres du conjoint sauf s'il y a solidarité, auquel cas la dette tombe dans la communauté de par la volonté des deux époux.

Les dettes antérieures au mariage restent personnelles aux époux respectifs.
Les dettes d'aliment autres que ceux ayant trait aux besoins de la famille restent propres.
Les créanciers ne sauraient se faire payer que sur les biens propres et les revenus de leur débiteur respectif.

E. VIE PATHOLOGIQUE DE LA COMMUNAUTÉ

Lorsque surviennent des difficultés entre époux au cours de la gestion communautaire du ménage sur quels biens s'exerce le droit de poursuite des créanciers de la femme commune qui s'est engagée par un cautionnement ou un emprunt avec le consentement exprès de son mari ?
On suppose que la dette n'a pas trait à l'intérêt du ménage ou des enfants, car dans ce cas tous les biens propres et communs répondent de ces dettes.
On suppose aussi que la femme a agi en dehors de toute représentation judiciaire ou conventionnelle de son mari ; on suppose enfin que le mari ne s'est pas engagé expressément en même temps que sa femme : il a simplement consenti à l'engagement de sa femme. Aussi le mari n'agit-il donc pas pour son compte personnel.
Il intervient seulement pour compléter le pouvoir de sa femme sur les biens communs. Les biens communs étant généralement la chose des deux époux chacun d'eux peut en disposer seul par les actes normaux de l'existence.
Mais lorsqu'il s'agit d'un acte qui fait courir des risques exceptionnellement dangereux, *on conçoit que chacun des époux n'ait plus une liberté totale d'action et de disposition et qu'il lui faut l'assentiment de son conjoint.*

La disposition française suivante de l'article 1415 Code civil en donne une solution qui pourrait utilement être adoptée au Mali : « chacun des époux ne peut engager que ses biens propres et ses revenus, par un cautionnement ou un emprunt, à moins que ceux-ci n'aient été contractés avec le consentement exprès de l'autre conjoint qui, dans ce cas, n'engage pas ses biens propres ».
Le juge peut habiliter l'un à représenter l'autre.
Cette situation se présente en cas de mésentente des époux ou lorsque l'un d'entre eux se trouve hors d'état de manifester sa volonté.

1) CAS DES MÉSENTENTES ENTRE ÉPOUX

L'un des époux peut refuser de concourir ou de consentir à un acte. Lorsque ce concours ou ce consentement est nécessaire pour la validité de l'acte envisagé, l'époux intéressé pourra requérir l'habilitation judiciaire. Il appartient au juge d'apprécier si le refus est non justifié par rapport à l'intérêt de la famille auquel cas il ordonnera une habilitation judiciaire qui engagera tous les deux époux à l'acte passé.

2) CAS DE DIFFICULTÉS PROVOQUÉES PAR L'ÉPOUX HORS D'ÉTAT DE MANIFESTER SA VOLONTÉ

L'empêchement de manifester sa volonté peut résulter d'un handicap mental, d'une interdiction judiciaire, d'une absence présumée, d'un éloignement ou de toute autre cause. Dans ce cas la représentation joue. Elle peut être totale ou partielle, le juge apprécie souverainement son étendue. L'époux empêché et représenté se trouve engagé personnellement par l'acte ou les actes accomplis par l'époux habilité. Les articles 40 et 41 du Code de mariage et de la tutelle de 1962 autorisent le remplacement du mari par la femme dans le cas d'un mariage monogamique et par la première épouse ou toute autre personne désignée par le mari pour ce qui est du mariage polygamique.

Dans tous les cas pathologiques de la vie de la communauté conjugale, tant que le divorce n'est pas définitivement prononcé, aux termes de l'article 364 du CPF, la communauté subsiste, autorisant la femme, au besoin par le tribunal, à pouvoir engager la communauté et les propres de chacun pour tout ce qui concerne les dépenses d'entretien du ménage. En cas d'absence, la femme ayant dirigé seule la communauté pendant tout ce temps devra rendre compte de sa gestion, eu égard aux pouvoirs de contrôle conférés aux deux époux ; mais elle ne devra être tenue que des fruits existants, la preuve de la soustraction frauduleuse ou de la négligence incombant à celui qui prétend être lésé.

II. RÉGLES CONCERNANT LA GESTION DES BIENS PROPRES

Les biens propres sont ceux possédés avant le mariage ou acquis individuellement à titre gratuit durant le mariage.

Ces biens étant propres la communauté ne doit avoir en principe aucune

incidence sur leur administration, jouissance et libre disposition ; chacun reste donc maître de ses propres et les gère comme il l'entend. En conséquence, chacun répond de ses dettes personnelles.
Par biens propres il faudrait comprendre également ceux qui par leur nature ou leur destination ont un caractère personnel ; il s'agit notamment des vêtements, des instruments de travail, etc.
Enfin les droits exclusivement attachés à la personne constituent aussi des biens propres.
Le mari peut engager les propres de la femme comme tous les biens du ménage lorsqu'il traite *dans l'intérêt du ménage et des enfants.*
Il engage également les propres de sa femme lorsqu'il la représente *en cas de mandat, de gestion d'affaires ou de représentation judiciaire.*
Il est alors entièrement responsable de ses fautes personnelles.

Enfin le mari a des pouvoirs sur les propres de la femme lorsque par un jugement il est substitué à la femme, celle-ci étant hors d'état de manifester sa volonté ou mettant en péril les intérêts de la famille.
Les actes accomplis par le mari en dehors de ses pouvoirs seront frappés d'une nullité relative.
Concernant *les propres consomptibles* des époux, *les règles du quasi-usufruit* rendent chaque époux propriétaire desdits biens, devenant ainsi, seulement créancier de la valeur de ceux-ci au jour de la dissolution du régime.

SECTION II
DROITS DES ÉPOUX À LA DISSOLUTION DE LA COMMUNAUTÉ

(Art. 424-427 du CPF)

I. CAUSES DE LA DISSOLUTION

La communauté se dissout par :
- l'absence déclarée de l'un des époux ;
- le divorce ;
- la séparation de corps ;
- la séparation des biens ;
- l'annulation du mariage ;
- le changement de régime matrimonial.

La dissolution de la communauté est un événement difficile,

comparable souvent à un échec lié à la vie du ménage.
Elle constitue en tout cas, toujours un relâchement du lien matrimonial et l'adoption du régime de la séparation des biens.
L'époux demandant un tel régime séparatiste devra prouver le désordre des affaires de son conjoint, sa mauvaise administration, son inconduite ou bien, que l'un de ces trois éléments fait craindre que la continuation du régime communautaire mette en péril la gestion et les intérêts de l'autre époux.
La dissolution de la communauté fait éclater les patrimoines personnels des époux en deux masses :

– les biens propres exclus de la liquidation qui sont donc repris par chaque époux ;
– les biens communs, ceux inclus dans la liquidation et qui seront partagés *par moitié.*

Les effets de la dissolution *remontent à la date du procès-verbal de non-conciliation.*
La valeur des biens à partager est normalement appréciée *au jour du partage*, lequel met fin à l'indivision provoquée par la division de la communauté.

II. EFFETS DE LA DISSOLUTION : LE PARTAGE

Le partage se fait conformément aux dispositions comprises dans le contrat de mariage.
Lorsque parmi les copartageants il y a *un mineur ou un majeur incapable*, le partage est fait obligatoirement *en la forme notariale* sous réserve d'homologation par le tribunal compétent.
Il devient *judiciaire* lorsque les copartageants ne sont pas d'accord ou s'il y a un copartageant absent.
Le partage peut se faire *à l'amiable* avec homologation éventuelle du tribunal.

III. DROITS DES ÉPOUX AVANT LE PARTAGE

A. CAS DE DÉCÈS D'UN CONJOINT

En cas de décès de l'un des conjoints, deux masses de biens se trouvent en présence :

– *la masse successorale et*

– *la masse communautaire.*

Il importe alors de garantir contre tout transfert frauduleux de la part du conjoint survivant et d'autre part d'assurer les moyens de subsistance à ce dernier et aux enfants mineurs avant le partage.

En attendant le partage, le bon sens et l'équité commandent donc d'opérer des prélèvements *(à imputer au moment du partage sur la part du conjoint survivant)* sur la communauté pour l'entretien du ménage.

Pour parvenir à ces fins, il convient d'exiger l'établissement d'un inventaire de tous les biens, fait en bonne et due forme c'est-à-dire par un notaire en présence du conjoint survivant et des ayants cause du *de-cujus*, dans un délai de 4 mois et 10 jours conformément *au délai de viduité* prévu par l'article 101 du Code de mariage et de la tutelle de 1962.

B. CAS DE DIVORCE OU DE SÉPARATION DE CORPS

En cas de divorce ou de séparation de corps, il importe pour les mêmes raisons que précédemment et surtout lorsqu'il y a des mineurs d'exiger un inventaire.

La dissolution de la communauté rétroagit aussi bien au jour de la demande de séparation de corps qu'à celui du dépôt de la requête en divorce ; mention en sera portée en marge de l'acte de mariage, ainsi que sur la minute de la convention matrimoniale, à la diligence de l'époux demandeur.

Pendant ce temps qui sépare le jour de cette demande et le jugement de séparation de corps ou de divorce, le mari sera naturellement déclaré *gérant d'affaires* des biens communs.

La séparation des biens ne sera opposable aux tiers que pour compter de la mention du jugement de séparation en marge de l'acte de mariage.

Les créanciers d'un époux peuvent intervenir à l'instance ou former tierce opposition conformément à la loi.

IV. DROITS DES ÉPOUX PENDANT LES OPÉRATIONS DE PARTAGE

A. REPRISES ET RÈGLEMENTS DES RÉCOMPENSES

À la dissolution du mariage, chacun des époux ou de ses ayants droit reprend ses biens dans les conditions fixées par la présente loi.

La preuve qu'un bien appartient à un époux sera administrée par *acte authentique* lorsqu'il s'agit d'un immeuble.

Exceptionnellement la preuve testimoniale sera admise mais en aucun cas elle ne pourra être opposée à un acte authentique.
Est considéré comme acte authentique celui passé devant un agent de l'autorité habilitée à cet effet. La preuve de la propriété d'un bien mobilier se fera par tous les moyens.
Lorsque le propriétaire d'un bien n'a pu être déterminé, ce bien sera partagé à égalité entre les époux. Conformément à ces textes lorsque les biens se retrouvent en nature après la dissolution de la communauté chaque époux reprend ses biens propres dès que la preuve de la propriété est établie.

1) Cas de confusion entre les biens communs et les biens propres. Qu'advient-il lorsque dans le cadre de la communauté de vie il se produit une certaine confusion entre les biens communs et les biens propres ?

Par exemple, la communauté peut venir financièrement en aide à l'un des époux en lui remettant des deniers pour achever la construction d'un immeuble propre ; ou bien des objets mobiliers (bijoux…) d'un époux peuvent être vendus pour subvenir aux dépenses communes (entretien du ménage).
Il y a là emploi.
Dans l'un et l'autre cas il y a lieu à récompenses dont l'évaluation se fera au jour de la dissolution.

2) Comment opérer des récompenses et comment évaluer leur montant dans les régimes de communauté ?

Le principe énoncé partiellement par les rédacteurs du Code civil français de 1804 et nettement affirmé par la jurisprudence est la suivante : *aucune masse ne doit s'enrichir au détriment d'une autre ;* lorsqu'un époux tire profit des biens communs il doit récompense à la communauté ; réciproquement lorsque la communauté titre profit des biens propres, elle doit récompense à l'époux propriétaire de ces propres.
L'équilibre des masses se trouve ainsi maintenu par le jeu des récompenses.
Tout accroissement d'une masse aux dépens de l'autre donne lieu à récompense.
Par exemple, lorsqu'un propre est vendu, les deniers du prix résultant de cette vente tombent dans la communauté ; la communauté en doit récompense.

En cas de remploi, le bien nouveau acquis en remploi est subrogé au propre vendu.
Il est propre comme l'était le propre vendu.
L'époux le reprendra en nature.
Ainsi n'aura-t-il pas de récompense à faire valoir ; mais encore faut-il que les conditions du remploi soient réunies c'est-à-dire essentiellement la volonté des époux d'opérer le remploi sinon le bien acquis deviendra commun.
L'époux qui aura ainsi perdu un propre n'aura droit qu'à une récompense.
Comme en matière d'enrichissement sans cause, la récompense ne peut dépasser ni le montant de l'enrichissement réalisé par la masse débitrice ni le montant de l'appauvrissement subi par la masse créancière.
L'appauvrissement doit s'évaluer au jour où il s'est réalisé ; l'enrichissement au jour de la liquidation.

Ainsi, lorsque grâce à une masse, une autre masse a acquis un bien, qui se retrouve au jour de la liquidation, la masse appauvrie a droit *à une indemnité calculée sur la valeur du bien acquis par la masse enrichie.*
Cette indemnité est payée suivant *sa valeur* au jour de la liquidation ou au jour du paiement de la récompense lorsque ce paiement est antérieur à la liquidation.
Par exemple si avec une somme de 100 000 F provenant d'une masse, une autre masse a acquis un bien qui, au jour de la liquidation vaut 1 000 000 F, la récompense sera de 1 000 000 au lieu de100 000 F CFA ; lorsque le bien acquis a été vendu, on tiendra compte de sa valeur au jour de l'aliénation.

3) À quel titre les époux prélèvent-ils en nature des biens communs pour se couvrir du montant de leurs récompenses (ou reprise en valeur) ?

La position de la question est plus précisément la suivante :
- au moment du partage de la communauté, chacun des époux peut avoir des reprises à exercer ;
- d'une part, il reprend ses biens propres qui se sont mélangés aux biens communs ; il les reprend en nature en tant que propriétaire ;
- d'autre part, il reprend ce qui est dû par la communauté ; par exemple le prix d'un bien aliéné sans remploi.

Il s'agit là d'une reprise en valeur et dans ce cas l'époux agit *en tant que créancier,* mais pas comme un créancier ordinaire *puisqu'il peut, lui, disposer d'un droit de prélèvement en nature* ; en effet au lieu de faire vendre les biens communs pour se payer sur le prix, l'époux créancier peut directement prendre des biens communs c'est -à dire les prélever en nature (art. 433 et s. du CPF).

Les prélèvements s'exercent d'abord sur l'argent comptant, ensuite sur les meubles, et subsidiairement sur les immeubles de la communauté ; il y a tirage au sort lorsque les époux veulent prélever le même bien. Lorsque la masse de la communauté est insuffisante, les prélèvements de chaque époux sont proportionnels au montant des récompenses qui lui sont dues. Au cas où cette insuffisance est imputable à la faute de l'un des époux, l'autre exercera ses prélèvements avant lui sur l'ensemble des biens communs. Il pourra même les exercer subsidiairement sur les biens propres de l'époux responsable.

Ce droit de prélèvement est accordé à l'époux parce qu'il est copropriétaire des biens avec lesquels il se paie.
Aussi l'opération de la reprise en valeur réalisée par prélèvement *a un caractère mixte :*

- il s'agit du paiement d'un créancier ;
- il s'agit également du partage d'une indivision.

L'époux demandeur se prévaut ainsi d'une double qualité : *créancier et co-partageant.* Cette nature mixte de l'opération soulève des difficultés surtout lorsque l'époux concerné se trouve en conflit avec les autres créanciers de la communauté. Il importe d'élucider le problème en examinant deux situations selon qu'il n'y a pas ou qu'il y a conflit entre l'époux qui prélève et les créanciers de la communauté :

Première situation : *Quelle est la nature du droit des époux en dehors de tout conflit avec les créanciers de la communauté ?*

a) L'époux demandeur exerce-t-il la reprise en nature en qualité de propriétaire ?
Il faudrait répondre affirmativement si le bien prélevé *a été subrogé au bien propre aliéné* pour le prix duquel la communauté doit récompense. Or ici il n'y a pas eu subrogation étant donné qu'il n'y a pas eu de

remploi. Par ailleurs la créance de l'époux demandeur *peut* ne pas provenir de l'aliénation d'un propre comme cela se passe uniquement et essentiellement en cas de remploi, mais peut naître d'autres causes. Dans ce dernier cas, nous disons que la reprise en nature de l'époux demandeur ne saurait lui conférer la qualité de propriétaire.

b) L'époux agit-il comme créancier ?
Dans l'affirmative les biens prélevés en nature constituent *une dation en paiement.* Ce concept juridique exige un accord de volonté ; or, un tel accord fait défaut dans le cas visé puisqu'il est constant que *la volonté du conjoint de l'époux qui opère le prélèvement n'est pas exigée.* Il n'y a donc *pas dation en paiement* ; en conséquence l'époux demandeur n'agit pas comme créancier.

c) Agit-il alors comme copropriétaire et copartageant ?
Il prend dans une opération de partage ce dont il est copropriétaire. On pourrait donc répondre affirmativement ; m*ais cela ne reviendrait-il pas* ***à confondre*** *la source du droit de l'époux qui est* ***une créance*** *contre la communauté avec le mode de règlement qui consiste en* ***un prélèvement ?***
En réalité l'époux a *un droit de créance,* mais en tant que copartageant *le mode de règlement est une opération de partage.* Ainsi l'on peut conclure que le droit de prélèvement est une opération de partage, donc un droit *accessoire* au droit de créance qui ne saurait en conséquence modifier la nature du droit de prélèvement, lequel ne saurait être autre qu'*une opération de partage.*
L'article 437 du CPF le déclare expressément en ces termes : « les prélèvements en biens communs constituent une opération de partage. Ils ne confèrent à l'époux qui les exerce aucun droit d'être préférés aux créanciers de la communauté, sauf la préférence résultant, s'il y a lieu, de l'hypothèque légale ».

Deuxième situation : *Quelle est la nature du droit des époux en cas de conflit avec les créanciers de la communauté ?*

a) Exposé du conflit : En cas de conflit entre les créanciers de la communauté et l'époux exerçant un prélèvement, lequel doit être préféré ?
Il n'y a pas de difficultés s'agissant des immeubles que prélève un

époux lorsque celui-ci peut se prévaloir d'une hypothèque, laquelle lui donne une préférence sans contexte.

b) Dans les autres cas que se passe-t-il ?

- Si l'époux agit en tant que *simple propriétaire,* dans ce cas il passe le premier avant les autres créanciers.
- S'il agit comme *créancier*, il vient en concours avec les autres créanciers de la communauté.
- S'il agit en tant que *propriétaire et copartageant,* il passe après les créanciers de la communauté ; il n'a aucun droit de préférence par rapport aux autres créanciers ; en effet pour constituer la masse partageable, il faudrait commencer par payer les créanciers.

  Les copartageants ne partagent *que l'actif net.*
- *Quid dans le système où l'époux agit en la double qualité de créancier parce qu'il a un droit de créance et de copartageant, parce qu'il réalise une opération de partage ?* Compte tenu de ce qui précède, nous pensons que dans l'intérêt de l'époux il est nécessaire de faire prédominer la qualité de créancier.

4) Quelle est la nature juridique des avantages matrimoniaux ?

Il y a avantage matrimonial lorsque l'un des époux se trouve avantagé à l'égard de l'autre par le jeu d'un régime communautaire. Par exemple, c'est le cas où les époux font des apports inégaux à la communauté ; le cas où des clauses de préciput ou de partage inégal sont insérées dans le contrat. La question qui s'est posée est la suivante :
S'agit-il de libéralités ou d'actes à titre onéreux ?
En l'absence d'enfant d'un précédent lit, les avantages matrimoniaux ne sont pas regardés comme des donations mais une convention de mariage.
Le principe ne joue que lorsque l'avantage porte sur un bien commun et la preuve que l'avantage matrimonial constitue une libéralité n'est pas possible.
Un tel principe est dangereux pour les héritiers réservataires, car les avantages matrimoniaux peuvent les priver de leur réserve.
En présence d'enfant d'un premier lit, les avantages matrimoniaux constituent au contraire une libéralité dont la preuve contraire n'est pas possible.

Ils ne sauraient porter atteinte à la réserve des enfants d'un premier lit. En cas de divorce ou de séparation de corps, les avantages matrimoniaux sont traités également comme des libéralités. Conformément aux dispositions du Code de mariage et de la tutelle de 1962 *(que nous considérons comme raison écrite),* l'époux coupable les perd lorsque le divorce est prononcé à ses torts exclusifs. Par ailleurs lorsqu'il y a divorce aux torts réciproques chacun peut révoquer les avantages dont l'autre bénéficie.

Nous constatons ici que le souci du législateur est de rechercher parmi les intérêts en conflit (conjoint et enfants) ceux qui méritent la protection la plus grande.

Malheureusement nous ne retrouvons pas ces dispositions dans le contenu de la nouvelle loi n° 2011-087 portant Code des personnes et de la famille du 30 décembre 2011.

B. PARTAGE DE L'ACTIF COMMUN ET DU PASSIF COMMUN

1) ACTIF COMMUN

Lorsque la propriété d'un bien n'a pu être déterminée, ce bien sera partagé à égalité entre les héritiers.

L'article 397 du CPF pose ici une présomption de communauté c'est-à-dire que tous les biens dont la propriété n'a pu être prouvée tombent dans la communauté.

S'il est bien vrai que les biens communs sont partagés à égalité, il importe de faire remarquer que la présomption n'est pas irréfragable.

Alors que se passe-t-il si dans l'actif commun partageable se trouve un bien indivis ?

Par exemple, lorsque des appareils de dentisterie de l'épouse constituent des biens communs.

Dans ce cas comment faire, la femme ayant besoin de ces objets pour l'exercice de sa profession de dentiste ?

Faut-il vendre lesdits appareils et partager le prix entre les deux époux ?

Cette solution priverait certes et injustement la femme de l'exercice de sa profession. Nous pensons que l'équité doublée d'un bon sens oblige à faire insérer dans le code nécessairement une disposition relative à l'attribution préférentielle qui permettrait à l'épouse de récupérer les appareils, quitte à payer une soulte à la communauté.

2) PASSIF COMMUN

S'il est clair que conformément aux textes susmentionnés l'actif commun se partage entre les époux, *qu'en est-il du passif ?*

Le passif commun se partage de façon égalitaire.

Qu'adviendra-t-il au cas où après le partage un créancier commun tentera de faire valoir ses droits ?

Certes chacun des époux sera poursuivi pour moitié ; les articles 50, 51 et 55 du CMT assurent la sauvegarde des intérêts des créanciers en cas de dissolution de la communauté, lesquels peuvent intervenir à toute hauteur de la procédure jusqu'au jugement pour la conservation de leurs droits et ce, avant l'expiration d'un délai de trois mois à compter du prononcé du jugement de séparation de corps.

Mais ces textes ne visent que des créanciers personnels de l'un et de l'autre des époux, ce qui signifie qu'en droit malien, les créanciers communs n'ont pas de privilèges sur les créanciers personnels ; ils viennent en concours avec ceux-ci.

La loi n° 2011-087du 30 décembre 2011 portant Code des personnes et de la famille *est muette* sur ces dispositions, susvisées dans les articles 50, 51 et 55 du Code de mariage et de la tutelle de 1962.

ANNEXES

ANNEXE I
LES CONCEPTS DE MARIAGE CIVIL ET DE « MARIAGE RELIGIEUX » VERS UN HYPOTHÉTIQUE CONSENSUS »[22]

Par

Amadou Aliou N'Diaye

La pratique de la double célébration du mariage devant l'officier d'État civil français et le ministre du culte a survécu aux vicissitudes du temps et existe encore de nos jours sous les vocables : mariage civil, mariage coutumier ou religieux. Le mariage religieux est-il une réalité actuelle et dans l'affirmative a-t-il une valeur juridique ?
Conformément aux us et aux coutumes du Mali l'on se marie soit devant l'officier d'État civil soit devant le ministre du culte. Une telle procédure est-elle conforme aux dispositions du Code du mariage ?
Il faudrait naturellement répondre par la négative parce qu'il n'existe pas au Mali comme par le passé colonial deux catégories de citoyens régies respectivement par un statut de droit traditionnel et un statut de droit moderne. Le peuple malien ne formant plus, depuis le 22 septembre 1960, qu'un tout indivisible ayant désormais la même nationalité, les mêmes aspirations, évoluant sous la même devise *(Un Peuple, un But, une Foi)* est désormais régi par la même législation : la loi n° 6 2-17 AN-RM portant Code du mariage et de la tutelle (03 février 1962).

Conformément à ce texte le mariage au Mali est un acte laïc (art. 1).
« Tout ministre d'un culte qui procédera aux cérémonies religieuses d'un mariage sans qu'il ait justifié d'un acte constatant la célébration civile de ce mariage délivré par l'officier d'État civil sera puni d'une amende de 5 000 à 30 000 F. En cas de récidive il encourra une peine d'emprisonnement qui ne pourra être inférieure à deux mois » (article 6). L'analyse de ces deux articles montre qu'au Mali il n'existe pas deux formes de mariage mais une seule, le mariage civil, régi par la loi de février 1962 susvisée.
Il n'existe donc pas de concept de mariage religieux. Un tel acte n'a aucun fondement juridique dans un État tel que le Mali. Ce qui existe c'est bien une cérémonie religieuse couronnant le mariage contracté devant l'officier d'État civil et qui, seul, a une valeur juridique.

---

[22] Observation : Cette étude a été réalisée en 1998 V°: La Revue du Citoyen N° 6, Juillet 1998. Page 25 et suiv.

Affirmer que « le Code du mariage semble reconnaître le mariage coutumier à travers les dispositions de l'article 3 de la loi 62-17 AN-RM de février 1962 » est une vue d'esprit qui ne correspond pas à la réalité.
L'article 3 ci-dessus visé est ainsi libellé : *« Lorsqu'ils sont exigés par la coutume, la dot et les présents en vue du mariage ne pourront en leur totalité dépasser en valeur vingt mille francs en ce qui concerne la femme... »*. Le paiement de la dot et des présents d'usage, bien qu'étant une exigence des coutumes respectives des époux, n'entame en rien la nature du mariage qui demeure un acte de droit positif moderne.

I. DISPOSITIONS LÉGISLATIVES PROTECTRICES

Le mariage est l'union d'un homme et d'une femme, la loi ne considérant pas d'union entre deux personnes de même sexe. « L'homme avant dix-huit ans révolus, la femme avant quinze accomplis ne peuvent contracter mariage… Néanmoins, le ministre de la Justice pourra accorder par décision non susceptible de recours, des dispenses d'âge pour motifs graves… » (art. 4 al. 1 et 2).
« La femme ne peut contracter un second mariage avant la dissolution du premier… » (art. 7 al. 1).
« L'homme qui a quatre épouses légitimes ne peut contracter un nouveau mariage » : (art. 8).
« Il n'y a pas de mariage lorsqu'il n'y a pas de consentement. Le consentement doit être formulé oralement et en personne devant l'officier d'état civil par chacun des futurs époux... » (art. 10 alinéas 1).
« Le fils qui n'a pas atteint l'âge de 21 ans révolus et la fille qui n'a pas atteint l'âge de 18 ans accomplis ne peuvent contracter mariage sans le consentement de leurs père et mère… » article 11 alinéa 1.
« Tout officier d'état civil qui procédera à la célébration des mariages contractés par des fils de moins de 21 ans ou des filles de moins de 18 ans sans qu'il ne soit assuré du consentement des personnes ci-dessus indiquées, consentement qui doit être énoncé dans l'acte de mariage, sera à la diligence des parties intéressées ou du ministère public du lieu où le mariage aura été célébré, condamné à une amende de 25 000 à 120 000 F et à un emprisonnement de 6 mois au moins et d'un an au plus ou l'une de ces deux peines seulement » (art. 15).
« Le mariage sera célébré publiquement devant l'officier d'état civil… » (art. 16).

« L'homme qui contracte mariage pour la première fois ou qui est dégagé des liens d'unions antérieures peut s'engager à ne pas contracter un autre mariage avant la dissolution du précédent… » (art. 43 al. 1).
C'est l'engagement de monogamie.
Le mariage se dissout :

1) par la mort de l'un des époux ;
2) par le divorce prononcé » (art. 57).

La répudiation est interdite… » (art. 58).
Ces dispositions ont été conquises de haute lutte durant la Première République. Elles tendent à protéger surtout les femmes contre toutes répudiations et exactions anarchiques en même temps qu'elles assurent une protection maximale de ses droits. Le mariage civil comporte ainsi de nombreuses contraintes lesquelles constituent un facteur d'équilibre et d'ordre social. Ces exigences législatives qui ont trait aux conditions relatives à la monogamie ou à la dislocation du mariage… sont des garde-fous permettant de mieux assurer la protection de la gent féminine contre tout élan déviationniste des instincts masculins.

II. MARIAGE DIT RELIGIEUX, UN SUBTERFUGE

Face à de telles dispositions de la loi, il va sans dire que l'on chercha un subterfuge permettant de les contourner ; l'on eut recours à la notion de « mariage religieux » parallèle au mariage civil et qui a existé pendant la période coloniale du fait de la coexistence de deux communautés : celle soumise au statut civil et celle relevant du statut local, c'est-à-dire les indigènes. Il est à observer que le mariage dit religieux se soucie insuffisamment des conditions relatives à la capacité des époux (âge), à leur consentement, à l'engagement monogamique, à la dislocation de l'union ou autres exigences… Une telle déviation permettra assurément à un homme peu scrupuleux qui convoite les bonnes grâces d'une femme, d'en abuser dans le cadre d'un pseudo mariage religieux sous l'œil à la fois innocent et complice des parents.
Cette union au point de vue juridique ne saurait être autre qu'un concubinage pur et simple ; le couple dans la plupart des cas ne se présentera jamais devant l'officier d'état civil et lorsqu'il lui prend l'envie de changer de compagne, l'homme n'hésitera pas à provoquer la dislocation du prétendu ménage en brandissant haut le motif suivant : « d'ailleurs nous ne sommes pas mariés ; nous n'avons pas été à la Mairie » ! Il existe également une pratique courante pour nombre de

marabouts de prendre femme sous le voile de la religion musulmane à chaque étape de leur pérégrination.
En effet au cours d'un séjour prolongé dans telle localité, ils n'hésitent pas à contracter des « mariages religieux » et à la fin de leur séjour ils divorcent. À la seconde étape le même scénario se répète et ainsi de suite. Cette pratique est dénommée en islam *mut'a*.
Les Sunnites l'appellent le mariage pour le plaisir et les Chi'ites le mariage temporaire. Cette forme de mariage fut par la suite interdite en Islam. Dans la même lancée, il est fréquent de constater que telle veuve, afin de préserver ses droits à la pension de son défunt mari au niveau de L'INPS (Institut national de prévoyance sociale) ou ailleurs, contourne la loi en vigueur en recourant à la technique du « mariage religieux », etc. Le concept mariage religieux ou coutumier qui se justifiait sous la colonisation française du fait de la coexistence de deux communautés s'explique de nos jours, à quelques exceptions près, non pas par une quelconque coexistence de deux communautés, ni par le degré d'intensité de la foi religieuse qui animerait les futurs époux, que par un esprit purement spéculatif ou tout au moins une volonté délibérée de donner libre cours à leurs instincts animaux.

De l'analyse des exemples cités ci-dessus se dégagent tour à tour un sentiment de frustration de la femme ; une attitude de l'homme qui frise l'escroquerie ; une volonté spéculative de la veuve qui viole délibérément les lois en vigueur, un comportement de luxure de l'homme du culte. Les dispositions du Coran autorisent-elles ces genres de comportements qui sapent de plein fouet la dignité de la femme ? Assurément non. Les préceptes qui ressortent du Livre Saint respectent la femme, consacrent sa valeur humaine, assurent sa protection et fustigent toute tendance à l'avilir. À côté des cas spécifiques ci-dessus visés, fortement critiquables, nous constatons malheureusement que la pratique sociale de nombreux Maliens n'est guère conforme aux textes. Ce comportement anarchique est courant aussi bien dans le milieu rural que chez les citadins. Cette tendance aux déphasages des textes, au trouble de l'ordre social, s'est généralisée actuellement à toutes les couches de la société, du simple citoyen au haut cadre de l'État, du législateur lui-même au magistrat le plus gradé.

III. DE L'INEFFICACITÉ DES SANCTIONS PÉNALES

Pour éviter un pareil débordement social, facteur de trouble de l'ordre public, le législateur avait prévu des sanctions pénales.
L'article 6 du Code du mariage stipule que « tout ministre d'un culte qui procédera aux cérémonies religieuses d'un mariage sans qu'il ait été justifié d'un acte constatant la célébration civile de ce mariage délivré par l'officier d'état civil sera puni d'une amende de 5 000 à 30 000 F » ; « qu'en cas de récidive il encourra une peine d'emprisonnement qui ne pourra être inférieure à deux mois », alors que l'article 11 est libellé comme suit : « tout officier d'état civil qui procédera à la célébration de mariage contracté par un fils de moins de 21 ans ou une fille de moins de 18 ans accomplis, sans qu'il se soit assuré du consentement des personnes indiquées, consentement qui doit être énoncé dans l'acte de mariage, sera, à la diligence des parties intéressées ou du ministère public du lieu où le mariage aura été célébré, condamné à une amende de 25 000 à 120 000 F et un emprisonnement de 6 mois au moins et d'un an au plus ou l'une de ces deux peines seulement. »
Ces deux articles se sont avérés inefficaces à contenir le flot de débordement social du phénomène mariage religieux.
Les raisons en sont que nulle part dans les dispositions de l'article 6 le législateur n'organise la saisine de l'autorité judiciaire compétente.
En effet, il ne suffit pas de décider que les contrevenants seront punis de telle ou telle peine d'amende ou d'emprisonnement encore faut-il préciser comment sont saisies les autorités chargées du jugement.

Dans le silence de la loi, il est évident que l'article 6 du Code de mariage sera sans effet et ne pourra en conséquence jouer le rôle qui lui est dévolu et laissera ouverte la porte à l'anarchie à moins que par un raisonnement par analogie l'on ne retienne les dispositions de l'article 11. Dans ce cas la saisine des juridictions appartient tant aux parties intéressées qu'au ministère public. Malheureusement, ces acteurs potentiels sont restés inactifs, voire laxistes face, sinon aux multiples cas d'illégalité, qu'au déphasage des textes législatifs et au flot des mariages religieux.
Ce laxisme s'explique par le fait que dans une société comme la nôtre en majorité analphabète composée d'environ 85 % de musulmans imbus de préjugés de toutes sortes, de superstitions et d'un fanatisme religieux certain, les parties victimes d'exactions n'osent pas

s'aventurer vers l'autorité judiciaire qui se monte elle-même bien timide à déclencher une quelconque action publique de peur que sa décision, un emprisonnement éventuel de tel ou tel ministre du culte, n'entraîne un trouble hors de proportion de l'ordre public social, causé par le fanatisme religieux d'un islamisme intégriste ; d'où l'immobilisme de part et d'autre, le déphasage des textes et la marée montante des mariages religieux.

IV. DE LA NÉCESSITÉ D'UNE MODIFICATION DE LA LOI

Fort du grave constat de ce déphasage entre le droit et la pratique courante, quelle solution faut-il envisager ? S'il est vrai que la loi est l'expression de la volonté du peuple, qu'elle est faite par les hommes et pour les hommes, dès lors que l'on constate une inadéquation quelconque entre les textes de loi et la volonté populaire, il importe de modifier la loi dans le sens de la volonté du peuple. C'est le cas actuel au Mali en ce qui concerne le phénomène du mariage religieux. Le problème est d'intérêt indéniable ; il suscite polémiques et inquiétudes. Le débat, qui est ouvert et qui agite présentement de nombreuses associations féminines maliennes dont le Collectif des femmes du Mali (COFEM) et l'Observatoire des droits de la femme et de l'enfant, est clos au Sénégal depuis l'entrée en vigueur le 1er janvier 1973 de son Code de la famille.

A. MODÈLE DU SÉNÉGAL

Le Sénégal, pays voisin à majorité musulmane comme le Mali, fortement intégré au Mali par son histoire, ses us et coutumes et les mêmes préoccupations en matière de mariage, ne pourra-t-il pas servir de modèle ? Le système sénégalais convient-il au tempérament de la société malienne ? Le mariage au Sénégal repose sur le constat d'une trilogie quelque peu complexe à savoir le mariage célébré, le mariage constaté et le mariage coutumier.

1) Mariage célébré

Dans ce cas « les dispositions du Code de la famille posent que l'homme et la femme qui désirent contracter un mariage doivent prévenir à l'avance l'officier d'état civil avec qui ils s'accordent sur le lieu (en principe l'état civil du ressort) et la date. Chacune des parties se présente par conséquent à la date convenue, avec un témoin pour procéder à la célébration de l'acte de mariage et un livret de famille à chacun des conjoints. Les options (monogamie, polygamie à deux, trois ou quatre épouses) y sont mentionnées suivant le choix qui a été fait par les conjoints ».

2) Mariage constaté

Ce mariage prévoit deux formules :

a) « L'officier d'état civil est averti à l'avance de la date et du lieu de la célébration religieuse.
Il peut donc assister au mariage à la mosquée. À l'issue de la cérémonie, un certificat est délivré par l'imam ou un de ses adjoints. Les deux parties devront ensuite se présenter au centre d'État civil munies de ce certificat, pour accomplir les formalités d'inscription dans le registre des mariages, en présence de deux témoins. Le certificat de mariage religieux délivré à la mosquée ne permet pas de bénéficier des dispositions du Code de la famille en matière de prise en charge, allocations familiales, assurances, etc. »

b) « L'officier d'état civil est saisi impérativement dans les six mois qui suivent la célébration religieuse du mariage musulman à la mosquée. Les mariés devront donc se présenter à l'état civil munis du certificat délivré à la mosquée et accompagnés chacun de deux témoins civilement majeurs et jouissant de toutes leurs facultés mentales… Si les parties liées religieusement ne déclarent pas leur union dans les six mois suivant sa célébration à la mosquée, la loi leur fait obligation pour se faire enregistrer dans les registres d'état civil, d'obtenir nécessairement une ordonnance du juge civil. Pour ce faire, elles doivent dans un premier temps, se faire délivrer par l'officier d'état civil du ressort, un certificat de non-inscription. Munies de l'ordonnance, elles se présenteront à l'officier d'état civil qui pourra alors seulement inscrire le mariage et délivrer les actes conformes. Il faut noter que le mariage constaté ne concerne pas les citoyens catholiques. En effet selon les dispositions du Code de droit canon (législation de l'église), aucun mariage ne peut être célébré par un prêtre sans présentation d'un certificat de mariage conforme aux textes législatifs en vigueur dans le pays. Le Code de droit canon s'impose dans les domaines spécifiques à la communauté chrétienne, en complément des lois et règlements en vigueur mais ne peut en aucun cas, sauf pour l'État du Vatican, remplacer la législation d'un État ».

3) Mariage coutumier

L'article 146 du Code de la famille stipule que « lorsque les parties ont choisi de ne pas faire célébrer leur mariage par l'officier d'état civil, si pour une raison quelconque, la conclusion de leur union n'a pas été constatée par l'officier d'État civil ou son représentant, le mariage non constaté est valable, mais ils ne peuvent s'en prévaloir devant l'État, les collectivités publiques, les établissements publics ou privés pour prétendre notamment au bénéfice des avantages familiaux, allocations familiales, prises en charge médico-pharmaceutiques, assurance, transport, etc. » La loi ne fait pas de distinction, dans ses considérations, quant à l'appartenance religieuse des conjoints, ce qui n'enlève rien à la validité d'une telle union, les enfants qui en naissent étant considérés légitimes. La loi intervient dans le mariage coutumier quand un des conjoints intente une action en justice à des fins de divorce. Le juge exigera de l'homme et de la femme qu'ils se procurent un certificat de mariage afin que le divorce puisse être prononcé. Quand ils auront accompli cette procédure, ils pourront alors revenir devant le juge qui, à ce moment seulement, pourra prononcer le divorce et en tirer les conséquences. Cette notion de trilogie du mariage se caractérise par une trop grande complexité qui la rend difficilement applicable au Mali lequel prône un modèle beaucoup moins compliqué. Il s'agit essentiellement pour ce pays de faire disparaître le constat de déphasage entre le droit et la pratique courante par un consensus c'est-à-dire une légitime adéquation entre les textes et la volonté populaire, en donnant au mariage religieux un fondement juridique et à la volonté de l'homme sa pleine autonomie.

B. SOLUTION PROPOSÉE

Le mariage religieux doit-il avoir la même valeur juridique que le mariage civil ?

Peut-on s'orienter vers un consensus ?

Donner au mariage religieux un fondement juridique et à la volonté du citoyen sa pleine autonomie revient à accorder en matière de mariage à tous les nationaux maliens un choix entre les deux formes d'union conjugale, civile ou coutumière. C'est le consensus. Lors que les futurs époux désirent contracter un mariage civil, ils devront se conformer naturellement aux dispositions prescrites dans le Code de mariage de 1962. Dans ce cas toutes les règles de fond et de forme prescrites par le code doivent être respectées. Lorsqu'au contraire ils optent pour un mariage religieux, ils devront dans ce contexte par l'intermédiaire du ministre du culte chargé de la célébration du mariage, avertir à l'avance l'officier d'état civil de la date et du lieu de la célébration religieuse. Celui-ci doit assister en personne audit mariage soit à la mosquée soit à tel ou tel lieu convenu. Il peut se faire représenter par un de ses délégués. Les frais de son déplacement seront pris en charge par la municipalité. L'acteur principal en cas d'option en faveur d'un mariage religieux est bien sûr le ministre du culte ou son adjoint. À l'issue de la cérémonie, un acte déclaratif de mariage sera dressé par le ministre du culte (l'imam ou un de ses adjoints). Ledit acte devra comporter la signature respective des deux futurs époux, de leurs deux témoins respectifs, du ministre du culte (ou son adjoint) et de l'officier d'état civil (ou son représentant) qui a assisté à la célébration du mariage.

Après la cérémonie et dans un délai aussi bref que possible le ministre du culte, en occurrence l'imam ou son adjoint, impliqué au mariage, devra se présenter au centre d'état civil concerné muni de l'acte déclaratif de mariage susvisé pour y accomplir les formalités d'inscription dans le registre des mariages. À la suite de cette inscription, un acte de mariage en bonne et due forme lui sera délivré conformément à la législation en vigueur à charge de le remettre aux nouveaux mariés sous son entière responsabilité. Lorsque les époux désirent divorcer, ils doivent obligatoirement saisir l'autorité judiciaire conformément aux dispositions du Code de mariage. Telle est la solution que nous proposons et qui, à notre avis, s'encastre harmonieusement dans la réalité sociologique du pays et qui rétablira sûrement l'équilibre rompu entre les textes et la société malienne.

1) Appréciation critique

La solution que nous préconisons se caractérise par sa simplicité. Elle s'inscrit dans la droite ligne d'évolution de la volonté populaire en impliquant davantage l'autorité du ministre du culte (imam, ses adjoints ou autres) dans la réalisation du mariage aux côtés de l'officier d'état civil dont le rôle ici reste de second plan. Cette solution résout l'épineux problème des déplacements dus à l'éloignement des centres d'état civil par rapport aux domiciles respectifs des futurs époux en

rendant obligatoire la présence physique de l'officier d'état civil ou son délégué au lieu convenu pour le mariage religieux (les frais de déplacement restant à la charge de la municipalité).
D'ailleurs ce déplacement de l'officier d'état civil (ou son adjoint) n'est-il pas au Mali une pratique déjà courante ?
Il s'agit simplement de la légaliser. Les conditions de fond exigées par le Code de mariage concernant la capacité des futurs époux, leur consentement, l'engagement de monogamie, les cas d'empêchement à mariage... doivent être contrôlées et rigoureusement respectées. L'acte de mariage qui en résulte demeure identique à celui du concept mariage civil, donc conforme à tous égards aux dispositions du Code de mariage de 1962. Cette solution ne permettra pas que les futurs époux par un quelconque subterfuge contournent la loi et cela grâce à l'implication active du ministre du culte et son étroite collaboration avec l'officier d'état civil.
Certains esprits critiques avancent que « reconnaître un mariage religieux ou le considérer comme tel revient à violer le principe de la laïcité de l'État » ; qu'en effet il résulte de la Constitution du 25 février 1992 que le « Mali est une République laïque et sociale » (article 25) ; que « toute discrimination fondée sur l'origine sociale...la religion… est prohibée » (article 4) ; que « ce principe constitutionnel signifie que l'État respecte les croyances mais refuse de les connaître et qu'ordonner un effet juridique à un mariage religieux est une reconnaissance déguisée d'une religion » ; que « le principe de la laïcité qui ne peut pas aux termes de la Constitution (article 118 alinéa 4) faire l'objet de révision suppose de la part de l'État la neutralité la plus rigoureuse et l'absence de toute discrimination.
Celui-ci ne doit être ni négatif ni positif participation en raison de la croyance, du culte ou de la foi religieuse »[23]. Ces arguments ne résistent pas à la critique ; en effet affirmer que reconnaître un mariage religieux revient à violer le principe de la laïcité de l'État n'est pas à notre avis exact, car l'État autant doit respecter les croyances autant il ne peut les ignorer c'est-à-dire qu'il ne peut refuser de les reconnaître. Conformément au principe constitutionnel, la religion fait partie intégrante de notre personnalité. Il est impossible pour un État de reconnaître tel individu et de rejeter en même temps ce que cette

[23] Voir : Collectif des femmes du Mali (COFEM), in journal *L'Essor*, Quotidien du 18 mars 1996, page 3.

personne a de plus cher en elle c'est-à-dire sa religion. La laïcité suppose que l'État ne peut s'attribuer une religion et qu'il doit se caractériser par une neutralité rigoureuse et une absence de toute discrimination. Par exemple, l'État ne peut exclure quelqu'un en raison de sa religion (discrimination négative), de même il ne doit admettre tel individu en raison de sa foi religieuse (discrimination positive). L'État laïc ne doit favoriser aucune religion par rapport aux autres. Lorsqu'il décrète la création de tribunaux islamiques, il viole assurément le principe de sa neutralité. Par contre cette neutralité ne souffre nullement lorsqu'en matière successorale par exemple, l'État admet que la transmission héréditaire soit faite suivant la coutume du *de-cujus* en l'espèce conformément aux règles coraniques.
Nous voyons ici que l'État reconnaît bel et bien les règles coraniques et leur application dans le domaine de la dévolution successorale comme il reconnaît la Bible et la réalité de la religion chrétienne. Autant d'exemples qui démontrent que l'État autant respecte les croyances religieuses autant il ne peut refuser de les reconnaître.

2) Nouveau concept du mariage

La pierre d'achoppement en matière de mariage coutumier ou religieux ne se situe donc pas dans la Constitution mais plutôt dans l'article 1er alinéa 1 du Code de mariage de 1962 qui déclare que « le mariage est un acte laïc... » C'est cet article qu'il faudrait supprimer purement et simplement. Enfin, le concept de mariage que nous proposons et qui est le résultat d'un consensus implique davantage le ministre du culte et s'adresse particulièrement, dans le cadre d'une société décentralisée, à une population en majorité rurale. Il a l'avantage d'avoir un fond quasi-laïc que recouvre une enveloppe à coloration locale c'est-à-dire coutumière à base soit musulmane, soit fétichisme, soit animiste... C'est ce concept qui plonge ses racines dans la coutume, dans la religion et qui n'intéresse pas la couche sociale ayant un statut de droit moderne, que nous préconisons.

CONCLUSION

Pour conclure nous retiendrons :

1) que dans l'article 1er du Code de mariage au Mali, le membre de phrase suivant : « le mariage est un acte laïc » est à supprimer ;

2) que l'article 1er nouveau pourra ainsi être libellé : « le mariage est l'union d'un homme et d'une femme : la promesse de mariage n'est susceptible d'aucune consommation forcée » ;
3) l'article 6 est à supprimer ;
4) l'article 16 doit être dans le sens de la solution proposée ;
5) l'article 17 reste inchangé.

Pour que cette solution dégagée soit efficace, il faudrait une sensibilisation appropriée. Il est nécessaire de faire prendre conscience au ministre du culte l'importance qui est désormais la sienne. En effet, c'est lui qui représente le centre de gravité du mariage dit religieux, car c'est lui qui doit aviser l'officier d'État civil compétent du mariage religieux, de sa date et de son lieu de célébration. C'est lui qui procède à la célébration ; c'est lui qui rédige l'acte déclaratif de mariage ; c'est lui qui procède à l'inscription dudit acte au registre des mariages ; c'est à lui que l'officier d'État civil remet l'acte définitif de mariage à charge pour lui de le transmettre aux futurs époux. Nous constatons que son rôle est prépondérant par rapport à celui de l'officier d'État civil lequel est cependant tenu d'assister au mariage ou de se faire représenter, de signer conjointement l'acte déclaratif de mariage, de le faire inscrire au registre des mariages et de délivrer en bonne et due forme l'acte définitif de mariage. La prépondérance de l'action du ministre du culte s'explique par la volonté du législateur de le rendre entièrement responsable de l'acte sacré qu'est le mariage et d'enlever toute possibilité aux futurs époux de contourner la loi par un quelconque subterfuge. Pour tout cela une forte dose de sensibilisation est nécessaire. Par ailleurs pour pallier toute anarchie dans ce domaine, il importe d'établir au niveau de chaque municipalité, de chaque cercle ou de chaque arrondissement une liste exhaustive comportant les noms et adresses des ministres du culte et leurs adjoints habilités par l'autorité administrative compétente à célébrer des mariages dits religieux.
Nous pensons que toutes ces dispositions étant prises, les risques de dérapages seront moindres et le concept de mariage religieux ainsi formalisé pourra répondre aux aspirations d'une bonne partie de la population malienne tout en présentant l'avantage de pouvoir s'encastrer harmonieusement dans le système du droit civil moderne malien.

ANNEXE II
LOI N° 2011-087 DU 30 DÉCEMBRE 2011 (Livre III)
Portant sur
LES RÉGIMES MATRIMOIAUX

(Art. 385 à 444)

TITRE I
DES DISPOSITIONS GÉNÉRALES

Article 385 : Les régimes matrimoniaux règlent les effets patrimoniaux du mariage dans les rapports des époux entre eux et à l'égard des tiers.
Le présent Code organise différents régimes :

- la séparation des biens ;
- la communauté universelle ;
- la communauté réduite aux acquêts ;
- les autres communautés convenues entre les époux.

Article 386 : Les époux ne peuvent déroger dans leurs conventions matrimoniales, ni aux devoirs, ni aux droits qui résultent pour eux du mariage, ni aux règles de l'autorité parentale, de l'administration légale et de la tutelle.

Article 387 : Les époux ne peuvent faire aucune convention ou renonciation dont l'objet serait de changer l'ordre légal de successions, sans préjudice des libéralités qui pourront avoir lieu selon les formes et les cas déterminés par le présent code.

Article 388 : Le régime de la séparation des biens est le régime légal dans les mariages contractés sous l'option de la polygamie ou de la monogamie.

Les époux qui opte pour la monogamie ont la faculté de choisir un des régimes de communauté des biens prévus au Titre III du Livre II du présent Code.

Article 389 : Les conventions matrimoniales sont obligatoirement rédigées par acte notarié. Le notaire au moment de la signature de la convention délivre aux parties un certificat sur papier libre et sans frais énonçant ses noms, prénoms et lieu de résidence, et les noms, prénoms, qualités et demeures des futurs époux ainsi que la date de la convention. Ce certificat indiquera qu'elle doit être remise à l'officier d'état civil avant le mariage. Si l'acte de mariage mentionne qu'il n'a pu être fait de convention, les époux seront, à l'égard des tiers, réputés mariés sous le régime de droit commun, à moins que dans les actes passés avec les tiers, ils n'aient déclaré avoir fait une convention matrimoniale.

Article 390 : Les conventions matrimoniales doivent être rédigées avant la célébration du mariage et ne peuvent prendre effet qu'au jour de cette célébration.

Article 391 : Les changements apportés aux conventions matrimoniales avant la célébration du mariage doivent être constatés par acte passé dans les mêmes formes. Le mariage célébré, il ne peut être apporté de changement au régime matrimonial que par l'effet d'un jugement, soit à la demande de l'un des époux, dans le cas de la communauté de biens ou des mesures judiciaires de protection, soit à la requête conjointe des deux époux, dans le cas de l'article suivant.

Article 392 : Après deux années d'application du régime matrimonial, conventionnel ou légal, les époux pourront convenir dans l'intérêt de la famille de le modifier ou même d'en changer entièrement par un acte notarié qui sera soumis à l'homologation du tribunal civil de leur domicile. Toutes les personnes qui avaient été partie dans le contrat modifié doivent être appelées à l'instance d'homologation ; mais non leurs héritiers si elles sont décédées. Le changement homologué a effet entre les parties à dater du jugement et à l'égard des tiers trois mois après que mention en aura été portée en marge de l'un et l'autre exemplaire de l'acte de mariage. Toutefois, en l'absence même de cette mention, le changement n'en est pas moins opposable aux tiers, si dans les actes passés avec eux, les époux ont déclaré avoir modifié leur régime matrimonial.

Les créanciers, s'il en a été fait fraude de leurs droits, pourront former tierce opposition contre le jugement d'homologation.

Article 393 : Les actes passés entre les époux peuvent être attaqués par les tiers, s'ils sont faits en fraude de leurs droits.

Article 394 : Le mineur habilité à se marier peut consentir à toutes les conventions matrimoniales avec l'assistance des personnes dont le consentement est nécessaire pour la validité du mariage.

À défaut de cette assistance, l'annulation pourra être demandée par le mineur ou par les personnes dont le consentement était requis jusqu'à l'expiration de l'année qui suivra sa majorité.

Article 395 : Le majeur incapable ne peut passer de conventions matrimoniales sans être assisté dans le contrat, de ceux qui doivent consentir à ce mariage.

À défaut de cette assistance, l'annulation des conventions peut être poursuivie dans l'année du mariage, soit par l'incapable lui-même, soit par ceux dont le consentement est exigé.

TITRE II
DU RÉGIME DE LA SÉPARATION DES BIENS

Article 396 : Chaque époux conserve l'administration, la jouissance et la libre disposition de ses biens en l'absence de stipulation expresse contraire. Il reste seul tenu des dettes nées de son chef avant ou pendant le mariage hors les cas prévus à l'article 316 du présent code.
Article 397 : Un époux peut prouver par tous les moyens admis par la loi, tant à l'égard de son conjoint que des tiers, qu'il a la propriété exclusive d'un bien. En l'absence de preuve de la propriété exclusive d'un bien, celui-ci est censé appartenir individuellement à chacun pour moitié.
Article 398 : Les règles du mandat sont applicables, lorsque pendant le mariage, l'un des époux confie à l'autre l'administration de ses biens personnels. L'époux mandaté est toutefois dispensé de rendre compte des fruits, lorsque la procuration ne l'y oblige pas expressément.
Article 399 : L'époux qui prend en main la gestion des biens de l'autre, au su de celui-ci, et néanmoins sans opposition de sa part, est censé avoir reçu mandat tacite, couvrant les actes d'administration et de gérance, mais non les actes de disposition. Il répond de la gestion envers l'autre comme un mandataire. Il n'est, cependant, comptable que des fruits existants ; pour ceux qu'il aurait négligé de percevoir ou consommés frauduleusement, il ne peut être recherché que dans la limite des cinq dernières années.
Article 400 : L'époux qui, au mépris d'une opposition constatée, s'est immiscé dans la gestion des biens de l'autre, est tenu responsable de toute les suites de son immixtion et comptable, sans limitation, de tous les fruits qu'il a reçus, négligés de percevoir ou consommés frauduleusement.
Article 401 : Après la dissolution du mariage par décès de l'un des conjoints, le partage des biens indivis entre époux séparés de biens, pour tout ce qui concerne ses formes, le maintien de l'indivision et l'attribution préférentielle, la licitation des biens, les effets du partage, la garantie et les soultes, est soumis à toutes les règles qui sont établies au titre « Des successions » pour le partage entre cohéritiers. Les mêmes règles s'appliquent le divorce ou séparation de corps. Toutefois l'attribution préférentielle n'est jamais de droit. Il peut toujours être décidé que la totalité de la soulte éventuellement due sera payable comptant.

TITRE III
DU RÉGIME DE LA COMMUNAUTÉ DES BIENS : LA COMMUNAUTÉ DES ACQUÊTS, LA COMMUNAUTÉ UNIVERSELLE ET LES AUTRES COMMUNAUTÉS

CHAPITRE I
COMMUNAUTÉ DES ACQUÊTS

SECTION I
DE L'ACTIF DE LA COMMUNAUTÉ

Article 402 : La communauté se compose activement des acquêts faits par les époux ensemble ou séparément durant le mariage, provenant tant de leur industrie personnelle que des économies faites sur les fruits et les revenus de leurs biens propres.
Article 403 : Tout bien, meuble ou immeuble, est réputé acquêt de communauté si l'on ne prouve qu'il est propre à l'un des époux par application d'une disposition de la loi. Si le bien est de ceux qui ne portent en eux-mêmes preuve ou marque de leur origine, la propriété personnelle de l'époux, si elle est contestée, devra être établie par écrit. À défaut d'inventaire ou autre preuve préconstituée, le juge pourra prendre en considération tous écrits notamment titres de famille, registres et papiers domestiques ainsi que documents de banque et factures. Il pourra même admettre la preuve par témoignage ou présomption, s'il constate qu'un époux a été dans l'impossibilité matérielle ou morale de se procurer un écrit.
Article 404 : Chaque époux conserve la pleine propriété de ses propres. La communauté n'a droit qu'aux fruits perçus et non consommés. Mais récompense pourrait lui être due à la dissolution de la communauté, pour les fruits que l'époux a négligé de percevoir ou a consommé frauduleusement, sans qu'aucune recherche, toutefois ; soit recevable au-delà des cinq dernières années.
Article 405 : Forment des propres par leur nature, quand même ils auraient été acquis pendant le mariage, les vêtements et linges à l'usage personnel de l'un des époux, les actions en réparation d'un dommage corporel ou moral, les créances ou pensions incessibles, et, plus généralement, tous les biens qui ont un caractère personnel et tous les droits exclusivement attachés à la personne. Forment aussi des propres par leur nature, mais sauf récompense, s'il y a lieu, les instruments de

travail nécessaire à la profession de l'un des époux, à moins qu'ils ne soient l'accessoire d'un fonds de commerce ou d'une exploitation faisant partie de la communauté.

Article 406 : Restent propres les biens dont les époux avaient la propriété ou la possession au jour de la célébration du mariage, ou qu'ils acquièrent, pendant le mariage, par succession, donation ou legs. La libéralité peut stipuler que les biens qui en font l'objet appartiendront à la communauté. Les biens tombent en communauté sauf stipulation contraire, quand la libéralité est faite aux deux conjointement. Les biens abandonnés ou cédés par père, mère, ou autre ascendant à l'un des époux, soit pour le remplir de ce qu'il lui doit, soit à la charge de payer les dettes du donateur à des étrangers, restent propres, sauf récompense.

Article 407 : Forment des propres, sauf récompense s'il y a lieu, les biens acquis à titre d'accessoires d'un bien propre ainsi que les valeurs nouvelles et autres accroissements se rattachant à des valeurs mobilières propres. Forment aussi des propres, par l'effet de la subrogation réelle, les créances et indemnités qui remplacent des propres, ainsi que les biens acquis en emploi ou en remploi.

Article 408 : L'emploi ou le remploi est censé être fait à l'égard d'un époux, toutes les fois que, lors d'une acquisition, il a déclaré qu'elle a été faite aux deniers propres, ou provenus de l'aliénation d'un propre et pour lui tenir lieu d'emploi ou de remploi ; à défaut de cette déclaration dans l'acte, l'emploi ou le remploi n'a lieu que par l'accord des époux et il ne produit ses effets que dans leurs rapports réciproques. Si l'emploi ou le remploi est fait par anticipation, le bien acquis est propre, sous la condition que les biens attendus du patrimoine propre soient payés à la communauté dans les cinq ans de la date de l'acte.

Article 409 : Le bien acquis en échange d'un bien qui appartient en propre à l'un des époux est lui-même propre sauf la récompense due à la communauté ou par elle, s'il y a soulte. Toutefois, si la soulte mise à la charge de la communauté est supérieure à la valeur du bien cédé, le bien acquis en échange tombe dans la masse commune sauf récompense au profit du cédant.

Article 410 : L'acquisition faite à titre de licitation ou autrement de portion d'un bien dont l'un des époux est propriétaire par indivis ne forme point un acquêt, sauf récompense due à la communauté pour la somme qu'elle a pu fournir.

SECTION II
DU PASSIF DE LA COMMUNAUTÉ

Article 411 : La communauté se compose passivement :

- à titre définitif, des aliments dus par les époux et des dettes contractées par les époux pour l'entretien du ménage et l'éducation des enfants ;
- à titre définitif sauf récompense, selon les cas, des autres dettes nées pendant la communauté.

Article 412 : Le paiement des dettes dont chaque époux est tenu, pour quelque cause que ce soit, pendant la communauté, peut toujours être poursuivi sur les biens communs à moins qu'il n'y ait eu fraude de l'époux débiteur et mauvaise foi du créancier et sauf la récompense due à la communauté, s'il y a lieu.

Article 413 : Les gains et salaires d'un époux ne peuvent être saisis par les créanciers de son époux que si, l'obligation a été contractée pour l'entretien du ménage ou l'éducation des enfants.

Article 414 : Lorsqu'une dette est entrée en communauté du chef d'un seul des époux, elle ne peut être poursuivie sur les biens propres de l'autre. S'il y a solidarité, la dette est réputée entrer en communauté du chef des deux époux.

Article 415 : Les dettes dont les époux étaient tenus au jour de la célébration de leur mariage, ou dont se trouvent grevées les successions et libéralité qui leur échoient durant le mariage, leur demeurent personnelles, tant en capitaux qu'en arrérages et intérêts. Les créanciers de l'un ou de l'autre ne peuvent poursuivre leur paiement que sur les biens propres et les revenus de leur débiteur.

Article 416 : Les dettes d'aliments, autres que celles ayant trait aux besoins de la famille, sont propres à l'époux débiteur. Elles peuvent être poursuivies sur les biens propres et les revenus de l'époux débiteur ainsi que sur les biens communs sauf la récompense due à la communauté, s'il y a lieu.

Article 417 : Chacun des époux ne peut engager que ses biens propres et ses revenus, par un cautionnement ou un emprunt, à moins que ceux-ci n'aient été contractés avec le consentement exprès de l'autre conjoint qui, dans ce cas n'engage pas ses biens propres.

SECTION III
DE L'ADMINISTRATION DE LA COMMUNAUTÉ

Article 418 : Chacun des époux a le pouvoir d'administrer seul les biens communs et d'en disposer sauf à répondre des fautes commises dans sa gestion. Les actes commis sans fraude par l'un sont opposables à l'autre. L'époux qui exerce une profession séparée a seul le pouvoir d'accomplir les actes d'administration et de disposition nécessaires à celle-ci. Toutefois les époux ne peuvent l'un sans l'autre :

- aliéner ou grever des droits réels, un fonds ou une exploitation dépendant de la communauté, de même que les droits sociaux non négociables et les meubles corporels dont l'aliénation est soumise à publicité ;
- aliéner des titres inscrits au nom de l'un ou l'autre ;
- disposer entre vifs à titre gratuit des biens de la communauté ;
- donner à bail un immeuble commercial dépendant de la communauté.

Article 419 : Chacun des époux a l'administration et la jouissance de ses biens propres. Il peut en disposer librement.

Article 420 : Si l'un des époux se trouve d'une manière durable hors d'état de manifester sa volonté ou si sa gestion de la communauté ou de ses biens propres met en péril les intérêts de la famille, l'autre conjoint peut demander en justice, soit de lui être substitué dans l'exercice de ses pouvoirs, soit de prononcer la séparation des biens, conformément aux dispositions du présent livre. Le conjoint ainsi habilité par la justice a les mêmes pouvoirs qu'aurait eu l'époux qu'il remplace. Il passe avec l'autorisation de justice les actes pour lesquels son consentement aurait été requis s'il n'y avait pas eu substitution. L'époux privé de ses pouvoirs pourra par la suite en demander au tribunal la restitution en établissant que leur transfert à l'autre n'est pas justifié.

Article 421 : Si, pendant le mariage, l'un des conjoints confie à l'autre l'administration de ses biens personnels, les règles du mandat sont applicables. L'époux mandataire est toutefois dispensé de rendre compte des fruits lorsque la procuration ne l'y oblige pas expressément.

Article 422 : Quand l'un des époux prend en main la gestion des biens de l'autre sans opposition de sa part, il est censé avoir reçu mandat tacite couvrant les actes d'administration, mais, il ne peut avoir ni la jouissance ni la disposition des biens. Il n'est cependant responsable que des fruits existants.

Pour ceux qu'il aurait négligé de percevoir ou consommés frauduleusement, il ne peut être recherché que dans la limite des cinq dernières années. Si c'est au mépris d'une opposition constatée que l'un des époux s'est immiscé dans la gestion des biens de l'autre, il est responsable de toutes les suites de son immixtion et comptable de tous les fruits tant existants que consommés.
Article 423 : Si l'un des époux a outrepassé ses pouvoirs, l'autre, à moins qu'il n'ait ratifié l'acte, peut en demander l'annulation. L'action en nullité est ouverte au conjoint pendant un an à partir du jour où il a eu connaissance de l'acte, sans pouvoir jamais être intentée plus d'un an, après la dissolution de la communauté.

SECTION IV
DE LA DISSOLUTION DE LA COMMUNAUTÉ

SOUS-SECTION I
DES CAUSES DE LA DISSOLUTION

Article 424 : La communauté se dissout par :
- le décès ;
- l'absence déclarée de l'un des époux ;
- le divorce ;
- la séparation de corps ;
- la séparation de biens ;
- l'annulation du mariage ;
- le changement de régime matrimonial.

Article 425 : Si, par le désordre des affaires d'un époux, sa mauvaise administration et son inconduite, il apparaît que le maintien en communauté met en péril les intérêts de l'autre conjoint, celui-ci peut poursuivre la séparation de biens en justice.
Article 426 : Le jugement qui prononce la séparation de biens remonte quant à ses effets entre époux, au jour de son prononcé. Mention en sera portée en marge de l'acte de mariage, ainsi que sur la minute de la convention matrimoniale, à la diligence de l'époux demandeur. La séparation de biens ne sera opposable aux tiers qu'à l'expiration d'un délai de trois mois, pour compter de la mention du jugement en marge de l'acte de mariage. Les créanciers d'un époux peuvent intervenir à l'instance ou former tierce opposition dans les conditions prévues au code de procédure civile.

Article 427 : La séparation judiciaire des biens place les époux sous le régime de la séparation des biens tel qu'il est réglé par le précédent code.

SOUS-SECTION II
DE LA LIQUIDATION ET DU PARTAGE DE LA COMMUNAUTÉ

Article 428 : La communauté dissoute, chacun des époux reprend les qui lui sont propres, s'ils existent en nature, ou ceux acquis en emploi ou en remploi. Il y a lieu ensuite à la liquidation de la masse commune, active et passive.

Article 429 : Il est dû récompense à la communauté toutes les fois qu'un époux a tiré un profit personnel des biens communs. Récompense est due également par la communauté à l'époux toutes les fois qu'elle s'est trouvée enrichie à ses dépens.

Article 430 : Un compte des récompenses que la communauté lui doit, et des récompenses qu'il doit à la communauté est établi au nom de chaque époux.

Article 431 : La récompense est, en général, égale à la plus faible des deux sommes que représentent la dépense faite et le profit subsistant. Elle ne peut, toutefois, être moindre que la dépense faite quand celle-ci était nécessaire.

Article 432 : Si, balance faite, le compte présente un solde en faveur de l'un des époux, celui-ci a le choix d'en exiger le paiement, soit de prélever des biens communs jusqu'à due concurrence. S'il présente un solde en faveur de la communauté, l'époux en rapporte le montant à la masse commune.

Article 433 : Les prélèvements s'exercent d'abord sur l'argent comptant, ensuite sur les meubles et, subsidiairement, sur les immeubles de la communauté.

Article 434 : Si les époux veulent prélever le même bien, il est procédé par voie de tirage au sort.

Article 435 : En cas d'insuffisance de la communauté, les prélèvements de chaque époux sont proportionnels au montant des récompenses qui lui sont dues. Toutefois si l'insuffisance de la communauté est imputable à la faute de l'un des époux, l'autre conjoint peut exercer ses prélèvements avant lui sur l'ensemble des biens communs ; il peut les exercer subsidiairement sur les biens propres de l'époux responsable.

Article 436 : Les récompenses dues par la communauté ou à la communauté portent de plein droit intérêts à compter de la dissolution.
Article 437 : Les prélèvements en biens communs constituent une opération de partage. Ils ne confèrent à l'époux qui les exerce aucun droit d'être préféré aux créanciers de la communauté, sauf la préférence résultant, s'il y a lieu, de l'hypothèque légale.
Article 438 : Après que tous les prélèvements ont été exécutés sur la masse, le surplus se partage par moitié entre les époux.
Article 439 : Le partage de la communauté est soumis à toutes les règles établies par le présent code au titre « Des successions » pour les partages entre cohéritiers.
Article 440 : Dans le cas où la dissolution de la communauté résulte du décès ou de l'absence déclarée, le conjoint survivant a la faculté soit, de demander au tribunal le maintien de l'indivision conformément à l'article 849, soit de se faire attribuer sur estimation l'entreprise commerciale, industrielle, artisanale ou agricole dont l'exploitation était assurée par lui-même ou par son conjoint si, au jour de la dissolution de la communauté, il participait lui-même effectivement à cette exploitation. Le conjoint survivant peut se faire attribuer, sur estimation, l'immeuble ou la partie d'immeuble servant effectivement d'habitation.
Article 441 : Celui des époux qui aurait diverti ou recélé quelques effets de la communauté est privé de sa portion dans lesdits effets.

CHAPITRE II
DE LA COMMUNAUTÉ UNIVERSELLE

Article 442 : Les époux peuvent établir par leur convention matrimoniale, une communauté universelle de leurs biens tant meubles qu'immeubles, présents et à venir. Toutefois, sauf stipulation contraire, les biens que l'article 405 déclare propres par leur nature ne tombent point dans cette communauté. La communauté universelle supporte définitivement toutes les dettes des époux présentes et futures.

CHAPITRE III
DES AUTRES COMMUNAUTÉS

Article 443 : Les époux peuvent également par une convention matrimoniale modifier la communauté des acquêts par toutes conventions non contraires aux articles 411 à 417 du présent code. Ils peuvent notamment convenir :

- que la communauté comprendra les meubles et les acquêts ;
- qu'il sera dérogé aux règles concernant son administration ;
- que l'un des époux aura la faculté de prélever certains biens communs moyennant indemnité ;
- que l'un des époux sera autorisé à prélever, avant tout partage, soit une certaine somme, soit certains biens en nature, soit une certaine quantité d'une espèce déterminée de biens ;
- que les époux auront des parts inégales.

CHAPITRE IV
DES DISPOSITIONS COMMUNES

Article 444 : Les avantages que l'un ou l'autre des époux peut retirer des clauses d'une communauté conventionnelle ne sont point regardés comme des donations. Néanmoins au cas où il y aurait des enfants qui ne seraient pas issus des deux époux, toutes conventions qui auraient pour conséquence de donner à l'un des époux au-delà de la portion réglée par l'article 1142, sera sans effet pour tout l'excédent ; mais les simples bénéfices résultant des travaux communs et des économies faites sur les revenus respectifs quoiqu'inégaux des deux époux, ne sont pas considérés comme des avantages faits au préjudice des enfants d'un précédent lit.

BIBLIOGRAPHIE

Mazeaud H. : *Leçons de Droit civil*, tome I, 1re édition Paris V.
H., L. et J. Mazeaud : *Leçons de Droit civil. Les successions et libéralités*, tome IV, 2e volume 1971.
Mazeaud H. et André Breton. *Droit civil (Exercices pratiques)*, tome IV : *Régimes matrimoniaux ; Successions. Libéralités*, Édition Montchrestien 1989.
Josserand : *Cours de Droit civil positif français* 3e Édition, tome I.
Marc Dumetz. : *Le droit du mariage en Côte d'Ivoire 1975* : Librairie générale du droit et de la jurisprudence 20 et 24 rue Soufflot, Paris.
Serge Guinchard : *Droit patrimonial de la famille au Sénégal : Régimes matrimoniaux et successions*, 1980, Nouvelles éditions africaines, Dakar 20615 Abidjan.
Louis Milliot, *Introduction à l'étude du droit musulman*, Édition Sirey 1953, Paris
Jean Carbonnier : *Droit civil*, tome II.
Maurice Delafosse : *Le Haut Sénégal Niger*.
Guy Kouassigan : *Quelle est ma loi* ? Édition A. Pedone, 13, rue Soufflot, Paris V.
Recueil des textes usuels de la République du Mali (1959–1992).
Code de la famille au Sénégal.
Code civil français : Édition officielle du 30 août 1816.
Cahier du droit (Jurisprudence) n° 3, Bamako.
Journal officiel de la République française du 29 juillet 1946.
Revue du citoyen n° 6 de juillet 1998, Bamako.
L'Essor, quotidien : 18 mars 1996.

LIVRE II
RÉGIME SUCCESSORAL

(Art. 752 à 944 du CPF)

Le fait de ne pas légiférer en matière des successions et des libéralités conduit à l'éclatement des familles, à des troubles sociaux, à l'instabilité de la nation et inévitablement à la faillite de l'État.
Que vive la loi n° 2011-087/ du 30 décembre 2011 portant Code des personnes et de la famille au Mali.

L'auteur

Al Saraksï dans **ses *Principes (Al Usül)*** nous a transmis la prise de position du prophète Mahomet en ce qui concerne les choses de ce bas monde.
Je cite : « ***Lorsque je vous fais part de quelque chose relative à la religion, agissez en conformité avec ma déclaration et, lorsqu'il s'agit de choses concernant ce bas monde, alors vous êtes les meilleurs connaisseurs de vos propres affaires terrestres…*** »[24]
Les problèmes successoraux ne concernent-ils pas le bas monde et ne sont-ils pas inhérents aux différentes sociétés dans lesquelles nous vivons ?
Alors ne doivent-ils donc pas s'adapter harmonieusement à l'évolution de ces sociétés ?
Le prophète Mahomet n'a-t-il pas bien déclaré que s'agissant *de choses concernant ce* bas monde *nous sommes les meilleurs connaisseurs de nos propres affaires terrestres ?*
L'an 622, date de la parution du Coran, est de très loin différent de l'an 2021 et les problèmes successoraux soulevés aujourd'hui concernent bel et bien ce bas monde.
« Nous sommes en conséquence les meilleurs connaisseurs de nos problèmes terrestres. »

Messieurs les Représentants du Peuple malien !

Qu'attendez-vous donc pour légiférer dans ce domaine ?
Heureusement ce fut chose faite depuis le 30 décembre 2011.

---

24 Voir l'ouvrage suivant : La Bible, le Coran, la Science de Maurice Bucaille (Les Écritures Saintes examinées à la lumière des connaissances modernes), Édition Seghers, Paris 1976, page 250.

INTRODUCTION

I. OBSERVATIONS GÉNÉRALES

Trois années après la publication en 2008 (première édition) de l'ouvrage intitulé ***Droit patrimonial de la famille au Mali : Régimes matrimoniaux et successions***, dans lequel j'avais exhorté les représentants de la nation malienne en ces termes :
… *« Qu'attendez-vous, Messieurs les représentants du peuple malien, pour légiférer dans ce domaine ? »*
Voilà que l'Assemblée nationale délibéra et adopta enfin en sa séance du 02 décembre 2011 la loi n° 2011-087 portant ***Code des personnes et de la famille***, immédiatement promulguée le 30 décembre 2011 par le Président de la République.
Un vide législatif de cinquante trois années enfin comblé !
Soulagement national !
Le présent ouvrage (en seconde édition), intitulé ***Droit patrimonial de la famille : Régimes matrimoniaux, successions et libéralités***, n'est autre qu'une édition nouvelle, *actualisée*, consistant en une mise à jour complète, corrigée, avec des rajouts et autres… conformes aux dispositions de la nouvelle législation portant désormais Code des personnes et de la famille au Mali, lequel (dans ses Livres VII et VIII respectivement intitulés : « Des Successions-Dispositions Générales » et « Des donations entre vifs et des Testaments ») dispose en ces termes, dans son article 751 :

« L'héritage est dévolu selon les règles du Droit religieux, coutumier ou selon les dispositions du présent Livre, lesquelles (celles du Livre VII) s'appliquent à toute personne :

- *dont la religion et la coutume n'est pas établie par écrit, par témoignage, par le vécu ou la commune renommée ;*
- *qui, de son vivant n'a pas manifesté par écrit ou devant témoins sa volonté de voir son héritage dévolu autrement ;*
- *qui, de son vivant n'a pas disposé par testament de tout ou partie de ses biens, sauf la mesure compatible avec la réserve héréditaire et les droits du Conjoint survivant.*

Nul ne peut déroger aux règles du mode de dévolution retenu. »

II. QUELQUES GÉNÉRALITÉS SUR LE DROIT SUCCESSORAL

La matière des successions est dans l'ensemble du droit civil de tout pays généralement bien définie et nettement délimitée.
Elle englobe tout ce qui concerne la transmission pour cause de mort du patrimoine familial, c'est-à-dire l'ensemble des biens de l'individu défunt.
Le patrimoine se caractérise par le fait que seules les personnes physiques ou morales peuvent avoir un patrimoine dont *elles sont titulaires et non pas propriétaires* ; que ce patrimoine est incessible et indivisible.

A. INCESSIBLE

Il faut distinguer entre la cession à cause de mort et la cession entre vifs.
Dans le premier cas la mort anéantissant la personnalité, rien de plus ne relie le patrimoine à son titulaire.
Le patrimoine reste flottant en attendant d'être appréhendé par un héritier ayant la saisine. Le patrimoine est donc cessible à cause de mort.
La cession se réalise soit par la volonté de la loi *(succession ab intestat)* soit par la volonté du titulaire : *(Succession testamentaire).*
S'agissant de la cession entre vifs du patrimoine, celle-ci est interdite, car ce serait annihiler la personnalité du cédant.
Il est cependant possible dans certaines législations pour un individu d'aliéner tous les biens dont il est actuellement propriétaire ; c'est le cas de la donation-partage, mais cet acte quelque important soit-il ne constitue pas une aliénation du patrimoine, celui-ci étant *virtualité* et pouvoir d'acquérir de nouveaux biens.

B. INDIVISIBLE

Le patrimoine constitue un ensemble mouvant lequel demeure identique à lui-même malgré les fluctuations de ses composantes.
Lorsque l'on recueille cette masse au moyen de la succession l'on devient propriétaire des biens qui la composent mais aussi débiteur en ce qui concerne les dettes qui la grèvent.
La succession de l'héritier au patrimoine du défunt est à la fois et obligatoirement une succession à l'actif et au passif, l'actif et le passif constituant un tout indivisible.

III. QU'EST-CE QU'UNE SUCCESSION ?

Succéder c'est prendre la place de quelqu'un dans le sens vulgaire du terme ; dans son acception juridique, c'est recueillir à cause de mort tout ou partie des biens d'une personne disparue.
La succession prolonge dans l'avenir la situation pécuniaire du défunt à travers la personne de ses héritiers.
Le mot succession n'exprime donc pas seulement une idée de continuation de la personne du *de-cujus*, mais aussi celle d'une acquisition ; c'est le patrimoine transmis, l'héritage.
Dans quelle mesure en droit positif, le législateur réalise cette transmission du patrimoine familial ?
La dévolution des biens familiaux se produit de deux manières : d'une part en dehors de la volonté du de cujus et d'autre part conformément à sa volonté exprimée dans son testament. Dans le premier cas, on a une succession dite *ab intestat* parce que la désignation des héritiers y est établie par des textes précis applicables dans tous les cas à chaque situation particulière.
Les héritiers *ab intestat* ont vocation à recueillir tantôt l'universalité du patrimoine du *de-cujus*, ils sont alors ayants cause universels, tantôt une fraction de ce patrimoine et ils deviennent ayants cause à titre universel.
Dans le second cas la transmission est appelée *testamentaire.* Elle est réglée par la volonté du défunt exprimée dans un acte juridique valable, le testament.

Les personnes désignées par le testateur pour recevoir ses biens s'appellent légataires.
Il existe deux catégories de légataires : *le légataire universel et le légataire particulier.*

- *Le légataire universel* est celui qui a vocation à l'ensemble du patrimoine du *de-cujus*. Le légataire à titre universel est celui qui a vocation à une *quote-part* (moitié, tiers, etc.) du patrimoine.
  Il s'agit là d'une variante du legs universel.
- *Le légataire à titre particulier* quant à lui est celui qui ne reçoit qu'un ou plusieurs objets déterminés dans une succession : par exemple une voiture, une maison, etc.

Pour assurer une meilleure protection du patrimoine familial, le législateur doit d'abord régler la dévolution des biens *ab intestat* en

veillant à ce que ces biens soient attribués uniquement aux personnes qui perpétuent la famille.
Il doit également restreindre la faculté pour *le de-cujus* de disposer librement à titre gratuit. Les libéralités entre vifs ou testamentaires constituent en effet un danger pour la famille qui va se trouver privée des biens donnés ou légués à des tiers ; les règles relatives *à la réserve et à la quotité disponible* sont une limitation à la liberté de disposer à titre gratuit.

À côté de la dévolution successorale *ab intestat* et de la dévolution testamentaire pourrait se situer une catégorie exceptionnelle de transmission de l'héritage.
C'est le cas où le patrimoine familial se transmet par l'effet d'un contrat passé de son vivant par *le de-cujus* et celui qu'il institue héritier :
C'est la succession contractuelle.
Ce genre de transmission du patrimoine familial est considéré comme un pacte sur succession future, généralement interdit.
Nous verrons qu'il existe dans le droit français quelques exceptions à cette interdiction.

Le droit des successions présente dans toutes les sociétés actuelles une importance sociale, économique et politique.
Il prolonge la législation sur la propriété et la famille ; c'est pourquoi ne pas légiférer dans ce domaine constitue une lacune grave qu'il importe absolument de combler, car il conduit à l'éclatement des familles, à des troubles sociaux, à l'instabilité de la nation et inévitablement à la faillite de l'État.
Quel est le fondement du droit des successions ?
Il s'agit là d'une question importante qui retient notre attention et qu'il importe d'élucider. L'étude de la transmission du patrimoine familial laisse entrevoir deux thèses : la *thèse individualiste et la thèse socialiste.*

Dans la première, l'héritage n'est autre que le corollaire du droit de propriété.
L'article 544 du Code civil français définit la propriété comme étant *« le droit de jouir et de disposer des choses de la manière la plus absolue pourvu qu'on en fasse pas un usage prohibé par les lois ou les règlements ».*

- *droit souverain* parce qu'il permet à son titulaire de disposer de sa chose à son gré ;
- *droit perpétuel* parce qu'il lui permet d'en régler le sort pour le temps qui suivra sa mort.

Il en résulte que la succession testamentaire est la dévolution idéale puisqu'elle traduit la volonté du titulaire des biens.
Elle peut conduire cependant à des abus dangereux pour la sauvegarde de l'intérêt de la famille.
Dans la seconde, c'est la négation, au moins en théorie de la conception selon laquelle la famille est le fondement de l'héritage.
L'argumentation fondamentale qui sous-tend cette thèse est que le lien entre le sujet et l'objet d'un droit cesse nécessairement à la mort du sujet comme il cesse avec la disparition de l'objet.
La notion d'héritage n'existant donc théoriquement pas, les biens composant le patrimoine *du de-cujus* vont à l'État en vertu d'un droit souverain fondé sur les intérêts de toute la communauté au préjudice de laquelle ces biens ont été acquis : c'est la thèse dite socialiste ou communiste ; elle est profondément critiquable.

À côté de ces deux thèses une troisième conception prend place ; c'est celle selon laquelle l'héritage repose sur les impératifs de la famille.
Cette conception s'avère positive si l'on reconnaît à la famille toute sa valeur, toute son importance en tant que cellule de la nation, élément de cohésion, d'équilibre et de stabilité politique.
Ayant donc comme fondement la famille, la dévolution successorale doit désormais être réglée de telle sorte que les intérêts de celle-ci, eu égard à son importance nationale, soient coûte que coûte préservés.
Elle doit être laissée uniquement à la volonté de l'homme.
Elle doit être assurée aux proches, même à l'encontre de la volonté *du de-cujus.*
Ici se situe le rôle du législateur qui, tout en admettant la primauté des impératifs de la loi sur la volonté du testateur dans la répartition des biens pour cause de mort, doit chercher avant tout un compromis entre les deux tendances, lequel permettrait au *de-cujus* de garder par devers tout sa personnalité juridique.
C'est pourquoi en rédigeant les règles de la succession *ab intestat* le rôle du législateur doit toujours consister à rechercher, puis à transcrire dans une certaine mesure et dans le cadre familial de la transmission des biens successoraux, la volonté présumée du défunt.

Le droit révolutionnaire français de 1790 à 1804 était entier, absolu, animé de l'esprit de lutte contre l'ancien régime. C'était un droit égalitariste à outrance qui fit régner l'égalité entre tous les héritiers, qu'ils fussent naturels ou légitimes. Après l'abolition de la noblesse, le système romain de l'unité dans la nature des biens successoraux transmissibles était instauré ; la règle *« paterna paternis ; materna maternis »* a donc disparu. La succession *ab intestat* devient prééminente. Les techniques de *la réserve et de la quotité disponible* sont maintenues, mais cette dernière ne jouait qu'en faveur des personnes étrangères à la famille du *de-cujus*.

En 1804 le Code civil a vu le jour ; c'est une œuvre plus libérale et plus modérée dans laquelle le législateur considère aussi bien la dévolution *ab intestat* minutieusement organisée et répondant à tous les problèmes posés par le silence du *de-cujus*, que la dévolution testamentaire caractérisée par une certaine liberté d'action.
La dévolution *ab intestat* demeurait néanmoins la succession type capable de conférer le titre d'héritier, le testament créant seulement des légataires.
Comme le droit révolutionnaire, le Code civil maintient un système également égalitariste protégeant fortement la famille par l'institution *d'une réserve* au profit des proches, le *de-cujus* restant libre de donner la quotité disponible à qui il veut.
L'enfant naturel reconnu aussi bien que le conjoint survivant n'avaient que des droits très faibles par rapport aux héritiers appelés.

Depuis 1804 de nouvelles idées ont vu le jour grâce à l'apparition de nouveaux concepts de la famille et du patrimoine. En effet, la conception de la grande famille à la tête de laquelle se trouvait un père de famille omnipotent a disparu faisant place à une famille plus resserrée autour d'un noyau formateur, le ménage, vivant dans un monde différent et ayant une vue différente de la notion de patrimoine laquelle constitue désormais une donnée non plus stable et permanente mais fluctuante, beaucoup plus soumise aux vicissitudes du temps. La famille conjugale ou nucléaire composée du père, de la mère et des enfants devient la famille type.
Des droits de plus en plus importants sont accordés au conjoint survivant par les lois françaises du 31 décembre 1930 et du 26 mars 1957.

Par la loi du 31 décembre 1917, le législateur français avait fait passer l'ordre successoral des collatéraux du 12e au 6e degré.
La loi française du 25 mars 1896 avait déjà amélioré la situation de l'enfant naturel aux dépens des héritiers de la famille légitime.
Le principe de l'égalitarisme absolu dont étaient imbus les rédacteurs du Code civil fut tempéré par les précieuses réformes de 1938 et 1961 sur la technique de l'attribution préférentielle.
Nous ne pouvons terminer cette introduction sans faire ressortir la place de l'État, dans le mécanisme successoral.

L'État est-il un héritier ?
Pour l'instant il faudrait souligner seulement que les adversaires de la famille refusent d'admettre le principe même de l'héritage et soutiennent que les intérêts de la famille doivent céder devant l'intérêt de la collectivité.
Cette argumentation ne se défend pas si nous nous rappelons que la famille constitue pour nous le fondement et la vie de toute nation.
Dans le système successoral français, l'État n'est pas un héritier, mais un successeur irrégulier qui ne reçoit l'hérédité qu'à défaut de parents au degré successible, de conjoint et de légataire. C'est à ce titre que sur le plan fiscal l'État intervient plus ou moins lourdement dans la transmission des biens familiaux à des successibles plus ou moins éloignés[25].

IV. PROBLÈME SUCCESSORAL AU MALI

Au Mali, le problème de la dévolution successorale est d'une importance capitale.
Il était réglé par l'article 231 (ancien) du Code de procédure civile, commerciale et sociale malien (Titre IX, dispositions transitoires) : la loi n° 101 AN-RM du 18-8-1961 est ainsi libellée :
« En attendant la proclamation du Code civil malien, les règles relatives aux successions, donations, aux rapports des époux, à l'exercice de leurs droits et de ceux des mineurs, demeurent applicables devant les juridictions visées dans le présent code. En outre les matières non réglées par le présent code demeurent régies par les textes en vigueur en leurs dispositions non contraires à celle dudit

[25] Voir Annexe III Livre II.

code. » Conformément à cet article, les règles relatives aux successions sont régies par les dispositions du Code civil applicables au Soudan français jusqu'au 22 septembre 1960[26] dans les matières coutumières. C'est dans ce sens que la Cour suprême du Mali a toujours évolué[27]. Tel est le sens de l'arrêt n° 79 du 3 novembre 1986[28] dans son attendu suivant :

« Attendu que pour infirmer le jugement n° 29 du 21 janvier 1980 la Cour suprême s'est référé au décret du 3 décembre 1931 dont elle a fait application ;

Attendu que ce texte promulgué par l'arrêté n° 51-AP du 20 janvier 1932 a été pris pour réorganiser la justice indigène en AOF. Qu'il est stipulé en l'article 2 al 2 dudit décret que seuls les individus qui ne peuvent se prévaloir du statut de citoyens français étaient justiciables des juridictions indigènes.

Attendu que depuis l'accession de notre pays à la communauté française en 1959, tous les ressortissants de ladite communauté française ont acquis la nationalité française, laquelle était unique ;

Que dès lors le décret du 3 décembre 1931 qui n'était applicable qu'aux seuls indigènes comme le précise bien l'article 2 alinéa 2 dudit décret n'avait plus sujet de droit ;

Que l'article 231 (ancien) ne pouvait renvoyer qu'aux dispositions du Code civil et non à celles d'un texte périmé. »

Les dispositions claires et nettes de cet arrêt ne sauraient donner lieu à aucune hésitation, à aucune interprétation restrictive tendancieuse.

Du fait que c'est la loi qui fixe généralement les règles concernant … les droits civils, les successions et les libéralités… il va sans dire que l'article 231 du CPCCS *(ancien)* ne pouvait renvoyer qu'à des dispositions législatives, celles du Code civil en vigueur au Soudan français, document stipulant à son tour qu'en matière de succession la loi applicable dans les territoires sous colonisation était la coutume respective des parties. *Aussi est-il logique d'affirmer avec la Cour suprême dans les différents arrêts susvisés que la matière des successions relève du droit coutumier.*

---

[26] Date d'accession du Soudan français à l'indépendance sous l'appellation République du Mali *JOF* du 29 février 1960.

[27] Voir in Principaux arrêts de la CSM de 1970 à 1979 : arrêts n° 25 du 29 décembre 1971 ; n° 09 du 05 juin 1978 ; n° 23 du 11 juillet 1978.

[28] Voir in Principaux arrêts de la CSM de 1986 page 78.

Dans le commentaire des dispositions de l'arrêt n° 79 du 3 novembre1986 de la Cour suprême, un éminent juriste[29] a soulevé le problème de savoir si la haute juridiction pouvait casser une décision qui lui est déférée pour violation de la coutume ; en clair si la coutume en la matière constitue *un simple fait ou un élément du droit.*
Il fonde son analyse sur deux arrêts apparemment en contradiction.
Il s'agit des arrêts n° 16 du 13 juillet 1976[30] et n° 40 du 23 juillet 1984[31] dont les teneurs respectives sont les suivantes :
Arrêt n° 16 : « *S'agissant d'une succession musulmane, la concession au décès de l'auteur commun doit être partagée dans la proportion d'une part pour l'héritier femelle et de deux parts pour l'héritier mâle. En ne respectant pas ces proportions le juge commet un excès de pouvoir et viole les principes de droit établi...* »
Arrêt n° 40 :
« La Cour n'est nullement tenue de préciser le contenu de la coutume, elle ne fait que l'indiquer et se contente de solliciter l'avis des assesseurs. »

L'auteur de la critique s'explique comme suit : contrairement à l'arrêt n° 16 de 1976, celui n° 40 de 1984, implicitement, s'abstient de rechercher si l'arrêt querellé avait ou non exactement appliqué la coutume et laisse aux juridictions du fond l'appréciation souveraine.
Notons ici que pour un contrôle régulateur de l'application de la coutume et pour obvier aux inconvénients de certaines interprétations fallacieuses, plusieurs États africains ont pris soin de formuler que leurs Cours suprêmes se prononcent sur les pourvois formés pour violation de la loi ou de la coutume.
Cette analyse est pertinente car la contradiction relevée entre les deux arrêts susvisés est réelle et provient du fait qu'à notre avis l'arrêt n° 40 du 23 juillet est entaché d'erreur :

- d'une part en décidant que la Cour se contente de solliciter l'avis des assesseurs alors que l'article 35 de la loi organique du 15 mai 1961 stipule que... *« les assesseurs ont voix délibérative »*, ce qui permettra à la Cour d'effectuer son

[29] Voir « Pratique du droit musulman » in Séminaire de la justice du 24 au 29 août 1992 par Moussa Doumbia, ancien président de la cour d'appel de Bamako.
[30] Voir Principaux arrêts de la CSM 1970–1979 page 27.
[31] Voir arrêt n° 40 de la CSM du 29 juillet 1984 in : Les Principaux arrêts de la CSM 1984, page 19.

contrôle régulateur en précisant le contenu exact de ladite coutume ;

- d'autre part en commettant manifestement une erreur en affirmant que l'arrêt attaqué a ordonné le partage des biens litigieux *« suivant la coutume des parties, qu'elles soient musulmanes ou fétichistes »*, alors que l'arrêt civil d'appel n° 92 du 12 mai 1982 concerné ne mentionnait aucune alternative entre coutumes musulmanes ou fétichistes, mais avait plutôt ordonné et expressément le partage suivant *« la coutume des parties (Minianka) »* ;
- enfin en ne statuant pas sur le problème de droit posé, à savoir que la Cour était assistée d'assesseurs de coutume musulmane au lieu et place d'assesseurs de coutume minianka.

Compte tenu de ces facteurs, force est d'écarter l'arrêt n° 40 susvisé, essentiellement critiquable et de retenir l'arrêt n° 16 du 13 septembre 1960 pour fixer en la matière la jurisprudence de la Cour suprême laquelle, à l'instar de celle des différentes juridictions de plusieurs États Africains, permet un contrôle régulateur de l'application de la coutume.
Avant l'accession du Mali à la souveraineté internationale, le sort des indigènes était réglé conformément à leur statut personnel, c'est-à-dire suivant leurs coutumes respectives tandis que celui des personnes de statut civil français était réglé conformément aux dispositions du Code civil. Il reste entendu que les contestations relatives aux règles de dévolution successorale de la coutume des parties relèvent de la compétence des tribunaux judiciaires[32].
La loi n° 60-35 du 22 septembre 1960 ayant proclamé la République indépendante du Mali, l'article 35 de la loi n° 61-55 du 15 mai 1961 est intervenue sur l'organisation judiciaire stipulant que les tribunaux de première instance, les justices de paix à compétence étendue, lorsqu'ils statuent en matière coutumière, sont complétés par deux assesseurs de la coutume des parties. *Ces assesseurs ont voix délibérative.*
Pour conclure retenons qu'au Mali la matière des successions relevait essentiellement du droit coutumier et que les contestations relatives… aux règles de dévolution successorale de la coutume des parties relevaient de la compétence des tribunaux judiciaires.
Les assesseurs en la matière ont voix délibérative et ne sauraient être réduits à n'émettre qu'un avis. Par ailleurs, il convient d'affirmer que la

[32] Arrêt civil n° 3 du 21 février 1960 : in Cahier du droit (jurisprudence) page 121.

coutume ne constitue pas un simple fait mais bien un élément de droit dont l'application exacte par les juges du fond est contrôlée par la Cour suprême au moyen de pourvois formés pour violation de la coutume des parties[33].

Quelle est justement la coutume des parties ?
Tout d'abord, il faut signaler que le Mali est un pays composé de plusieurs groupes ethniques et que les coutumes sont la manifestation la plus sensible des différences ethniques. Dans une même coutume, il existe autant de variantes que de groupes sociaux.
Dans ses instructions du 25 avril 1905 adressées aux chefs de colonies pour l'application du décret du 10 novembre 1903, le gouverneur général Roume ne s'exprimait-il pas ainsi :
« Dans les matières civiles les coutumes ne sont pas les mêmes sur toute l'étendue de nos territoires : variables selon les régions, il arrive même qu'au sein des mêmes groupements indigènes, unis cependant par une communauté d'origine ou de langage, les coutumes changent de village en village. Il y aura donc à veiller à ce que, à l'abri de cette trop grande diversité, quelquefois difficile à contrôler, les tribunaux indigènes ne se livrent à l'arbitraire. »[34]

En 1930, l'administrateur en chef M. Simon Henri Labouret constatait :
« Qu'à l'heure présente, les coutumes indigènes demeurent dans l'ensemble inconnues à ceux ayant pour mission de les respecter et cela offre de sérieux inconvénients, voire des dangers. Il y a encore trop de Présidents de Tribunaux du premier degré dépourvus de bagages indispensables pour remplir leur office dans les régions où le seul bon sens métropolitain ne suffit toujours pas pour réussir… »

Les problèmes déjà posés depuis 1905 se présentaient aujourd'hui encore aux tribunaux avec la même acuité. Ils demeuraient toujours très complexes, complexité heureusement tempérée par l'islamisation de près de 85 % de la population malienne.
Néanmoins, il existe toujours une minorité de chrétiens, d'animistes ou autres qu'il ne faudrait pas négliger. Dans la pratique, la tendance

---

[33] Voir arrêt civil n° 16 du 13 juillet 1976 de la CSM.
[34] Coutumier juridique de l'AOF : voir in *Pratique du droit successoral au Mali* par Moussa Doumbia, *op.* déjà *cit.*

générale des tribunaux au Mali est l'application presque exclusive de la coutume musulmane, plus précisément du droit musulman.

Pour ce qui est de l'application des règles en matière successorale, il importe de rappeler d'une part que la coutume est une source de droit non écrite et pour cette raison difficile à circonscrire ; d'autre part que le droit musulman en cette matière, bien que reposant sur des dispositions coraniques, est très variable suivant les différents rites : *hanéfites, malékites, hanbalites, chaféites, sunnite, chi'ite...* et pour cette raison également difficile à appliquer. Or, le droit successoral malien était essentiellement à base coutumière et les assesseurs coutumiers[35] dans leur grande majorité ne maîtrisaient pas parfaitement les coutumes dans leurs contours, d'où des erreurs fréquentes.

C'est pourquoi, en présence des règles du Code civil français, des traditions coutumières disparates, un droit coranique rendu complexe, anachronique par endroits et variable suivant les rites, la qualité des assesseurs, la conscience du juge malien se trouvait plus ou moins soumise à rudes épreuves, ce qui se traduisait obligatoirement par une jurisprudence incohérente, des situations d'impasse juridique et la nécessité quasi absolue de mettre sur pied une législation positive adéquate en la matière.

Autrement dit un code des successions et des libéralités devait nécessairement paraître dans un avenir très proche.

Il le fallait absolument. *Cette lacune fut heureusement levée le 30 décembre 2011 par la promulgation de la loi n° 2011-087 portant Code des personnes et de la famille.*

Cette loi est la résultante d'une analyse comparative de différentes sources de droit *(Code civil français, coutumes disparates, droit musulman)*.

Ces diverses sources laissaient transparaître de nombreux points de convergence qui rendirent plus aisé la rédaction d'un projet de loi nouveau sur les successions répondant mieux aux aspirations profondes de toutes les couches sociales de la population malienne et par ricochet permettant ainsi la réalisation définitive de la loi nouvelle n° 2011-087 visée ci-dessus sur les successions et les libéralités au Mali.

---

[35] Un arrêté du ministre de la Justice fixe chaque année la liste des assesseurs titulaires et des assesseurs suppléants : (loi n° 88 AN-RM du 8 février 1988) portant réorganisation judiciaire.

L'étude que nous envisageons d'entreprendre *en seconde édition* sera faite conformément à la loi nouvelle, celle n° 2011-087 du 30 décembre 2011 et portera ***sur le régime des successions et celui des libéralités au Mali***.
Elle consistera en *une révision générale de l'étude faite dans la première édition au cours de l'année 2008*, en y apportant des corrections, en l'approfondissant, en la complétant ; bref, en la mettant à jour.

Il s'agira enfin de mettre sur pied une deuxième (2e) édition *(révisée, corrigée, complétée, mise à jour) ;* ***une édition nouvelle***.
Elle sera conduite respectivement :

a) en application des règles du droit positif (*droit commun),* du droit religieux et aussi du droit coutumier ;
b) en y apportant des rajouts relatifs aux règles du droit portant sur les libéralités.

PREMIÈRE PARTIE
OUVERTURE ET DÉVOLUTION DE LA SUCCESSION

TITRE I
OUVERTURE DE LA SUCCESSION

CHAPITRE I
LIEU DE L'OUVERTURE DE LA SUCCESSION

SECTION I
IMPORTANCE DU DERNIER DOMICILE DU *DE-CUJUS*

Dans le droit civil malien, le lieu de l'ouverture de la succession est déterminé par le dernier domicile légal du défunt à moins qu'il n'en soit décidé autrement par accord des parties, c'est-à-dire par l'effet de la force résultant de l'autonomie de la volonté des parties[36].
Contrairement à ce que l'on pourrait penser la succession ne s'ouvre pas nécessairement au lieu du décès.
Cette situation juridique se justifie, car le *de-cujus* a pu décéder en un lieu où il ne se trouvait qu'occasionnellement.
Il va sans dire que le règlement de sa succession ne pourra être opéré que là où le *de-cujus* avait le centre de ses affaires ; or, seul son domicile légal peut être considéré comme représentant le lieu où se centralisent les intérêts successoraux.
S'il n'avait pas de domicile connu, comme cela arrive chez les nomades, le juge du fond pourra subsidiairement établir que sa dernière résidence habituelle sera présumée être *le centre de ses affaires* et de ce fait il pourrait considérer ladite résidence comme étant le lieu de l'ouverture de la succession. Tout dépendra de l'appréciation que fera le juge de la notion « centre de ses affaires ».

SECTION II
INTÉRÊTS RELATIFS À LA DÉTERMINATION DU LIEU DE L'OUVERTURE DE LA SUCCESSION

La détermination du lieu de l'ouverture de la succession présente un intérêt capital en ce sens que ce lieu est le centre des opérations de liquidation et de partage de la succession. C'est ce lieu qui fixe la compétence du tribunal appelé à connaître de toutes les actions successorales telles que :

---

[36] Ce lieu est appelé « Ginna » dans la coutume successorale dogon et « Topiré » (famille paternelle) dans la coutume sénoufo-minianka.

1) les demandes entre héritiers jusqu'au partage inclusivement ;
2) les demandes en garantie des lots et en rescision du partage ;
3) les demandes intentées par les créanciers du défunt avant le partage ;
4) les demandes relatives à l'exécution des dispositions à cause de mort jusqu'au jugement définitif, c'est-à-dire jusqu'à la fin du procès motivé par une action en exécution ou par une action en nullité ou en révocation de la libéralité, que le procès soit intervenu avant ou après le partage.

CHAPITRE II
DATE DE L'OUVERTURE DE LA SUCCESSION

La succession s'ouvre par le décès et le jour ou l'instant précis de ce décès en marque le point initial.
C'est là que la loi situe la transmission de la fortune du défunt, actif et passif sur la tête de ses héritiers.
Que faut-il entendre par décès du *de-cujus* et par date de décès du *de-cujus* ?

SECTION I
DÉCÈS DU *DE-CUJUS*

Nous avons déjà vu que le patrimoine est *un attribut de la personnalité* à laquelle il demeure nécessairement attaché jusqu'au jour du décès ; que dans l'ensemble sa transmission ne pourrait donc avoir lieu qu'au décès du *de-cujus*.
Le décès est synonyme de mort et il existe deux sortes de mort : *la mort naturelle et la mort civile*.
La mort naturelle est aujourd'hui seule à prendre en considération comme cause d'ouverture.
La mort civile frappe certains condamnés à des peines criminelles perpétuelles.
Elle a été abolie dans la législation française par la loi du 31 mai 1854. Depuis lors elle a disparu de la vie juridique.

Si dans la loi musulmane il existe encore des cas de mort civile, ceux-ci sont aujourd'hui largement anachroniques.
Les rédacteurs des différents avant-projets de lois sur la succession au

Mali n'en font aucune mention. Dans le Code civil malien actuel, le concept de mort civile n'apparaît nulle part pas dans la vie juridique.
La loi nouvelle n° 2011-087 du 30 décembre 2011 n'en fait pas mention. Elle stipule tout simplement que la succession s'ouvre par le décès ou seulement par la déclaration judiciaire du décès. La preuve du décès repose sur la force probante des énonciations d'un acte de décès ou d'un jugement déclaratif de décès.Lorsque la preuve est établie que tel individu est mort d'une mort naturelle ou lorsqu'il a été jugé qu'il a disparu au cours d'une calamité, sa succession est ouverte.
Les successeurs éventuels pourront à partir de ce moment se considérer comme héritiers.
En cas d'absence la succession n'est pas systématiquement ouverte car absence n'est pas synonyme de décès.

Elle ne met donc pas fin à la personnalité d'où l'article 760 du CPF ainsi stipulé :
« Peut succéder celui dont l'absence est présumé... »
Lorsque l'on parle d'absence en droit successoral il ne s'agit pas d'héritiers qui ne sont pas sur les lieux au moment de l'ouverture de la succession, c'est-à-dire ceux que l'on pourrait attendre ou qui pourront se faire représenter par des mandataires.
Il s'agit de ceux-là qui sont absents au sens juridique du mot, ceux qui ont disparu ou ceux dont on n'a plus de nouvelles et sur l'existence desquels planent des doutes ; or pour succéder, il faudrait *exister* au moment de l'ouverture de la succession, c'est-à-dire qu'il faudrait *être né ou au moins être conçu.*
Ainsi, l'ayant cause d'un successible absent a la charge très difficile sinon impossible d'apporter la preuve que ledit successible a survécu au défunt.
C'est pour cette raison que les rédacteurs du Code civil français n'ont pas hésité à interdire de faire participer un absent à une succession qui s'ouvre après les dernières nouvelles.
Cette attitude des rédacteurs du Code civil français est « *d'une rigoureuse logique* mais elle présente d'autant plus d'inconvénients que les héritiers qui recueillent la succession à la place de l'absent ne sont pas tenus de fournir caution de lui restituer sa part au cas où son existence viendrait à être établie »[37].

[37] *Leçons de droit civil* par Henri, Léon et Jean Mazeaud, tome IV 2e vol. (*Successions et*

Néanmoins lorsque l'absent réapparaît, il sera fondé à réclamer la restitution de ce qui lui revenait, par la voie de l'action en justice spécialement adaptée à ce résultat, *l'action en pétition d'hérédité*, tant que le délai légal de la prescription extinctive ne sera pas écoulé. Il pourrait alors se heurter au danger d'insolvabilité de ses débiteurs, danger que l'on ne saurait d'ailleurs éviter, car *les cohéritiers de l'absent sont aussi en droit de lui refuser le titre de successible*, la preuve de son existence au moment du décès du *de-cujus* ne pouvant pas être rapportée[38] !
Par ailleurs ces mêmes cohéritiers de l'absent pourraient également empêcher les descendants de celui-ci de venir par représentation à sa succession, la preuve de son décès ne pouvant pas non plus être faite.
Autrement dit, nous nous trouvons *dans un cercle vicieux préjudiciable à l'absent et à ses descendants.*
Pour pallier cette lacune, le législateur français a permis :

1) la désignation *d'un mandataire* qui représentera le présumé absent dont la part sera mise « en réserve » ;
2) dans le cas où l'absent a *des descendants,* la jurisprudence française les autorise malgré tout à venir à la succession par représentation de leur auteur défunt.

Qu'en est-il dans le droit musulman ?
Le régime musulman des biens de l'absent est établi avant tout dans l'intérêt de celui-ci et non dans celui de ses cohéritiers présomptifs.
Ainsi, lorsque l'absent a disparu sans laisser de mandataire il appartient au *Cadi* ou son représentant le *Mucadam* d'assurer la conservation des biens, d'en prendre possession et de les gérer en bon père de famille jusqu'au retour éventuel de l'absent.
Si au cours de l'absence des successions viennent à s'ouvrir, dans lesquelles des legs sont faits au profit de l'absent, le *Cadi* ou son représentant veillera à ce que les parts de succession ainsi que les legs soient réservés pour le jour où il réapparaîtra.

Contrairement au droit français, la loi musulmane ne s'occupe pas des héritiers de l'absent.
Elle ne les connaît que le jour où elle ne peut plus les ignorer,

---

Libéralités), 2e édition, page 49 n° 71.
[38] Code civil français du 30 août 1816.

c'est-à-dire lorsque la preuve du décès de l'absent est faite ou bien le jour où en raison de son âge l'absent doit être considéré comme décédé. C'est à cette période qu'il faudrait se placer aussi dans le droit français pour déclarer que la succession de l'absent est ouverte. La preuve du décès peut se faire par tous les moyens. Elle est souverainement appréciée par les juges du fond. Lorsque l'absent atteint la limite extrême de la vie humaine (70 à 120 ans suivant les rites en droit musulman), le juge saisi peut constater qu'il y a lieu de tenir l'absent pour décéder. Cette procédure est valable également en droit français. Lorsque le disparu réapparaît alors qu'un jugement est déjà intervenu pour le déclarer mort et que par conséquent ses héritiers ont été envoyés en possession de ses biens la loi musulmane les oblige à lui restituer les biens qu'ils ont encore entre leurs mains. L'absent est dans l'obligation de respecter les aliénations qu'ils ont réalisées, mais il pourra revendiquer toutes les successions qui se sont ouvertes à son profit et tous les legs qui lui ont été faits pendant la période d'absence.

Quelle est la législation malienne en la matière ?

Dans le Code civil malien actuel, l'article 760, en disposant ainsi : « *Peut succéder celui dont l'absence est présumée au contraire de celui dont l'absence est déclaré* », nous autorise à faire la distinction entre absence et disparition.

A. DISPARITION

Pour le législateur malien (art. 76), « *le disparu est la personne qui a cessé de paraître à son domicile ou à sa résidence suite à des circonstances de nature à mettre sa vie en danger, alors même que son corps n'a pu être retrouvé* ».

Que faire lorsque l'ouverture d'une succession est subordonnée à l'existence ou non d'une ou des personnes portées disparues ?

Dans ce cas le procureur de la République ou toute personne intéressée peut saisir le tribunal compétent par une requête.

Celui-ci après enquête peut rendre un jugement déclaratif de décès de tout malien, de tout étranger ou apatride disparu respectivement sur le territoire malien, à bord d'un bâtiment ou aéronef ou même sur un territoire étranger dès lors que le disparu avait son domicile ou sa résidence sur le sol malien.

L'affaire est instruite et jugée en chambre du conseil.

Le tribunal compétent est celui du lieu où la disparition est survenue ; à défaut celui du dernier domicile ou de la dernière résidence du disparu, ou encore si besoin est celui du port d'attache du bâtiment ou de l'aéronef qui le transportait.
Dans le cas où ce sont plusieurs personnes qui ont disparu au cours d'un même événement, la requête présentée au tribunal compétent peut être collective.
Lorsque le décès du disparu est suffisamment établi tant par des informations complémentaires que, s'il y a lieu, par une enquête administrative sur les circonstances de la disparition, le tribunal statue et rend un jugement déclaratif de décès.
La date de cet événement est fixée soit en tenant compte des présomptions tirées des circonstances de la cause soit au jour exact de la disparition.
Elle ne doit jamais être indéterminée.
Le jugement déclaratif de décès (individuel ou collectif), passé en force de chose jugée, tient lieu d'acte de décès et est opposable à tous.
La succession du disparu peut alors s'ouvrir.

Lorsque le disparu réapparaît postérieurement au jugement déclaratif de décès, le procureur de la République ou tout intéressé pourra poursuivre l'annulation dudit jugement, les dispositions des articles 73, 74 et 75 du CPF restant toutefois toujours applicables.
Ceci veut dire que l'absent qui réapparaît recouvre tous ses biens ainsi que ceux qu'il aurait dû recueillir mais dans l'état où ils se trouvent. Il recouvre par ailleurs le prix de ceux qui ont été aliénés ainsi que les biens acquis *en emploi* des capitaux ou des revenus échus à son profit.
La personne qui aura par fraude fait constater la déclaration d'absence sera tenue de restituer à l'absent les biens de celui-ci dont elle aurait eu la jouissance et lui verser en outre les intérêts légaux sans préjudice, le cas échéant, des dommages et intérêts complémentaires ou des poursuites pénales.

B. ABSENCE

En matière de droit successoral, le Code civil malien ne retient que le cas de l'absence au sens juridique du terme, c'est-à-dire l'absence de personnes ayant réellement disparu ou de personnes dont on n'a plus de nouvelles et sur l'existence desquelles planent des doutes. Dans ce cas précis, le législateur fait la distinction entre deux (2) étapes :

- une première étape relative à la demande aux fins de déclaration de présomption d'absence, auquel cas le présumé absent peut succéder ;
- une seconde étape relative à la demande de déclaration d'absence, auquel cas le déclaré absent ne peut pas succéder.

1) LA DEMANDE DE PRÉSOMPTION D'ABSENCE

Elle est visée par les articles 61 à75 du CPF selon les dispositions desquels il y a présomption d'absence *« lorsqu'une personne a cessé de paraître à son domicile ou à sa résidence sans que l'on en ait eu des nouvelles depuis plus de 3 ans... »*

À partir de cet instant tout intéressé ou le ministère public par voie d'action peut former *une demande de déclaration de présomption d'absence*, introduite par simple requête devant le tribunal civil du dernier domicile connu du présumé disparu ou à défaut devant celui de sa dernière demeure.

Alors le parquet fait diligenter une enquête sur le sort du présumé absent et procéder à la publication de la demande par voie de presse ou (tous autres moyens de communication y compris à l'étranger s'il y a lieu).

Il peut désigner un ou plusieurs parents ou alliés, le cas échéant tout autre personne pour représenter le présumé absent dans l'exercice de ses droits (ou tout acte auquel il serait intéressé, de même que pour administrer tout ou partie de ses biens).

Le représentant du présumé absent aussi bien que l'administration de ses biens sont soumis aux règles applicables à l'administration légale ou à la tutelle ; il en est de même s'il y a lieu en ce qui concerne ses enfants mineurs.

Le représentant du présumé absent a la possibilité de faire des actes conservatoires et des actes de pure administration.

Le tribunal peut à tout moment mettre fin à la mission de la personne désignée comme représentant. Il peut également procéder à son remplacement.

Ainsi aux termes *d'un délai de deux (2) ans* à compter de dépôt de la demande de présomption d'absence, le tribunal saisi, au vu des résultats de l'enquête qu'il a fait faire, pourra par un jugement, constater la présomption d'absence et aussi confirmer ou non les actes pris en vertu des articles 63 et 64 du CPF dans la gestion du représentant désigné.

Il en résulte, conformément à l'article 760 du CPF, que le présumé absent peut succéder ; cela va dans le même sens que la jurisprudence française visée ci-dessus et aussi dans le sens du droit musulman.

2) LA DEMANDE DE DÉCLARATION D'ABSENCE

Trois années après le prononcé du jugement de présomption d'absence, si le présumé absent ne reparaît pas, alors le tribunal, à la requête de toute partie intéressée ou du ministère public, peut être saisi *d'une demande de déclaration d'absence.*

À la requête du parquet il sera procédé à des enquêtes complémentaires. Alors le tribunal saisi pourra rendre *un jugement de déclaration d'absence* ; lorsque ce jugement acquiert l'autorité de la chose jugée, il tient lieu d'acte de décès.

Dans ce cas, conformément à l'article 760 du CPF, *le présumé absent ne peut pas succéder.*

Le jugement déclaratif d'absence autorise l'ouverture de la succession de l'absent à compter du jour de son prononcé ; la succession de l'absent est alors dévolue exclusivement aux héritiers avec lesquels il aurait eu à concourir ou à ceux qui l'auraient recueillie à son défaut.

Lorsque l'absent se trouve en concours avec d'autres héritiers ou lorsqu'il ne se trouve à ses côtés que des héritiers subséquents, la succession est dévolue exclusivement aux cohéritiers ou aux héritiers subséquents.

Si avant le prononcé de ce jugement déclaratif d'absence *le présumé absent reparaît ou que la date de son décès est établie*, la demande aux fins de déclaration d'absence est considérée *comme non avenue.*

Au contraire si après le prononcé du jugement le présumé absent réapparaît ou lorsque son existence ne fait plus de doute, ses héritiers ayant prouvé soit que l'absent est bien mort, soit que la limite extrême de la vie humaine, 70 à 120 ans, est atteinte, toute partie intéressée ou le procureur de la République peut poursuivre l'annulation dudit jugement.

Tant que le délai légal de la prescription extinctive n'est pas écoulé le présumé absent, par le biais de l'action en pétition d'hérédité, pourra réclamer sa part d'héritage.

Il recevra alors, dans l'état où ils se trouveraient, tous ses biens et même ceux qu'ils auraient dû recueillir s'il n'avait pas été absent.

Il recouvra aussi le prix de ses biens qui ont été aliénés et aussi les biens

acquis en emploi des capitaux ou des revenus échus à son profit.
En cas de fraude à la déclaration d'absence, le fraudeur est tenu de restituer à l'absent ses biens et lui verser les intérêts légaux.
Il encourra éventuellement des dommages-intérêts ou encore des poursuites pénales.
Il importe enfin de souligner que le mariage de l'absent, s'il était déjà dissout, reste dissout même en cas d'annulation du jugement déclaratif d'absence (art. 73, 74 et 75 du CPF).

SECTION II
DATE DU DÉCÈS

En matière successorale la date du décès en aucun cas ne doit être indéterminée.
Elle résulte de l'acte de décès établi et signé par l'officier d'état civil compétent, et dont les indications font foi jusqu'à preuve du contraire.
Cette date résulte aussi, soit d'un jugement déclaratif d'absence (cas de l'absent), soit d'un jugement déclaratif de décès (cas du disparu), ces deux (2) jugements déclaratifs respectifs tenant lieu d'acte de décès (art. 71 et 81 du CPF).
La date du décès est bien sûr celle de l'ouverture de la succession d'où son extrême importance.
Aussi en cas d'absence ou de disparition *elle est rigoureusement déterminée* par le tribunal compétent en s'aidant des présomptions tirées des circonstances de la cause.
Une telle détermination permet :
- de savoir si l'héritier appelé est *capable* de succéder ;
- de fixer le moment auquel remonte l'effet de *l'acceptation* ;
- de connaître en cas de pluralité d'héritiers le moment où commence *l'indivision* et celui auquel remonte l'effet rétroactif du partage ultérieur.

Enfin, la fixation correcte de la date respective des décès (jour, heure, minutes, secondes) présente de grands intérêts lorsque les *de-cujus* sont des comourants[39].

[39] La notion de comourants est inexistante dans les coutumes bamanan, sénoufo, minianka, dogon, etc.
Cela s'explique par le fait de l'existence de la grande famille avec à sa tête un chef de famille qui seul hérite ; de ce fait la notion de comourants ne suscite pas d'intérêts particuliers.
Il va sans dire qu'avec l'avènement de la famille conjugale en 1962 les données doivent

Prenons par exemple le cas où deux ou plusieurs personnes héritières présomptives l'une de l'autre décèdent dans un événement : accident de circulation, bombardement, naufrage, incendie, tremblement de terre, etc.
Le problème qui se pose est celui de leur succession respective.
Si l'héritier a survécu au *de-cujus* ne fût-ce que quelques minutes ou secondes, il aura recueilli la succession et l'aura transmise avec son propre patrimoine qu'elle aura grossi, à ses propres héritiers.
Mais encore faut-il faire la preuve de cette survie.
Dans la négative, la loi française quant à elle admettait des présomptions qui permettaient de résoudre bien de difficultés.

Par exemple, les articles 720 ancien et suivants du Code civil français stipulaient que :
« Si les comourants sont âgés de moins de quinze ans le plus âgé est présumé avoir survécu ; lorsqu'ils sont âgés de quinze à soixante ans, s'ils sont de sexe différent et qu'il n'y ait entre eux qu'une différence d'âge de moins d'une année, la présomption joue en faveur de l'homme. »
Il est inutile de souligner l'arbitraire de semblables présomptions, car l'âge et le sexe, s'ils permettent de déterminer très approximativement la force de l'individu, ne prouvent rien quant à sa résistance devant la mort.
C'est cet arbitraire que la loi musulmane a voulu éviter dans le cas des comourants[40].
Cette loi part de la règle selon laquelle pour venir à la succession d'une personne il faut prouver qu'on lui a survécu.
Ainsi donc si deux personnes sont mortes au cours d'un même accident et si l'on ne peut prouver l'ordre de leur succession, aucune d'elle n'héritera et tout se passera comme si elles n'avaient jamais été appelées à succéder l'une à l'autre.
Cette solution est bonne.
La jurisprudence française l'a adoptée au détriment de la théorie des présomptions de survie susvisée lorsque les conditions de l'article 720 (ancien et suivants) ne sont pas réunies.

---

changer et permettre la mise en chantier dans ce domaine d'une législation positive.
[40] Voir *Des successions musulmanes* par le professeur Aouissi Mécheri (ministère de la Justice algérien) page 11.

Par exemple considérons l'affaire jugée par la chambre civile de la Cour de cassation française le 7 octobre 1953 qui fit jurisprudence :

JURISPRUDENCE : FIXATION DE LA DATE D'OUVERTURE D'UNE SUCCESSION, CAS DES COMOURANTS

LES FAITS : Les époux S. B. ont péri le 10 juin 1944 dans une opération de représailles conduite par les Allemands en France. Le mari, âgé de 58 ans laissait comme héritière sa tante, Mme veuve B. ; sa femme âgée de 52 ans, laissait comme héritières deux sœurs, Mme T. et Mlle B. Chacun des époux avait fait donation à l'autre, s'il lui survivait, de la totalité de ses biens. Mme T. et Mlle B. avaient obtenu du tribunal… *l'ensemble des biens des deux époux*. Ce jugement avait été reformé par la cour d'appel le 4 février 1949 ; l'arrêt d'appel accordait *la succession du mari à la tante de celui-ci, et la succession de la femme aux sœurs de cette dernière*. Mlle B. s'est pourvue en cassation.

Il importe de faire remarquer que le massacre du 10 juin 1944 a été exécuté de la manière suivante : Les hommes ont été fusillés par petits paquets dans des granges. Quant au curé, aux femmes et aux enfants, ils ont été enfermés dans l'église pour y être brûlés ; l'incendie de l'église et celui de toutes les maisons du bourg a été *le dernier acte du drame*.

La Cour de cassation saisie a statué comme suit dans deux célèbres attendus parmi tant d'autres[41]. LA COUR : Sur le moyen unique pris en ses diverses branches :

« Attendu qu'il appert des qualités et des motifs de l'arrêt infirmatif attaqué que les époux S. B. ont péri dans le massacre… le 10 juin 1944 ; qu'à défaut d'ascendant ou de descendant, le mari a laissé pour héritière la dame veuve Bernard, sa tante ; que la femme a laissé en la même qualité ses deux sœurs, la dame E. T. et la demoiselle R. B. ; que par deux actes du… les époux S. B. avaient fait donation, au survivant de la totalité de leurs biens ». « Attendu qu'il ne résulte pas des énonciations de l'arrêt que la cour d'appel ait écarté, en l'espèce, le principe de l'admissibilité de la preuve par présomptions du fait

[41] Voir Sem. juridique 1953 II 7860 et notes Rodière.

matériel de la survie de l'un ou de l'autre époux, qu'il découle au contraire des motifs circonstanciés de sa décision qu'elle a rejeté comme insuffisantes les présomptions invoquées par la demoiselle R. B. et retenues par le jugement, présomptions dont la loi abandonne l'appréciation aux lumières et à la prudence des juges du fond. »
« Attendu que ceux-ci relèvent notamment que d'une part en ce qui concerne les hommes, quelques-uns ont survécu à leurs blessures pendant un certain temps et que s'agissant de S., aucun témoin n'a pu préciser ni le lieu de son massacre ni les circonstances et l'heure de sa mort ; que d'autre part, pour la dame S., on ne peut affirmer que toutes les femmes et tous les enfants de la localité ont été, sans exception, enfermés et en conséquence, bien que la dame S. ait été aperçue par un unique témoin dans le groupe dirigé vers l'église, l'incertitude plane sur la fin tragique de la dame S. »
« Par ces motifs : Rejette ».

Par cet arrêt de rejet nous constatons que c'est en usant de son pouvoir souverain d'appréciation que la cour d'appel, *sans affirmer que la preuve de la survie ne peut pas être faite par présomption,* a jugé que les présomptions de fait invoquées en faveur de la survie de Mme S. B n'étaient pas suffisantes pour emporter sa conviction.
En effet, il résulte de l'arrêt d'appel que la mort des femmes et des enfants dans l'église aurait été précédée de celle des hommes, que quelques hommes ont survécu à leurs blessures pendant un certain temps, que par contre, bien que la dame S. ait été aperçue *par un unique témoin* dans le groupe dirigé vers l'église, il n'existe aucune preuve suffisante que ladite femme soit morte au même instant que son mari.
Il en résulte que l'incertitude plane ainsi sur la date précise du décès de dame S., et que c'est à bon droit que la Cour de cassation a rejeté le présent pourvoi. Face à une telle résistance des tribunaux et de la jurisprudence, la théorie des présomptions de survie visée ci-dessus fut supprimée.

DISPOSITIONS DE LA LÉGISLATION MALIENNE

La législation française actuelle en la matière, en concordance avec les dispositions susvisées de la jurisprudence, repose en ces termes sur les dispositions de l'article 725-1 du Code civil français :

« Lorsque deux personnes, dont l'une aurait vocation à succéder à l'autre, périssent dans un même événement, l'ordre des décès est établi par tous les moyens. Si cet ordre ne peut être déterminé, la succession de chacune d'elles est dévolue sans que l'autre y soit appelée. Toutefois si l'un des co-décédés laisse des descendants, ceux-ci peuvent représenter leur auteur dans la succession de l'autre lorsque la représentation est admise. ». Par ces dispositions le législateur français se rallie en la matière à la solution adoptée par la loi musulmane et aussi par la législation sénégalaise ainsi libellée :
« Lorsque plusieurs personnes successibles les unes des autres périssent dans le même événement ou des événements concomitants sans que l'ordre des décès soit connu, elles sont présumées décédées au même instant sauf preuve contraire qui peut être administrée par tous les moyens. À défaut de cette preuve la succession de chacune d'elles est dévolue aux héritiers ou légataires qui auraient été appelés à la recueillir à défaut des personnes qui ont trouvé la mort dans lesdits événements. »
Telle a été également la position des rédacteurs de l'avant-projet de loi sur les successions au Mali. Mais tel n'est pas la position actuelle du législateur malien. En effet, le Code civil malien résultant de la loi n° 2011-081 du 30 décembre 2011 portant Code des personnes et de la famille au Mali, en son article 754, stipule comme suit :
« Lorsque plusieurs personnes appelées à la succession, l'une de l'autre, périssent dans un même événement ou dans des événements concomitants sans que l'ordre des décès soit connu, le plus jeune est censé avoir survécu au plus âgé. »

Cette position est à mon avis critiquable en ce sens qu'elle est *originale* par rapport à celles ci-dessus examinées et particulièrement par rapport à la loi islamique si l'on se rappelle qu'environ 85 % de la population du Mali est de religion musulmane. Que cela ne tienne puisque la République est laïque. Le choix fait par le législateur malien a cependant l'avantage *d'être simple, plus réaliste, plus naturel et plus logique*, car il est courant de constater que dans la plupart des accidents (trains, automobiles, avions, naufrages…), la nature fait que les survivants en général sont presque toujours et miraculeusement des jeunes enfants, des bébés… De ce fait quoique critiquable, la position du législateur malien se justifie par sa logique, la nature voulant que le plus âgé disparaisse avant le plus jeune.

TITRE II
DÉVOLUTION DE LA SUCCESSION

CHAPITRE I
GÉNÉRALITÉS

La dévolution successorale est la transmission d'un héritage (composé de biens et de droits) à un héritier.
Un héritier est tout parent appelé à succéder au défunt c'est-à-dire les enfants (légitimes ou naturels) et leurs descendants, les conjoints survivants, les ascendants privilégiés (père et mère), les frères et sœurs et les descendants de ces derniers, les ascendants autres que les père et mère, les autres collatéraux autres que les frères et sœurs et les descendants de ces derniers.
La transmission successorale s'effectue au Mali selon *des règles du droit religieux, coutumier ou selon les dispositions de droit commun résultant des articles 751 à 1134 (Livre VII et VIII) de la loi n° 2011-087 du 30 décembre 2011 portant Code des personnes et de la famille.*

Ces dispositions successorales résultant du Livre VII de la présente loi, appelées *« règles de droit commun »*, s'appliquent à toute personne :
- dont la religion ou la coutume n'est pas établie par écrit, par témoignage, par le vécu ou par la commune renommée ;
- qui, de son vivant, n'a pas manifesté par écrit ou par-devant témoin, sa volonté de voir son héritage dévolu autrement ;
- qui, de son vivant, n'a pas disposé par testament de tout ou partie de ses biens, sauf la mesure compatible avec la réserve héréditaire et les doits du conjoint survivant » (art. 751 du CPF).

À la lecture de telles dispositions (Livre II et Livre III), l'on constate nettement *l'embarras* du législateur face à la présence d'un problème religieux ou coutumier dans l'agencement de la dévolution de la succession.
Aussi importe-t-il de clarifier de prime abord l'expression exacte de la volonté du législateur imprimée dans les alinéas 1, 2 et 3 de l'article 751 du CPF.
Soulignons tout d'abord que lesdites dispositions successorales paraissent à la fois *originales et complexes.*

Originales et complexes en ce sens que le législateur ne pouvait pas, dans le contexte social présent et à cause de la grande diversité des composantes particulièrement religieuses, analphabètes et coutumières de son peuple, faire voter une loi homogène, unique, valable et qui s'appliquerait indistinctement à tous les citoyens de la République. *Une telle originalité teintée d'une certaine complexité s'avérait effectivement nécessaire.*
Pourquoi ? Parce qu'une succession relève *naturellement du statut personnel de l'individu* défunt. La loi applicable au statut personnel de cet individu est généralement sa loi nationale. La loi nationale est l'expression de la volonté populaire de la nation.
C'est pourquoi, dans un État donné, de surcroît une République démocratique *laïque* à composantes démographiques diverses (environ 85 % de musulmans, 10 % de chrétiens, 5 % d'animistes et d'athées ou libres penseurs), on pourrait se demander comment les représentants d'une telle nation pourront-ils légiférer dans un domaine si sensible, celui des successions, sans tenir compte des données visées ci-dessus.

Voilà la raison pour laquelle nous disons que *l'originalité et la complexité* que nous avons soulignées dans les dispositions de la loi n° 2011-087 relatives à la dévolution successorale plongent leurs racines profondes dans la volonté ainsi exprimée du législateur :

1) de respecter tout au long de leur législature, autant que possible, aussi bien les statuts personnels que les sensibilités des différentes communautés ethniques et religieuses qui forment la nation, voire l'État laïc qu'incarne la République démocratique du Mali ;
2) de respecter en conséquence les dispositions religieuses et coutumières fondamentales de chaque composante de la nation, *(la coutume étant par excellence non pas un fait, mais un élément du droit, selon une jurisprudence constante de la Cour suprême)* ;
3) de respecter les principes fondamentaux des droits de l'homme tels que par exemple la liberté de pouvoir disposer de sa propriété ;
4) de respecter les droits fondamentaux de l'héritier, voire de la famille ou du conjoint survivant, par l'instauration *des techniques* comme les concepts : « ***réserve, rapport, réduction***… » lesquels permettent d'assurer *la protection et*

l'égalité entre les différents héritiers par la retenue dans une certaine proportion, des biens patrimoniaux au sein de la famille.

Enfin affirmons que c'est le nécessaire respect de l'ensemble de ces dispositions tant *religieuses, coutumières que laïques*, qui explique l'originalité et la complexité de l'article 751 du CPF susvisé. Le tribunal compétent en matière successorale est celui du lieu de l'ouverture de la succession ; il peut être saisi par toute personne. La loi applicable en cas de dévolution successorale est *la loi nationale du de-cujus*, c'est-à-dire la loi dont relève son statut personnel. Le nouveau Code des personnes et de la famille, dans ses articles 751 et suivants stipule en ces termes :

1) *« Les dispositions du présent livre (Livre VII) s'appliquent à toute personne dont la religion et la coutume n'est pas établie par écrit, par témoignage, par le vécu ou par la commune renommée » (art. 751 al. 1).*

Cela veut bien dire que le tribunal saisi statuera naturellement et souverainement sur la dévolution de la succession du *de-cujus* en lui faisant systématiquement application *des règles du droit commun* dès lors que les héritiers, auteurs de la requête introductive d'instance *ne veulent pas* ou au contraire *n'arrivent pas* à établir suffisamment (par écrit, témoignages, le vécu, la commune renommée ou toutes autres preuves), l'existence et la consistance respectives (de la réalité et du bien-fondé de la religion ou de la coutume) susceptibles de conduire la dévolution de la succession du *de-cujus* selon les règles du droit religieux ou du droit coutumier ;

2) *« Les dispositions du présent livre s'appliquent à toute personne qui de son vivant n'a pas manifesté par écrit, ou par-devant témoins sa volonté de voir son héritage dévolu autrement... » (art. 751 al. 2).*
Il s'agit ici d'un cas où le *de-cujus* ne semble pas s'être soucié de la dévolution de sa succession. Le tribunal appliquera à une telle dévolution *les règles du droit commun* sauf si les héritiers arrivent à présenter devant le tribunal une manifestation du *de-cujus* réalisée soit par écrit, soit devant témoins, advenue avant son décès et attestant expressément de sa volonté affirmée de voir son héritage dévolu

autrement. Il va sans dire que ces preuves seront souverainement appréciées par le juge du fond saisi. Elles peuvent être acceptées ou rejetées. Si elles sont rejetées, les règles applicables à la dévolution seront bien sûr celles du droit commun ;

3) *« Les dispositions du présent livre s'appliquent à toute personne qui, de son vivant n'a pas disposé par testament de tout ou partie de ses biens, sauf la mesure compatible avec la réserve héréditaire et les biens du conjoint survivant » (art. 751 al. 3).*
Qu'est-ce que cela veut dire ?

a) Cas où le *de-cujus* a, de son vivant, disposé par testament de la totalité de ses biens :

Dans cette hypothèse le tribunal saisi procédera aux opérations suivantes :

- il calculera d'abord le quantum de la masse successorale (M) ;
- il en déduira le montant de la quotité disponible (Qd) ;
- il évaluera la somme des libéralités contenues dans le testament (L).

Lorsque le montant de la quotité disponible (Qd) est supérieur à celui des libéralités (L), la dévolution successorale se déroulera conformément à la volonté du *de-cujus* et les libéralités seront exécutées à la lettre selon la volonté du donateur.
Si le montant de ces libéralités n'entame pas la quotité disponible (Qd), le reliquat sera dévolu suivant les règles *du droit commun.*
Lorsqu'au contraire le montant de la quotité disponible est inférieur à celui des libéralités, celles-ci seront *réduites de façon proportionnelle* jusqu'à concurrence de la quotité disponible.

b) Cas où le *de-cujus* n'a disposé de son vivant et par testament que d'une partie de ses biens :
Si la quotité disponible n'est pas entamée, tant mieux ; alors le testament sera exécuté conformément à la volonté du *de-cujus*.
Si au contraire la quotité disponible est entamée, il y aura *réduction de façon proportionnelle* des parts héréditaires respectives des différents héritiers.
Il importe de remarquer que lorsqu'il y a conflit entre la volonté du *de-cujus* et des règles constitutionnelles ou d'ordre public, celles-ci s'imposent sans conteste.

CHAPITRE II
ÉTUDE DES DIFFÉRENTS MODES DE LA DÉVOLUTION SUCCESSORALE

Dans le système du Code civil français, la dévolution successorale du patrimoine familial est réglée par le contrat, par la loi ou par le testament.
Nous avons vu que dans la conception purement familiale de l'héritage, les biens sont dévolus par la loi, en dehors de la volonté du *de-cujus* alors que la conception individualiste permet au contraire à celui-ci de disposer librement de ses biens à cause de mort. Le Code civil français étant une œuvre de compromis entre les deux tendances, il accorde une assez large place à la volonté du *de-cujus* tout en conservant la primauté de la succession *ab intestat,* celle qui confère la qualité d'héritier.
Aussi importe-t-il de souligner le fait que la loi règle la transmission successorale non seulement à défaut de volonté exprimée par le *de-cujus* mais parfois même contre cette volonté et ses dispositions sont d'ordre public, donc inviolables[42].
C'est ainsi que le *de-cujus* ne peut pas entamer la réserve héréditaire.
Sa volonté ne se manifeste plus souvent que dans un testament, acte unilatéral de volonté, à caractère provisoire, essentiellement révocable, susceptible de modification jusqu'au dernier moment.
Le de-cujus peut-il se lier aussi par un contrat ?
En principe il ne peut pas transmettre ses biens à cause de mort par contrat.
Toute convention relative à une telle transmission serait *un pacte sur succession future*, généralement prohibé mais comportant dans certaines législations quelques exceptions. Nous examinerons tour à tour dans trois sections respectives, les successions contractuelle, légale et testamentaire.

SECTION I
SUCCESSION CONTRACTUELLE

I. DÉFINITION

Dans le tourbillon qui caractérise la vie des hommes, il peut arriver qu'une personne, confrontée à de rudes épreuves financières, songe à engager à titre onéreux et pour le temps où il sera déjà mort, soit une quotité, soit

[42] Article. 45 al. 4 et 5 du Code de mariage et de la tutelle au Mali : in Recueil des codes et textes usuels de la RM (1959-1992).

l'ensemble de son patrimoine. Il peut également tenter d'aliéner de la même manière telle ou telle fraction des biens d'une tierce personne dont il est héritier présomptif, représentant sa part idéale lorsque la succession de celle-ci sera ouverte.

C'est par exemple le cas d'un héritier présomptif débiteur, qui s'engagerait à liquider ses dettes à l'ouverture de la succession de son auteur, affectant ainsi au paiement de celles-là ses droits successoraux.
De telles conventions fondées sur la simple espérance d'un droit, puisqu'elles sont passées en considération de la mort d'une personne, sont appelées *pactes sur succession future.*

II. INTERDICTION DES PACTES SUR SUCCESSION FUTURE

Les pactes sur succession future sont immoraux et dangereux en raison de leur objet portant sur la mort d'une personne et impliquant le désir de voir disparaître le *de-cujus.*
Ils sont dangereux à un autre titre : ils troublent l'ordre public maintenu par les règles de la dévolution *ab intestat* ; ils violent le principe de la liberté de tester, cette liberté inviolable qui constitue l'un des attributs de la personne humaine.
En effet peut-on faire un testament lorsque l'on a déjà engagé par contrat passé entre vifs la totalité de ses biens ?[43].
Au Mali la notion de pacte sur succession future est inconnue dans nos traditions coutumières et semble très peu usitée dans notre Droit positif actuel.
En effet, les différentes coutumes bamanan, minianka, sénoufo, malinké… ignorent de tels pactes. Il est impensable que dans de telles coutumes le sort des biens successoraux puisse être réglé par le biais d'un pacte.

---

[43] Le droit musulman interdit les pactes sur successions futures (Coran, I, verset 37) en ces termes :
« Nous avons désigné à chacun les héritiers qui doivent accueillir la succession laissée par les père et mère, les proches et par ceux avec lesquels vous avez conclu un pacte. »
Cependant, tous les commentateurs du Livre sacré sont unanimement d'accord pour reconnaître que le prophète a supprimé par la suite cette vocation héréditaire résultant d'un pacte.
Le droit musulman ne reconnaît donc pas l'institution d'héritier.
Le pacte dont fait allusion le Coran est hérité de l'époque préislamique et était ainsi formulé :
« Mon sang sera ton sang, ma ruine ta ruine, ma vengeance ta vengeance. Je serai ton héritier et seras le mien. » Voir *Introduction à l'étude du droit musulman* par Louis Milliot page 446.

La notion de pacte sur succession future n'est pas entièrement rejetée dans la loi n° 2011-087 du 30 décembre 2011 portant Code de successions, laquelle dans ses Livres VII et VIII, effleure timidement la question à travers ses articles 1130, 1128, 1126, 1109, 1108 et le dernier 824 est ainsi libellé : *« on ne peut, même par convention matrimoniale, renoncer à la succession d'une personne vivante, ni aliéner les droits éventuels qu'on peut avoir à cette succession ».*
Ceci est la preuve que le législateur malien n'a nullement rejeté le principe de l'interdiction des pactes sur succession future.
La notion de pacte sur succession future existait dans l'avant-projet d'ordonnance sur les successions en 1974 en ces termes : *« sont nuls tous pactes, contrats ou engagements pris relativement à la succession d'une personne encore vivante ».*
Les articles 824 et suivants susvisés du CPF n'en sont donc qu'une réplique.
La prohibition était absolue, sans exception.
Le projet d'ordonnance de 1974 fut remplacé en 1979 par un projet de loi en la matière et l'article ci-dessus fut libellé comme suit :
« Sont nulles toutes les stipulations ayant pour objet d'attribuer un droit privatif ou de renoncer à un droit sur la succession non ouverte d'un tiers. Sont permis les pactes sur la succession ouverte ou non de l'un des contractants. »

Cet article est différent du précédent en ce sens qu'il distingue deux sortes de pactes. L'un concernant la succession *non ouverte d'un tiers* qui est prohibé ; l'autre concernant la succession *ouverte ou non de l'un des contractants* et qui au contraire est permis.
Cette exception au principe fondamental de l'interdiction des pactes sur successions futures puise sa source dans l'autonomie de la volonté en matière contractuelle.
Mais le principe de l'autonomie de la volonté ne doit-il pas s'effacer devant le souci de protection des intérêts familiaux ?
Bien sûr que oui et c'est ce que la loi nouvelle semble avoir affirmé en adoptant en son article 824 le principe selon lequel sont nuls tous pactes, contrats ou engagements pris relativement à la succession d'une personne encore vivante.
En effet comment peut-on admettre qu'un contractant puisse engager pour le temps où il ne sera plus la quasi-totalité de ses biens successoraux ?

Cette mesure ne peut se concilier avec le souci d'assurer la protection des biens familiaux contre les abus du *de-cujus*.
C'est pourquoi il a été souhaitable de la supprimer purement et simplement et c'est ce qui fut fait par la loi n° 2011-087 du 30 décembre 2011 en son article 824.
C'est bien cette position que le législateur malien a adoptée en ignorant purement et simplement le membre de phrase suivant : « *sont permis les pactes sur la succession ouverte ou non de l'un des contractants* » exauçant ainsi le vœu stipulé par les rédacteurs de l'avant-projet de loi sur les successions en ces termes :
« Sont nulles toutes stipulations ayant pour objet d'attribuer un droit privatif ou de renoncer à un droit sur la succession non ouverte d'une personne. »

Enfin pour qu'une convention soit qualifiée pacte sur succession future et par conséquent nulle, il faudrait que les trois conditions suivantes soient réunies :
- que la convention porte effectivement sur la succession d'une personne ;
- que cette succession soit non ouverte ;
- que ladite convention apporte une modification au jeu des règles successorales.

SECTION II
TRANSMISSION DE LA SUCCESSION PAR LA LOI

(Art. 751 à 1134 du CPF)
(Dévolution ab intestat)

PRINCIPES

Lorsque le *de-cujus* a été surpris par la mort et qu'il n'a pas eu le temps de faire son testament ; lorsqu'il n'a pas voulu le faire ou que son testament est nul, la dévolution *ab intestat* se substitue à la succession testamentaire.
Elle est supposée être l'expression de la volonté présumée du défunt.
Elle est gouvernée par des principes fondamentaux variables d'un État à l'autre.
Dans le système juridique français trois principes la commandent :
Premier principe :
Parmi les personnes appelées à la succession, il faut distinguer celles

qui continuent la personne du défunt et les autres.
Les premières sont *saisies de plein droit* des biens, droits et obligations du défunt.
On dit qu'elles ont la saisine ; ce sont les héritiers du défunt.
Les autres ne peuvent appréhender les biens successoraux *qu'en se faisant envoyer en possession* par une autorité judiciaire (cas de l'État successeur irrégulier) ou qu'en se faisant délivrance (cas des légataires).
Deuxième principe :
Le législateur ne prend en considération que la qualité des personnes appelées à succéder et non la nature ou l'origine des biens à transmettre.
Il faut relever cependant une exception à ce principe : le retour légal ou *(succession anomale)* par lequel le législateur considère l'origine du bien, sa nature, avant d'en régler la dévolution.
Cette situation prévaut lorsqu'un bien acquis du défunt à titre gratuit fait retour à la mort du donataire à celui dont il provenait ou à ses descendants.
Troisième principe :
Pour recueillir la succession, il faut d'abord *être appelé par la loi* et remplir certaines conditions.

Observations :
Dans l'avant-projet de loi sur les successions, l'on s'est livré à un travail de synthèse.
S'inspirant des dispositions musulmanes, les auteurs de ce projet ont tacitement rejeté le principe selon lequel l'héritier est le continuateur de la personne du défunt, donc tenu *ultra vires* du paiement intégral.
Pour eux, comme d'ailleurs en droit musulman, l'héritier n'est qu'un successeur aux biens, chargé de la liquidation de la succession dans l'intérêt des créanciers héréditaires.
Par contre ils ont adopté les deux autres principes ainsi que l'exception relative au retour légal. Concernant cette exception, l'article 64 (ancien) de l'ordonnance n° 36 (ancienne) sur la parenté déclare ceci :
« L'adoption protection n'ouvre droit à la succession que dans les conditions prévues par la loi sur les successions.
Toutefois les donations faites entre vifs par l'adoptant à l'adopté ou inversement peuvent faire l'objet de reprise lorsque les choses données se retrouvent en nature dans la succession. » La dernière disposition de cet article est la preuve que le législateur malien devrait admettre dans son

prochain système successoral la notion de retour légal ou succession anomale. Malheureusement, tel ne fut pas le cas, car nous constatons que la loi nouvelle portant Code des personnes et de la famille n° 2011-087 du 30 décembre 2011 ne mentionne nulle part dans ses dispositions l'existence d'une quelconque succession anomale ou retour légal. Malgré tout notre étude sur la dévolution successorale *ab intestat* portera successivement sur les quatre cas suivants : les héritiers, la vocation de l'État, le retour légal et les qualités requises pour succéder.

PARAGRAPHE I
HÉRITIERS AUXQUELS LA SUCCESSION EST DÉVOLUE

(Art. 769 à 807 du CPF)

Un héritier est tout individu lié au *de-cujus* par un lien de parenté ou d'alliance.

La vocation héréditaire s'établit devant un tribunal au moyen d'un jugement d'hérédité lequel est soumis suivant les cas, tantôt aux règles du droit commun, tantôt aux règles du droit religieux ou du droit coutumier lorsque celles-ci ne sont pas contraires à la loi.

Dans certaines coutumes la femme ou l'enfant naturel même reconnu ainsi que d'autres membres de la famille n'ont pas qualité d'héritier. C'est la décision du juge en conformité avec l'ordre public, qui établira l'existence, la qualité et l'ordre des héritiers.

Cette décision prise souverainement procédera soit d'actes d'état civil, de carnets de famille, soit des cahiers de recensement, soit des dispositions testamentaires ou témoignages de toute nature, soit d'actes de notoriété[44].

Il est important de faire remarquer cependant que la qualité d'héritier et la dévolution successorale peuvent se réaliser coutumièrement en dehors de toute participation judiciaire, le juge n'intervenant qu'en cas de sa saisine à la suite de divergences.

Notre étude sera conduite tant au regard des règles de droit commun tirées du nouveau Code civil malien (loi n° 2011-087 du 30 décembre 2011), qu'au regard du droit musulman et de certaines coutumes. Dans ce cadre, les héritiers auxquels la succession est dévolue sont généralement de trois catégories : les héritiers légitimes, naturels et le conjoint survivant.

---

[44] Arrêt n° 28 du 29 décembre 1977 : in *Principaux arrêts de la CSM en matière civile 1970-1979*, page 28.

I. HÉRITIERS LÉGITIMES

Ce sont ceux issus d'un mariage, d'une adoption filiation ou d'une légitimation. Concernant le cas de la fille adoptive, la Cour suprême du Mali dans un arrêt n° 22 du 15 août 1977 a affirmé *« qu'en droit coutumier musulman, selon les règles de l'Imam Zeïd, la fille adoptive n'apparut pas comme héritière, sa qualité ne figurant pas dans la liste des sept successibles du sexe féminin »*[45]. Cette mesure qui frappe l'enfant adoptif *ne peut concerner dans la législation actuelle du Mali que le cas de l'adoption protection*, non celui de l'adoption filiation laquelle donne à l'adopté (assimilé juridiquement à l'enfant légitime) une filiation légitime, quelque fiction soit elle, lui conférant de ce fait une vocation héréditaire à la succession de ses parents adoptifs[46].
Trois éléments règlent la dévolution successorale : *l'ordre, la ligne, le degré.*
Ces trois éléments affirment une technique égalitariste qui permet de maintenir autant que possible l'égalité entre les enfants du *de-cujus.*
L'étude de la structure d'une telle technique nous conduit à examiner successivement :

- les éléments de la dévolution successorale ;
- le système de la représentation ;
- les règles spéciales (aux divers ordres d'héritiers).

A. LES ÉLÉMENTS DE LA DÉVOLUTION SUCCESSORALE

1) L'ORDRE

Dans le droit français comme dans le Code civil malien (art. 772 du CPF), *en l'absence du conjoint survivant*, il existe quatre catégories d'héritiers appelés à succéder dans l'ordre suivant :

a) celui des enfants et leurs descendants ;
b) celui des père et mère ; des frères et sœurs et les descendants de ces derniers ;
c) celui des ascendants autres que les père et mère ;
d) celui des collatéraux autres que les frères et sœurs et leurs descendants. Chacune de ces quatre (4) catégories constitue un ordre d'héritier qui exclut les suivants.

---

[45] Voir arrêt n° 22 de la CSM du 15 août 1977 in *Principaux arrêts de la CSM en matière civile 1970-1979*, page 28.

[46] Voir article n° 69 de l'ordonnance n° 36 CML du 31 juillet 1973 in Recueil des lois et textes usuels de la RM (1959–1992).

2) LA LIGNE

Le degré étant la proximité de la parenté par le nombre de générations, chaque génération s'appelle un degré et c'est la suite des degrés qui forment la ligne.

On appelle ligne directe la suite des personnes qui descendent l'une de l'autre. En ligne directe on compte autant de degrés qu'il y a de générations.

Les parents en ligne directe succèdent à l'infini.

On appelle ligne collatérale, la suite des degrés entre personnes qui ne descendent pas les unes des autres, mais qui descendent d'un auteur commun. En ligne collatérale les degrés se comptent par génération depuis l'un des parents jusque et non compris l'auteur commun et depuis celui-ci jusqu'à l'autre parent. Les collatéraux au même degré succèdent par tête.

Les parents collatéraux ne succèdent pas au-delà du sixième degré.

Succession se divise en deux branches selon qu'elle procède du père ou de la mère. La ligne comprend les descendants d'une famille ; elle peut se traduire par la *fente* qui consiste dans la division de la succession entre les deux lignes, paternelle et maternelle.

La parenté se divise en deux (2) branches selon qu'elle procède du père ou de la mère.

La ligne comprend les descendants d'une famille ; elle peut se traduire par *la fente* qui consiste dans la division de la succession entre les deux lignes, paternelle et maternelle.

Toute succession échue à des descendants ou à des collatéraux se divise en deux parts, l'une pour les parents de la ligne maternelle ou *branche maternelle*, l'autre pour les parents de la ligne paternelle ou *branche paternelle*.

Les parents *utérins ou consanguins* ne sont pas exclus par *les germains* mais ils ne prennent part que dans leur ligne, les germains prennent part dans les deux lignes.

Lorsque la succession est dévolue à des ascendants, elle se divise par moitié entre ceux de la branche paternelle et ceux de la branche maternelle.

Dans chaque branche succède, à l'exclusion de tout autre, l'ascendant qui se trouve au degré le plus proche.

Les ascendants au même degré succèdent par tête.

À défaut d'ascendant dans une branche les ascendants de l'autre

branche recueillent toute la succession.
Il en va de même en ce qui concerne la dévolution de la succession à des collatéraux autres que les frères et sœurs et leurs descendants.
La fente ne se produit qu'une seule fois.

3) LE DEGRÉ

La proximité de parenté s'établit par le nombre de générations ; le degré est l'appellation que l'on donne à chaque génération.
Parmi les héritiers de l'ordre appelé à recueillir la succession ou la moitié de la succession c'est *la proximité du degré qui établit la préférence*, c'est-à-dire que dans chaque ordre, l'héritier le plus proche exclut l'héritier plus éloigné en degré.
À degré égal entre plusieurs héritiers il y a lieu à partage par égale portion et par tête.
La proximité de parenté s'établit par le nombre de générations ; chaque génération s'appelle un degré.
Pour savoir combien de degrés existent entre le *de-cujus* et l'un de ses parents, on procède de la manière suivante :
On part du *de-cujus* pour aller jusqu'au parent dont on recherche le degré en passant par tous les membres de la famille qui les séparent ; on ne compte pas le *de-cujus* et on compte chacun des parents intermédiaires ainsi que celui qui est l'objet du calcul[47].
Exemple :
Un fils F est parent de son père P au premier degré.
Un petit fils PF est parent de son grand-père GP au deuxième degré.
Un frère F1 est parent de son frère F2 au deuxième degré.
Un oncle F1 et son neveu N sont parents au troisième degré, etc.

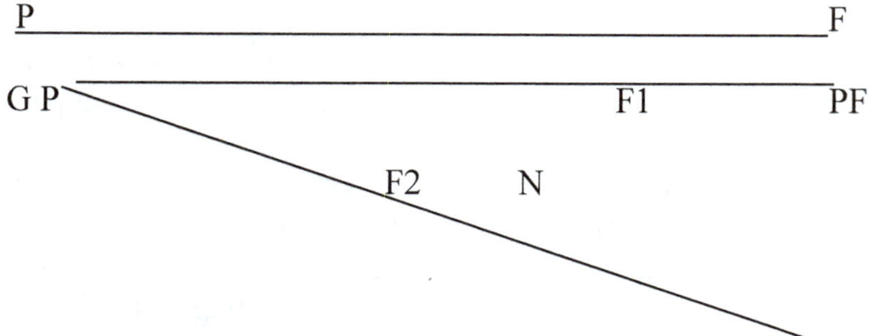

[47] L'analyse de nos différentes coutumes montre que le système de la représentation y est inconnu pour la raison fondamentale que dans le cadre de la grande famille traditionnelle toute succession est échue au chef de famille et à lui tout seul.

B. LE SYSTÈME DE LA REPRÉSENTATION[48]

(Art. 789 à795 CPF)

Le Code civil malien définit la représentation en ces termes : « *Une fiction de la loi dont l'effet est de faire entrer les représentants dans la place, dans le degré et dans les droits du représenté » (art. 789 du CPF).*
Considérons les exemples suivants :

a) *Le de-cujus a eu deux fils dont l'un est prédécédé en laissant un enfant.*
Cet enfant parent au deuxième degré du *de-cujus*, serait-il primé par son oncle, fils du *de-cujus* donc parent au premier degré ?
La réponse est négative, l'enfant doit avoir la part qui revenait à son père.

b) *Autre exemple : Le de-cujus laisse deux fils. Ces deux fils sont prédécédés en laissant le premier un enfant, le second quatre.*
Comment se fera le partage ?
Chacun des petits-enfants étant parents du *de-cujus* au deuxième degré, faut-il procéder à un partage par tête qui attribuerait à chacun le cinquième de la succession ?
La réponse est la suivante : au lieu du cinquième de la masse successorale l'enfant devra avoir la moitié, l'autre moitié revenant à l'autre souche[49].

Dans le système successoral musulman, dans chaque classe le successible le plus proche hérite seul et exclut ceux d'un degré plus éloigné.
C'est ainsi que dans la première classe le fils exclut le petit fils né d'un fils prédécédé. Une telle conception est critiquable, puisque source d'injustice et justifie pourquoi l'on affirme qu'en droit musulman il n'y a pas de représentation[50].
Les rédacteurs de l'avant-projet de loi sur les successions avaient été

---

[48] Voir Les articles 789 à 795 du CPF.

[49] La notion de représentation se retrouve très souvent dans la jurisprudence actuelle de la Cour suprême du Mali, voir :
- arrêt nº 40 du 20 mars 2000 CSM ;
- arrêt nº 223 du 18 août 2003 CSM.

[50] Quoiqu'on dise le droit successoral musulman n'ignore pas la notion de la représentation. Considérons par exemple la situation suivante : le père d'une grand-mère paternelle et le père d'une grand-mère maternelle sont deux héritiers de même degré et de même classe venant en concours à la succession du *de-cujus*. La loi musulmane procède au partage successoral de la manière suivante : le premier aura les 2/3 et le second aura le 1/3. Pourquoi ? Parce que le premier venant en représentation de la branche male a le double de la part du second qui représente la branche femelle, la dévolution devant assurer à chaque souche sa part légale.

sensibilisés par certaines critiques relatives au système de la représentation en droit musulman ; aussi n'ont-ils pas hésité à préférer le système du Code civil malien en décidant justement du principe de la représentation en ces termes :

« La représentation permet aux successeurs d'un héritier qui vient à succomber avant le partage de la succession de venir à ses droits. »

C'est ce principe de représentation que le législateur malien a adopté dans sa loi n° 2011-087 du 30 décembre 2011. Il est différent du système de représentation en droit musulman et s'apparente à celui du Code civil français.

Comment fonctionne-t-il ?

La représentation fonctionne à l'infini dans la ligne directe des descendants.

Elle est admise dans tous les cas, soit que les enfants du défunt concourent avec les descendants d'un enfant prédécédé, soit que tous les enfants du défunt étant morts avant lui, les descendants desdits enfants se trouvent entre eux en degrés égaux ou inégaux. Lorsqu'un héritier renonce à une succession, *le renonçant ne peut être représenté, par contre on peut représenter celui à la succession duquel on a renoncé*. Dans le cas de l'indignité, *la représentation est admise en faveur des enfants et descendants de l'indigne* encore que celui-ci soit vivant à l'ouverture de la succession. *La représentation n'a pas lieu en faveur des ascendants.*

La représentation est admise en ligne collatérale en faveur des enfants et descendants des frères et sœurs du défunt lorsqu'ils viennent à sa succession concurremment avec des oncles ou tantes ; soit lorsque tous les frères et sœurs du défunt étant prédécédés, la succession se trouve dévolue à leurs descendants en degrés égaux ou inégaux. Le plus proche dans chacune des deux lignes exclut toujours le plus éloigné.

En droit civil malien, on peut toujours succéder soit de son propre chef soit par représentation. L'on vient à la succession de son chef lorsque l'on y vient au degré qu'on occupe soi-même ; aussi les enfants vivants du *de-cujus* occupent-ils chacun de leur chef le premier degré. L'on y vient par représentation lorsque l'on accède à la place qu'aurait occupée, s'il avait survécu au défunt, un autre successible prédécédé dont ils sont issus. Le partage s'opère par *souche*, tout comme si le représenté venait à la succession ; s'il y a lieu, il s'opère par *subdivision* de souche.

À l'intérieur d'une souche ou d'une subdivision de souche, le partage se fait par tête.

C. DISTRIBUTION DE LA SUCCESSION À L'INTÉRIEUR DES DIVERS ORDRES D'HÉRITIERS

Nous allons examiner les règles relatives à cette distribution dans diverses législations avant de porter une appréciation critique.

1) DANS LE SYSTÈME JURIDIQUE MUSULMAN

Les nombreux rites que l'on rencontre dans ce système ont imprimé au droit successoral musulman *une certaine complexité* accentuée par la coexistence de deux grandes catégories d'héritiers :

- d'une part les mâles et les parents par les mâles ;
- d'autre part les femelles et les parents par les femelles.

Le droit musulman se caractérise aussi par la prédominance du principe selon lequel à degré égal deux héritiers de sexe différent héritent au *de-cujus* dans la proportion d'une part pour la fille contre deux parts pour le garçon (Coran : sourate IV, II).
Les considérations qui précèdent conduisent à l'examen du sujet qui nous préoccupe, à savoir la répartition de la succession à l'intérieur des divers ordres d'héritiers.

Dans le droit musulman il existe deux ordres d'héritiers :

- l'héritier *légitimaire ou réservataire* et ;
- l'héritier *universel ou aceb.*

On attribue d'abord les réserves aux réservataires et ce qui reste sera pour le plus proche des mâles[51].

a) Les héritiers légitimaires[52]

Ce sont ceux à qui la loi assigne une part déterminée appelée *légitime ou réserve* à prendre dans la succession ; on les appelle aussi les

---

[51] Parole du prophète d'après Ibn-Abbas.

[52]In El Bokhari : *Les Traditions islamiques*, tome IV, Librairie d'Amérique et d'Orient, 11 rue St-Sulpice, Paris.
Voir *Rizala* d'Ibn Abi Zayad Al Qayrawani, Édition bilingue arabe et français : Dar El Kitab Al Masri Cairo, page 138 à 141 et pages 361 à 367.
Voir *Al Mouqaddi Al'Izzia* par Abou Al Hassan Al Maliki, traduit par Fawzichaaban, Dar El Aker Beyrouth (Liban), pages 249 à 260.

héritiers *à fard*.
Il existe deux sortes d'héritiers légitimaires :

Ceux du sexe masculin :

- le fils ;
- les descendants du fils en ligne directe ;
- le père ;
- les grands-pères ou arrières grands-pères dans toute la ligne ascendante ;
- le frère, qu'il soit germain, consanguin ou utérin ;
- les fils du frère germain ou consanguin ou les descendants mâles du frère dans toute la ligne ;
- l'oncle paternel ;
- les fils de l'oncle paternel ou les descendants mâles de l'oncle qu'il soit un frère germain ou consanguin du père en ligne ascendante ;
- le mari.

Ceux du sexe féminin :

- la fille ;
- la fille du fils en ligne directe ;
- la mère ;
- la grand-mère paternelle et maternelle ;
- l'épouse.

À part ces héritiers susvisés, mâles et femelles, personne d'autre n'a droit à une part de l'héritage.
En sont donc exclues les personnes suivantes :

- le père de la mère ;
- le fils de la sœur ;
- la fille de la sœur ;
- le fils du frère utérin ;
- l'oncle de la mère ;
- l'oncle maternel ;
- la cousine ;
- la fille du frère ;
- la tante maternelle ;
- la tante paternelle ;
- la grand-mère maternelle (la mère du père de la mère).

Toutes ces personnes sont des proches parents mais, malgré tout, elles n'héritent rien sauf le frère utérin.
Enfin examinons successivement les cas des composantes fondamentales de la famille :

– *Cas du père et de la mère :*

Selon la sourate IV, 12 du Coran, si le défunt a laissé un enfant, ses parents prendront chacun un sixième (1/6) de la succession ; si le défunt n'a pas laissé d'enfant, la mère aura un tiers (1/3) de la succession et un sixième (1/6) seulement si le défunt a des frères après qu'on aura acquitté les dettes et les legs.
Quid des ascendants (grand-père et grand-mère, arrière-grand-mère et arrière-grand-père) ?
Par voie d'analogie les dispositions coraniques précédentes leur ont été étendues ; aussi le grand-père maternel n'est jamais héritier *à fard*[53].
La mère exclut toutes les grand-mères, même la grand-mère paternelle bien qu'elle ne soit pas de la même ligne.
Le père n'exclut pas la grand-mère maternelle.
Les ascendants autres que la mère, quel que soit leur nombre, n'ont droit qu'au sixième qu'ils se partagent par tête.

– *Cas du conjoint survivant.*

Si le conjoint survivant est le mari, ses droits sont précisés dans le Coran (sourate IV, v. 13) comme suit : si la femme est décédée sans enfant, le mari aura la moitié (1/2) ; si la femme laisse des enfants le mari aura un quart (1/4) de la succession ;
Si le conjoint survivant est la femme, ses droits sont de moitié de ceux du mari selon la (sourate IV, v. 12) ; si donc le mari est décédé sans enfant, la femme aura droit à un quart (1/4) ; s'il y a des enfants elle aura droit à un huitième (1/8).
La part de succession est *invariable*, qu'il y ait une ou plusieurs veuves. Elles se partageront le quart (1/4) ou le huitième (1/8).
La veuve musulmane n'a droit qu'à la moitié de la part du veuf.

– *Cas de la fille*

Si, à côté de la fille est appelé à la succession un fils, frère de cette fille, celle-ci perd sa qualité d'héritier *à fard* et emprunte à son frère la

[53] Un héritier à fard est un héritier légitimaire et réservataire.

qualité d'*aceb*.
Elle est alors dite « *aceb par un autre* » et vient en même temps que son frère à la succession en cette qualité.
La fille n'est donc héritière *à fard* qu'en l'absence d'un *aceb* du même lien et du même degré ; dans ce cas la sourate (IV, v. 12) lui attribue un *« fard »* de moitié.
S'il y a deux ou plusieurs filles elles auront les deux tiers (2/3) à parts égales.
Les solutions admises pour la fille ont été admises pour la petite fille par analogie.

– *Cas du frère utérin et de la sœur utérine*

« Si un homme hérite d'un parent éloigné ou d'une parente éloignée et qu'il y ait un frère utérin ou une sœur utérine, il leur doit un sixième (1/6).
Ils recevront un tiers s'ils sont plusieurs après prélèvement des dettes et des legs » (sourate IV, v. 12) ; ce verset s'explique par le fait que lorsque le *de-cujus* ne laisse ni descendant ni ascendant, le frère utérin ou la sœur utérine viendra à la succession en qualité d'héritier *à fard* et recevra un sixième (1/6).
Lorsqu'ils sont plusieurs, c'est-à-dire lorsqu'il y a par exemple un frère utérin et une sœur utérine ou deux frères utérins et deux sœurs utérines ou plus, ils recueilleront un tiers (1/3) de la succession qu'ils se partageront par tête, même si les ayants droit ne sont pas du même sexe, parce que l'on pense que dans le cas de la parenté uniquement utérine le lien est trop faible pour consacrer le privilège de masculinité.

– *Cas de la sœur germaine*

Pour qu'elle vienne à la succession comme héritier *à fard*, il faut que le défunt n'ait laissé ni enfant, ni ascendant paternel mâle, ni frère germain *(celui-ci la rendrait aceb.*
Lorsque les conditions sont remplies, la sœur germaine prend dans la succession une part, « *un fard* » égal à la moitié (1/2).
Si au lieu d'une sœur germaine il y en a plusieurs (deux au moins), elles auront les deux tiers (2/3) qu'elles se partageront par tête.

– *Cas de la sœur consanguine*

Pour qu'elle vienne à la succession comme héritière *à fard*, il faudrait que le défunt n'ait ni enfant, ni ascendant paternel mâle, ni frère

germain (celui-ci la rendrait *aceb*), ni une sœur germaine.
La sœur germaine seule à la moitié de la succession.
S'il y en avait deux, elles en auraient les deux tiers (2/3) et la sœur consanguine n'aurait droit à rien.
Toutes ces conditions étant remplies, la sœur consanguine recevra la moitié (1/2) s'il n'y a pas de sœur germaine.
Lorsqu'il y a plusieurs sœurs consanguines elles recevront les deux tiers (2/3) qu'elles se partageront par tête.
Pour mieux comprendre le système de distribution de la succession à l'intérieur des divers ordres d'héritiers en droit musulman le tableau suivant visé est utile.
Il est la traduction d'une phrase arabe formée d'un jeu de mots : ***« H A B A D A B A Z A »*** qu'emploient les juges malékites pour faciliter les recherches en tenant compte de la valeur numérique des lettres arabes.
Il faut savoir que l'on ne tient pas compte ici des voyelles dans le corps de l'écriture arabe ; ainsi l'on a le « Tableau récapitulatif » suivant[54] :

H = Cinq

Cinq personnes ont droit à la moitié (1/2) des biens du défunt :

- *la fille unique* ; le fils unique a la totalité des biens et s'il y a des cohéritiers il prend la moitié ;
- *la fille du fils prédécédé à défaut de la fille unique ;*
- *la sœur germaine ;*
- *la sœur consanguine à défaut de la sœur germaine ;*
- *le mari d'une épouse morte sans postérité (conjoint survivant).*

B = Deux

Deux personnes ont droit au quart (1/4) :

- *le conjoint survivant d'une épouse ayant laissé des enfants ;*
- *la conjointe survivante d'un époux sans postérité.*

A = Un

Une personne a droit au huitième (1/8) :

- *La ou les femmes du de-cujus ayant laissé des enfants.*

D = Quatre

Quatre personnes ont droit aux deux tiers (2/3) des biens :

[54] Voir *La Pratique du droit musulman 1958* par Ibrahim Mamadou Ouane, page 35.

- *les filles si elles sont deux ou supérieur à deux ;*
- *les filles du fils si elles sont deux ou plusieurs ;*
- *deux ou plusieurs sœurs germaines ;*
- *deux ou plusieurs sœurs consanguines.*

B = Deux

Deux personnes ont droit au tiers (1/3) des biens du défunt :

- *la mère d'un défunt sans postérité ;*
- *les frères et sœurs utérins, dans ce cas les parts du mâle et de la femelle sont égales.*

Z = Sept

Sept personnes ont droit au sixième des biens du défunt (1/6) :

- *le père du défunt en présence des enfants ;*
- *la mère du défunt en présence des enfants ;*
- *le grand-père en présence du fils ou du fils du fils ;*
- *la grand-mère si elle se trouve seule ou en présence de l'autre grand-mère ;*
- *la sœur utérine en présence d'une sœur consanguine ;*
- *la fille ou les filles du fils prédécédé en présence de la fille unique du défunt ;*
- *la ou plusieurs sœurs consanguines en présence d'une sœur germaine.*

Au cas où il se trouve plus qu'une sœur germaine, rien ne reviendra aux sœurs consanguines.
S'il se trouve un frère germain avec les sœurs germaines, les frères et sœurs consanguines n'ont droit à aucune part.
Quant au fils du frère, il n'élimine pas la sœur qui jouit du même degré de parenté.
Le frère utérin

b) Les héritiers universels ou aceb

L'*aceb* est un parent de la ligne paternelle, celui qui se trouvant seul héritier, prend la totalité de la succession pour lui ou se trouvant avec d'autres héritiers prend la fraction demeurant vacante après la distribution des parts légales.
L'héritier *aceb* a une vocation éventuelle à la totalité de la succession parce que c'est lui qui constitue la vraie famille.
Si les héritiers *à fard* prennent tout, l'*aceb* n'a rien.

Au cas où le défunt ne laisse que le père comme seul héritier ou le grand frère ou un fils ou un fils du fils, chacun d'eux reçoit toute la succession.
S'il ne laisse que deux frères, ceux-ci partagent la succession en parts égales.
Dans ce cas rien de particulier ne sera fait aux fils ou aux oncles paternels.
Si les héritiers sont des frères et sœurs, ils se partageront la succession de sorte que la part du mâle soit égale au double de la part de la femelle (Coran IV v. 167).
Il y a trois grandes catégories d'*aceb* :

- *l'aceb par lui-même ;*
- *l'aceb par un autre ;*
- *l'aceb avec un autre.*

L'aceb par lui-même

C'est un parent de sexe masculin dont le lien avec le défunt n'est interrompu par aucune génération féminine.
On l'appelle *héritier universel* par ce qu'il recueille, s'il est seul, la totalité de la succession.
On l'appelle également *héritier résiduaire* parce qu'en présence de légitimaire il n'hérite que du reliquat après prélèvement des parts réservées.
Les *aceb* par eux-mêmes se divisent en cinq classes :

- *les descendants ;*
- *le père ;*
- *les autres ascendants et les frères germains et consanguins ;*
- *les oncles germains et consanguins et leurs descendants ;*
- *le trésor public.*

L'aceb par un autre.

L'*aceb* par un autre n'acquiert la qualité d'*aceb* que lorsqu'il vient en concurrence avec un héritier *aceb* par lui-même de la même classe, du même degré et du même lien ; les *aceb* par un autre sont des femmes : *fille, fille du fils, sœur germaine et sœur consanguine* qui par l'effet de la présence d'un autre frère de même lien se voient enlever la fraction de la succession qui leur serait revenue comme légitimaire et deviennent *aceb.* Ainsi prennent rang d'*aceb* et succède en cette qualité : *la fille en concurrence avec un fils, la petite fille en concurrence avec un petit fils, la sœur germaine en concurrence avec un frère germain, la sœur consanguine en concurrence avec un frère consanguin.* Pour retirer ainsi à la fille la qualité d'héritier *à fard* que le Coran lui reconnaît, les légistes se sont fondés sur le chapitre (IV, v. 11) ainsi libellé : « Dieu vous commande dans le partage de vos biens de distribuer au fils la portion de deux filles ».

Lorsque le frère et la sœur viennent à la succession en qualité de fils et de fille, le fils prend une part double de celle revenant à la fille ; leurs droits diffèrent par la quotité mais sont de même nature.

Or, le fils étant certainement *aceb*, la fille vient à la succession en la même qualité. Mais la fille étant une femme elle n'est pas *aceb* par elle même ; elle est donc *aceb* par un autre.

L'aceb avec un autre

Ce sont comme les *aceb* par un autre des femmes : *la sœur germaine et la sœur consanguine.*

Lorsqu'une fille est appelée à la succession en sa qualité d'héritière *à fard* et qu'il y ait aussi une sœur germaine ou consanguine du *de cujus*, mais s'il n'y a ni frère ni aïeul pour conférer à cette sœur la qualité d'*aceb* par un autre, la fille viendra à la succession comme héritière *à fard.*

La sœur viendra aussi non comme quotiste mais comme aceb prendre le reliquat une fois le prélèvement opéré. Elle n'est pas *aceb* par elle-même puisqu'elle est femme ; elle n'est pas non plus *aceb* par un autre puisqu'il n'y a pas de mâle.

On dira alors qu'elle est *aceb avec un autre*. La sœur consanguine jouit des mêmes prérogatives que la sœur germaine.

Après le prélèvement de la part légale de la fille ou (des filles), le reste de la succession est attribuée à la sœur.

Si la sœur se trouve seule, elle bénéficie de ce reste, mais si elle est en concours avec d'autres sœurs, toutes se partagent l'héritage équitablement.

La sœur consanguine n'est appelée à succéder en qualité d'*aceb* avec un autre qu'à défaut de sœur germaine venant à la succession à ce titre.

La sœur germaine élimine la sœur consanguine.

De la même manière la sœur consanguine élimine le fils du frère.

L'aceb avec un autre diffère de *l'aceb par un autre* en ce sens que l'aceb avec un autre peut être seul héritier universel *aceb* tandis que

l'*aceb* par un autre ne peut jamais l'être.
En effet, ce dernier empruntant toujours sa qualité à un autre, il ne peut pas être seul.

- *Certains héritiers appartiennent à la fois à l'ordre des légitimaires et à celui des aceb.*
  Ils succèdent alors soit comme légitimaires, soit comme *aceb*, soit en la double qualité de légitimaire et d'*aceb.*
  Ainsi le père venant à la succession avec une fille du défunt prélève 1/6 de la succession en tant que *légitimaire* et recueille comme *aceb* le reliquat de cette succession déduction faite de la part revenant à la fille.
- *D'autres héritiers par suite de la présence de certains successibles, sont transportés de l'ordre des légitimaires dans celui des aceb*
  Ils perdent alors la qualité de légitimaires et n'héritent plus que comme *aceb*.
  Ainsi la fille en concurrence avec le fils devient *aceb* et n'hérite qu'en cette qualité.
- *Enfin il y a des héritiers qui, en concurrence avec certains successibles, passent de l'ordre des aceb dans celui des légitimaires* et n'héritent plus qu'en cette dernière qualité. Il en est ainsi du père du défunt en concurrence avec un descendant mâle par les mâles de ce dernier).

c) Particularités de la succession musulmane : les éliminations
Il y a deux sortes d'élimination : *la privation totale et la diminution des parts successorales.*

- ***Élimination par privation :***

Cette élimination ne touche pas les parents très proches du défunt tels que *les fils, les filles, les frères et mère ainsi que le mari et l'épouse*.
Ceux qui sont concernés sont éliminés de la façon suivante :

- le fils élimine le fils du fils ;
- les filles du fils sont éliminées par le mâle du fils ;
- les filles du fils sont éliminées par les deux filles ou plus du défunt si un mâle ne se trouve avec elles qui jouit au même degré de parenté ou d'une ligne descendante.

Dans le cas où les filles du fils se trouvent avec un mâle du même degré de parenté ou d'une ligne descendante, ce dernier y sera en tant qu'aceb et partagera en conséquence avec elle le tiers restant (une fois que les filles du défunt auront récupéré leurs parts soit les deux tiers) dans la proportion de deux parts pour le mâle contre une part pour la femelle ;

- le frère germain élimine les frères et sœurs consanguins ;
- les sœurs consanguines sont éliminées par deux ou plusieurs sœurs germaines *s'il ne se trouve pas avec elles un frère consanguin qui sera un aceb et partagera avec elles le tiers restant des parts des sœurs germaines de sorte que le mâle aura la double part de la femelle ;*
- les sœurs germaines ou consanguines sont éliminées par le père, son fils et le fils du fils ;
- la mère élimine la grand-mère (sa mère) ;
- le père élimine la grand-mère (sa mère) ;
- le frère consanguin élimine le fils du frère germain ;
- le fils du frère germain élimine le fils du frère utérin ;
- l'oncle paternel germain élimine l'oncle paternel consanguin ;
- l'oncle paternel consanguin élimine le fils de l'oncle paternel germain ;
- le fils de l'oncle paternel germain élimine le fils de l'oncle paternel consanguin.

- ***Élimination par diminution des parts successorales :***

Cette élimination est divisée en trois catégories :

Première catégorie :

La part du mari est réduite de la moitié au quart en présence *des fils et des filles.*

La part de l'épouse est réduite du quart au huitième en présence *des fils et des filles*.

La part de la mère est réduite du tiers au sixième en présence :

a) des fils et des filles ;
b) des fils et des filles du fils ;
c) de deux ou plus des frères et sœurs.

La part de la fille réduit *celle de la fille du fils de la moitié au sixième.*

De même la part des deux filles ou plus du fils *est réduite des deux tiers au sixième.*

La part de la sœur germaine réduit *celle des sœurs consanguines au sixième.*

Deuxième catégorie :
C'est le cas du père et du grand-père en présence du fils ou du fils du fils.
Dans ce cas chacun d'eux reçoit le sixième et n'auront aucune part dans la succession en tant qu'*aceb.*
Troisième catégorie :
Elle concerne les filles, les filles du fils et les sœurs germaines et consanguines.
Lorsque la fille est seule, elle a droit à la moitié de la succession ou les deux tiers s'il n'y a pas avec elle un mâle.
En présence d'un frère, elles n'auront pas leurs parts en tant que réservataires mais plutôt en qualité d'*aceb* : elles sont alors *aceb* par un autre.

Observations : Il n'y a pas vocation successorale en cas de différence de religion.
De même un assassin n'hérite pas de sa victime s'il s'agit d'un crime volontaire.
Par ailleurs un enfant adultérin n'hérite pas de son père si ce dernier le désavoue.
La mère hérite de son fils adultérin le tiers ou le sixième de la masse successorale.
Ses frères utérins héritent également de lui.

d) Quelques exemples de succession dans le droit musulman

- *Du droit de succession du fils du fils quand il n'y a pas de fils.*
  « Les enfants des fils de A ont les mêmes droits que A quand il n'y a pas d'enfant mâle interposé entre eux et le *de-cujus* A ; les mâles ont les mêmes droits que les mâles, les femmes les mêmes droits que les femmes, c'est-à-dire qu'ils héritent dans les mêmes conditions et qu'ils sont évincés de la même manière.
  L'enfant du fils n'hérite pas s'il y a un fils. »
- *Du droit de succession de la fille du fils quand il n'y a pas un fils.*
  « Lorsque la fille est en concurrence avec la sœur, la fille a la moitié (1/2) et la sœur l'autre moitié (1/2).
  Lorsque l'on se trouve en présence de la fille, de la fille du fils et de la sœur, la répartition est la suivante :
  La fille a la moitié (1/2), la fille du fils un sixième (1/6) et la

sœur ce qui resterait. »

- *Du droit de succession de l'aïeul (paternel) en concurrence avec le père et les frères.*
  L'aïeul est traité comme le père.
  Les frères et les sœurs du *de-cujus* n'ont aucune part à l'héritage si le père est vivant ou s'il laisse des enfants mâles ou des fils du fils.
  Ibn Abbas a dit : « *Le fils de mon fils héritera de moi à l'exclusion de mes frères et moi je n'hériterai pas de mon fils.* »
  Le prophète a dit : « *Attribuez d'abord les réserves aux réservataires et ce qui restera sera pour le plus proche des mâles.* »
- *Du droit de succession des sœurs en qualité « d'aceb » quand elles sont en concurrence avec des filles d'aceb.*
  La fille aura la moitié (1/2) et la sœur l'autre moitié (1/2).
  Mais lorsqu'il y a la fille, la fille du fils et la sœur, la répartition est la suivante.
  La fille aura la moitié (1/2), la fille du fils aura le sixième (1/6) et le reste sera attribué à la sœur.
- *Du droit de succession des deux fils de l'oncle paternel, l'un étant frère utérin et l'autre mari :*
  Le mari a la moitié (1/2), le frère utérin le sixième (1/6) et le reste sera partagé entre eux deux par moitié.
- *Du droit de succession de-cujus lorsque celui-ci laisse une épouse et ses père et mère à lui :*
  L'épouse a droit au quart (1/4) de l'héritage, la mère a droit au tiers (1/3) et le père au (2/3) de ce qui reste du reliquat.
  S'il s'agit d'une épouse qui laisse un époux et ses père et mère à elle, l'époux a droit à la moitié 1/2) de l'héritage, la mère a droit au tiers (1/3) du reliquat, le père a droit au reste c'est-à-dire au 2/3 du reliquat.
- *Du droit de succession lorsqu'une femme meurt laissant comme héritier son mari, sa mère, sa sœur et son grand-père.*
  Dans ce cas, le mari a droit à la moitié, la mère a droit au tiers, le grand-père a un sixième.
  Il ne restera rien pour la sœur.
- *Du droit de succession lorsque le de-cujus a laissé deux filles et des filles du fils.*
  Les filles du fils n'ont aucune part à moins qu'elles n'aient un

frère. Dans ce cas le reliquat est partagé entre elles et lui, la part du male étant deux fois la part de la femelle.

- *Du droit de succession lorsqu'il y a plusieurs héritiers ayant chacun une part à l'héritage et que ces parts dépassent le patrimoine.*
  Ils doivent tous supporter la diminution et le bien est partagé entre eux chacun selon sa part.
- *Du droit de succession du frère du défunt.*
  Celui-ci a droit à tout l'héritage quand il est légataire universel.

2) DANS LE SYSTÈME JURIDIQUE FRANÇAIS

Le système successoral du Code civil français se différencie du système musulman par sa simplicité structurelle et son actualité. Contrairement au droit musulman, il repose sur un concept plus strict, celui de la famille conjugale dans laquelle la distribution de la succession dépend surtout de la proximité du lien parental, du degré d'affection présumé du défunt pour tel ou tel individu et a pour fondement l'égalité entre descendants du même degré sans privilège aucun tenant à l'âge ou au sexe.

Cette distribution a lieu ainsi :

- les enfants et leurs descendants ;
- les père et mère ; les frères et sœurs et les descendants de ces derniers ;
- les ascendants ordinaires (autres que les père et mère) ;
- le conjoint survivant ;
- les collatéraux ordinaires.

Le conjoint survivant peut venir en concours avec les trois premiers ordres, mais prime l'ordre des collatéraux ordinaires.

Considérons à présent ces ordres en supposant toutefois *qu'il n'y a pas de conjoint survivant*, la situation de celui-ci faisant l'objet d'une étude à part.

a) Ordre des descendants

Les descendants excluent tous les parents par le sang d'un autre ordre et se partagent à égalité de degré également la succession recueillie.

b) Ordre des ascendants privilégiés et collatéraux privilégiés

Les ascendants privilégiés sont les père et mère de défunt.

Les collatéraux privilégiés sont les frères et les sœurs du *de-cujus* (germains, consanguins ou utérins) et leurs descendants. Ils ne peuvent prétendre à la succession qu'à défaut de descendants. Ils excluent tous les parents par le sang.

Trois situations peuvent se présenter :

- d'une part *il n'y a que des collatéraux privilégiés.*
  Dans ce cas ils excluent tous les parents des ordres subséquents. La représentation peut jouer. En cas de fraternité consanguine ou utérine il faut procéder à la fente ;
- d'autre part *il n'y a que des ascendants privilégiés.*
  Il y a une fente qui se produit.
  Les père et mère vivants se divisent la succession en deux fractions égales.
  S'il n'y a qu'un seul ascendant, père ou mère, il prend sa part et la part de l'autre est dévolue dans la ligne de ce dernier aux ascendants ordinaires : à défaut d'ascendants ordinaires, l'ascendant privilégié survivant recueille le tout sauf s'il y a un conjoint survivant ;
- en cas de concours entre eux, le père reçoit le 1/4, la mère le 1/4, les collatéraux se partagent l'autre moitié. Lorsque le père ou la mère est décédé, les collatéraux privilégiés recueillent sa part et se partagent donc les 3/4 de la succession.

c) Ordre des ascendants ordinaires

C'est l'ordre des grands-parents, des aïeuls.
Il prime celui des collatéraux ordinaires.
Lorsqu'il y a des ascendants dans les deux lignes il y a fente.
Dans chaque ligne l'ascendant le plus proche en degré hérite.
Lorsque dans une ligne il n'y a que des collatéraux ordinaires, l'ascendant ordinaire de l'autre ligne recueille toute la succession *sauf s'il y a un conjoint survivant*.

d) Ordre des collatéraux ordinaires

Les collatéraux ordinaires sont les oncles, tantes, grands-oncles, grandes tantes, cousins, cousines.
Cet ordre est primé par tous les autres ordres.
La fente joue.
Dans chaque ligne le plus proche en degré hérite. ***Il n'y a ici ni « refente » ni représentation.*** La vocation héréditaire des collatéraux est limitée au 6e degré.

3) DANS LE SYSTÈME JURIDIQUE MALIEN

Nous savons que l'étude du système juridique successoral au Mali implique nécessairement *(art. 751 du CPF)* tant l'examen des règles du droit commun applicable que celui respectif du droit religieux *(examiné ci-dessus)* et du droit coutumier, sur lequel nous allons maintenant nous pencher :

a) Les coutumes

L'étude des coutumes conduit à l'examen de deux variantes :

- d'une part les traditions à coloration animiste, telles que les coutumes bamanan, malinké et dogon, les coutumes sénoufo, minianka, bobo… ;
- d'autre part celles à coloration islamique comme chez les Peuls, Maures, Touaregs, Soninkés, Khassonkés, Sonrhaï…

Ces coutumes successorales traditionnelles sont des institutions qui permettent de perpétuer la grande famille, assurant ainsi la conservation des biens du *de-cujus* au sein de cette communauté parentale en se fondant essentiellement sur les liens du sang et en orientant leur action uniquement vers la satisfaction des intérêts de la collectivité ; c'est ce qui explique tantôt l'exclusion de la femme de la dévolution successorale dans certaines coutumes tantôt sa qualité d'élément constitutif du patrimoine dans d'autres.

Les coutumes à coloration animiste

Elles comportent deux variantes ; dans la première la femme est un élément du patrimoine familial alors que la seconde lui confère malgré tout la qualité d'héritière.

Coutumes où la femme est objet de succession :

✓ ***Coutume bamanan***

Le fondement de toute société bamanan traditionnelle est la famille « globale », c'est-à-dire la grande famille avec à sa tête un patriarche ou *« N'fa »* disposant de pouvoirs quasi absolus.

Une telle famille se définit comme « étant l'ensemble des personnes issues d'un ancêtre commun, vivant rassemblées en un même lieu, soumises au même chef *(le plus âgé de la génération aînée, père ou oncle)* responsable de la vie économique *(il est gestionnaire des biens collectifs)* de l'équilibre politique *(il détient l'autorité et règle les conflits)* et en milieu animiste, du culte voué aux puissances telluriques ou aux mânes ancestraux dont il est le prêtre »…

Dans cette société, le mariage confère au mari et à sa famille tous les droits sur la femme *(sauf l'abusus)* pendant toute la vie de celle-ci, même après le décès du mari.

Les filles appartiennent entièrement à la communauté qui a le droit de retirer d'elles tout profit possible.

L'exogamie est de règle ; aussi la fille appelée à quitter nécessairement la communauté, ne saurait-elle prétendre y exercer une autorité.

La femme, frappée d'incapacité, *perpétuelle mineure*, de condition nettement inférieure, constitue un élément du patrimoine. Ainsi « lors du mariage, en contrepartie de la dot, la femme est donnée *en usufruit.* Cet usufruit est un bien de famille au même titre que les choses qui ont été employées pour la dot.

L'usufruit conjugal ayant la durée de la vie de la femme, la mort de l'époux ne change rien à la situation de l'épouse.

C'est là la justification de l'institution du *lévirat* dans la société bamanan ».

Lorsque le chef de la famille décède, tous les biens de la communauté demeurent *indivis* et se transmettront à son successeur.

Les femmes reviennent de droit aux héritiers.

À côté des biens collectifs indivis, il convient de remarquer l'existence de biens propres, constituant un pécule individuel dont la dévolution successorale se fait suivant l'ordre ci-dessus :

- l'aîné des fils ;
- à défaut d'enfants, les collatéraux mâles et à défaut de ceux-ci, les femmes ;
- à défaut de collatéraux, les ascendants ;
- à défaut d'ascendant le conjoint survivant ;
- à défaut de conjoint survivant il y a déshérence.

L'héritage laissé par la femme mariée revient à son mari et à ses enfants ; si elle est veuve, ses biens reviennent de droit à son fils aîné ; en l'absence de garçon, ces biens reviendront pour moitié à ses filles et pour moitié et par tête à ses ascendants directs et à ses frères.

✓ ***Coutume malinké***

Les principes qui régissent la succession dans la coutume malinké sont presque identiques à ceux de la coutume bamanan.

Le patrimoine familial ou *« Foroba nafolo »* constitue « un dépôt sacré des acquis de toutes les générations qui se sont succédé au sein de la même famille en tant que cumul des résultats d'activités des ascendants et des descendants ».
Il comprend les fétiches, les veuves, les immeubles et meubles, les secrets de famille… Ces biens collectifs indivis sont gérés en bon père par le chef de famille ou *Lu Tigui*, l'objectif étant la contribution de chacun à la conservation et à l'augmentation des biens familiaux généralement inaliénables.
Pour succéder en milieu malinké, il faut être majeur et jouir de toutes ses facultés mentales. Il y a lieu de noter que le mari succède toujours à sa femme alors que l'héritage de l'homme est dévolu aux frères à qui reviennent également les femmes et les enfants du *de-cujus*. La veuve sans enfant pourrait cependant, si elle le désire, être autorisée à s'en aller *(l'accord des frères du défunt est nécessaire)* après remboursement partiel de la dot qui a été versée au moment du mariage.

✓ ***Coutume sénoufo***

Chez les Sénoufo les fils n'héritent jamais de leur père.
C'est l'aîné des frères du défunt qui hérite sans distinction de parenté consanguine ou utérine. À âge égal le frère utérin est préféré au consanguin.
À défaut de frère c'est le neveu qui hérite.
Le *de-cujus* peut cependant de son vivant désigner un de ses fils comme son hériter présomptif à condition seulement que celui-ci soit issu d'une mère esclave afin que son patrimoine ne passe pas dans la famille de cette dernière.
Le chef de famille dispose des filles de manière absolue ainsi que des femmes, éléments du patrimoine familial, lesquelles ne peuvent prétendre à aucun droit successoral.
L'héritier est unique. Le droit coutumier sénoufo ignore toute idée de partage et l'ordre successoral rarement contesté est le suivant :

- l'aîné des frères (consanguin ou utérin) ;
- l'aîné des cousins ;
- le fils aîné.

✓ ***Coutume minianka***

Cette coutume comme celle sénoufo et les précédentes considèrent la femme *« logoun chô »* comme un élément de la masse successorale.

Elle ne succède pas.

La succession s'ouvre par la mort du *de-cujus* et au jour de l'enterrement, date à laquelle les biens successoraux passent à l'individu qualifié *« logoun Nâ »*.

Le patrimoine familial est tantôt indivis lorsqu'il appartient au groupement familial, tantôt constitue un pécule individuel dont la dévolution se fait suivant un ordre de progéniture :

- le fils ;
- le frère aîné ;
- le frère cadet.

Les seuls héritiers coutumiers sont les descendants directs du défunt et les parents, suivant la ligne collatérale.

La masse successorale comprend : des biens mobiliers et immobiliers (troupeaux, champs), les filles, les femmes, les fétiches, les secrets de famille…

L'héritage de la femme (ustensiles de cuisine, habillement, parures…) revient à ses filles, mais les objets de valeur (or, argent) reviennent au fils aîné.

✓ ***Coutume bobo***

Chez les Bobo l'ensemble des biens collectifs constitue un patrimoine indivis géré par un chef de famille. Il comprend : les meubles et immeubles, les armes, vêtements de cérémonies, secrets de famille, toutes les veuves *(quitte à donner au fils aîné du défunt l'une des jeunes veuves sous réserve qu'elle n'ait pas encore enfanté).*

Il s'agit là du seul cas où les enfants mâles peuvent directement hériter de leur père.

Au décès du chef de famille la relève sera assurée par son frère aîné.

Lorsque la ligne des frères est épuisée, *c'est au fils aîné* que revient le commandement de la famille ainsi que celui des avoirs familiaux.

Il s'agit là, non pas du fils aîné du dernier des frères qui était à la tête de la famille, mais celui *du frère aîné de toute la tige de frères qui se sont succédé à la tête de la famille…*

L'intéressé prend possession non seulement du commandement de la famille, du patrimoine familial et des biens particuliers du dernier chef de famille, mais aussi de toutes les épouses de ce dernier.

Au cas où sa propre mère se trouverait par hasard dans ce lot, il n'en héritera pas, mais elle restera tout simplement dans la famille.

Lorsqu'il n'y a plus dans une famille *(cas extrêmement rare)* de frère ni de fils de frère, ni de fils propre du dernier défunt, ce sera *l'aîné des proches parents de la famille* qui héritera. Dans ce cas, il amènera chez lui tout ce que contient la maison (femmes, enfants, biens matériaux...).

À défaut de proches parents, ce sera au *plus aîné des esclaves de « case »* d'hériter.

En l'occurrence, il aura les mêmes droits que les héritiers légitimes, c'est-à-dire qu'il prendra possession non seulement de la maison, des terres, des animaux, des grains en réserve, de l'argent, des bijoux, des vêtements et des armes, mais aussi des femmes et des autres esclaves. Ce n'est qu'*à défaut d'esclaves de case que les filles et les sœurs peuvent hériter mais concurremment avec le chef de village* à qui reviennent la maison et les terres tandis que les biens mobiliers sont divisés en deux parts égales dont l'une pour les filles et l'autre pour les sœurs qui se la partagent à égalité.

À défaut de filles et de sœurs ce sont les femmes du défunt qui héritent. Dans cette hypothèse deux cas peuvent se présenter :

- « ou bien la première femme du défunt hérite de tous les biens et se charge de subvenir aux besoins matériels de ses coépouses ;
- ou bien toutes les veuves du défunt se partagent les biens mobiliers avant de se remarier. Dans ce dernier cas aussi le chef de village prend la maison et les champs ».

Coutume où la femme est héritière :[55]

✓ ***Coutume bozo et dogon***

Contrairement aux coutumes précédentes les traditions successorales bozo et dogon reconnaissent le droit de la femme à l'héritage.

✓ ***Coutume bozo :***

La parenté résulte du lien de sang ; la filiation est nécessairement patrilinéaire.

Pour succéder l'héritier doit satisfaire à la condition de la parenté en ligne directe *(paternelle)* avec le *de-cujus*.

La famille est *globale*, dirigée par un chef de famille, lequel ne saurait être de sexe féminin. La succession d'un chef de famille comporte une

[55] Femmes et successions : Mémoire 1993 de Gaoussou Diarra, page 19.

masse de biens collectifs.
La gestion de ces biens indivis ainsi que la direction de la famille étendue ne sauraient incomber à une fille, celle-ci étant appelée à quitter un jour la grande famille pour une autre (*celle conjugale*). Aussi est-il logique qu'elle ne pût être chef de famille et partant qu'elle ne pût hériter du chef.

Lorsqu'au contraire un homme non chef de famille décède, la dévolution de la succession est soumise à des règles spécifiques différentes de celles qui gouvernent la succession du chef de famille. On fait appel à tous les enfants du *de-cujus* (garçons et filles) et on procède au partage des biens après paiement de toutes les dettes.
Les héritiers sont groupés en filles et en garçons et ont tous en principe les mêmes droits.
Cependant dans la pratique, la part du garçon est plus importante que celle d'une fille parce que l'on pense que non seulement la fille contribue faiblement à la constitution du patrimoine, mais aussi qu'il importe d'éviter la sortie de la famille de biens importants qui en sont le support.

✓ ***Coutume dogon***

La société dogon est complexe. Elle comporte plusieurs groupes sociaux opposés, parlant des dialectes différents mais au fond complémentaires.
Une telle complexité fait que la coutume dogon est difficile à circonscrire.
Nous pouvons cependant y remarquer un domaine masculin opposé au domaine féminin, un domaine des initiés opposé à celui des non-initiés et affirmer que la famille dogon type est celle de la grande famille ou *« Guinna »* dont le chef, le plus vieil homme de la génération la plus ancienne des descendants de l'ancêtre commun *« Guinna Ineto »*, dispose d'une autorité incontestée.
Il dispose des biens collectifs qu'il administre et gère en bon père de famille.
Il assure la distribution des terres et veille sur le caractère inaliénable de la propriété ; c'est aussi le chef spirituel qui assure le culte pour la communauté donc il est le prêtre.
Quant à la femme dogon elle a un rôle social effacé bien que disposant d'une grande liberté économique.

Femme au foyer, elle est chargée du ménage, de l'entretien des enfants et se livre à des travaux agricoles dont les produits lui profitent.
Chez les Dogons la succession est en ligne directe.
La femme n'hérite pas de son mari comme celui-ci n'hérite pas de son épouse.
Ce sont les enfants qui héritent de leur père ou mère.
Lorsqu'il n'y a pas de descendants directs, la succession revient au chef de famille paternel du défunt.

Pour hériter d'un homme dogon il faut :
- être de sexe masculin ;
- être circoncis ;
- se rattacher au défunt par les lignes de parenté prévues par la coutume.

Pour hériter d'une femme, il faut :
- être de sexe féminin ;
- être pubère.

Ainsi, les sœurs utérines ou consanguines, les filles, les nièces des deux branches n'héritent ni de leurs frères, ni de leur père ni de leur oncle.
De même les neveux et les fils n'héritent pas de leurs parents de sexe féminin.
Ils ne peuvent pas aussi hériter de leur oncle maternel.
Ils peuvent cependant hériter de leur oncle paternel si la coutume familiale dont il s'agit le prévoit. La femme mariée reste membre de son *clan* et de la *« Guinna »* de son père.
Elle jouit toute sa vie d'une certaine autonomie.
Lors du décès de l'un des époux, le veuf ou la veuve peut se remarier après qu'aient été exécutés les derniers rites funéraires.
Les Dogons pratiquent *le lévirat* qui a pour but d'assurer la continuité de la famille en maintenant la femme du *de-cujus* et ses enfants dans la *« Guinna »* de ce dernier. Cependant, la veuve est libre de refuser ce mariage et d'épouser l'homme de son choix même si ce dernier appartient à une autre ligne, les enfants restant membres de celui de leur père.

Les coutumes à coloration islamique

Elles concernent les Peuls, Maures, Touaregs, Soninkés, Khassonkés,

Sonrhaï … répartis respectivement à travers les régions administratives de Koulikoro, Kayes, Mopti, Tombouctou, Kidal et Gao…
Dans ces coutumes la succession s'ouvre par le décès du *de-cujus* (mort naturelle, mort civile)[56].
Pour hériter il faut :

- être vivant au moment de l'ouverture de la succession (fille ou garçon) ;
- être uni au défunt par un lien qui confère la qualité d'héritier ;
- n'être pas atteint d'une incapacité à succéder.

Les liens qui confèrent la vocation successorale sont :

- la parenté par le sang et par l'alliance ;
- le mariage ;
- l'islamisme ;
- le patronage.

Le patronage et l'islamisme contraires aux dispositions constitutionnelles ne sont pas des qualités pouvant conférer des droits successoraux au Mali.
Concernant les différents ordres d'héritiers, il faudrait s'en rapporter aux dispositions contenues dans la rubrique C. visée plus haut et intitulée : *« Distribution de la succession à l'intérieur des divers ordres d'héritiers dans le système musulman »*.

b) La loi nº 2011 du 30 décembre 2011 sur les successions (Livre VII)

Observations préliminaires

Le Code de la famille au Sénégal a réglementé le droit sur les successions. Son système successoral est un compromis.
Il prévoit la succession *ab intestat* de droit commun inspirée des dispositions successorales du Code civil français et la succession testamentaire inspirée des dispositions du droit musulman.
Cette dernière concerne les personnes qui de leur vivant ont expressément (par testament), ou par leur comportement, indiscutablement manifesté leur volonté de voir leur héritage dévolu selon les règles du droit musulman.

Au Mali, l'exemple du compromis sénégalais entre le droit musulman et le Code civil français n'est pas suivi. Les législateurs maliens de la loi

---

[56] Domicile parental.

n° 20116087 du 30 décembre 2011 ont opté plutôt pour un système successoral plus original, avons-nous déclaré plus haut, applicable à tous les citoyens maliens conformément à leurs statuts personnels respectifs.
La loi nouvelle sur les successions est également une solution de synthèse puisée tantôt dans le Code civil français tantôt dans le droit musulman mais aussi dans nos traditions coutumières. Elle a la particularité, dans son originalité et sa complexité, d'être plus adaptée au tempérament de la société malienne.
Contrairement au droit musulman, le système successoral malien connaît trois catégories de dévolution successorale :
La dévolution *ab intestat* de droit commun, la dévolution de droit religieux ou de droit coutumier et celle testamentaire.
De l'analyse de ce système et au vu des dispositions de l'article 751 du CPF, il semble que le législateur malien ait volontairement laissé un espace beaucoup plus étendu à la dévolution selon les règles du droit commun.
Les dispositions successorales *ab intestat* sont des lois humaines, elles ne sont donc pas immuables.
Dans le travail d'investigation et de commentaire que nous nous proposons d'entreprendre, nous adopterons le plan suivant :

- un exposé ;
- une interprétation ;
- une appréciation critique.

Exposé :
Dans une dévolution *ab intestat* la succession est transmise *selon les règles de droit commun* aux personnes unies au défunt par des liens de parenté ou d'alliance et à défaut à l'État ; ces héritiers, en l'absence du conjoint survivant, sont groupés en quatre ordres (art. 772 du CPF) *en considérant toutefois l'État plutôt comme un successeur irrégulier ; ce sont :*

- l'ordre des enfants et leurs descendants directs ;
- l'ordre des père et mère ; des frères et sœurs et leurs descendants ;
- l'ordre des ascendants autres que les père et mère ;
- l'ordre des collatéraux autres que les frères et sœurs et leurs descendants.

Chacune de ces catégories constitue *un ordre* d'héritier qui exclut le

suivant sauf les père et mère.
Le conjoint survivant occupe le même ordre que les ascendants privilégiés (père et mère), c'est-à-dire le deuxième ordre (art. 798 du CPF).
Parent par alliance, il est un héritier réservataire saisi de plein droit de la succession du de-cujus et jouit par ailleurs de conditions particulières dans l'application des règles de la législation nouvelle.
Aussi son cas sera-t-il examiné à part dans les pages suivantes.
L'ordre des descendants directs comprend les enfants légitimes, naturels et adoptifs (adoption filiation).
L'ordre des ascendants privilégiés, des collatéraux privilégiés et conjoints survivants comprend respectivement les père et mère ; les frères et sœurs et leurs descendants ; les conjoints survivants.
L'ordre des ascendants ordinaires comprend les grands-parents et arrières grands-parents.
L'ordre des collatéraux ordinaires comprend les oncles, tantes, grands-oncles, grandes tantes, cousins, cousines jusqu'au *6e degré.*
Au de là du sixième degré *l'État*, entité administrative, détentrice de l'autorité publique est envoyé en possession de l'hérédité.

Interprétation
Elle consistera à préciser les droits successoraux des héritiers placés dans les ordres susvisés en supposant qu'il n'y a pas de conjoint survivant, la situation de celui-ci devant être examinée à part :

***Les héritiers légitimes**

Premier ordre : L'ordre des enfants et leurs descendants
Ceux-ci ont la priorité absolue.
« Ils succèdent à leur père et mère sans distinction de sexe, ni de primogéniture même s'ils sont issus d'unions différentes » (art. 773 du CPF).
Ils excluent tous les parents par le sang d'un autre ordre.
Le principe ne souffre d'aucune exception.
Seul le conjoint survivant, parent par alliance et non « *de sanguine* », peut venir en concours avec les descendants.
Dans ce cas, il recueille le 1/4 de la succession et d'autres avantages que nous verrons plus tard.
Lorsque ces héritiers ne sont pas du même degré, le plus proche en

degré prime les autres.
Par exemple :
Le fils du *de-cujus* prime ses propres enfants qui ne recevront rien.
Toutefois les descendants des héritiers, après l'ouverture de la succession, recueillent par *l'exception de la représentation*, la portion qui serait revenue à leurs auteurs s'ils avaient survécu aux parents.
Cette situation jouera pour tous les descendants directs, aussi bien pour les enfants légitimes que naturels ou adoptifs.
En ce qui concerne la quotité des parts, elle a toute une histoire, car les rédacteurs des différents avant-projets en la matière avaient été toujours hésitants.
En effet au cours de la période allant de 1960 jusqu'en 1974, ils se sont prononcés timidement sur un système inégalitaire entre les sexes mâle et femelle, transposant ainsi au Mali, sans une vision en profondeur, les dispositions applicables dans les pays à civilisation arabe musulmane, stipulant conformément aux règles du droit coranique que « les enfants du défunt succèdent à leur père et à leur mère sans distinction tenant à l'âge dans la proportion d'une part pour la fille contre deux parts pour le garçon ».
En 1979, 1984 et jusqu'au dernier avant-projet, ils sont revenus sur l'article visant la disposition précédente, en prônant désormais l'égalité des parts successorales en ces termes :
« Toutes les personnes apparentées au défunt au même degré ont les mêmes droits sans aucun privilège tenant à l'âge, au sexe ou à la filiation. Lorsqu'ils sont tous appelés de leur chef ils viennent à égalité ; ils succèdent par égales portions et par tête. »

Cette proposition puise sa source dans une *saine* interprétation du Saint Coran.
Pour les diverses argumentations qui sous-tendent une telle proposition, il importe de se rapporter utilement à l'étude exposée intégralement dans l'Annexe II intitulé :
« Le Régime successoral au Mali. Cas particulier de la femme. »
Cette proposition est confortée par les travaux du Colloque de Paris (2 novembre 1974) sur le dogme musulman et les droits de l'homme en islam[57].

[57] Document intitulé *Colloque de Riyad, de Paris, du Vatican, de Strasbourg, de Genève et de Strasbourg* respectivement les 23 octobre (Genève) et le 4 novembre 1974 (Strasbourg) sur le

Voici la réponse du Colloque sur le problème qui nous préoccupe, relatif à l'inégalité dans les droits successoraux entre l'homme et la femme. Comme vous le constaterez à suffisance le Colloque considère à juste raison ce problème comme *une malheureuse équivoque* qu'il importe d'élucider :

DE L'INÉGALITÉ DANS LE PARTAGE DES DROITS SUCCESSORAUX

LE COLLOQUE :

« Cette prétention affirme-t-il, est en contradiction avec un principe fondamental constant dans le Coran qui affirme l'égalité entre les hommes et les femmes.

Nous avons déjà rappelé les préceptes coraniques clairs et précis à ce sujet.

Ce qui est reconnu à l'homme, c'est la charge de diriger la famille et d'assurer les responsabilités qui lui incombent de ce fait quant aux dépenses.

Ces charges et responsabilités sont une conséquence de sa constitution physique qui lui permet de s'en acquitter d'une manière plus conforme à l'intérêt social de la famille. Ainsi, la femme se trouve libérée d'un certain poids sans pour cela que soit porté atteinte, en aucune façon, à ses droits égaux.

De telles dispositions constituent l'expression la plus haute de la justice entre les deux sexes.

Tel est le but des versets du Coran cités plus haut.

En outre des prétentions ont été formulées.

Elles sont en rapport avec les dispositions du Coran sur l'octroi à l'homme d'une part équivalente au double de la part réservée à la femme.

On répond à cela que ces dispositions ne sont pas absolues ni applicables dans tous les cas.

Elles sont applicables seulement dans certains cas pour des motifs vitaux visant à réaliser l'équité entre les hommes et les femmes.

Le Coran prescrit en effet :

- *L'égalité entre le père et la mère dans la succession de leur*

---

dogme musulman et les droits de l'homme en islam (entre juristes de l'Arabie saoudite et éminents juristes et intellectuels européens).

enfant lorsque celui-ci décède en laissant des héritiers mâles ;

- *L'égalité entre le frère et la sœur nés d'une même mère et d'un premier mariage, dans la succession d'un frère né de la même mère et d'un second mariage lorsque cet enfant ne laisse ni ascendant mâle ni descendant en droit de succéder.*

  Il y a dans ces deux cas, comme on le voit, une égalité complète entre homme et femme. « C'est donc en vue de réaliser la justice que le principe général de l'égalité subit certaines atténuations dans des cas déterminés par le Coran et qui sont :

- *Le cas où le défunt laisse des enfants, le principe de donner au garçon le double de la part de la fille.*

  À ce cas il faut joindre d'autres situations similaires.

- *Le cas de la succession entre époux : "le mari hérite de sa femme décédée le double de ce qu'elle aurait hérité si ce mari décédait lui-même".*

Le motif qui a déterminé l'inégalité dans le premier cas et dans des cas similaires, qui peuvent apparaître comme des frustrations, réside dans la responsabilité de l'homme de prendre à sa charge éventuellement toutes les dépenses nécessaires aux survivants de la famille du défunt.

Cette responsabilité incombe aux hommes seuls.
Les femmes en sont exemptées.
C'est la raison pour laquelle on applique aux mâles la règle de la part double de celle octroyée à la femme.
Nous le répétons, "les hommes doivent assumer les dépenses nécessaires à l'entretien des femmes".
C'est sur cette base d'égalité qu'est établie la règle de la succession entre époux que nous venons d'évoquer. Le mari a en effet la charge de continuer à assumer l'entretien des enfants alors que la femme qui hérite de son mari en est dispensée.
Ce sont au contraire, les enfants mâles qui ont la charge de l'entretien de leur mère en cas de besoin, aussi bien sur leur propre patrimoine, que sur la fortune reçue en héritage.
Il résulte de tout ce qui précède qu'on ne saurait prétendre en aucune façon que l'inégalité existe entre l'homme et la femme dans la succession.
Les avantages apparents reconnus aux hommes dans certains cas comportent pour eux des charges supplémentaires assez lourdes et qui rétablissent en fait le principe de l'égalité prescrit par le dogme.

Il est en effet une règle juridique qui dit : le profit doit être équivalent aux charges et les charges doivent être équivalentes au profit ».

Deuxième ordre : L'ordre des père et mère, des conjoints survivants, des frères et sœurs et leurs descendants

Ce sont les parents du second ordre. Ils recueillent la succession à défaut de descendants. Ils écartent en principe les parents des ordres subséquents. Considérons les différents cas suivants :

1) CAS DES PÈRE ET MÈRE

a) *Les père et mère sont seuls à succéder.*
Lorsque le défunt ne laisse ni descendant, ni frère, ni sœur, ni conjoint survivant la succession est dévolue en totalité aux père et mère, chacun pour moitié.

b) Les père et mère sont en concours avec les descendants du de-cujus.
Dans ce cas les père et mère vont recueillir à eux deux le 1/4 de la succession.

c) Les père et mère sont en concours avec le conjoint survivant.
Lorsque le défunt ne laisse aucun descendant la succession est dévolue à ses ascendants, père et mère et à ses conjoints survivants par tête et par portions égales.

d) Les père et mère sont en concours avec les frères et sœurs ou leurs descendants.
Dans ce cas la succession est dévolue pour 1/4 à chacun des père et mère et pour la moitié (1/2) restante aux frères et sœurs ou à leurs descendants.
Lorsqu'un seul des père ou mère survit, la succession est dévolue pour 1/4 à celui-ci et pour 3/4 aux frères et sœurs ou à leurs descendants.

e) Les père et mère, le conjoint survivant, les frères et sœurs ou leurs descendants sont en concours. La succession est dévolue pour 1/4 à chacun des père et mère ainsi qu'au conjoint survivant *(soit au total 3/4)* et le 1/4 restant est dévolue aux frères et sœurs ou à leurs descendants.
Les collatéraux apparentés au même degré se partagent le 1/4 restant de

la succession par tête et portions égales sans distinction de ligne ni de consanguinité.
Autrement dit les frères et sœurs consanguins, germains ou utérins ont des parts égales. La porte est ouverte à la représentation s'il y a lieu.

2) Cas des frères et sœurs ou leurs descendants

Lorsque les père et mère sont décédés avant le *de-cujus* et que celui-ci ne laisse ni postérité ni conjoint survivant, les frères et sœurs ou leurs descendants excluent tous autres parents (ascendants ordinaires ou collatéraux ordinaires) et recueillent la totalité de la succession.
Concours entre les frères et sœurs (ou leurs descendants) et le ou les conjoints survivants : Dans ce cas le ou les conjoints survivants recueillent les 2/3 de la succession.
Les collatéraux privilégiés (frères et sœurs ou leurs descendants) se partageront le 1/3 restant.

3) Cas du conjoint survivant *(voir aux pages à venir)*

Troisième ordre : L'ordre des ascendants autres que les père et mère

Ce sont les ascendants dits ordinaires, c'est-à-dire le grand-père, la grand-mère, les arrières grand-père et grand-mère. À défaut d'héritier des deux premiers ordres, ils recueillent la totalité de la succession et se la partagent à égalité. L'ordre des ascendants ordinaires exclut celui des collatéraux ordinaires.

Quatrième ordre : L'ordre des collatéraux ordinaires

C'est celui des oncles, des tantes, des cousins et cousines, neveu et nièce… ou leurs descendants. La vocation successorale de ceux-ci se limite au 6e degré au-delà duquel ils ne peuvent plus succéder. À défaut d'héritier des trois premiers ordres ils recueillent la totalité de la succession du *de-cujus* et se la partagent par tête et par portions égales sans distinction de ligne ou de consanguinité (frères et sœurs germains, consanguins ou utérins).
La représentation est possible s'il y a lieu.

***Les héritiers naturels**

Aux termes de l'article 495 du CPF :
« L'enfant naturel reconnu a en général les mêmes droits et les mêmes devoirs que l'enfant légitime dans ses rapports avec ses pères et mères. Il entre dans la famille de son auteur. »

Les héritiers naturels auxquels la loi accorde des droits de succession sont donc les enfants naturels, les pères et mères naturels, les frères et sœurs naturels. Il faut souligner *a priori* qu'au regard du droit musulman les enfants naturels n'ont aucune existence juridique vis-à-vis de leurs parents de fait[58].

En effet la loi musulmane a toujours considéré *l'union libre de l'homme et de la femme comme un véritable stupre*, qui rend toute reconnaissance d'enfant naturel impensable, religieusement impossible, l'acte constituant un affront à la religion.

Dans le droit français, jusqu'en 1896 les parents naturels n'étaient considérés que comme des successeurs irréguliers. Ils ne continuaient pas la personne du défunt et n'avaient donc pas la saisine. Ils étaient obligés pour appréhender tel ou tel bien successoral de demander l'envoi en possession.

La loi du 25 mars 1896 les a élevés à la qualité d'héritiers. Malgré tout leurs conditions juridiques n'étaient pas encore semblables à celles des parents légitimes.

Il a fallu attendre la loi française n° 72-3 du 3 janvier 1972 pour reconnaître aux enfants nés hors mariage et reconnus, les mêmes droits qu'aux enfants légitimes.

La situation des enfants adultérins ou incestueux a été améliorée.

Au fond qu'ont-ils fait ces enfants pour susciter tant d'acharnement ? Ne sont-ils pas innocents et ne méritent-ils pas d'être protégés ?

Nous le pensons vraiment.

Au Mali jusqu'en 1973 la condition juridique des enfants nés hors mariage était précaire. Ceux-ci étaient écartés de toute succession à coloration musulmane.

Cette sévérité à l'égard de ces enfants s'explique comme dans le Code civil français par l'expression d'une d'une stratégie de défense et le désir presque sacré de protéger le mariage et la famille légitime.

Aussi dans une société à coloration profondément musulmane est-il pensable qu'un individu ose faire connaître publiquement que tel ou tel enfant naturel est issu de ses œuvres ?

Non, car il aura outrageusement violé les règles coraniques.

Peut-il malgré tout exister des cas de reconnaissance et dans l'affirmative quel sera le sort de l'enfant reconnu ?

---

[58] Voir *Pratique du droit musulman* par Ibrahima Ouane, opus cité.

L'on s'accorde à affirmer que « la reconnaissance d'un enfant né hors mariage est parfois admise en droit musulman depuis longtemps ; qu'il fut rapporté par *Zeïdy Ben Arkane* que trois hommes se présentèrent un jour à Aly lorsque celui-ci était envoyé au Yémen[59].
Tous les trois hommes ont reconnu avoir eu des rapports intimes avec une femme au cours du même cycle *(Attouhoua)* et Aly demanda aux deux d'accepter de laisser l'enfant au troisième ; ils dirent non !
Aly demanda encore aux deux d'accepter de laisser l'enfant au troisième ; ils dirent non ! Et après Aly dit : je vais faire un tirage au sort.
Il attribua l'enfant à celui désigné par le tirage.
Il demanda à ce dernier de dédommager les deux autres.
Quand la nouvelle est parvenue au prophète *(sur qui la paix et le salut soient)*, il approuva le jugement par un sourire approbateur »[60].
Ne s'agit-il pas ici d'une reconnaissance tacite ?

Dès lors qu'il y a une possibilité de reconnaître un enfant naturel, quel sera alors son sort, c'est-à-dire quels seront ses droits au sein de la famille de l'auteur de la reconnaissance ? Il n'y en a généralement aucun[61].
Cependant, la Cour suprême du Mali dans son arrêt n° 10 du 22 février 1988 a donné l'interprétation suivante :
« Attendu qu'en droit musulman la reconnaissance place l'enfant né hors mariage dans la situation de l'enfant légitime et qu'il entre de plein droit dans la famille de l'auteur de la reconnaissance laquelle produit ses effets entre l'enfant, le déclarant et les parents de ce dernier ; que notamment il a dans la succession de l'auteur de reconnaissance et des parents de celui-ci les mêmes droits que l'enfant né du mariage. »[62]

---

[59] Aly époux de Fatima et gendre de Mohamed, quatrième calife de 656 à 661 ; assassiné à Kuffa. Le schisme le vénère comme le détenteur des connaissances secrètes de Mohamed et transmises aux imams.
[60] Extrait de la Sunna : *Nissar*, tome 5–6, pages 182, l'un des sept livres des hadiths les plus célèbres.
[61] Voir Pratique du droit musulman, op. cit.
[62] Voir Principaux arrêts de la Cour suprême, ch. civ., page 14 et suiv.
Dans le même sens voir Milliot page 391,394, n° 419, 421, *op. cit.*
Voir également le Recueil des codes et textes usuels en RM page 25.
Voir aussi l'arrêt n° 127 du 28 juillet 2003 de la CSM.

L'Ordonnance n° 36 du 31 juillet 1973 avait quant à elle déjà fixé dans son article 53 la condition des enfants nés hors mariage au Mali en ces termes :
« L'enfant né hors mariage dont la filiation est établie à la suite d'une décision du juge accède à la parenté de ses ascendants. Il jouit des droits et est soumis aux mêmes obligations et empêchements que l'enfant légitime. »
La dévolution successorale concernant les parents naturels (père, mère, frère, sœur…) d'un enfant naturel reconnu est donc la même que celle relative à un enfant légitime. Lorsqu'il n'a pas été reconnu, l'enfant naturel reste dépourvu de statut juridique vis-à-vis de ses parents de fait, ce qui ne veut nullement dire que dans le droit malien actuel il existe une quelconque sanction éditée à son encontre en raison de son origine.

La dévolution successorale concernant les parents naturels (père, mère, frère, sœur…) d'un enfant naturel reconnu est donc la même que celle relative à un enfant légitime. Lorsqu'il n'a pas été reconnu, l'enfant naturel reste dépourvu de statut juridique vis-à-vis de ses parents de fait, ce qui ne veut nullement dire que dans le droit malien actuel il existe une quelconque sanction édictée à son encontre en raison de son origine.

Dans la loi n° 2011-087 du 30 décembre 2011 le législateur malien, s'inspirant du droit civil français s'est penché avec beaucoup plus de profondeur sur cette filiation de fait en comblant, à travers les articles 495 à 521 du CPF, bien des lacunes.
En cas de conflit éventuel lors d'une dévolution successorale entre le droit positif malien et le droit coutumier en ce qui concerne le statut juridique de l'enfant naturel reconnu, il va sans dire que la loi positive malienne est seule à prendre en considération, primant obligatoirement le droit successoral musulman considéré ici comme expression de la coutume des parties, encore que celle-ci porte l'empreinte de la religion, dans la mesure évidemment où cette disposition coutumière porte atteinte soit à la constitution, soit à l'ordre public maliens.

Le conjoint survivant
Examinons tout d'abord et brièvement la situation du conjoint successible dans la dévolution successorale française (A) et aussi dans le droit coutumier au Mali (B), avant d'entamer avec plus de consistance la situation réservée au conjoint survivant successible dans la dévolution

successorale actuelle selon la loi n° 2011-087 du 30 décembre 2011 portant Code des successions (C) :

– ***Dans la dévolution successorale française***

Au stade de la grande famille où dominait la puissance du « *pater familias* », les droits successoraux du conjoint survivant étaient des plus réduits. Il n'était pas intégré dans la famille par le sang, c'était un simple allié, un étranger qu'il fallait considérer comme tel sur le plan successoral. Aujourd'hui, la notion de famille s'est restreinte et l'importance du ménage s'est accrue par suite du rôle de plus en plus croissant et efficace joué par la femme dans la vie sociale et économique. Aussi la place donnée au conjoint survivant n'a-t-elle cessé de grandir depuis les lois françaises du 9 mars 1891 et 29 avril 1925 qui lui ont accordé un droit d'usufruit sur la succession du *de-cujus*. Par la loi du 29 décembre 1928, il est devenu héritier au même titre que les parents par le sang. La loi du 3 décembre 1930 et surtout celle de 1957 (qui tient compte de *l'affection présumée du défunt et de son rôle* dans la famille conjugale), *lui ont donné un droit de succession en pleine propriété.*

La loi nouvelle n° 2001-1135 du 3 décembre 2001 (v. *JO* du 4 décembre 2001) a apporté de nombreuses modifications à la législation antérieure. Actuellement dans le Code civil français, les articles 756 à 767disposent comme suit : *« Le conjoint successible est appelé à la succession soit seul, soit en concours avec les parents du défunt. »*. Par ailleurs, la répartition de la succession du conjoint défunt se fait de la manière suivante :

1) Concours entre le conjoint survivant et les enfants ou descendants du de-cujus

Dans ce cas le conjoint survivant recueille à son choix l'usufruit de la totalité des biens existants ou la propriété du quart (1/4) des biens lorsque tous les enfants sont issus des deux époux et la propriété du quart en présence d'un ou plusieurs enfants qui ne sont pas issus des deux époux (art. *757du Code civil*). Le droit de ce conjoint survivant de choisir la propriété ou l'usufruit est *incessible*.

2) En concours avec les père et mère du de-cujus

Dans ce cas, le conjoint survivant recueille la moitié des biens et l'autre moitié est dévolue pour un quart au père et l'autre quart à la mère.

Quand le père ou la mère est prédécédé, la part qui lui serait revenue échoit au conjoint survivant.

3) Cas du conjoint successible lorsqu'il est seul

Il recueille toute la succession.

Au cas où il recueille la totalité ou les trois quarts des biens, *les ascendants du défunt, autres que les père et mère* qui sont dans le besoin bénéficient d'une créance d'aliment contre la succession du prédécédé…

Par contre, en l'absence des père et mère, les biens que le défunt avait reçus de ceux-ci et qui se retrouvent en nature dans la succession, seront *(en l'absence de descendants)*, dévolus pour moitié aux frères et sœurs du défunt ou à leurs descendants, eux-mêmes descendants du ou des parents prédécédés à l'origine de la transmission (art. 753 al. 3 du Code civil). Tout usufruit appartenant au conjoint sur les biens du prédécédé, qu'il résulte de la loi, d'un testament ou d'une donation de biens à venir, *donne ouverture à une faculté de conversion en rente viagère* à la demande de l'un des héritiers nus-propriétaires ou du conjoint successible lui-même…

Lorsque le conjoint successible au moment du décès du *de-cujus*, occupe effectivement *à titre d'habitation principale* un logement appartenant aux époux ou dépendant totalement de la succession, *il a de plein droit, pendant une année, la jouissance gratuite de ce logement, ainsi que du mobilier compris dans la succession, qui le garnit…* Enfin la succession de l'époux prédécédé *doit une pension* au conjoint successible qui est dans le besoin…

– ***Dans le droit coutumier***

Le conjoint survivant sur lequel nous porterons notre attention de par sa nature particulière est l'épouse.

Dans toutes les coutumes à essence animiste nous avons vu que la femme est sinon réduite à l'état d'objet du moins se trouve-t-elle au bas de l'échelle des valeurs.

La perte de son mari constitue pour elle un drame. Soumise à la pratique *du lévirat*, elle est source d'enrichissement et d'exploitation abusive.

Dans la coutume bamanan par exemple, en contrepartie de la dot, la femme est donnée en usufruit ; aussi, après la mort de son mari, revient-elle de droit aux héritiers du *de-cujus* contrairement, tant aux dispositions constitutionnelles du Mali qu'aux grands principes universels des droits de l'homme.

Quant à l'islam, il reconnaît la femme comme *héritière* et consacre une égalité absolue entre elle et l'homme « *les hommes sont égaux comme les dents d'un même peigne* », affirme-t-il. Cependant, malgré tout, dans les coutumes à essence musulmane, la conjointe survivante, conformément aux dispositions coraniques, semble reléguée à l'arrière-plan ; elle est victime du principe *équivoque* de l'inégalité des droits successoraux[63].

En effet la femme qui perd son mari ne reçoit que le quart (1/4) de l'héritage si le défunt n'a pas laissé d'enfant.

Elle a droit au huitième si le défunt a des enfants.

Ces proportions ne changent pas si le *de-cujus* a laissé plusieurs femmes ; quel que soit le nombre des épouses, elles doivent se partager le quart ou le huitième de l'héritage.

La femme qui aurait contribué à tout ce qu'à laissé son mari se trouve la plus mal lotie et assiste impuissante à la distribution du bien qui était le sien.

Plus dramatique est le cas de cette conjointe survivante sans enfant qui après une cinquantaine d'années environ de vie commune et heureuse avec son défunt mari, se voit brusquement expulsée au nom des dispositions coutumières, de la concession conjugale *(à la construction de laquelle elle a activement participé et par ses efforts physiques et par la vente de ses bijoux)* par des frères et cousins lointains lesquels pour la plupart ont toujours sinon combattu le défunt, du moins ont de tout temps vécu séparé de lui par mésintelligence[64].

Une telle situation existant encore en ce début du XXIe siècle est tellement révoltante et justifie à n'en pas douté la parution au mois de décembre 2011 de la loi nouvelle, positive, tant attendue au Mali sur les successions.

– ***Dans le droit successoral actuel***

(Loi n° 2011-087 du 30 décembre 2011 portant Code de successions)

---

[63] Voir Document intitulé *Colloque de Riyad, de Paris, du Vatican et de Strasbourg sur le dogme musulman et les droits de l'homme en islam, op. cit.*

[64] Voir arrêt n° 48 du 2 février 1983 de la cour d'appel de Bamako.

Le conjoint survivant successible occupe le deuxième ordre au même titre que les père et mère et malgré ce second rang, il lui est exceptionnellement permis de venir en concours avec les enfants ou descendants directs du *de-cujus* qui sont eux du premier ordre.

a) Concours avec les enfants ou les descendants du de-cujus

Dans ce cas le ou les conjoints survivants recueillent seul ou ensemble l'usufruit du quart (1/4) des biens de la succession du *de-cujus*.
Ils recueillent également en pleine propriété le quart 1/4 de la succession.
Exemple : Le *de-cujus* laisse deux héritiers et un conjoint survivant.
La part du conjoint successible sera le 1/4.
S'il y avait deux conjoints la part de chaque conjoint sera de 1/8.
S'il y avait quatre conjoints chaque part sera de 1/16.

En plus de cette part, le ou les conjoints survivants en concours avec les descendants directs ont *un droit d'occupation* sur le ou les immeubles qui leur servaient d'habitation au moment de l'ouverture de la succession, droit qui ne disparaît qu'après la mort ou le remariage du conjoint survivant.
Il ne s'agit pas ici d'un choix entre l'usufruit de la totalité des biens existants ou la propriété du 1/4 des biens... comme prévu dans le système français.
Il s'agit ici de dévolution à la fois *d'un droit de propriété et d'un droit d'usufruit* respectivement (chacun) pour 1/4 de la succession du *de-cujus* en plus d'un *droit d'occupation* c'est-à-dire d'habitation.
Ce qui est valable pour la conjointe survivante l'est logiquement pour le conjoint survivant.

b) En concours avec les père et mère du de-cujus

Lorsqu'il vient en concours dans son ordre avec les ascendants privilégiés (père et mère), le ou les conjoints survivants excluent tous les parents d'un ordre subséquent et se partagent la succession par tête et par portions égales.
En outre, le ou les conjoints survivants recueillent l'usufruit de la moitié des biens de la succession.
En cas de prédécès du père ou de la mère, la part qui serait revenue au prédécédé échoit aux conjoints survivants.

c) En concours avec les frères et sœurs ou leurs descendants

Lorsqu'il n'y a ni descendants ni ascendants privilégiés (père et mère) et que le ou les conjoints survivants se trouvent en concours avec seulement les collatéraux privilégiés (frères et sœurs) ou leurs descendants, ils recueillent *les deux tiers (2/3) de la succession du de-cujus.*

Ils ont en plus *un droit d'usufruit sur la totalité des biens* de la succession.

d) Le ou les conjoints survivants sont seuls

Ils excluent tous les parents d'un autre ordre subséquent.

Ils perçoivent la totalité de l'héritage et se la partagent par tête et par portions égales.

Ils ont en plus, jusqu'au partage de la succession *un droit d'occupation sur l'immeuble* qui leur servait d'habitation.

Ce droit, strictement personnel, cesse le cas échéant par la mort ou le remariage et ne préjudicie en rien aux droits résultant de l'attribution préférentielle reconnue au conjoint survivant.

Enfin comme dans le Code civil français (art. 759), le législateur malien a stipulé dans l'article (802) du code des successions que « *tout usufruit appartenant au conjoint sur les biens du prédécédé, qu'il résulte de la loi, d'un testament ou d'une donation de biens à venir, donne ouverture à une faculté de conversion en rente viagère, à la demande de l'un des héritiers nus-propriétaires ou du conjoint successible lui-même* ».

PARAGRAPHE II
DES DROITS SUCCESSORAUX DE L'ÉTAT

À défaut d'héritiers, lorsque la succession est en déshérence, c'est-à-dire lorsqu'elle est vacante, elle est conformément à l'article 803 du CPF, acquise à l'État.

Qu'est-ce donc une succession vacante ?

Selon l'article 845 du CPF, une succession est réputée vacante lorsqu'après l'expiration des délais impartis aux héritiers pour exercer leur option, il ne se présente personne pour la réclamer, qu'il n'existe pas d'héritier connu ou que les héritiers connus y ont renoncé. La succession étant alors acquise à l'État, celui-ci n'est tenu des dettes du défunt que jusqu'à concurrence de l'actif recueilli.

L'Administration des domaines doit faire apposer des scellés et faire l'inventaire dans les formes légales requises comme en cas d'acceptation d'une succession sous bénéfice d'inventaire. Elle doit ensuite demander au tribunal du lieu de l'ouverture de la succession l'envoi en possession du bien vacant.

I. L'ÉTAT A-T-ELLE UNE VOCATION SUCCESSORALE ?

C'est la question qui nous vient à l'esprit et à laquelle nous répondons : Le problème relatif à la vocation successorale de l'État ne se pose pas dans les coutumes à coloration animiste à cause de l'étendue de la famille et le caractère collectif du patrimoine familial. Les coutumes à fondement islamique sont sous-tendues par les règles du droit coranique et ne considèrent en matière successorale que l'existence d'une institution publique : *le « Baït Al Mal ».*

L'État est-il un héritier ?
Quid du *« Baït Al Mal »* ? Le mot héritier pris dans son acception la plus large désigne toute personne qui a vocation à la succession ordinaire du *de-cujus*. Il peut s'agir d'un héritier *stricto sensu*, celui qui est appelé par la loi à recevoir une succession d'un parent et qui a donc la *saisine* de l'ensemble du patrimoine successoral. Il peut s'agir d'une catégorie particulière de successible que l'on appelle *successeur irrégulier*, qui n'est appelé par la loi que dans la mesure où il n'existe pas d'héritier *stricto sensu*. Ce successeur irrégulier n'a pas la saisine.
Il doit se faire judiciairement envoyer en possession. Autrefois on citait parmi les successeurs irréguliers les enfants naturels, le conjoint survivant et l'État. Aujourd'hui seul l'État est considéré comme successeur irrégulier. En effet, l'article 803 du CPF déclare *« qu'à défaut d'héritier la succession est acquise à l'État ».* La question est alors de savoir *quelle est la nature du droit de l'État* qui reçoit une succession en déshérence ?

II. QUELLE EST LA NATURE DU DROIT DE L'ÉTAT ?

L'État vient-il à la succession comme héritier ou plus exactement comme successeur irrégulier, en tant que souverain bénéficiant d'un droit régalien, droit éminent sur toutes choses situées dans son territoire, tels que par exemple les biens vacants et sans maîtres et ceux des personnes qui décèdent sans héritiers ou dont les successions sont abandonnées au domaine public ?

A. INTÉRÊT DE LA QUESTION

Cette question a fait l'objet de nombreuses controverses dans bien de pays.
Elle présente également plusieurs intérêts pratiques. Par exemple, lorsque le *de-cujus* a exhérédé dans sont testament « *tous ses héritiers* », l'État recueillera la succession s'il vient non comme héritier *lato sensu* mais plutôt en vertu de son droit régalien. Il deviendra dès lors de plein droit propriétaire et sera en conséquence responsable des dégâts causés par la ruine des bâtiments vacants et sans maître dépendants de la succession.
Si au contraire l'État est considéré comme *un héritier* la clause d'exhérédation est nulle parce qu'impossible à exécuter puisqu'elle aura tendance à maintenir le patrimoine successoral dans un état d'indisponibilité perpétuelle.
La question présente également un intérêt *en droit international privé* pour régler la succession en déshérence d'un étranger.
Si l'État est considéré comme *un héritier*, la succession de l'étranger sera recueillie par l'État dont il est le ressortissant.
Si au contraire l'État vient en vertu *de son droit régalien*, les biens successoraux en déshérence seront recueillis par celui sur le territoire duquel le *de-cujus* est décédé.
La question ci-dessus posée demeure donc pleine d'intérêts.

B. CONCEPTION DU DROIT MUSULMAN

Dans le droit musulman, deux écoles se sont affrontées autour de cette question ; l'une est soutenue par les tenants du rite malékite et l'autre par ceux du rite hanéfite.
Selon Khalil, le *« Baït Al Mal »* succède comme *aceb* dans le rite malékite.
Le *« Baït Al Mal »* est l'Administration des domaines de la communauté musulmane ; cette communauté est une parente, elle a une vocation successorale, elle est héritière ; c'est l'héritier *aceb.*
Cela se vérifie si l'on constate que même lorsque le testateur n'a d'autres héritiers que le *« Baït Al Mal »*, il ne pourra pas disposer plus de la quotité disponible c'est-à-dire du tiers (1/3) de la masse

successorale, les deux tiers (2/3) allant au *« Baït Al Mal »*, le désir moral du défunt envers ses proches qui justifie leur vocation héréditaire se reporte sur la collectivité musulmane, dernier représentant de la hiérarchie des ayants droit[65].

Dans le rite hanéfite au contraire, le *« Baït Al Mal »* est à la fois l'Administration des domaines de la communauté musulmane, chrétienne ou juive.
Elle n'a pas une vocation successorale.
D'autre part la communauté religieuse n'établit pas de parenté religieuse.
Il n'y a de parenté que par le sang et les personnes unies par les liens du sang sont préférables à autrui, les unes au regard des autres. (Coran, sourate 4)
En conséquence, le *« Baït Al Mal »* ne succède que lorsque personne ne peut réclamer la succession. Il n'y vient qu'en cas de déshérence et en vertu d'un droit de déshérence.
C'est pourquoi et contrairement aux dispositions du rite malékite, si le défunt est mort sans laisser d'autres successibles que le *« Baït Al Mal »*, il peut disposer par testament de la totalité de sa succession.
Dans tous les cas, le *« Baït Al Mal »* appréhende la succession, la gère et la liquide. S'il y a un reliquat, cet actif entre définitivement dans le patrimoine de l'État[66].

C. CONCEPTION DU DROIT FRANÇAIS

Le problème n'est pas épineux seulement dans le droit musulman il l'est aussi dans le système français.
La jurisprudence des tribunaux et cour d'appel français étaient hésitantes à déterminer la nature du droit de l'État en matière successorale. Un arrêt rendu par la cour d'Angers du 28 janvier 1963 avait interprété la clause d'exhérédation de tous « *les ayants droit* »

---

[65] Dans l'école malékite si le *de-cujus* ne laisse ni héritiers réservataires ni héritiers *acebs* ou s'il ne laisse que des héritiers réservataires dont les parts n'absorbent pas toute la succession, la succession entière dans le premier cas, et ce qui reste dans le second cas, est attribué au Baït Al Mal qu'il soit bien ou mal administré. À partir du IVe siècle certains juristes malékites affirment au contraire que si le Baït Al Mal n'est pas bien administré et s'il n'y a pas d'héritiers réservataires au profit desquels il y a lieu à accroissement, il est fait attribution de la succession aux parents non successibles : voir in *Des successions musulmanes* par Houissi Méchiri, *op. cit.*, page 36.
[66] Voir arrêts n° 122 et 132 du 17 mai 1999 de la CSM.

comme visant l'État lui-même.
Elle considérait l'État comme un héritier, l'incluait par conséquent dans la liste des ayants droit exhérédés et partant déclarait la clause nulle pour le tout au profit des héritiers naturels, parce qu'aboutissant à mettre hors du commerce les biens du défunt.

Dans son arrêt du 3 mars 1965[67] et aussi celui de la 1re chambre civile, en date du 11 mars 1968 de la Cour de cassation française ont annulé cette décision estimant que l'État ne pouvait être privé de son droit sur les biens en déshérence tel qu'il résulte de l'article 768 du Code civil, que par l'institution de légataires.
Qu'à défaut donc d'une telle institution la clause d'exhérédation de tous les ayants droit ne peut s'appliquer à l'État ou du moins lui est inopposable ; l'exhérédation demeure valable à l'égard des héritiers.
C'est l'État qui va recueillir la succession en vertu de son droit régalien.
Il s'agit là d'un arrêt qui met fin à toute hésitation sur la nature du droit de l'État dans la transmission du patrimoine successoral français.

Il pose en principe que c'est en sa qualité de souverain qu'il a le pouvoir de s'approprier des biens vacants et sans maître qui se trouvent dans le champ de sa souveraineté.
Il exerce ainsi une main mise sur toute autre succession qu'aucun membre de la famille n'est qualifié pour réclamer.

D. CONCEPTION DU DROIT MALIEN

(Loi nº 2011-087 du 30 déc. 2011) « Articles 803 à 807 »

Au Mali, la loi sur les successions vise l'État dans les articles 803 à 807 du CPF.
Dans ces articles, il est stipulé *« qu'à défaut d'héritiers, la succession est acquise à l'État »*. En quelle qualité ?
Le législateur ne donne aucune précision.
Nous rencontrons la même confusion, la même hésitation que dans le droit français. L'article 803 ne donne aucune précision sur la qualité et la nature de l'acquisition des biens successoraux par l'État.
L'État acquiert-il ces biens successoraux :
- en sa qualité *d'héritier* comme le soutiendraient les défenseurs

[67] Voir Cass. 1re ch. civ. du 3 mars 1965 D. 1965 II 1428.

de la thèse individualiste de l'héritage selon lesquels l'héritage n'est autre que le corollaire du droit de propriété, droit absolu, droit souverain ;

– ou en sa qualité de *successeur anormal, irrégulier* ?

La réponse ne nous contrarie pas pour autant puisque selon notre entendement, successeur irrégulier n'est autre qu'un héritier *lato-sensu.*

Mais législateur malien à l'instar du droit musulman *(rite malékite)* ne veut-il pas dire par là que l'État a une vocation successorale ?
Nous ne le pensons pas, car ce dernier n'intervient que lorsqu'il n'y a aucun successible ou légataire et même dans ce cas, il n'est pas saisi *ipso facto, il doit se faire judiciairement envoyer en possession* par un tribunal dans le ressort duquel la succession est ouverte. En effet selon le Code civil actuel du Mali, lorsque la vacance de la succession est déclarée, la succession est acquise d'office à l'État.
Il n'est cependant tenu des dettes du défunt que jusqu'à concurrence de l'actif recueilli.
Par ailleurs, l'État n'a pas *la saisine dont dispose de plein droit l'héritier ordinaire.*
L'Administration des domaines, *représentant de l'État*, doit faire apposer des scellés et faire l'inventaire dans les formes légales requises comme dans un cas d'acceptation d'une succession sous bénéfice d'inventaire ; elle doit ensuite demander au tribunal du lieu de l'ouverture de la succession *l'envoi en possession des biens vacants.*

Celui-ci doit statuer, le procureur de la République entendu, dans un délai de trois (3) mois après deux (2) publications faites à quinze (15) jours d'intervalle.
La publication doit être faite dans un journal d'annonces légales, et l'affichage au bureau de la mairie du même lieu. Elle (l'Administration des domaines) peut procéder par elle-même aux formalités de publicité prévue par la loi.
Par ailleurs et dans tous les cas, l'article 806 al. 3 du CPF permet la justification non seulement *des publications par la production des journaux* dans lesquels elles ont été faites, mais aussi *de l'affichage, par un exemplaire du placard signé* du directeur du service chargé de la conservation des domaines *et revêtu du visa* du maire du lieu d'ouverture de la succession.

Lorsque l'Administration des domaines ne remplit pas ces obligations de publicité prescrites par la loi, elle pourra être condamnée à *des dommages et intérêts* envers les héritiers, s'il s'en présente.
Après ces formalités, elle doit saisir le tribunal compétent par une demande *en vue de se faire envoyer en possession* des biens de la succession vacante.
Le tribunal devra statuer sur cette demande dans *un délai de trois (3) mois* après deux publications consécutives faites à quinze (15) jours d'intervalle dans un journal d'annonces légales et affichage au bureau de la mairie du lieu d'ouverture de la succession, le procureur de la République entendu.
Enfin l'Administration des domaines de l'État qui a été envoyé en possession des biens vacants et sans maître est tenue de faire apposer des scellés et de faire l'inventaire dans les formes prescrites pour l'acceptation des successions sous bénéfice d'inventaire.
Pour répondre enfin à la question soulevée au début, disons qu'en suivant l'exemple des adeptes du rite hanéfite en droit musulman ainsi que les dispositions de la jurisprudence française tracée par les arrêts de la Cour de cassation du 3 mars 1965 et du 11 mars 1968 le législateur malien a présentement précisé sa position sur la question débattue en décidant que *l'État malien est souverain, et que par conséquent c'est en vertu d'un droit régalien et non d'une vocation successorale, qu'il recueille les biens vacants, sans maître ou en déshérence.*

L'universalité du patrimoine, passif et actif de la succession en déshérence passe donc *ipso facto* à l'État.
Celui-ci ne pourrait néanmoins être tenu que « *intra vires successionis* » c'est-à-dire jusqu'à concurrence de l'actif recueilli de la succession.

PARAGRAPHE III
RETOUR LÉGAL, UNE FORME DE SUCCESSION

Le retour légal est une forme de succession autorisée par la loi qui permet le retour dans le patrimoine *d'un donateur A.* des biens qui en étaient sortis par donation et qui se retrouveraient *en nature*, au cas où *le donataire B.* décéderait avant le donateur A., dans la masse successorale du donataire B.
Cette particularité du droit successoral existe dans le droit français.

Elle se retrouvait également, mais très timidement jusqu'à la loi nouvelle n° 2011-087 de décembre 2011 dans le droit malien à travers l'article 64 du Code ancien de la parenté. Nous allons malgré tout l'analyser, l'étudier et en tirer une appréciation critique.

I. DANS LE DROIT FRANÇAIS

A. ANALYSE

Fondé sur une idée de protection de la famille légitime, puisant sa source dans un mariage valable, il fallait se méfier de tout ce qui pouvait compromettre les intérêts de cette cellule sociale par excellence.

Or, les libéralités font sortir les biens du patrimoine d'un individu *sans contrepartie*, portant atteinte aux intérêts de ses proches, perturbant ainsi l'ordre social.

Aussi les libéralités sont-elles contrôlées et réglementées afin de conserver autant que possible le patrimoine familial dans la famille du donateur.

Le retour légal est un aspect de cette réglementation, laquelle laisse préjuger que le donateur a eu l'intention de gratifier le donataire et ses descendants mais nullement des tiers. C'est ce sentiment de protection de la famille légitime dans son patrimoine et dans son essence qui a conduit le législateur français par exemple, à accueillir le retour légal en faveur de trois catégories de personnes immédiatement intéressées : *l'ascendant légitime, l'adoptant et les frères et sœurs légitimes de l'enfant naturel*.

Quelle est la nature juridique du retour légal ?

B. NATURE JURIDIQUE

Le retour n'est envisagé qu'au décès du *de-cujus* dans le cadre de l'ouverture et de la transmission de la succession ; aussi peut-on se poser les deux questions suivantes :

1) Le retour légal est-il le résultat d'une convention tacite faite entre le donateur et le donataire aux termes de laquelle la donation est soumise à une condition résolutoire tacite, le prédécès du donataire sans descendant ?
2) La reprise des biens donnés est-elle l'expression d'une dévolution successorale ?

La réponse à ces questions est déterminante.

Si le retour exprime l'idée d'une convention tacite, celle-ci contiendrait une condition résolutoire, *le prédécès du donataire sans descendant* anéantissant rétroactivement la donation. De ce fait, toutes les aliénations et constitutions de droits réels consenties par le donataire seront anéanties.
Le donateur reprendra ses biens francs et quittes de toutes charges.
Il n'aura point à contribuer dans le paiement des dettes du donataire.
Si au contraire le retour légal traduit plutôt une forme de transmission du patrimoine familial et *repose sur une idée de conservation des biens dans la famille du donateur*, ne serait-on pas tenté de dire qu'il constitue alors un droit de succession ?

En tout cas, la Cour de cassation française a nettement répondu en affirmant que le retour légal est un droit successoral en ces termes :
« Attendu qu'il résulte tant des termes de l'article 747 ancien, de la rubrique sur laquelle cet article se trouve placé et qui est intitulé "des successions déférées aux ascendants", que le droit de retour légal est essentiellement un droit successoral (appelé succession anomale) formant à côté de la succession ordinaire et dans les circonstances que la loi détermine, une succession privilégiée dont la dévolution a lieu en vertu d'une vocation héréditaire spéciale et qui a pour objet une classe particulière de biens. ».
Cette affirmation est appuyée par d'éminents juristes tels que le professeur Mazeaud.
C'est donc à titre *d'héritier* que le donateur recueillera dans la succession les biens qu'il avait donnés au (*de-cujus* mais il ne reprendra les biens que s'ils existent en nature dans la succession et dans l'état où ils se trouvent ; les aliénations ou constitutions de droits réels faites par le *de-cujus* seront maintenues.
Le successeur anomal supportera les dettes de la succession.

II. DANS LE DROIT MALIEN

La notion de retour légal n'existe plus dans le droit civil malien ; cette notion résultait de l'article 64 *ancien* du code de la parenté ainsi libellé.
« L'adoption protection n'ouvre droit à la succession que dans les conditions prévues par la loi sur les successions.
Toutefois les donations faites entre vifs par l'adoptant à l'adopté ou

inversement peuvent faire l'objet de reprise lorsque les choses données se retrouvent en nature dans la succession. »

Nous ne retrouvons plus cette notion nulle part dans la nouvelle loi sur les successions au Mali. Le législateur malien n'a donc voulu accorder aucune importance à cette notion dans la vie sociale de la nation et a préféré l'ignorée purement et simplement.
Ce silence qui (*heureusement n'est pas absolu car nous allons bientôt le constater)* constitue à mon avis une lacune qu'il importe cependant de combler, car il s'agit là de l'éventualité d'une succession particulière en faveur d'un donateur, qu'il soit, par exemple, l'ascendant ou l'adoptant ou au contraire l'adopté.
Cette succession particulière a par ailleurs le même fondement, celui envisagé dans le droit français et son domaine se réduit au seul cas *de l'adoption protection* ; entre l'adoptant et l'adopté, il n'existe pas de lien de succession ordinaire ; l'adoptant ne succède pas à l'adopté et *vice versa* ; la seule relation successorale souhaitable et susceptible d'exister en faveur de l'adoptant et de sa famille devrait se limiter éventuellement au cas de la succession anomale.

III. APPRÉATION CRITIQUE

Le retour légal est appelé droit de succession anomale.
Or toute succession trouve son fondement dans la conservation des biens au sein de la famille du *de-cujus*.
C'est cette conception familiale de la dévolution héréditaire qui justifie le retour légal particulièrement dans l'adoption protection où les deux parties, l'adoptant et l'adopté, ne sont liés que par une espèce de contrat tacite, judiciairement révocable et qui ne leur confère pas une vocation successorale normale réciproque.
De telles considérations font que lorsque l'adoptant a fait à l'adopté (ou inversement) une donation entre vifs les biens qui se retrouveraient en nature dans la succession, retournent du patrimoine du donataire prédécédé à celui du donateur.
L'adoption protection en droit malien n'est autre que la transcription d'une tradition coutumière largement pratiquée au Mali.
Une question nous retient l'esprit à la lecture *de l'article 64 ancien du code de la parenté*. Pouvait-il y avoir retour légal lorsque le donataire laissait des descendants ? Le législateur n'avait-il prévu que le seul cas

du donataire ? Répondre affirmativement serait également cautionner une lacune, car les descendants du donataire ne sont pas des tiers contre lesquels il faudrait protéger le patrimoine familial. Nous pensons que le donateur n'a pas entendu gratifier seulement le donataire mais aussi sa postérité. Permettre en conséquence aux descendants du donataire de recueillir les biens donnés à leur auteur n'est point faire sortir ces biens de la famille. Aussi il importe de ne pas faire jouer les règles du retour légal lorsque le *de-cujus* laisse des descendants : c'est dans ce sens que le contenu de l'article 64 ancien devrait être interprété s'il n'avait pas été totalement ignoré par le nouveau code sur les successions au Mali.

PARAGRAPHE IV
QUALITÉS REQUISES POUR SUCCÉDER

GÉNÉRALITÉS

Pour succéder tant dans les coutumes à base animiste ou musulmane que dans les dispositions actuelles du Code civil français ou malien, il faut tout d'abord exister, être uni au *de-cujus* par certains liens de parenté ou d'alliance, être *capable* d'hériter et ne pas être frappé *d'indignité*.

Peut aussi succéder au défunt celui dont l'absence est *présumée* contrairement à celui dont l'absence est *déclarée*. L'absent qui réparait recouvre sa qualité de successible pour agir en pétition d'hérédité tant que le délai légal de prescription extinctive ne sera pas écoulé ; sauf qu'il n'est pas admis à réclamer les fruits. Par ailleurs, la preuve de la qualité d'héritier s'établit par tous les moyens. Il importe de souligner que dans les coutumes à base animiste la femme ne peut succéder. Elle en est incapable et l'indignité est appréciée diversement.

I. DANS LES DIVERSES COUTUMES

Dans la coutume Dogon la femme est incapable de succéder[68] et parmi les causes d'indignité il faut citer l'impolitesse caractérisée à l'égard du

---

[68] Voir « La succession en milieu dogon du cercle de Bandiagara », 1985 page 31 et suiv. par Oumar Kassogué (ENA).
Voir également « La succession dans le milieu sénoufo–minianka de la région de Sikasso », 1983, page 19 et suiv. par Kassoum Koné (ENA).
Voir enfin « La succession dans la coutume bamanan » par Diarra Augustin Néguésson, page 15 (ENA).

défunt, le mariage avec une femme de classe inférieure, l'adultère sur des femmes du *de-cujus*, l'abandon de famille, la divulgation des secrets de famille ainsi que tout fait atteignant l'honneur.
Il faut citer également toute tentative d'assassinat ou assassinat, l'accusation diffamatoire, le refus de secourir le défunt lorsque celui-ci se trouve dans un cas de gravité notoire. L'appréciation de ces faits dépend du *de-cujus*.
La sanction prononcée après la mort du défunt peut être appréciée diversement d'une famille à l'autre.

Dans les coutumes sénoufo, minianka de la région de Sikasso, les causes d'indignité sont l'insoumission, l'adultère sur la femme du *de-cujus*, le meurtre du *de-cujus*. L'exhérédation pour cause d'indignité est faite généralement en public ; elle ne peut être révoquée que par celui qui l'a faite ; la mort de celui-ci la rend irrévocable.
Dans la coutume bamanan, constituent des actes d'indignité :

- le fait de donner la mort ;
- l'adultère, acte abominable et de dépravation des mœurs ;
- les injures graves ou *« Sinin-Kan »* ;
- l'abandon du *de-cujus* consistant en une indifférence caractérisée de l'héritier à l'égard du défunt.

La coutume bamanan n'admet pas ce comportement négatif, facteur de dislocation et d'effritement des valeurs et des cellules, base de la communauté villageoise.
Dans toutes ces coutumes, il est constant que pour être capable de succéder il faudrait :

- avoir une existence matérielle certaine c'est-à-dire plus exactement être né vivant ;
- avoir participé positivement à l'acquisition des biens de la famille ;
- être de sexe masculin.

Parmi les causes emportant incapacité de succéder dans les coutumes à base musulmane les plus importantes sont : l'homicide, la différence de religion, la différence de nationalité et l'apostasie.

- Le meurtrier n'aura aucun droit d'héritage.
- Le musulman n'héritera pas de l'infidèle, ni l'infidèle du musulman.
- L'apostat n'hérite pas et on n'hérite pas de lui.

Concernant la différence de nationalité, il n'en est ainsi que dans le rite

hanéfite parce que, selon ce rite, la vocation successorale suppose la jouissance des droits naturels et civils et l'existence d'un lien d'aide et d'assistance entre le défunt et l'héritier.
Toutes ces incapacités de succession sont personnelles.
Elles ne s'étendent pas à autrui ; mais ne s'opposent-elles pas pour la plupart d'entre elles à l'ordre public constitutionnel ?

II. DANS LE SYSTÈME DU CODE CIVIL MALIEN

Loi n° 2011-087 du 30 décembre 2011 (art. 759 à 768 du CPF)

Le Code civil malien reprend les deux qualités exigées dans le droit français pour succéder : *être capable et ne pas être indigne.*

A. CAPACITÉ (art. 759 à 762)

Les rédacteurs des différents avant-projets de lois sur les successions au Mali ont toujours déclaré que :
« Pour succéder au de-cujus il faut lui survivre, c'est-à-dire exister ou plus exactement avoir la personnalité juridique à la date de l'ouverture de la succession et ne pas être indigne ; que l'enfant conçu avant l'ouverture de la succession est capable de succéder s'il naît vivant... »
Contrairement au droit français, le système conçu par les rédacteurs susvisés n'exigeait pas que l'enfant naisse nécessairement viable.
En effet pour ces concepteurs des différents avant-projets maliens sur les successions, la notion de viabilité est un concept assez complexe qui demande trop souvent l'intervention des experts pour déterminer la viabilité de l'enfant et se trouve donc à la base d'innombrables débats d'ordre juridique dans la jurisprudence.

C'est pour éviter pareils conflits jurisprudentiels que, pour couper court à toutes discussions, les rédacteurs visés ci-dessus ont adopté le principe selon lequel tout enfant qui serait conçu à la date de l'ouverture de la succession est successible à la seule condition qu'il *naisse vivant*.
Ils ont préféré ainsi enrayer définitivement cette notion de viabilité tant confuse et tant débattue dans la jurisprudence à cause du caractère incomplet et assez flou *de l'article ancien n° 725 du Code civil français* dont les dispositions étaient ainsi libellées :
« Pour succéder il faut nécessairement exister à l'instant de l'ouverture de la succession. ». L'interprétation de cet article conduit à affirmer que sont incapables de succéder :

1) *celui qui n'est pas encore conçu ;*
2) *l'enfant qui n'est pas né viable…* ».

Face à la turbulence jurisprudentielle provoquée par *l'imprécision* de cet article *ancien* n° 725, le législateur français est intervenu en faisant voter la loi n° 2001-1135 du 3 décembre 2001 laquelle compléta les dispositions anciennes *imprécises susvisées* par *celles nouvelles* de l'article n° 725 *nouveau* ainsi libellé :
« Pour succéder il faut exister à l'instant de l'ouverture de la succession, ou ayant déjà été conçu, naître viable… »
Le législateur malien, dans sa lancée de donner enfin à son peuple un code sur les successions sous la pression sociale du moment, s'inspirant profondément de cet article 725 nouveau du Code civil français, fit voter le 30 décembre 2011 la loi n° 2011-087 portant code des personnes et de la famille dont l'article n° 759 est ainsi :
« Pour succéder au défunt, il faut exister à l'instant de l'ouverture de la succession, ou, ayant déjà été conçu, naître viable. »

Les dispositions du présent article sont celles actuellement applicables au Mali depuis l'an 2012 ; cependant, cet article n° 759 du CPF malien est à notre avis fortement critiquable parce que le législateur malien s'est aligné de trop près de la législation française, en s'écartant de la conception dégagée et adoptée en la matière par les rédacteurs des différents avant-projets de loi sur les successions au Mali, laquelle conception était préférable car elle est de loin la plus proche et du tempérament malien et aussi des aspirations des (85 %) d'obédience musulmane du peuple malien.
Pourquoi cette préférence ?
Parce que le droit musulman abonde dans le même sens que celui proposé par les rédacteurs des différents avant-projets maliens sur les successions. Parce qu'il affirme comme suit et simplement que l'enfant doit être né *vivant* au moment de l'ouverture de la succession en ces termes :
« *L'enfant doit être considéré comme vivant lorsque la majeure partie de son corps était sorti du sein de la mère alors que cet enfant se trouvait vivant. Dans ce cas s'il meurt avant la fin de l'accouchement il doit être néanmoins considéré comme né vivant*[69]. »

---

[69] Dans le même sens, voir le Code de la famille du Sénégal article 339 al. 2.

Parce que la conception contenue dans ces divers avant-projets maliens a également le mérite d'être *cohérente et conforme* aux principes généralement admis dans la théorie des comourants, à savoir lorsque deux personnes respectivement appelées à la succession l'une de l'autre périssent dans un même événement à des secondes d'intervalles, on suppose que le dernier décédé a pu recueillir la succession de l'autre et l'aura transmise avec son propre patrimoine à ses héritiers.
Parce que lorsque, par exemple, au cours d'un accouchement une parturiente décède et que son nouveau-né ne lui ait survécu que l'espace de quelques brèves secondes, la logique juridique conduit à affirmer que cet enfant a pu succéder à sa mère ; la part recueillie dans l'héritage maternel accroîtra son propre patrimoine qu'il transmettra grossi à ses héritiers personnels.
C'est pourtant dans cet état d'esprit, donc dans le même sens prôné tant par les concepteurs des divers avant-projets susvisés que par le droit musulman que l'article n° 754 du CPF dans le cadre de la dévolution successorale a mis en exergue plutôt la notion de *l'ordre des décès* en ces termes :
« *Lorsque plusieurs personnes appelées à la succession l'une de l'autre périssent dans un même évènement ou dans des événements concomitants sans que l'ordre des décès soit connu, le plus jeune est censé avoir survécu au plus âgé.* »
En dehors de cette critique relative à la notion de viabilité, nous pensons que toutes les dispositions du droit français ci-dessus mentionnées, concernant la capacité successorale, peuvent s'encastrer harmonieusement dans le système malien.

B. INDIGNITÉ

La notion d'indignité est relative, son contenu varie d'un pays à l'autre et d'une coutume à l'autre ; au Mali, l'éventail des cas d'indignité aurait dû être beaucoup plus large que celui du droit français.
L'éventualité d'une telle extension résulterait de l'expression du tempérament national malien, très sensible aux sentiments de l'honneur.
Les causes de l'indignité successorale sont énumérées dans les 763 à 768 du CPF.
Elles ont permis au législateur le classement des indignes en deux catégories :

- l'indigne qui comme tel est systématiquement exclu de la

succession et ;
– celui qui peut être également déclaré indigne.

1) L'indigne systématiquement exclu de la succession :
Est systématiquement exclu de la succession :

a) celui qui aura été condamné comme auteur ou complice à une peine criminelle pour avoir volontairement donné ou tenté de donner la mort au défunt.
L'incrimination de la *tentative* de donner la mort résulte de l'article 160 al. 6 du code pénal.
Cet article rejoint donc celui du Code civil français selon lequel est indigne » *celui qui sera condamné pour avoir donné ou tenté de donner la mort au défunt* » (art. 727) ;
b) celui qui est condamné comme auteur ou complice à une peine criminelle pour avoir volontairement porté des coups ou commis des violences ou voies de fait ayant entraîné la mort du défunt ;
c) celui qui est condamné comme auteur pour avoir eu, ou tenté d'avoir une ou des relations sexuelles avec une épouse de son père.

2) Peut être déclaré indigne de succéder :

a) celui qui est condamné comme auteur ou complice à une peine correctionnelle pour avoir volontairement donné ou tenté de donner la mort au défunt ;
b) celui qui est condamné comme auteur ou complice à une peine correctionnelle pour avoir volontairement exercé sur le défunt des coups, blessures et violences ayant *involontairement* entraîné son décès.

Malgré le caractère non intentionnel de cette mort, il faudrait avouer *que celui qui a donné la mort au sens de l'article 309 du code pénal est celui-là aussi qui a donné la mort au sens de l'article 763 et suiv. du CPF.*
« L'article 763 et suiv. ne sont donc qu'un succédané de l'article 309 » ;

c) est indigne de succéder tout individu condamné pour témoignage mensonger porté contre le défunt dans une procédure criminelle. Il s'agit là d'une accusation grave dont la fausseté est établie. Cette accusation grave peut être assimilée à une dénonciation ou à une plainte.

Elle doit être grave.

Comment en apprécier la gravité ?

Nous pensons qu'il faudrait considérer ce mot dans son acception la plus élevée, c'est-à-dire de nature à entraîner la peine criminelle.

Cette accusation grave doit s'avérer fausse.

La fausseté peut être établie soit par une décision judiciaire soit par tous moyens dès lors que le coupable en est convaincu expressément et sans équivoque[70] ;

d) celui qui est condamné pour s'être volontairement abstenu d'empêcher soit un crime, soit un délit contre l'intégrité corporelle du défunt d'où il est résulté la mort, alors qu'il pouvait le faire sans risque pour lui ou pour les tiers ;

e) celui qui aura été convaincu de fait de dénonciation calomnieuse envers le défunt, lorsque pour les faits dénoncés, une peine criminelle est encourue (art. 764 al. 5 du CPF).

Calomnier, c'est blesser quelqu'un dans le plus profond de son être, dans sa réputation, dans son honneur… par des accusations que l'ont sait fausses.

La dénonciation calomnieuse n'est retenue tant dans le droit civil malien que français comme cause d'indignité que lorsque pour les faits dénoncés, *une peine criminelle* était encourue. Il n'est pas exigé que cette peine criminelle soit nécessairement la mort.

Le contenu de cet alinéa ne concorde pas avec la conception des rédacteurs des divers avant-projets sur les successions au Mali en ce sens que ces derniers avaient tout simplement libellé ledit article en ces termes :

« *Sont indignes et comme tels exclus de la succession, celui qui aura été convaincu de fait de dénonciation calomnieuse envers le défunt.* »

En effet dans l'avant-projet malien, toute dénonciation calomnieuse engendre l'indignité ; dans ce sens, nous avons eu à souligner plus haut combien le tempérament national du peuple malien était sensible aux sentiments de l'honneur et ne pouvait donc tolérer une dénonciation calomnieuse quelque

[70] Dans le même sens voir le code de la famille du Sénégal en son article 400.

légère soit-elle.
C'est pourquoi l'on peut se demander si un jugement définitif est indispensable contre le délateur pour le déclarer indigne, ou s'il ne suffit seulement pas que le délateur soit convaincu expressément et sans équivoque des faits qui lui sont reprochés. Tout au plus l'on pourrait penser que l'intervention éventuelle d'un tribunal se limiterait simplement à constater des actes indignes de l'héritier coupable ;

f) celui qui a commis les actes mentionnés à l'article précédent et à l'égard duquel, en raison de son décès, l'action n'a pu être exercée ou éteinte.

Enfin, l'indignité jouera dès lors que le défunt a été victime des faits énumérés ci-dessus même lorsqu'il n'en est pas mort.
Dans tous les cas précédents, on exige seulement que l'héritier coupable ait manifesté une intention malveillante et que sa condamnation soit définitive.
S'inspirant de la pensée des auteurs comme Domolombe, Calmet de Nanterre, Colin et Capitant et de la belle chronique du Président Mimin pour déclarer indignes les complices des délinquants frappés par les articles 160, 161, 163, et 166 du code pénal, le législateur malien, tout comme le législateur français a bel et bien prévu l'impact de la complicité générale sur les sanctions de droit civil.

III. APPRÉCIATION CRITIQUE

Les conditions exigées par le Code civil malien pour succéder sont presque celles du droit civil français mais diffèrent sur de nombreux points du droit musulman.
Celui-ci en retenant encore comme cause d'indignité successorale l'esclavage, l'apostasie, la différence de religion ou de nationalité nous paraît largement anachronique et partant difficile à suivre.
Par ailleurs, nous constatons aussi que quelques dispositions du Code civil malien ne semblent pas tout à fait en adéquation, à quelques modifications près, aux réalités de notre société ; par exemple, s'agissant de la notion de viabilité que nous avons critiquée plus haut, relative à la naissance d'un enfant et d'autre part s'agissant de l'éventail des cas d'indignité successorale au Mali.
L'éventail des cas d'indignité énumérés dans le droit français ne diffère presque en rien de celui du Code civil malien alors que les deux peuples

(malien et français) sont très différents tant sur le plan géographique que sociologique.
Cette observation nous paraît d'autant plus fondamentale qu'incompréhensible, le législateur malien suivant de trop près son collègue français, passant sous silence certaines sensibilités particulières qui définissent et caractérisent si bien le tempérament national malien.
Par exemple, nous pensons que le nouveau Code civil malien aurait dû tenir compte de certaines propositions dégagées dans les avant-projets antérieurs et déclarer indigne de succéder :

1) celui qui aurait *volontairement* laissé ses parents dans un état *d'abandon caractérisé* et judiciairement constaté (sauf le pardon accordé par le défunt faisant cesser l'indignité).
   La notion d'abandon de parent a un contour plastique difficile à circonscrire.
   C'est par exemple le cas de celui qui se sera désintéressé d'*un parent gravement malade.*
   La sanction d'indignité devra jouer de plein droit lorsque l'héritier coupable aura été convaincu sans équivoque d'abandon de parent. En cas de contestation on fera appel au tribunal qui appréciera souverainement l'état d'abandon et par voie de conséquence constatera ou pas l'indignité ;
2) celui qui aura détruit, falsifié ou dénaturé le testament du défunt dans un but intéressé, d'une manière directe ou indirecte, ainsi que celui qui se sera prévalu d'un testament faux, falsifié ou dénaturé, connaissant sa fausseté ;
3) celui qui, connaissant la preuve de l'innocence du défunt, alors que ce dernier a subi la peine de mort, a été condamné pour s'être abstenu volontairement d'en apporter le témoignage aux autorités de justice ou de police. Les coupables (auteurs ou complices) doivent être indignes de succéder : pour cela il suffit seulement que la preuve des actes indignes de l'héritier coupable soit établie sans équivoque ;
4) l'héritier majeur qui instruit du meurtre de son ascendant ne l'aura pas dénoncé en justice.

La nouvelle législation malienne a passé injustement sous silence tous ces cas fort intéressants qu'il importe absolument de relever et de corriger.

Après l'ouverture de la succession, tout héritier, ou à défaut le ministère public, peut introduire, auprès du tribunal civil compétent, la demande de déclaration d'indignité. Cette demande doit être formée dans les six mois (6) du décès si la décision de condamnation ou de déclaration de culpabilité est *antérieure* au décès.
Si au contraire cette décision est *postérieure* au décès, la demande sera formée dans les six mois de cette décision.
Le successible frappé d'une cause d'indignité peut bénéficier *du pardon* du défunt précisé par une déclaration expresse de volonté en la forme testamentaire précisant qu'il entend le maintenir dans ses droits héréditaires ou plutôt lui faire une libéralité universelle ou à titre universel. L'héritier exclu de la succession pour cause d'indignité est tenu de restituer tous les fruits aussi bien que tous les revenus dont il a eu la jouissance depuis l'ouverture de la succession ; par ailleurs, la jouissance que la loi accorde aux père et mère sur les biens de leur enfant échappe à l'indigne.
Par contre, les enfants de l'indigne ne sont pas exclus de la succession, ils y sont appelés soit de leur propre chef, soit du fait de la représentation.

SECTION III
DÉVOLUTION TESTAMENTAIRE

GÉNÉRALITÉS

On ne peut disposer de ses biens à titre gratuit que par donation entre vifs ou par testament. Le testament un acte par lequel une personne déclare ses dernières volontés et dispose de ses biens pour le temps qui suivra sa mort, il peut le révoquer à tout moment.
Les substitutions sont généralement prohibées sauf celles permises aux pères et mères et aux frères et sœurs. Pour pouvoir faire un testament il faut être sain d'esprit. Dans toute disposition testamentaire *les conditions impossibles*, celles contraires aux lois ou aux mœurs sont réputées non écrites. Les *clauses d'inaliénabilité* affectant un bien donné ou légué ne sont valables que si elles sont temporaires et justifiées par un intérêt sérieux et légitime.
Toute clause par laquelle le disposant empêcherait le légataire d'attaquer en justice une clause d'inaliénabilité le concernant ou encore de demander une autorisation d'aliéner est réputée non écrite. Les libéralités consenties à des personnes morales ou même à des personnes

physiques à charge de constituer des personnes morales sont valables.

Tout gratifié peut demander devant le tribunal, *par voie principale ou par voie reconventionnelle*, soit contre les héritiers, soit contre le ministère public, une révision des conditions et charges grevant les legs qu'il a reçus.
Cette demande n'est recevable que *dix (10) années après la mort du disposan*t ou en cas de demandes successives, dix (10) années après le jugement qui a ordonné la précédente révision.
La tierce opposition à l'encontre du jugement faisant droit à la demande en révision n'est recevable qu'en cas de fraude imputable au légataire.
La rétractation ou la réformation du jugement attaqué n'ouvre droit à aucune action contre le tiers acquéreur de bonne foi.
Toute personne peut disposer et recevoir par testament excepté celle que la loi en déclare incapable.
Par exemple :

- *le mineur âgé de moins de seize (16) ans* ne peut aucunement disposer sauf le le cas visé dans l'article 1141 du CPF ainsi libellé :
  « Le mineur ne peut par convention matrimoniale donner à l'autre époux, soit par donation simple, soit par donation réciproque, qu'avec le consentement et l'assistance de ceux dont le consentement est requis pour la validité de son mariage ; et avec ce consentement il peut donner tout ce que la loi permet à l'époux majeur de donner à l'autre conjoint. »
- *Le mineur parvenu à l'âge de seize (16) ans et non émancipé* ne peut disposer que par testament et jusqu'à concurrence seulement *de la moitié des biens dont la loi permet au majeur de disposer.*

Il peut cependant, à défaut de parent au 6e degré inclusivement, disposer comme le ferait un majeur (art. 964 du CPF).
Pour être capable de recevoir par testament, il suffit d'être conçu à l'époque du décès du testateur, mais le testament n'aura son effet qu'autant que l'enfant sera né viable.
Quoique parvenu à l'âge de seize (16) ans, le mineur ne peut disposer, même par testament *au profit de son tuteur.*
Même devenu majeur ou émancipé, il ne peut disposer par testament ou même par donation entre vifs en faveur de celui qui a été son tuteur, *exception faite du cas de leurs ascendants devenus leurs tuteurs*, tant

que le compte définitif de la tutelle n'a pas été préalablement rendu et apuré.

Observation :

Il importe de souligner que dans le Code civil malien et particulièrement dans le système de la dévolution successorale résultant de la législation nouvelle (loi n° 2011-087 du 30 décembre 2011), les expressions « fils et petits-fils, enfants et petits-enfants », sans autre addition ni désignation, doivent s'entendre de la descendance naturelle aussi bien que de la descendance légitime.

Les docteurs en médecine ou en chirurgie, les officiers de santé et les pharmaciens qui ont traité une personne pendant la maladie dont elle meurt, ne peuvent profiter des dispositions testamentaires ou même entre vifs qu'elles auraient faites en leur faveur pendant le cours de cette maladie.

Sont exceptées :

1) les *dispositions rémunératoires* faites à titre particulier, eu égard aux facultés du disposant et aux services rendus ;
2) les *dispositions universelles* concernant les parents jusqu'au quatrième (4e) degré, *dans la mesure où le de-cujus ne laisse pas d'héritiers en ligne directe* à moins que celui au profit de qui la disposition est faite ne soit lui-même du nombre de ces héritiers.

Il en est de même s'agissant du ministre du culte.

Les dispositions testamentaires ou même entre vifs faites au profit *des hospices, des pauvres d'une commune, des établissements d'utilité publique* ne sont valables que lorsqu'elles ont fait l'objet d'une autorisation prise par arrêté du ministre chargé des collectivités.

Toute disposition au profit d'un incapable est nulle à moins qu'on la déguise sous la forme d'un contrat onéreux ou qu'on la fasse sous le nom de personnes interposées telles que les père et mère, les enfants et descendants, ou l'époux de la personne incapable.

PARAGRAPHE I
DANS LE DROIT COUTUMIER

La dévolution testamentaire est la transmission du patrimoine successoral par le testament. La société traditionnelle malienne étant un agrégat de grandes familles respectivement soumises à la volonté d'un

patriarche omnipotent, elle adoptait un système communautaire de la propriété et la notion de testament perdait ainsi tout intérêt.
La dévolution des biens de la communauté dépendait de la volonté toute puissante du chef de famille ; elle se faisait oralement.
Au fil du temps, l'influence des civilisations étrangères, arabe et occidentale particulièrement, provoqua un profond bouleversement dans nos institutions :

- éclatement des grandes familles et naissance du concept de la famille nucléaire ;
- apparition de la notion de propriété privative ;
- apparition heureuse de l'écriture quelque soit sa nature arabe ou occidentale ;
- importance désormais croissante de la notion de testament ; celui-ci était valable qu'il fut verbal ou écrit.

L'arrêt n° 19 du 29 décembre 1971 de la Cour suprême du Mali affirme que... « *la coutume admet le testament...* », et l'évolution de la société contemporaine malienne vers la modernité rendit nécessaire la pratique du testament par écrit : *authentique, mystique, olographe* ; aussi les tribunaux de l'ordre judiciaire étaient-ils souvent appelés à statuer sur des contestations relatives à la validité de tel ou tel acte testamentaire même en droit coutumier.
Quel en est le fondement juridique ?
Le testament en tant qu'entité juridique prévue et organisée par la loi positive existe-t-il ? La réponse est affirmative quant à son existence juridique.
Le testament est prévu par les coutumes d'origine animiste ou musulmane comme l'atteste la Cour suprême dans son arrêt susvisé ainsi que dans les dispositions de la *sourate IV verset 12 du Coran.*
Le testament était également prévu dans les articles 44 et 55 de la loi n° 88-02 AN-RM portant statut des notaires.
L'article 55 de ladite loi consacré aux testaments *(authentique et mystique)* et leurs conditions de validité est libellé en ces termes :
« Doivent à peine de nullité être reçus par deux notaires ou par un notaire assisté de deux témoins instrumentaires les actes suivants :

1) les testaments authentiques et mystiques ;
2) les donations entre vifs ou donations entre époux autres que celles inscrites dans un contrat de mariage ;
3) les donations partage d'ascendants et testaments partage ;
4) les acceptations de donation ;

5) les procurations ou autorisations pour consentir ces actes… »

Le testament authentique est un acte public.
Le testament mystique est un acte écrit par le testateur ou un tiers et nécessairement remis clos et scellé au notaire devant deux témoins.
Quant au testament olographe, il est simplement un acte écrit en entier, daté et signé de la main du testateur.
Il ne figure pas dans l'article 55 de la loi susvisé.
Il en résulte que les testaments authentiques et mystiques aussi bien que les testaments partage avaient une existence juridique fondée sur la loi.
Leur appréciation relève en conséquence et obligatoirement de la compétence des tribunaux de l'ordre judiciaire *alors que l'appréciation de la validité, soit d'un simple testament olographe lorsqu'il ne comporte pas un partage successoral, soit d'un testament oral, relèverait de la coutume.*
C'est dans ce seul cas que l'on pouvait au Mali faire allusion aux dispositions de l'arrêt du 11 juin 1963 de la Cour suprême du Cameroun conçu comme suit :
« La validité du testament fait par une personne de statut coutumier doit être apprécié au regard de la coutume du défunt.
Cette coutume n'imposant aucune forme spéciale, il était permis au testateur de recourir à une forme de droit écrit sans que la validité de l'acte ne relève de ce droit.
La nullité du testament ne peut donc être invoquée sur la base de l'inobservation de l'article 970 du Code civil. »[71]

Cette jurisprudence fut confirmée par l'arrêt n° 3 du 29 janvier 2003 de la Cour suprême du Mali en ces termes :
« Attendu qu'en matière successorale, le Mali n'a pas encore légiféré et de jurisprudence constante, seule la coutume des parties régissent la matière ;
Attendu que dans le cas d'espèce les parties étant de confession musulmane, leur succession est réglée selon la coutume musulmane, voire le droit musulman illustré par la "Rizâla", élément du droit positif malien ;
Attendu que conformément à cette source de droit, l'époux survivant est un héritier réservataire ;
Attendu que la femme héritière du mari qui ne laisse ni enfant, ni enfant d'un fils, a droit au quart des biens successoraux ; (voir Rizâla : Chapitre : "Partages successoraux", p. 275).

[71] Lorsqu'une telle nullité se réalise, c'est la succession *ab intestat* qui prend place.

Attendu que la cour d'appel en décidant qu'aux termes de l'article 916 du Code civil, S. B peut disposer (par testament) de la totalité de son patrimoine alors que la coutume des parties, la loi musulmane applicable aux faits de la cause, réserve à la conjointe survivante le quart des biens laissés par le de-cujus, a manifestement violé la loi par fausse qualification des faits et exposé son arrêt à la censure de la Cour. »

Suivant cette logique, considérons l'affaire M. Bengaly contre Mme A. Bengaly : *(arrêt nº 227 du 18 août 2003 de la première chambre civile de la Cour suprême du Mali).*

Cette affaire est la suivante : Les époux Bengaly se sont mariés avant la parution du code de mariage de 1962 ; ils ne se sont jamais souciés à rédiger un contrat de mariage. Aussi sont-ils censés s'être mariés sous le régime légal de la séparation des biens.

À son décès, Bengaly laissa *un testament olographe* par lequel il a déclaré que le régime matrimonial de son ménage est la communauté des biens. Certains héritiers contestèrent cette allégation et demandèrent la nullité dudit testament. Suivant la logique prônée ci-dessus par la Cour suprême du Cameroun[72] et confirmée par l'arrêt nº 3 du 29 janvier 2003 de la Cour suprême du Mali, la nullité d'un tel testament olographe laissé par le défunt Bengaly, de coutume musulmane, pourrait-elle être invoquée avec succès ?[73].

Nous n'y croyons pas tellement. Enfin s'il est incontestable que les testaments authentiques, mystiques et les testaments-partage ont une existence juridique au Mali ; par contre, nulle part ces actes n'avaient fait l'objet d'une organisation législative appropriée. Il importait donc en se référant à l'article 231 du CPCCS (ancien) de faire appel au Code civil français dans ses dispositions antérieures à 1960. L'intervention d'une loi positive en la matière comblerait la lacune. C'est désormais chose faite depuis la parution le 30 décembre 2011 de la loi nº 2011-087 portant code des personnes et de la famille. À la lumière de ces dispositions nouvelles et dans le cadre de l'étude sur la dévolution testamentaire nous verrons successivement :

- la définition et les caractères du testament ;
- la capacité de tester ;

[72] Voir arrêt du 11 juin 1963 de la Cour suprême du Cameroun.
[73] Voir arrêt nº 227 du 18 août 2003 1re ch. civ. de la CSM.

- le formalisme du testament et la sanction de l'inobservation des règles de forme ;

PARAGRAPHE II
DANS LE CODE CIVIL MALIEN

(Art. 947,1023 à 1084 du CPF)

I. DÉFINITION

Le testament est un acte révocable à tout moment par lequel le testateur dispose pour le temps où il ne sera plus, de l'ensemble de ses biens par le biais d'un testament authentique, olographe ou mystique.

A. LE TESTAMENT AUTHENTIQUE

C'est un acte solennel reçu par deux notaires ou par un notaire assisté de deux témoins instrumentaires appelés par le testateur.

- Si le testament est reçu par deux notaires, il leur est dicté par le testateur et l'un d'eux l'écrit soit à la main soit mécaniquement.
- S'il n'y a qu'un notaire, le testament est également dicté par le testateur à cet officier public qui l'écrit lui-même ou le fait écrire à la main ou mécaniquement, en la présence des témoins. Dans les deux cas, il doit être donné lecture de l'acte au testateur qui après avoir déclaré que l'acte est conforme à l'expression exacte de sa volonté, le signe avec le ou les notaires ainsi que le cas échéant avec les témoins instrumentaires.

Lorsque le testateur ne sait ni lire ni écrire la réception de l'acte est faite en présence de deux témoins non légataires du testament, ni parents ni alliés du testateur.
Dans tous les cas, il est donné lecture et interprétation au testateur.

B. LE TESTAMENT OLOGRAPHE

Le testament olographe est écrit entièrement de la main du testateur sans le concours ni la présence de personne. Il peut être écrit soit à l'encre soit avec un crayon à bille sur du papier ou sur tout autre objet ; il peut être rédigé en langue nationale ou étrangère.
Il doit porter sans équivoque la mention de son objet, être daté en toutes lettres et être signé à toutes les pages par le testateur.
Il doit porter une date précise, indiquant en lettre ou en chiffre le jour, le

mois et l'année.
Le testament olographe peut être fait à main guidée par un tiers dans la mesure où l'intervention du tiers n'a consisté qu'à aider le testateur, en raison de son infirmité, à placer sa main sur le papier et à signer au bon endroit.
Cependant lorsque la date est incomplète ou erronée, elle peut être complétée par toutes mentions de l'acte ou par des présomptions qui les corroborent.

Au décès du testateur, le testament est présenté au notaire du lieu de l'ouverture de la succession, lequel dresse procès-verbal de la présentation, de l'ouverture du testament s'il est cacheté et de son état.

C. LE TESTAMENT MYSTIQUE

C'est un acte qui est écrit par le testateur ou un tiers.
Le testateur assisté de deux témoins présente :

- le testament clos, cacheté et scellé au notaire et à deux témoins ou il le fait clore, cacheter et sceller en leur présence ;
- il déclare que le contenu de ce papier est son testament, signé de lui et écrit par lui ou par un autre, en affirmant dans ce dernier cas, qu'il en a personnellement vérifié le contenu ;
- il indique dans tous les cas, le mode d'écriture employé : à la main ou mécaniquement.

Le notaire dresse *un acte de suscription* qu'il écrit ou fait écrire à la main ou mécaniquement sur les papiers renfermant les dispositions testamentaires ou sur l'enveloppe qui les contient en mentionnant expressément :

- la date ou l'indication du lieu où il a été passé ;
- la description du pli testamentaire ou de l'empreint du sceau ;
- les formalités prescrites ci-dessus.

L'acte de suscription est signé du testateur, du notaire et des témoins.
Lorsque par un empêchement survenu depuis la signature du testament, il ne peut signer l'acte de suscription, il est fait mention de la déclaration qu'il en a faite et motif qu'il en a donné.

Dans le cas où le testateur ne sait signer ou s'il n'a pu le faire lorsqu'il a fait écrire ses dispositions, il est procédé comme il est dit précédemment.

Il est fait en outre mention à l'acte de suscription que le testateur a déclaré ne savoir signer ou n'avoir pu le faire lorsqu'il a fait écrire ses dispositions.
Ceux qui ne savent ou ne peuvent lire ne peuvent pas faire un testament mystique.
Lorsque le testateur ne peut parler, mais peut écrire, il peut faire un testament mystique à condition que ce testament soit signé de lui et écrit par lui ou par un autre, qu'il le présente au notaire et aux témoins et qu'en haut de l'acte de suscription il écrive, en leur présence, que le papier qu'il présente est son testament et qu'il le signe.
Mention expresse en sera faite sur l'acte de suscription, également écrit et signé par le testateur.
Lorsqu'un testament mystique est nul pour inobservations des formalités légales, il peut valoir cependant comme testament olographe si toutes les conditions requises pour valoir comme testament olographe sont remplies, même s'il a été qualifié de testament mystique.

II. CARACTÈRES

Le testament représente pour la famille une extrême importance puisqu'il peut aller jusqu'à la transmission intégrale d'une fortune.
Il fallait éviter coûte que coûte que le patrimoine familial ne passe en des mains étrangères ; aussi dans cette optique le législateur a-t-il cherché à individualiser le testament en lui attribuant des caractères particuliers mais essentiels, en le modelant et en le coulant dans un moule déterminé afin de lui donner des formes propres à défaut desquelles il se trouverait nul et de nul effet.
C'est ainsi que dans la définition du testament il ressort expressément ce qui suit : un acte juridique, unilatéral, formel, révocable dont les effets ne se réalisent qu'au décès…
Acte juridique, il est la manifestation de volonté du *de-cujus* produisant des effets dévolutifs.
Acte solennel il obéit à des formes précises servant :

- d'une part à *protéger la liberté du testateur* contre les pressions qu'il peut subir, d'autant plus redoutables qu'elles risquent de se produire à un moment où il est affaibli par l'âge ou la maladie ;

- d'autre part à *préserver le patrimoine familial* contre les captations ou les falsifications par des étrangers ;
- enfin à assurer *la conformité des dernières dispositions du de-cujus* et de sa volonté réelle.

Acte essentiellement révocable parce que le testament étant un recueil de dernières volontés dont les effets ne se réalisent qu'au décès, il va sans dire que le testateur doit pouvoir modifier jusqu'à la fin de sa vie la dévolution de ces biens.
Cette liberté de révoquer est un droit absolu, d'ordre public.
Le testament ne peut cependant être révoqué que dans les conditions de fond et de forme qui ont présidé sa formation et dont les juges du fond en assurent l'appréciation souveraine.

III. CAPACITÉ DE TESTER

Dans le droit malien sur les successions le principe posé est le suivant : pour faire un testament il faut être majeur, être en pleine possession de ses facultés mentales, de sa liberté entière et n'avoir pas été déclaré interdit ou incapable par une décision de justice. Aussi l'on est tenté de conclure que quiconque n'est pas majeur ne peut tester et doit par conséquent voir obligatoirement sa succession s'ouvrir *ab intestat*.
La solution est rigoureuse. Dans le Code civil en vigueur actuellement, *jusqu'à l'âge de 18 ans* le mineur demeure totalement incapable. Il est cependant émancipé de plein droit par le mariage. Par ailleurs, le mineur non marié, orphelin ou non, peut être émancipé *dès l'âge de 16 ans révolus* par la déclaration conjointe ou non du père et de la mère dans les conditions édictées à l'article 699 du CPF ; il est alors pleinement capable, comme un majeur, de tous les actes de la vie civile dans les conditions fixées cependant dans les dispositions de l'article 702 al. 2 du CPF ; c'est-à-dire pour se marier ou se faire adopter de sa propre initiative, il est tenu d'observer les mêmes règles que s'il n'était point émancipé. Le mineur émancipé peut faire par testament des libéralités selon les règles de la dévolution *ab intestat*.

IV. FORMALISME ET SANCTION DE L'INOBSERVATION DES RÈGLES DE FORME

A. FORMALISME

Dans le Code civil malien on retient :

a) que le testament doit être écrit ;
b) qu'il doit être fait par acte séparé.

L'interdiction du *testament conjonctif* résulte de l'article 1024 du CPF en ces termes :
« Un testament ne pourra être fait dans le même acte par deux ou plusieurs personnes, soit au profit du tiers soit à titre de dispositions réciproques et mutuelles. »
Quelle en est la valeur ?
Considérons l'exemple suivant : deux époux A et B font dans un même acte testamentaire des dispositions réciproques et mutuelles.
A décède ; sa succession est ouverte.
Le testament unique concernant A et B sera ouvert et lu, B est bénéficiaire des dispositions faites en sa faveur par A.
Quel inconvénient majeur apparaît ?
C'est que le contenu du testament de B survivant risque d'être connu des tiers.
D'autre part, le testament étant un acte essentiellement révocable, B peut-il procéder après le décès du prémourant à la révocation des dispositions mises en faveur de A ?
La réponse est la suivante :
- *permettre de le révoquer, c'est violer la foi de la réciprocité ;*
- *le déclarer irrévocable c'est changer la nature du testament qui dans ce sens n'est plus un acte de dernière volonté.*

Sa valeur ?
« Le testament conjonctif est dangereux, aussi il importe de l'interdire car il est incompatible soit avec la bonne foi soit avec la nature des testaments. »[74]
Cette réponse est pleine d'intérêt : en effet ou bien l'on détruit délibérément les piliers de la bonne foi ou bien l'on dénature le testament pour en faire une convention bien que ce contrat puisse être qualifié de pacte sur succession future.
Enfin comme dans le Code civil français et pour les mêmes raisons le principe admis dans le Code civil malien est que le testament doit être *un écrit, fait par acte séparé.*
Le système malien admet cependant :

---

[74] *Leçon de droit civil* par H., L. et J. Mazeaud *op. cit.*, page 244 n° 965.

1) Exceptionnellement en l'article 1036 du CPF l'existence *d'un testament oral* en ce qui concerne les militaires en campagne, les personnels employés par les armées ainsi que les prisonniers de guerre chez l'ennemi.

Ces testaments particuliers peuvent être reçus :

- soit par un officier ou médecin militaire en présence de deux témoins ;
- soit par un fonctionnaire de l'intendance ou officier du commissariat en présence de deux témoins ;
- soit enfin dans un détachement isolé, par l'officier commandant ce détachement, assisté de deux témoins ou le cas échéant par l'officier qui vient après lui dans l'ordre du service.

2) Que le Malien qui se trouve à l'étranger fasse son testament soit *par un acte sous seing privé,* soit *par un testament authentique* avec les formes usitées dans le lieu où cet acte est passé.

3) Que les testaments *faits à l'étranger* soient exécutés au Mali à condition qu'ils soient enregistrés :

- *au greffe du tribunal civil* du domicile du testateur ou le cas échéant celui de son dernier domicile connu au Mali *en ce qui concerne les biens meubles d'une part ;*
- au *Service de la conservation des domaines* du lieu de situation des immeubles, *en ce qui concerne les immeubles d'autre part.*

B. SANCTION DE L'INOBSERVATION DES RÈGLES DE FORME : NULLITÉ, RÉVOCATION, CADUCITÉ

(*Article 1072 à 1084 du CPF)*

1) NULLITÉ

La sanction de l'inobservation des règles de forme est conformément à l'article 1039 du CPF la nullité, elle est relative.

Lorsque le *de-cujus* ne fait pas un nouveau testament, il sera considéré comme décédé *ab intestat* ; il est cependant admis que l'héritier est tenu *d'une obligation naturelle* d'exécuter le testament nul pour vice de forme.

Il lui suffira seulement de confirmer après le décès du *de-cujus* le testament nul en la forme ; il faudrait pour cela qu'il ait connaissance du vice et qu'il ait l'intention de le réparer. En matière coutumière, la jurisprudence relevée ci-dessus par la Cour suprême du Cameroun et confirmée au Mali souligne dans ce domaine que la nullité du testament ne saurait être invoquée sur la base de l'inobservation de l'article 1026 du CPF sinon s'agissant d'un testament olographe, il doit absolument être écrit en entier, daté et signé de la main du testateur[75]. Les testaments qui ne révoquent pas, d'une manière expresse les précédents, annulent dans ceux-ci les dispositions qui y sont contenues et qui se trouvent incompatibles avec les nouvelles ou qui leur sont contraires. Il faut observer qu'à côté d'un testament il peut exister outre la dévolution des biens, d'autres dispositions telles que *la reconnaissance d'un enfant naturel ou bien l'ordonnance des funérailles*. Quel est le sort de ces dispositions qui ont pour support le testament lorsque celui-ci est nul pour vice de forme ? On admet généralement que ces dispositions extrapatrimoniales demeurent valables lorsque les conditions de forme qui leur sont particulières ont été respectées[76].

2) RÉVOCATION

Les testaments ne peuvent être révoqués, en tout ou en partie, que par un testament postérieur, ou par un acte devant notaire portant déclaration de changement de volonté. Lorsque la révocation est faite dans un testament postérieur, elle conserve tout son effet, quoique le nouvel acte reste sans exécution à cause de l'incapacité de l'héritier institué ou du légataire ou encore par leur refus de recueillir. Toute aliénation, *même celle faite par vente avec faculté de rachat ou par échange*, que fait le testateur de tout ou partie de la chose léguée, *emporte la révocation du legs* pour tout ce qui a été aliéné, *même si cette aliénation postérieure est nulle et que l'objet aliéné soit revenu à nouveau dans la main du testateur.* Une libéralité testamentaire peut être révoquée pour cause d'inexécution des conditions sous lesquelles elle a été faite, pour cause d'ingratitude et pour cause de survenance d'enfants. La demande en révocation des dispositions testamentaires pour cause d'ingratitude intervient :

a) lorsque le bénéficiaire de ces dispositions a attenté à la vie du testateur ;
b) s'il s'est rendu coupable envers le testateur de sévices, délits ou injures graves.

Lorsqu'une telle demande est fondée sur une injure grave à la mémoire du testateur, elle doit être intentée dans l'année, à partir du jour du délit.

---

[75] Voir arrêt n° 227 du 18 août 2003 de la Cour suprême du Mali déjà cité.

[76] H., L. et J. Mazeaud, *Leçon de droit civil, op. cit.*, page 246, n° 969.

Si une disposition testamentaire est faite sous *une condition qui, dans l'intention du testateur, ne fait que suspendre l'exécution de la disposition*, cette condition n'empêchera pas l'héritier institué ou le légataire d'avoir *un droit acquis* et transmissible à ses héritiers.

3) CADUCITÉ

Une disposition testamentaire est caduque :

a) lorsque l'héritier institué ou le légataire la répudie ;
b) lorsqu'il se trouve incapable de la recueillir ; il y a alors *lieu à accroissement* au profit des légataires dans le cas où le legs est fait à plusieurs légataires conjointement ;
c) si la chose léguée a totalement péri pendant la vie du testateur ou si elle a péri depuis sa mort sans le fait et la faute de l'héritier quoique celui-ci ait été en retard dans la livraison ;
d) lorsque l'objet légué a dû périr entre les mains du légataire.

CHAPITRE II
LES TECHNIQUES JURIDIQUES DE LA DÉVOLUTION SUCCESSORALE

SECTION I
TECHNIQUE PERMETTANT UNE EMPRISE DE FAIT OU DE DROIT SUR LES BIENS SUCCESSORAUX

I. SAISINE

DÉFINITION

C'est une technique qui donne aux héritiers le pouvoir de se mettre en possession des biens ; d'exercer les droits et actions composant la succession sans avoir besoin de l'investiture de l'autorité publique ; d'acquitter toutes les dettes jusqu'à concurrence de l'actif héréditaire. La saisine exprime la possession de la succession, un pouvoir matériel, une emprise réelle sur les biens de la succession. Elle ne confère pas un droit de propriété. Dans les quarante (40) jours du décès tout liquidateur testamentaire peut être poursuivi par les créanciers du défunt pour l'exécution de leur créance.

II. ATTRIBUTION ET CARACTÈRES

A. ATTRIBUTION

La saisine appartient généralement aux catégories suivantes de la succession :

- aux héritiers légitimes, naturels et adoptifs *(adoption-filiation)* ;
- aux conjoints survivants ;
- aux légataires universels lorsqu'il n'y a pas d'héritiers réservataires ;
- aux exécuteurs testamentaires après leur désignation par le testateur.

La saisine est une conséquence de la vocation *ab intestat* ; elle est aussi générale tant qu'il y a transmission de la propriété par la loi. Seul l'État reste soumis à la nécessité de l'envoi en possession. L'héritier saisi est présumé posséder par le seul fait de sa vocation tandis que l'exécuteur testamentaire doit être expressément désigné par le *de-cujus* dans son testament pour le tout ou seulement pour une partie de son mobilier et encore pour une durée d'une année à compter du décès du *de-cujus.*
Si le testateur n'a pas donné de saisine, l'exécuteur testamentaire ne peut l'exiger.
L'héritier peut faire cesser la saisine.

B. CARACTÈRE DE LA SAISINE

- La saisine est *d'ordre public :* elle est liée à la défense du patrimoine familial et à la protection des héritiers.
- Elle est *rétroactive :* en effet elle est attribuée aux bénéficiaires dès le jour du décès.
- Elle est *collective :* elle est donnée aux exécuteurs testamentaires et à défaut aux héritiers.
- Elle est *successive :* ce qui veut dire qu'en cas de défaillance du ou des exécuteurs testamentaires la saisine passe aux héritiers subséquents.
- Elle est *indivisible :* un exécuteur testamentaire ou un des cohéritiers appelés peut exercer la saisine à l'égard de toute la succession.
- La saisine *porte sur les biens indistinctement.*
- La saisine est une *technique utile* car en plus de la protection qu'elle confère aux parents du défunt elle permet d'éviter tout hiatus au décès du *de-cujus*.

III. ENVOI EN POSSESSION

L'envoi en possession est le résultat d'un contrôle judiciaire des titres appartenant à des successeurs ou éloignés ou que la loi regarde d'un œil peu favorable.
Il reste aujourd'hui l'apanage de l'État, seul successeur irrégulier appelé *ab intestat*, ayant droit exceptionnel, sa vocation suppose l'absence de toute famille au degré successible ou de dispositions universelles de dernière volonté.
En conséquence l'État, avant toute mainmise et toute action sur les biens successoraux, malgré l'existence de son droit régalien, doit obtenir de la justice *son envoi en possession.*
Cette mainmise permet à l'État de dégager sa responsabilité à l'égard d'héritiers qui viendraient à se révéler et auxquels l'appréhension et la gestion des biens auraient causé un préjudice. Un successeur irrégulier n'a pas la saisine avant l'envoi en possession.
Avant cette formalité, l'État est sans qualité pour exercer les actions du défunt et pour y défendre. Cependant comme tout héritier même non appelé, il peut prendre des mesures conservatoires, par exemple interrompre une prescription qui court contre les biens de la succession, demander la nomination d'un administrateur de la succession.

Souvent et antérieurement à l'envoi en possession, il aura exercé lui-même cette administration en qualité de curateur de succession vacante ; en effet, l'envoi en possession est subordonné à la déshérence ou à la vacance d'une succession.
Il résulte d'une requête adressée aux tribunaux du lieu d'ouverture de la succession par l'Administration des domaines qui représente l'État en tout ce qui concerne ses droits héréditaires. Le tribunal, avant de décider de l'envoi en possession, a mission de vérifier la réalité de la vocation de l'État.
La décision d'envoi en possession doit être précédée d'un inventaire et d'une apposition de scellés permettant de fixer la consistance de la succession en face de la réclamation des créanciers. La procédure doit s'accompagner d'une publicité par affiche et de toutes autres formalités destinées à sauvegarder les droits des héritiers préférables s'il venait à s'en présenter ultérieurement.
L'envoi en possession est subordonné à la déshérence ou à la vacance d'une succession, a-t-on affirmé. La notion de déshérence diffère de celle

de vacance.
On dit qu'une succession est *en déshérence* lorsqu'elle n'a pas d'héritier au degré successible alors qu'une succession est dite *en vacance* lorsqu'elle est délaissée par les ayants droit qui ne la revendiquent pas et ne se soucient pas de la prendre en main pour une raison ou une autre.
Pendant la déshérence ou la vacance, les créanciers ne seront payés que jusqu'à concurrence de l'actif successoral.

SECTION II
TECHNIQUES PERMETTANT D'ASSURER LA PROTECTION DES BIENS SUCCESSORAUX ET DES HÉRITIERS

I. PRINCIPE DE LA CONTINUATION DE LA PERSONNE DU DÉFUNT

Le principe de la continuation de la personne du défunt est une technique qui permet d'assurer la protection du patrimoine successoral. Ce principe utilisé consiste à affirmer que, dès l'instant où un individu laisse une descendance, il ne meurt pas juridiquement car il se perpétue dans cet héritier.
L'adage français, « *Le Roi est mort, vive le Roi* » illustre éloquemment la portée de ce principe selon lequel les affaires du *de-cujus* continuent normalement leur cours.
La principale conséquence de ce principe est la confusion des patrimoines du *de-cujus* et de l'héritier, celui-ci devenant personnellement créancier et débiteur à la place du défunt ; débiteur, l'héritier continuant la personne de son auteur sera tenu *« ultra vires successionis »*, c'est-à-dire indéfiniment, au-delà des forces de la succession, jusqu'à concurrence du montant des dettes héréditaires. Dans le système juridique français, les héritiers ayant la saisine et qui acceptent purement et simplement la succession ainsi que les successeurs d'une quote-part ou de l'universalité de la succession continuent la personne du défunt. Aussi, sont-ils tenus « *ultra vires* ».
Le principe susvisé ainsi que son corollaire, *l'obligation indéfinie aux dettes*, ont été vivement critiqués par une partie de la doctrine qui considère comme injuste de faire supporter aux héritiers les charges du *de-cujus* ou, à l'inverse, de faire supporter aux créanciers de la succession les risques de l'insolvabilité d'un héritier qui aura dilapidé la fortune de son auteur. Malgré l'injustice invoquée ci-dessus, le

principe garde une valeur indéniable, et les inconvénients dont il est susceptible sont écartés par le jeu d'une autre technique, celle de l'option.

II. TECHNIQUE DE L'OPTION

L'héritier continuateur de la personne du défunt est protégé dans ses biens par le jeu de l'option successorale, laquelle consiste à permettre au successible une alternative :

a) *accepter la succession purement et simplement* auquel cas il est tenu *« ultra vires »*.
   L'acceptation peut être tacite, expresse ; elle peut être aussi forcée ; dans ce dernier cas elle est la sanction infligée à l'héritier receleur ;
b) *accepter la succession sous bénéfice d'inventaire ;*
c) *renoncer.*

Le droit coutumier malien, à essence islamique dans sa très grande majorité (environ 85 %), à l'instar du droit musulman ne reconnaît pas en tel ou tel héritier le continuateur de la personne du défunt au sens du Code civil français mais plutôt un successeur aux biens. Cette réalité est concrétisée par la présence d'un ou de plusieurs liquidateurs ayant la saisine de l'ensemble du patrimoine successoral, les héritiers n'ayant qu'une saisine sous-jacente. C'est l'exécuteur testamentaire qui est chargé de payer toutes les dettes de la succession jusqu'à concurrence de l'actif successoral.
En cas d'insuffisance de cet actif, les créanciers sont payés au marc le franc.
Les créanciers retardataires subissent les conséquences de leur manque de diligence. Ainsi, le problème de l'option ne se posait pas aux héritiers dans le système successoral malien, la gestion des successions étant soumise jusqu'à la loi n° 2011-087 du 30 décembre 2011 aux dispositions de l'article 231 (ancien) du CPPS selon lesquelles la matière des successions relevait du droit coutumier.

Au Mali, l'on ne concevait pas qu'un héritier puisse renoncer à la succession de son auteur au motif que la succession est négative ou pour quelque motif que ce soit.
Tout héritier est *présumé avoir* accepté la succession dont il a vocation.

Il n'était cependant saisi des dettes que jusqu'à concurrence de l'actif successoral à moins que par une volonté bien assise ou dolosive il ait provoqué la confusion de ses biens propres avec ceux de la succession. C'était là une situation bien inappropriée et confuse que la loi nouvelle susvisée du 30 décembre 2011 a nettement permis, dans les dispositions des ses articles 808 à 844 d'améliorer et de clarifier en admettant désormais le jeu de l'option successorale laquelle consiste à permettre au successible une alternative : *accepter la succession purement et simplement, accepter sous bénéfice d'inventaire ou renoncer, nul n'étant tenu d'accepter une succession qui lui est échue.*

A. L'ACCEPTATION PURE ET SIMPLE

Accepter une succession c'est l'approuver, c'est s'engager à la prendre. Aussi les successions échues *aux mineurs ou aux majeurs en tutelle* ne sauraient être valablement acceptées que conformément aux dispositions respectives de la loi sur la minorité, sur la tutelle, sur l'émancipation et sur les majeurs protégés par la loi. L'effet de cette acceptation, qui peut être *expresse ou tacite*, remonte au jour de l'ouverture de la succession. Lorsqu'elle est *expresse*, le successible prend le titre ou la qualité d'héritier dans un acte authentique ou privé. Elle est *tacite* quand l'héritier fait un acte qui suppose nécessairement son intention d'accepter, et qu'il n'aurait le droit de le faire qu'en sa qualité d'héritier.
Par exemple :

a) la donation, la vente que fait de ses droits successifs un des cohéritiers, soit à un étranger, soit à ses cohéritiers, soit à certains d'entre eux, emporte de sa part acceptation de la succession ;
b) de même la renonciation, même gratuite que fait un successible au profit d'un ou de plusieurs de ses cohéritiers ;
c) ou encore la renonciation qu'il fait, même au profit de tous ses cohéritiers indistinctement, lorsqu'il reçoit le prix de sa renonciation.

Par contre, les actes purement conservatoires aussi bien que les actes de surveillance ou d'administration ne sont nullement des actes d'acceptation.
Lorsque celui à qui une succession est échue décède sans l'avoir répudié ou sans l'avoir accepté purement et simplement, ses héritiers

peuvent accepter cette succession ou y renoncer de leur chef.
Lorsque les héritiers n'arrivent pas à s'entendre sur le fait de l'accepter ou d'y renoncer, alors la loi les oblige à l'acceptation sous bénéfice d'inventaire.
Par ailleurs, lorsqu'un héritier accepte expressément ou tacitement une succession :

a) il ne peut pas l'attaquer sauf dans le cas où son acceptation aurait été la suite *d'un dol pratiqué envers lui* ;
b) il ne peut non plus jamais réclamer la nullité d'une telle acceptation *sous le prétexte de lésion*, lors de la découverte d'un testament inconnu au moment de l'acceptation, sauf le cas où la succession du *de-cujus* aurait été entièrement absorbée ou diminuée de plus de moitié.

B. L'ACCEPTATION SOUS BÉNÉFICE D'INVENTAIRE

C'est déclarer au greffe du tribunal civil du lieu de l'ouverture de la succession que l'on n'entend prendre la qualité d'héritier qu'après avoir fait *un inventaire fidèle et exact des biens* composant la masse successorale. Le successible dispose à cet effet *de trois (3) mois* à compter du jour de l'ouverture de la succession pour faire cet inventaire et en plus d'un délai *de quarante (40) jours* à compter du jour de l'expiration de ces trois mois ou au plus tôt du jour de la clôture de l'inventaire lorsqu'il est terminé avant les trois (3) mois.
Le successible peut, en sa qualité d'habile à succéder, sans aucun préjudice à son endroit et sur autorisation judiciaire, procéder à la vente des objets susceptibles de dépérir ou dispendieux à conserver.
Il importe de remarquer que pendant la durée des délais pour faire inventaire et pour délibérer le successible ne peut être contraint à prendre la qualité d'héritier et il ne peut être non plus obtenu contre lui de condamnation.
Si après ou avant l'expiration des délais, il renonce, les frais de gestion justifiés seront à la charge de la succession.
Au cas ou rien n'est fait après l'expiration des délais susvisés, le successible poursuivi pourra, selon les circonstances, obtenir ou non du tribunal saisi de la contestation un nouveau délai pour faire l'inventaire.
Les frais de justice sont à la charge de la succession si le successible justifie soit qu'il n'avait pas eu connaissance du décès soit que les délais ont été insuffisants à cause de la situation des biens ou en raison des contestations survenues.

Après l'expiration de tous les délais accordés, le successible conserve la faculté de faire encore inventaire et de se porter héritier bénéficiaire tant qu'il n'existe pas contre lui de *jugement passé en force de chose jugée* qui le condamne en qualité d'héritier pur et simple. Est déchu du bénéfice d'inventaire tout héritier coupable de recel ou qui a omis, sciemment et de mauvaise foi, de comprendre dans l'inventaire des effets de la succession.

Les effets du bénéfice d'inventaire ?

- Le bénéfice de l'inventaire donne à l'héritier l'avantage de n'être tenu du payement des dettes de la succession que jusqu'à concurrence de la valeur des biens qu'il a recueillis et aussi la possibilité de payer les dettes en abandonnant purement et simplement tous les biens de la succession aux créanciers et aux légataires.
- Il lui permet également d'éviter la confusion de ses biens propres avec ceux de la succession.
- Il lui permet encore de pouvoir conserver contre celle-ci le droit de réclamer le payement de ses propres créances.
- Il ne peut pas être contraint sur ses biens propres sauf dans le cas où il a été mis en demeure de présenter son compte et qu'il n'a pas satisfait à cette exigence.
- Après l'apurement du compte, il ne peut être tenu sur ses biens propres qu'à concurrence des sommes dont il se trouverait encore reliquataire.

Par ailleurs, il est chargé d'administrer les biens de la succession, d'en rendre compte aux créanciers, aux légataires et est tenu responsable des fautes graves commises dans sa gestion et aussi de la dépréciation et des dégradations causées par négligence sur les biens de la succession.

- Il peut faire vendre les meubles aux enchères, *ministère d'un officier public interposé*, après affichages et publications faits conformément à la loi.
- Il ne peut vendre les immeubles que conformément aux lois sur la procédure et est tenu d'en déléguer le prix aux créanciers hypothécaires qui se sont fait connaître.
- Les créanciers aussi bien que toutes personnes intéressées peuvent exiger que l'héritier bénéficiaire leur donne *caution bonne et solvable* de la valeur du mobilier compris dans

l'inventaire et de la portion du prix des immeubles non déléguée aux créanciers hypothécaires.

À défaut d'une telle caution, les meubles sont vendus, et leur prix ainsi que la portion non déléguée du prix des immeubles *sont déposés pour servir à l'acquit des charges de la succession.*

Lorsque se présentent des créanciers opposants.
L'héritier bénéficiaire ne pourra payer que dans l'ordre et de la manière réglée par la loi et le juge ; au cas où ils ne se présentent pas d'héritiers opposants, il payera les créanciers et les légataires *au fur et à mesure qu'ils se présentent* ; ceux qui ne se présentent qu'après l'apurement des comptes et le payement du reliquat *n'auront de recours à faire qu'auprès des légataires.*
Ce recours se prescrit dans un laps de temps de *trois (3) ans* à compter du jour de l'apurement du compte et du payement du reliquat.
Enfin les frais de scellés, s'ils ont été apposés, les frais d'inventaire et de compte sont à la charge de la succession.

C. LA RENONCIATION
Renoncer à une succession, c'est se désister du droit que l'on a sur cette succession.
Un tel désistement ne peut être fait qu'au niveau du greffe du tribunal civil du lieu d'ouverture de la succession car il ne se présume pas.
La faculté d'accepter ou de renoncer à une succession se prescrit dans le même laps de temps requis pour la prescription la plus longue des droits immobiliers.
Par ailleurs, on ne peut pas, même par le biais d'une convention matrimoniale, renoncer à la succession d'une personne vivante, ni aliéner les droits éventuels qu'on peut avoir à cette succession : ce serait un pacte sur succession future.
De même, les héritiers qui auraient *diverti ou recélé* des effets d'une succession sont déchus de la faculté d'y renoncer et malgré leur renonciation, *ils demeurent héritiers purs et simples sans pouvoir prétendre à aucune part dans les objets divertis ou recélés.*
L'héritier qui renonce est censé n'avoir jamais été héritier, sa part accroît à ses cohéritiers et lorsqu'il est seul, cette part est dévolue au degré subséquent.
Si le renonçant est seul héritier de son degré ou si tous ses cohéritiers

renoncent, leurs enfants respectifs ne viendront nullement à la succession *par le jeu de la représentation*, mais de leur propre chef, *car on ne vient jamais par représentation d'un héritier qui a renoncé.*

Lorsque l'héritier qui a renoncé a des créanciers.
Ces derniers peuvent se faire autoriser en justice à accepter la succession du chef de leur débiteur.
Dans ce cas, l'annulation de la renonciation sera prononcée par le tribunal, *nullement au profit de l'héritier qui a renoncé*, mais uniquement en faveur des créanciers, et ce, jusqu'à concurrence de leurs créances.
Aussi longtemps qu'une succession n'a pas été acceptée par d'autres héritiers et tant que la prescription du droit d'accepter n'est pas acquise contre les héritiers qui ont renoncé, ces derniers ont encore toujours la faculté d'accepter la succession sans aucun préjudice des droits qui peuvent être acquis à des tiers sur les biens de la succession soit par la prescription, soit par actes valablement faits avec le curateur à la succession vacante.

III. RETRAIT SUCCESSORAL

Les droits à exercer dans une succession peuvent-ils faire valablement l'objet de cessions à des tiers ?
Nous répondons par l'affirmative dans la mesure où la réalisation de ces cessions ne constitue pas des pactes sur succession future. Mais lorsque cette cession est consentie à une personne étrangère à la succession, au détriment des autres cohéritiers, ne devrait-elle pas pouvoir donner lieu à l'exercice du retrait successoral ?
Telle semblait être la position du législateur français aux termes de l'article 841 du Code civil français ainsi libellé :
« Toute personne même parente du défunt qui n'est pas successible et à laquelle un cohéritier aurait cédé son droit à la succession, peut être écarté du partage, soit par tous les cohéritiers, soit par un seul, en lui remboursant le prix de la cession. »
Une interprétation restrictive de cet article nous montre :

1) qu'il ne concerne pas uniquement que l'étranger mais toute personne même parente, ce qui laisse entrevoir une certaine injustice à l'égard de la parente ainsi écartée ;
2) par ailleurs cet article, en raison de son imprécision, se fond aisément dans un pacte sur succession future.

C'est peut-être ce qui explique qu'il a été abrogé par la loi française n°°76-1286 du 31 décembre 1976, art. 17.

Quant au législateur malien, il a passé carrément sous silence, dans la loi n°°2011-087 du 30 décembre 2011 portant code des personnes et de la famille, toute possibilité de retrait successoral. Nous pensons cependant, pour notre part, que la possibilité d'un retrait successoral est une technique qui, dans la mesure où elle ne se fond pas dans un pacte sur succession future, se justifie pleinement et à juste titre pour les raisons suivantes :

- le partage est une opération de famille ;
- les étrangers sont généralement animés d'un esprit de spéculation ;
- la nécessité de protéger les biens familiaux et de leur conservation au sein de la famille.

IV. PÉTITION D'HÉRÉDITÉ

C'est une action qui oppose deux parties prétendant l'une et l'autre avoir des droits inconciliables à la totalité ou à une quote-part de la succession.
Elle est différente de *l'action en revendication* ; elle suppose que le demandeur a la preuve de sa qualité d'héritier résultant d'un testament, d'un acte de notoriété ou d'un intitulé d'inventaire ou de tout autre acte.
Concernant la pétition d'hérédité la Cour suprême du Mali avait affirmé ce qui suit :
« Attendu que s'il exact qu'en l'état actuel du droit positif malien les règles de la dévolution successorale relève de la coutume des parties, la procédure civile quant à elle fait l'objet d'une codification par le décret n°99-254 du 15 septembre 1999 portant Code de procédure civile, commerciale et sociale ;
... Que si la qualité d'héritier se détermine par les règles de la dévolution successorale en l'occurrence les règles de la coutume des parties applicable en la matière, son mode d'établissement pour avoir la qualité de partie à un procès est lui-même réglé par la procédure civile. »[77]

[77] Voir arrêt n° 51 du 18 mars 2003 de la CSM.

En cas de contestation, l'héritier peut faire la preuve de sa qualité par tous les moyens.
Il incombe à chaque partie de prouver les faits nécessaires au succès de sa prétention.
Le demandeur porte le fardeau de la preuve de sa qualité, de la détermination de la masse successorale et le caractère commun de certains biens familiaux[78].
L'action en pétition d'hérédité permet à l'héritier véritable de récupérer les biens successoraux qui avaient passés en d'autres mains.
Le possesseur de bonne foi est obligé de restituer lesdits biens ou leur valeur actuelle ; il fait siens les fruits et ne répond pas des cas fortuits.
Le possesseur de mauvaise foi restituera non seulement les biens perçus ou leur valeur actuelle mais aussi les fruits. Il répond des cas fortuits.
Les tiers acquéreurs, sauf exception tenant à l'effet de l'article 2279 du Code civil, aux dispositions de l'usucapion et à la théorie de l'héritier apparent, sont atteints par l'action de l'héritier. Enfin, la pétition d'hérédité est une action qui s'éteint par la prescription.

SECTION III
INSTITUTION D'HÉRITIERS ET MESURES D'ÉGALITÉ

I. INSTITUTIONS D'HÉRITIERS

Les institutions d'héritier sont une forme de nomination d'héritiers par le biais d'un testament. Cette forme de transmission du patrimoine familial est réglée par la volonté du défunt exprimée dans un acte juridique valable, le testament.
Les personnes désignées par le testateur pour recevoir les biens qu'il a légués s'appellent légataires et les dispositions testamentaires s'appellent des legs.
Il existe deux catégories de légataires : *le légataire universel et le légataire particulier.* Le legs à titre universel est une variante du legs universel.
Nous allons les étudier successivement avant d'examiner également les mesures d'égalité prises par le législateur pour assurer au mieux la sortie des biens du patrimoine familial par une plus grande justice entre les différents ayants cause dans une succession.

---

[78] Voir arrêt n° 143 du 19 mai 2003 de la CSM.

A. LEGS UNIVERSEL

Un legs universel est une disposition testamentaire par laquelle le testateur donne à une ou plusieurs personnes l'universalité des biens qu'il laissera à son décès.
Le légataire universel *a de plein droit la saisine* des biens héréditaires dès l'ouverture de la succession du *de-cujus* s'il n'y a pas d'héritiers réservataires auxquels une quotité de l'hérédité soit réservée par la loi.
Par contre lorsqu'il y a des héritiers réservataires auxquels une quotité des biens successoraux est réservée par la loi, dans ce cas ce sont plutôt les héritiers qui sont saisis de plein droit par la mort du testateur de tous les biens de la succession.

Par contre lorsqu'il y a des héritiers réservataires auxquels une quotité des biens successoraux est réservée par la loi, *dans ce cas ce sont plutôt les héritiers qui sont saisis de plein droit* par la mort du testateur de tous les biens de la succession [[Merci de vérifier textes identiques]].
Le légataire universel est alors tenu conformément à l'article 1044 du CPF de demander *la délivrance* des biens compris dans le testament ; s'il s'agit d'un testament *olographe ou mystique*, le légataire universel est tenu de se faire envoyer en possession par une ordonnance (du président du tribunal compétent saisi), ordonnance mise au bas d'une requête à laquelle est joint l'acte de dépôt.
Lorsque le légataire universel se trouve en concours avec un héritier réservataire, il est tenu des dettes et charges du testateur, personnellement pour sa part et portion et hypothécairement pour le tout. Il est tenu d'acquitter tous les legs, sauf le cas de réduction.

B. LEGS À TITRE UNIVERSEL ET À TITRE PARTICULIER

Un legs à titre universel est une libéralité par laquelle le testateur lègue une quote-part des biens dont la loi lui permet de disposer telle que par exemple le cinquième (1/5), le tiers (1/3)… ou tous ses immeubles, tous ses meubles, ou une quotité fixe de tous ses immeubles ou de tout son mobilier.
Un legs à titre particulier est le legs d'un objet particulier tel que celui d'une villa, d'un jardin ou encore d'une voiture, d'un tracteur…
Tout legs pur et simple donne au légataire, au jour de l'ouverture de la succession, un droit à la chose léguée, droit transmissible à ses héritiers ou ayants cause.

Les légataires à titre universel sont tenus de demander délivrance aux héritiers réservataires, à leur défaut aux légataires universels et à défaut de ceux-ci aux héritiers appelés dans l'ordre établi au titre des successions (art. 1049 du CPF).

Cependant, dans les mêmes cas le légataire à titre universel a la jouissance des biens compris dans la succession et cette jouissance commence à courir du jour *du décès du de-cujus* si la demande en délivrance a été faite dans l'année même du décès, sinon cette jouissance ne commencera que du jour de la demande formée en justice ou du jour où la délivrance aura été volontairement consentie.
Le légataire particulier ne peut se mettre en possession de la chose léguée ni en prendre les fruits ou intérêts qu'après avoir demandé délivrance aux héritiers ou aux légataires appelés dans l'ordre établi au titre des successions dans l'article 1049 visé ci-dessus.
Comme le légataire à titre universel, le légataire à titre particulier est tenu des dettes et charges du testateur, personnellement pour sa part et portion et hypothécairement pour le tout. Lorsque le testateur n'a disposé que d'une quotité dans la portion disponible, et qu'il l'a fait à titre universel, ce légataire est tenu d'acquitter les legs particuliers par contribution avec les héritiers.
Sans qu'il soit nécessaire pour le légataire de saisir la justice d'une demande en délivrance, les intérêts ou les fruits de la chose léguée courent automatiquement au profit du légataire, au jour du décès du *de-cujus*, dès lors que celui-ci l'a expressément déclaré ainsi dans le testament, ou lorsque le legs concerne *une rente viagère ou une pension respectivement léguée à titre d'aliment.*
Les frais de la demande en délivrance sont à la charge de la succession sans aucune réduction de la réserve.
Chaque legs peut être enregistré séparément, et les différents enregistrements ne pourront profiter qu'au légataire ou à ses ayants cause.
La chose léguée est délivrée avec les accessoires nécessaires et dans l'état où elle se trouve au jour du décès du donateur.
Les héritiers du testateur ou autres débiteurs d'un legs sont personnellement tenus de l'acquitter, chacun au prorata de la part et portion dont il profite dans la succession.
Ils en sont tenus hypothécairement pour le tout, jusqu'à concurrence de la valeur des immeubles de la succession dont ils sont détenteurs.

Lorsque la valeur de la chose léguée a été augmentée par des acquisitions, ces nouvelles acquisitions ne font pas partie du legs sauf disposition testamentaire contraire du *de-cujus.* Lorsque la chose léguée, *soit avant ou depuis*, a été hypothéquée pour une dette de la succession, celle d'un tiers, ou si elle est grevée *d'un usufruit*, celui qui doit acquitter le legs n'est pas tenu de la dégager sauf disposition testamentaire expresse contraire.
Les legs respectivement faits à un créancier ou à un domestique ne sont pas censés venir en compensation soit de la créance soit des gages donnés au domestique.
Par ailleurs, *le legs de la chose d'autrui* est nul quelque soit la bonne foi du donateur, de même lorsque *le legs est d'une chose indéterminée*, l'héritier n'est pas obligé de la donner de la meilleure qualité ni de la pire.
Enfin, le légataire à titre particulier n'est pas tenu de la dette sauf la réduction du legs ou encore l'action hypothécaire des créanciers.

II. MESURES D'ÉGALITÉ

A. LES RAPPORTS

Le rapport est une mesure d'égalité entre les participants à une succession.
Il permet à tout héritier, même bénéficiaire appelé, de rapporter à ses cohéritiers tout ce qu'il a reçu du défunt par donation entre vifs, directement ou indirectement.
Il concerne aussi bien les libéralités que les dettes.
Les fruits et les intérêts des choses sujettes à rapport ne sont dus qu'à compter du jour de l'ouverture de la succession.
Le bénéficiaire ne peut retenir les dons à lui faits par le donateur à moins qu'ils ne lui aient été faits expressément *par préciput et hors part ou avec dispense de rapport.*
Cette règle se justifie par le principe de l'égalité entre les cohéritiers, égalité fondée sur l'intention présumée du défunt à leur égard.
Lorsque le *de-cujus* veut avantager le bénéficiaire définitivement, sans rien exiger de lui, de manière à lui assurer une situation privilégiée par rapport à ses cohéritiers, l'avantage définitif figurera dans une donation dite *par préciput et hors part.*
Cette donation est juridiquement valable lorsque le défunt n'excède pas les limites de la quotité disponible.

Lorsqu'il ne s'agit pas d'une donation par préciput et hors part, on parlera plutôt de donation *en avancement d'hoirie*, c'est-à-dire une avance faite sur la part successorale de l'héritier bénéficiaire laquelle donnera lieu à ouverture du rapport.
Le rapport n'est dû que par le cohéritier à son cohéritier.
Il n'est pas dû aux légataires et aux créanciers de la succession.
Il ne se fait qu'à la succession du donateur et ne peut se faire qu'en moins prenant.
Le rapport ne peut pas être exigé en nature sauf stipulation contraire de l'acte de donation ; dans ce cas, les aliénations et les constitutions de droits réels consentis par le donataire s'éteignent, sauf si le donateur y est consentant.
L'héritier a cependant la possibilité de rapporter en nature le bien donné qui se retrouve en nature entre ses mains encore libre de toute charge ou occupation dont il n'aurait pas déjà été grevé à l'époque de la donation.
Le rapport est dû des frais d'établissement d'un des cohéritiers ainsi que du payement de ses dettes. Il n'est pas dû des frais de nourriture, d'entretien, d'éducation, des frais ordinaires d'équipement, ceux de noces et présents d'usage ainsi que des profits mineurs que l'héritier a pu tirer de certaines conventions passées avec le défunt.
Il n'est également pas dû du bien qui a péri par un cas fortuit, sans la faute du donataire ; toutefois, ce bien, une fois reconstitué, doit être rapporté, sinon c'est l'indemnité allouée pour sa reconstitution qui fera l'objet du rapport.
Le rapport concerne aussi les legs ; cependant, ces derniers sont *réputés faits par préciput et hors part* ; en effet, un legs qu'il faudrait rapporter dans le même moment où on le reçoit n'aurait guerre de signification.
Par ailleurs lorsque le testateur a exprimé une volonté contraire, alors dans ce cas le légataire ne peut réclamer son legs qu'en moins prenant.
Le rapport est exigé de tout donataire qui n'en a pas été dispensé par le *de-cujus*.
Il l'est par tous les cohéritiers ou leurs créanciers agissant en leur place si ces derniers ne font rien par *la voie de l'action oblique*.

Les dons et legs faits au fils de celui qui se trouve successible à l'époque de l'ouverture *de la succession sont toujours réputés faits avec dispense de rapport.*
Lorsque le père (donataire) vient à la succession du donateur, il n'est pas tenu de rapporter les libéralités à lui faites.

Parallèlement, le fils qui accepte de venir de son propre chef à la succession du donateur n'est pas tenu du rapport du don fait à son père ; mais si le fils ne vient à la succession *que par le jeu de la représentation*, alors il doit rapporter ce qui avait été donné à son père, même dans le cas où il aurait répudié sa succession.
Les dons et legs faits au conjoint d'un époux successible *sont réputés faits avec dispense de rapport* ; ceux faits conjointement aux deux (2) époux dont l'un seulement est successible, celui-ci en rapporte la moitié ; si les dons ne concernent que seul l'époux successible, il les rapporte en entier.
Il faudrait assimiler aux donations rapportables tous les procédés plus ou moins détournés par lesquels on aboutit à créer un avantage pécuniaire.

Comment s'effectue le rapport ?
Les effets mobiliers et les immeubles servant au moment du décès à l'usage d'un héritier pourraient lui être laissés jusqu'à concurrence de sa part ; d'autre part, chaque héritier pourra prélever les biens qu'il avait prêtés au défunt si ces biens se retrouvent en nature ou en contre-valeur dans la succession.

Cette opération consiste à précompter sur sa part et à laisser ses cohéritiers opérer un prélèvement de valeur égale dans la masse à partager. Le rapport de l'argent se fait en moins prenant. Le rapport des immeubles et des meubles est dû de la valeur desdits objets au jour de la donation. Article 912 du CPF :
« *Le rapport est dû de la valeur du bien donné à l'époque du partage, d'après son état à l'époque de la donation* », cette expression confuse veut dire plus précisément que la valeur de ce bien donné est appréciée au jour de la donation.
Exemple :
1) Prenons le cas de l'héritier H qui reçoit en l'an 2000 le don d'un objet A pour une valeur *de 10 millions de francs* à l'époque de la donation. La succession du *de-cujus* s'ouvre en 2013 et l'objet A vaut désormais *12 millions de francs*.
Comment s'effectue le rapport ?
La valeur à rapporter dans la masse successorale sera toujours de *10 millions de francs* ;
2) Si l'objet *A. est aliéné* avant le partage pour une somme de

12 millions de francs, on tiendra compte selon l'article 912 al. 2 de cette valeur à l'époque du partage ;
3) Si un *nouveau bien B a été subrogé* au bien aliéné A, compte sera tenu de la valeur de ce nouveau bien B à l'époque du partage.
Cela veut dire que si le bien B subrogé à A vaut 15 millions, on tiendra compte de cette nouvelle valeur à l'époque du partage.
Dans tous les cas, au jour du partage, le rapport est dû du tout, (immeuble ou meuble), c'est-à-dire de leur valeur appréciée au jour de la donation.

Par exemple :
a) Si en vertu des différentes opérations spéculatives visées ci-dessus telles *que l'aliénation du bien A* pour un prix estimé à 12 millions de francs ou *la subrogation du bien B* évalué à 15 millions de francs, et si selon l'article 912 du CPF le rapport d'un bien donné est dû de la valeur de ce bien au jour de la donation ; enfin si les valeurs respectives sujettes à rapport telles que le prix de vente de A. 12 000 000 F ou la valeur du bien subrogé B. 15 000 000 F ; la valeur du bien A. étant au jour de la donation de 10 000 000 F, la différence est : 12 000 000 F–10 000 000 F = *2 000 000 F* ou encore ;
15 000 000 F–10 000 000 F = *5 000 000 F.*
La différence, qui est de 2 ou 5 millions de francs selon les cas, *constitue un avantage indirect acquis au donataire H par préciput et hors part* ;

b) *Lorsque le rapport se fait en nature*. Les biens se réunissent à la masse de la succession franc et quitte de toutes charges, mais les créanciers ayant hypothéqué peuvent intervenir au partage pour s'opposer à ce que le rapport se fasse en fraude de leurs droits. Le rapport est aujourd'hui mis en œuvre dans tous les domaines que les opérations successorales font apparaître entre cohéritiers. Il s'applique à toute somme due par l'héritier au défunt pour quelque cause que ce soit, même en dehors de sa volonté, tels que par exemple les dommages et intérêts consécutifs à un accident d'automobile. Lorsque le rapport se fait en nature et que l'état des objets se trouve amélioré du fait du donataire, il doit lui en être tenu compte.

Par exemple :
Lorsque le bien A valant 10 000 000 F au moment de la donation en

l'an 2000 a bénéficié d'une nette amélioration et qu'au jour du partage en 2013 il vaut désormais 15 000 000 F, soit une différence de 5 000 000 F, *celle-ci doit être remboursée à l'héritier donataire H.* Il en est de même des impenses nécessaires faites par le donataire. De son côté, en cas de rapport, le donataire H doit tenir compte des dégradations et détériorations occasionnées par sa faute ou négligence et qui ont en conséquence diminué la valeur du bien donné A. Il est tenu de verser dans la masse successorale cette différence c'est-à-dire le surplus ;

c) *Lorsque la donation est faite en avancement d'hoirie à un héritier H réservataire qui accepte la succession.* Elle s'impute sur sa part de réserve et, subsidiairement sur la quotité disponible s'il n'en a pas été autrement convenu dans l'acte de donation.
Par exemple :
Si la donation (D) est de 6 millions de francs ; la réserve (R) de l'héritier H de 2 millions de francs et la quotité disponible (Qd) de 3 millions de francs, notre opération sera pratiquée de la façon suivante :
D (6 000 000 F) – R (2 000 000 F) = 4 000 000 F ;
Qd (3 000 000 F) – 4 000 000 F = – 1 000 000 F.
L'excédant (– 1 000 000 F) est sujet à réduction.
En conséquence, la donation en avancement d'hoirie D sera réduite de la somme de 1 000 000 F et sera en conséquence de 6 000 000 F – 1 000 000 F = 5 000 000 F ;

d) Lorsque la donation en avancement d'hoirie est faite à un héritier réservataire *qui renonce* à la succession, la donation est considérée comme *une donation préciputaire.*
Une libéralité faite par préciput et hors part s'impute sur la quotité disponible et l'excédent est sujet à réduction.
Les dons faits à *un successible ou à des successibles conjointement* peuvent être retenus par les gratifiés même si le montant de ces dons excède la quotité disponible, sauf évidemment à récompenser les cohéritiers en argent.
Il en est de même lorsqu'il s'agit de legs, fait à *un successible ou à des successibles conjointement*, portant un ou plusieurs biens composant un ensemble, dont la valeur excède la quotité disponible.
Il en sera également de même, lorsque la libéralité faite porte sur des objets ayant été à l'usage commun du défunt et du légataire.

e) Lorsque le rapport est *en nature* et que *la réduction n'est pas exigible en nature*, le donataire ou le légataire sera débiteur d'une indemnité équivalente à la portion excessive de la libéralité réductible.
Le montant de cette indemnité est apprécié suivant la valeur de la portion excessive au jour où la libéralité a pris effet.
Cette indemnité est payable *au jour même du partage* sauf accord entre les cohéritiers. Lorsque la libéralité a pour objet un des biens pouvant faire l'objet *d'une attribution préférentielle* sur laquelle le *de-cujus* ne s'est pas penché, des délais peuvent être accordés par le tribunal, compte tenu des intérêts en présence, et l'octroi de ces délais ne peut en aucun cas différer le payement de cette indemnité *au-delà de dix (10) années.*
À défaut de convention ou de stipulation contraire, cette indemnité est productrice d'intérêts au taux légal en matière civile.
Les avantages résultant de l'octroi des délais et modalités de payement ne constituent pas une libéralité.
En cas de vente de la totalité du bien donné ou légué, les sommes restant dues deviennent immédiatement exigibles.
En cas de vente partielle, le produit de ces ventes est versé aux cohéritiers et imputé sur les sommes encore dues.
Les dettes sont rapportables au même titre que les libéralités.
Ce sont des avances d'argent faites par le *de-cujus* de son vivant à des héritiers présomptifs soit un véritable prêt d'argent que son auteur entend bien recouvrer sinon peut être pour lui même, tout au moins pour sa future succession. La dette de l'héritier doit faire l'objet d'un règlement successoral soumis aux mêmes règles que le rapport des libéralités.

B. LA RÉSERVE ET LA QUOTITÉ DISPONIBLE

Les biens du défunt sont constitués de la réserve légale et de la quotité disponible.

1) LA RÉSERVE

La réserve est une portion du patrimoine successoral dont une personne ne peut disposer à titre gratuit, par testament ou par donation au détriment des héritiers tels que déterminés par la loi.
La réserve légale est composée des biens du défunt soustraits aux libéralités.
Elle est *acquise de plein droit* à ses descendants, ascendants privilégiés (père et mère) et aux conjoints survivants.

Les libéralités faites soit par acte entre vifs soit par testament qui portent atteinte à la réserve sont réductibles à la quotité disponible.
Lorsque la donation entre vifs excède ou égale la quotité disponible, l'exécution des libéralités testamentaires ne peut être demandée.

2) LA QUOTITÉ DISPONIBLE

La quotité disponible est la portion des biens du défunt dont celui-ci peut disposer librement ; autrement dit, c'est le surplus de la masse successorale après déduction de la réserve. La renonciation ou l'indignité d'un ou de plusieurs des héritiers ne peut pas la modifier.

C. LA RÉDUCTION

La loi n'entend protéger le réservataire contre les libéralités *du de-cujus* que dans la mesure de sa réserve. Lorsqu'une libéralité excède la quotité disponible la sanction n'est pas la nullité. La libéralité est seulement réductible ; la réduction est différente du rapport. Le rapport oblige un héritier qui a reçu une libéralité du *de-cujus* à titre de simple avance sur la succession à replacer cette libéralité dans la masse partageable afin de rétablir l'égalité entre les copartageants.
La réduction au contraire contraint les bénéficiaires des libéralités excédant la quotité disponible à restituer aux héritiers réservataires. La confusion entre ces deux institutions (rapport et réduction) risque cependant d'être commise dans le cas où par exemple l'un des héritiers a reçu une libéralité excédant la quotité disponible.
Lorsque cette libéralité doit s'imputer sur la quotité disponible *il y a lieu à réduction*, non à rapport.
Par exemple : Prenons le cas de deux héritiers réservataires et une masse successorale de 15 000 000 F.
La quotité disponible est de 1/3, soit 5 000 000 F.
La réserve respective est de 5 000 000 F. Supposons que A reçoive 5 000 000 F et que B reçoive 10 100 000 F, c'est-à-dire sa part de réserve plus une libéralité préciputaire de 5 600 000 F.
Le *de-cujus* aura effectué un dépassement de 100 000 F sur la quotité disponible.
Il faudrait donc une réduction de 100 000 F sur la part de B et non un rapport.
Seuls les héritiers réservataires ainsi que leurs ayants cause universels ont le droit d'intenter l'action en réduction.
La renonciation à l'action en réduction faite antérieurement au décès est

nulle comme pacte sur succession future (art. 824 du CPF).
Elle est valable si elle a lieu après le décès ; les libéralités sont réduites par ordre de date en commençant par la plus récente.
Lorsqu'il existe des legs, ils sont réduits d'abord, puis les donations, mais seulement en cas d'insuffisance des premiers.
Lorsque la réduction a lieu en nature elle opère rétroactivement.
La réduction se fait en valeur :

- lorsque le bien a été aliéné ;
- lorsque le bien donné est indivisible ;
- lorsque le bien a été donné à un des héritiers réservataires.

En cas de réduction en valeur, à quelle date doit être estimée le bien ? Il semble que l'estimation doit être faite à la date où la donation a pris effet (art. 912 du CPF*)*. La question avait été très controversée dans la jurisprudence.

D. L'IMPUTATION DES LIBÉRALITÉS

Préalablement à la réduction une autre opération doit être effectuée. C'est l'imputation des libéralités ou sur la quotité disponible ou sur la réserve. En effet, les libéralités, donations ou legs s'imputent, pour la valeur qui leur a été attribuée en fixant la masse successorale sur la quotité disponible, ce qui signifie qu'elles diminuent d'autant la quotité disponible.
Lorsque le *de-cujus* a des héritiers réservataires, il ne peut faire des libéralités que dans la mesure de la quotité disponible.
Les libéralités s'imputent donc sur la quotité disponible et non sur la réserve.
Lorsque la libéralité est faite à un héritier réservataire, doit-elle s'imputer uniquement sur la réserve ?
La question est discutée parce que l'on pourrait se demander s'il s'agit d'une libéralité véritable et relever les deux questions suivantes :

1) La libéralité doit-elle ou non laisser intacte la quotité disponible ?
2) Peut-elle dépasser la quotité disponible ?

Lorsque l'héritier réservataire a reçu *une libéralité préciputaire*, la réserve demeurera intacte et la libéralité s'imputera *sur la quotité disponible* sauf si le *de-cujus* en a décidé autrement.
Lorsqu'il a reçu *une libéralité faite en avancement d'hoirie*

l'imputation s'effectuera sur la réserve ; en cas d'insuffisance de celle-ci, la Chambre des requêtes française s'était prévalu du respect de la volonté du défunt qui consiste à conserver libre la quotité disponible. La quotité disponible doit rester libre à notre avis tant que la réserve n'est pas dépassée.
La lésion doit être appréciée au jour du partage, aucune autre condition n'est exigée.

E. LES SUBSTITUTIONS PERMISES

(Articles 1085-1111 du CPF)

Il s'agit ici des dispositions faites par le testateur ou le donateur en faveur de leurs petits-enfants ou des enfants de leurs frères et sœurs.
Les père et mère ont la faculté de disposer par une libéralité testamentaire ou entre vifs de la totalité ou d'une partie de leur quotité disponible respective en faveur d'un ou de plusieurs de leurs enfants *avec la charge de rendre ces biens aux enfants nés et à naître au premier degré seulement desdits donataires.*
Une pareille disposition faite par le *de-cujus* au profit d'un ou de plusieurs de ses frères ou sœurs, avec la charge de rendre ces biens aux enfants nés et à naître au premier degré seulement, *n'est valable qu'en cas de mort sans enfant du donateur respectif.*
Ces substitutions permises par la loi et visées ci-dessus ne sont valables qu'autant que la charge de restitution est au profit de tous les enfants, nés et à naître du grevé seulement, sans exception aucune, ni préférence tenant à l'âge et au sexe.
Si malheureusement le sieur G., grevé de restitution par le donateur A. au profit de ses enfants, meurt en laissant des enfants au premier degré appelés sous les vocables E. et P. et lorsque l'enfant P. prédécède en laissant des descendants D., ces descendants D. recueilleront, *par le biais de la représentation*, la portion revenant à l'enfant prédécédé P.
Lorsque l'enfant, le frère ou la sœur, auxquels ces biens ont été donnés par acte entre vifs, *sans charge de restitution*, acceptent une nouvelle libéralité faite par acte testamentaire ou entre vifs, *sous la condition que les biens précédemment donnés demeurent grevés de cette charge*, ces donataires ne peuvent plus diviser les deux (2) dispositions faites à leur profit en renonçant à la seconde pour s'en tenir à la première, quand bien même ils offriraient de rendre les biens compris dans la seconde disposition.

Les droits des appelés sont ouverts dès le jour où la jouissance de l'enfant, du frère ou de la sœur, grevés de restitution, cesse pour quelque motif que ce soit.
L'abandon anticipé de la jouissance du bien au profit des appelés ne saurait en aucun cas préjudicier aux créanciers antérieurs à cet abandon.
Par exemple :
Lorsqu'avant l'abandon d'un tel bien celui-ci était déjà *hypothéqué* par les créanciers, l'hypothèque portera quand même ses effets tant que les dettes du grevé n'auront pas été épongées. En cas d'insuffisance des biens libres et au cas où le testateur l'a expressément ordonné, les épouses ou époux des grevés ne peuvent pas avoir sur les biens à rendre de recours subsidiaires.
Celui qui pratique ces dispositions permises par la loi peut par le même acte ou par un acte postérieur, *en forme authentique*, nommer un tuteur chargé de leur exécution, lequel tuteur ne peut être dispensé que conformément aux termes des articles 671 et suivants du CPF. À défaut de ce tuteur, il en sera nommé un autre à la diligence du grevé ou s'il est mineur, à la diligence de son tuteur, *dans le délai d'un mois* à compter du jour du décès du donateur ou du testateur ou encore à partir du jour où l'acte contenant la disposition a été connu. Le grevé, qui n'a pas su honorer ses obligations, est déchu du bénéfice de la disposition.

Dans ce cas précis, le droit peut être déclaré ouvert au profit des appelés soit à la diligence des appelés eux-mêmes s'ils sont majeurs, soit à la diligence du tuteur ou curateur s'ils sont ou mineurs ou majeurs en tutelle, soit même d'office, à la diligence du procureur de la République du lieu où la succession est ouverte (art. 1094 du CPF).
Après le décès du testateur ou du donateur, il est procédé dans les formes ordinaires à *l'inventaire et à l'évaluation* de l'ensemble des biens et effets composant sa succession sauf le cas où il s'agirait d'un legs particulier. Il est procédé à cet inventaire, à la requête du grevé de la restitution, dans le délai fixé par la loi successorale et en présence du tuteur nommé pour l'exécution.
Lorsque l'inventaire n'a pas pu être effectué dans le délai requis, il y est procédé dans le mois suivant, à la diligence du tuteur nommé pour l'exécution et en présence du grevé ou de son tuteur.
Si l'inventaire n'arrive toujours pas à être réalisé, il y est fait appel au grevé ou son tuteur ainsi qu'au tuteur nommé pour l'exécution à la diligence des personnes désignées dans l'article 1094 du CPF susvisé.

Le grevé de restitution est tenu de faire procéder à la vente, par affiches et enchères, de tous les meubles et effets compris dans la disposition *sauf le cas des meubles meublants qui auraient été compris dans la disposition et aussi celui des animaux et matériels servant à faire valoir la terre et sur lesquels cas nous allons nous pencher.*

En effet, lorsque dans la disposition faite par le donateur, se trouvent des meubles meublants et autres choses mobilières qui y auraient *été compris à la condition expresse de les conserver en nature*, ces biens seront rendus dans l'état où ils se trouvent lors de la restitution.
Quant aux animaux et matériels servant à faire valoir les terres, ils sont censés compris dans les donations entre vifs ou testamentaires desdites terres et le grevé doit seulement les faire évaluer pour en rendre une égale valeur lors de la restitution.
Dans le délai de six (6) mois, à compter du jour de la clôture de l'inventaire, il est fait par le grevé *un emploi* des deniers comptants, de ceux provenant du prix des meubles et effets vendus et de ce qui a été reçu des effets actifs.

Ce délai peut être prolongé s'il y a lieu ; dans un autre délai de trois (3) mois au plus tard, après avoir perçu ces deniers, il est pareillement tenu de faire *emploi* des deniers provenant des effets actifs qui sont recouvrés et aussi des remboursements de rentes.
Cet emploi est fait suivant les instructions du donateur dans la mesure où celui-ci a désigné la nature des effets dans lesquels l'emploi doit être fait ; dans le cas contraire *l'emploi* ne saurait se faire qu'en immeubles ou avec privilèges sur des immeubles.
Les dispositions par actes entre vifs ou testamentaires à charge de restitution sont, à la diligence soit du grevé soit du tuteur chargé de l'exécution, rendues publiques par leur insertion dans un journal d'annonces légales ou s'agissant d'immeubles, conformément aux lois et règlements relatifs à la publicité foncière.
Les créanciers et tiers acquéreurs peuvent opposer même aux mineurs ou majeurs en tutelle le défaut de publication de l'acte contenant la disposition, sauf le recours contre le grevé et contre le tuteur à l'exécution *et sans que les mineurs ou les majeurs en tutelle puissent être restitués contre ce défaut de publication lorsque ceux-ci se trouvent insolvables.*

La connaissance que les créanciers et les tiers acquéreurs ont eu de cette disposition par d'autres voies que celles de la publication officielle ne saurait aucunement dispenser le grevé et le tuteur à l'exécution *de l'obligation de la publication légale.*

Le défaut de publication ou d'inscription ne peut en aucun cas, être opposé aux appelés par les donataires, les légataires ni même les héritiers de l'auteur de la libéralité ni pareillement leurs donataires, légataires ou héritiers.

Le tuteur à l'exécution est personnellement responsable de tout ce qui adviendrait par sa faute ou négligence dans l'exécution de sa mission.

Si le grevé est mineur et même dans le cas de l'insolvabilité de son tuteur, il ne peut être restitué malgré l'inexécution des règles prescrites par la loi.

DEUXIÈME PARTIE
LIQUIDATION ET PARTAGE DE LA SUCCESSION

TITRE I
DE L'EXÉCUTION DE LA SUCCESSION

CHAPITRE I
CONTEXTE COUTUMIER

Dans les coutumes bamanan, sénoufo, minianka, bobo, bozo... lorsque le de-cujus est un chef de famille (succession par la tige paternelle) *ou un homme tout court* (succession par la tige individuelle), *le principe est l'héritier unique.*

En réalité, il existe en fait plusieurs héritiers mais c'est un seul qui recueille la succession au nom de la collectivité. Dans ce cas la notion de liquidation et de partage des biens n'est envisagée qu'exceptionnellement, la coutume étant hostile au partage et les dernières volontés du de-cujus (considérées comme sacrées) *recommandent sous peine de malédiction, l'union, l'entraide, la solidarité. Il est ainsi difficile aux héritiers d'agir autrement sauf cas exceptionnel.*

De nos jours, une certaine évolution de la société due à des facteurs culturels et socio-économiques conduisit à la violation de nombre d'interdits coutumiers : ainsi le partage devient-il dans différents milieux de jour en jour plus fréquent.

Dans la coutume dogon, le partage n'est autorisé qu'exceptionnellement en cas de mésentente notoire entre les héritiers appelés à recueillir la succession.

Dans ce cas, les opérations de liquidation sont généralement effectuées par des personnes appelées liquidateurs. Dans ce milieu cette fonction est collective ; elle est assurée généralement par les doyens des héritiers et les liquidateurs sont nécessairement recrutés parmi les membres de la famille.

Après avoir brièvement évoqué ci-dessus différents aspects de notre tradition coutumière en la matière, nous allons entreprendre l'étude relative à la liquidation et au partage sous l'éclairage des dispositions de la loi n° 2011-087 du 30 décembre 2011 portant code des personnes et de la famille, document constituant une synthèse appropriée des différentes coutumes encore existantes, des règles du droit coranique et du droit positif français dans ses dispositions qui étaient encore en vigueur au Mali.

CHAPITRE II
L'EXÉCUTEUR TESTAMENTAIRE

(Articles 1063-1071 du CPF)

SECTION I
DÉFINITION

Un exécuteur testamentaire est conformément aux articles 1063-1072 du CPF une personne à laquelle le testateur a confié la mission de mener à bien l'exécution de son testament ; le testateur peut nommer un ou plusieurs exécuteurs testamentaires.

Le terme exécuteur testamentaire se confond très souvent avec celui de liquidateur testamentaire. On parle généralement de liquidateur lorsqu'à défaut de testament et s'il n'y a pas d'accord entre les héritiers ou si l'État a un intérêt dans la succession, il est procédé par voie judiciaire dans les 40 jours du décès à la désignation d'un ou de plusieurs individus choisis *intuitu personae* appelés *liquidateurs* en vue de l'exécution du testament. Ils ont la saisine sur l'ensemble du patrimoine successoral.

Ils ne sont pas obligés d'accepter.

Cette liquidation comporte une série d'opérations par lesquelles on détermine la consistance de l'actif et du passif de la succession ainsi que les droits de chacun des héritiers (créances, dettes, rapports dus par les héritiers ; sommes dues aux héritiers, réduction…). Elle consiste à :

- déterminer quelles sont les personnes appelées à recueillir la succession ;
- déterminer quelle en est la consistance ;
- recouvrer les créances et payer les dettes de la succession ;
- payer les legs particuliers et exécuter les autres dispositions testamentaires du *de-cujus*.

Elle se confond comme nous allons le constater, dans la mission de l'exécuteur testamentaire.

SECTION II
EXÉCUTION DU TESTAMENT

La présence d'un ou de plusieurs exécuteurs testamentaires s'avère indispensable dans toute dévolution successorale au Mali.

Dans la loi n° 2011-087 du 30 décembre 2011 portant successions dans ses titres VII et VIII, il ressort que de prime abord l'exécuteur testamentaire *n'a pas de plein droit vocation à la saisine ;* celle-ci ne lui est donnée par le testateur pour le tout ou seulement pour une partie de son mobilier que pour *une durée d'une année* à compter du décès du *de-cujus*. Si le testateur ne la lui a pas donnée, il ne peut pas l'exiger. Par ailleurs, l'héritier peut faire cesser la saisine en offrant de remettre à l'exécuteur testamentaire, somme suffisante pour faire payer les legs mobiliers ou en justifiant de ce payement. Le mineur ne saurait être exécuteur testamentaire du fait de son incapacité, même si son tuteur ou curateur lui en donnait l'autorisation.

I. QUEL EST LE RÔLE DE L'EXÉCUTEUR TESTAMENTAIRE ?

L'exécuteur testamentaire est *un administrateur du patrimoine familial* ; en effet, aussitôt après son investiture il doit, soit d'office, soit à la demande des successibles prendre :

1) les mesures nécessaires pour *apposer des scellés* sur les effets ou sur une partie seulement des effets du défunt, si toutefois il y a des héritiers mineurs, majeurs en tutelle ou absents ;
2) établir la *consistance de la succession* en évaluant les biens héréditaires ;
3) veiller à la *séparation du patrimoine* du *de-cujus* des patrimoines propres des successibles et des tiers détenteurs ;
4) faire en présence de l'héritier présomptif, ou lui dûment appelé, *l'inventaire des biens de la succession* ;
5) procéder au *recouvrement des créances, au paiement des dettes, payer les legs urgents et prendre toutes autres mesures* qui s'avèrent nécessaires pour l'exécution des dispositions testamentaires ;
6) il doit *provoquer la vente des objets mobiliers* à défaut de deniers suffisants pour acquitter les legs ;
7) *il intervient en cas de contestation* sur l'exécution du testament pour en soutenir la validité.

En un mot, il doit veiller au déroulement correct de la dévolution successorale *jusqu'au partage*[79] ; ses pouvoirs ne sont pas héréditaires ; sa fonction est en conséquence intransmissible. Elle est gratuite, cependant qu'il peut lui être alloué, compte tenu de l'importance du travail accompli, outre le remboursement des débours, une indemnité dont le montant sera déterminé d'accord parties par les héritiers. Il doit *rendre compte de sa gestion* à l'expiration de l'année du décès du testateur.

Les frais engagés dans l'exercice de sa fonction sont à la charge de la succession.

Il reste cependant *responsable des dommages causés par sa faute* ou sa négligence. Lorsqu'il y a plusieurs exécuteurs testamentaires qui ont accepté d'être choisi à cette fonction, un seul peut agir à défaut des autres et *ils sont solidairement responsables* du compte du mobilier qui leur a été confié sauf le cas où le testateur a confié sous la responsabilité de chacun une mission déterminée.

La responsabilité est alors partagée.

II. L'EXÉCUTEUR TESTAMENTAIRE EST LE REPRÉSENTANT DE LA SUCCESSION[80]

Dans ce cadre, il accomplit tous actes, exerce toutes actions pour *la conservation et l'administration en bon père de famille* des biens de la succession et les défend contre les actes intentés par les tiers. Il procède au paiement de certaines charges de la succession dont entre autres :

1) les frais de funérailles ;
2) les aliments nécessaires à l'entretien des personnes qui étaient à la charge du défunt ;
3) les frais d'administration et de liquidation de la succession ;
4) les dettes exigibles du défunt ;
5) les legs testamentaires réguliers.

Lorsque toutes les opérations relatives à l'évaluation de l'actif et du passif de la succession sont terminées, alors *intervient le partage.*

Observation :

On note ici que l'exécuteur testamentaire jouit presque des mêmes prérogatives que dans les différentes coutumes encore en usage au Mali.

---

[79] Dans les coutumes à essence musulmane ce rôle est joué par le Cadi.

[80] Testament authentique, olographe, mystique..., testament-partage.

TITRE II
DU PARTAGE
(Art. 849-867 du CPF)

« Le partage des successions occupe une place à part dans les Traités de droit civil ; c'est un noble art parce qu'il exige une réunion de connaissances dont les uns dérivent de la raison et les autres de la tradition... ; c'est une science très noble. »[81]

Il existe deux sortes de partage. Le partage ordinaire et le partage d'ascendant. Nous allons étudier successivement ces deux formes de partage.

CHAPITRE I
PARTAGE ORDINAIRE

Il suit la liquidation et met fin à l'indivision. Il est gouverné par deux principes :

- l'hostilité contre la prolongation de l'indivision entre les héritiers ;
- le souci d'assurer autant que possible l'égalité entre les cohéritiers.

SECTION I
INDIVISION[82]

I. GÉNÉRALITÉS

L'indivision héréditaire est l'état dans lequel se trouvent des biens successoraux entre les cohéritiers dès le jour du décès. Elle est essentiellement *inorganisée et provisoire*, car nul ne peut être contraint à y demeurer, et le partage peut être toujours provoqué, à moins qu'il n'y ait été sursis par jugement ou convention. Les héritiers peuvent convenir de suspendre le partage pendant deux (2) années ou plus si sa réalisation immédiate risque de porter atteinte à la valeur des biens indivis. Ce sursis peut concerner l'ensemble des biens indivis ou à certains d'entre eux seulement.

---

[81] Les Prolégomènes de Ibn Kaldun, historien et philosophe arabe (1406), Caire.

[82] Suivant l'article 231 du CPCCS, la notion juridique « indivision » est régie au Mali par le Code civil français dans ses dispositions antérieures à 1960.

La loi applicable à l'indivision est le Code civil malien dans ses dispositions figurant dans les articles 849 à 867. Lorsqu'un indivisaire vend sa part indivise, ce sont les règles applicables à la vente qui prévalent au lieu de la coutume[83].

Lorsqu'un indivisaire A demande le partage soit *en nature* si sa part est aisément détachable du reste des biens indivis, soit *en argent* si l'attribution en nature ne peut s'effectuer correctement ou si le demandeur en exprime la préférence, le tribunal, à la demande d'un indivisaire B ou de certains indivisaires C *qui entendent au contraire demeurer dans l'indivision en fonction des intérêts en présence, peut attribuer à A sa part virile après expertise* ; lorsqu'il n'existe pas dans l'indivision une somme suffisante pour éponger cette part, le complément sera versé par B et C qui ont concouru à la demande, sans préjudice de la possibilité pour les autres indivisaires D d'y participer s'ils en expriment la volonté ; dans ce cas la part de chacun dans l'indivision sera *augmentée* en proportion de son versement.

II. LES CONDITIONS DE MAINTIEN DANS L'INDIVISION

Le maintien dans l'indivision malgré les défiances dont il est l'objet présente parfois une certaine utilité qui le rend nécessaire et par conséquent obligatoire. Il devient obligatoire à la demande de tout successible et du ministère public si *le défunt a laissé un ou plusieurs descendants mineurs* jusqu'à ce que le plus jeune ait atteint l'âge de la majorité. *La présence de copropriétaires mineurs* nécessite des formes judiciaires du partage dont l'inconvénient majeur est d'entraîner des frais importants et d'aboutir au tirage au sort des lots, attribution aveugle et arbitraire.

Si le défunt laisse *un ou plusieurs descendants mineurs,* le maintien de l'indivision peut être demandé soit par le conjoint survivant, soit par tout héritier, soit par le représentant légal des mineurs. Le bénéfice de l'indivision s'applique aussi lorsque *le bien constitue une unité économique pouvant faire vivre une ou plusieurs familles* : il s'agit ici des exploitations agricoles, industrielles ou professionnelles.

À défaut de descendants mineurs, le maintien de l'indivision est

[83] Dans le même sens, voir l'arrêt n° 23 du 23 février 1998 de la CSM.
Observation : il ne faudrait pas confondre « l'état d'indivision » avec « l'état des biens collectifs » patrimoine d'une communauté familiale ou ethnique donnée.

possible à la demande des *conjoints survivants* en ce qui concerne les immeubles qu'ils occupaient respectivement et de ceux dont ils tiraient également leurs principales sources de subsistance comme par exemple des immeubles à usage professionnel ou des unités d'exploitation agricole, unités économiques dont la mise en valeur était assurée par le défunt ou par son ou ses conjoints. Il en est de même des objets mobiliers servant à l'exercice de la profession.
Plus précisément, le conjoint survivant doit avoir été avant le décès ou du fait du décès, copropriétaire de l'exploitation agricole ou des locaux d'habitation ou à usage professionnel ; s'agissant d'un local d'habitation, le conjoint doit avoir résidé dans les lieux à l'époque du décès. Malgré un défaut d'accord amiable, une telle indivision peut être maintenue, dans les conditions fixées par le tribunal statuant en fonction des intérêts en présence et des possibilités d'existence que la famille peut tirer des biens indivis. Ce maintien dans l'indivision demeure également possible lorsque l'exploitation comprend des éléments dont l'héritier ou le conjoint survivant était déjà propriétaire ou copropriétaire avant l'ouverture de la succession.

Il est également possible dans le cas des sépultures, des souvenirs de famille, des servitudes et dépendances d'un héritage. Les papiers de famille et les choses qui ont une valeur affective ne sont pas généralement vendus. En cas de désaccord entre les cohéritiers, le juge peut décider s'il y a lieu de vendre ces objets ou de les attribuer à l'un des cohéritiers. Dans le dernier cas, toutes les dispositions utiles doivent être prises pour assurer la conservation de ces choses dans la famille.
Le maintien en indivision est prescrit par le tribunal du lieu d'ouverture de la succession et peut s'étendre soit sur une durée de cinq (5) années renouvelables de cinq (5) années en cinq (5) années s'il y a des descendants mineurs jusqu'à la majorité du plus jeune, soit à l'infini en ce qui concerne les souvenirs de famille, les sépultures et les dépendances d'un héritage. Le maintien en indivision justifié par la nécessité de garantir la satisfaction des besoins des personnes qui étaient à la charge du défunt cesse avec la fin de cette nécessité ou encore jusqu'au décès de ces personnes. L'appréciation d'une telle situation relève, en cas de désaccord, de la souveraineté des juges du fond.

III. MESURES DE CONSERVATION DES BIENS INDIVIS

Tout indivisaire peut prendre toutes les mesures nécessaires pour conserver les biens indivis ; employer dans ce sens les fonds de l'indivision qu'il détient et qui sont disponibles ou obliger ses co-indivisaires à supporter avec lui les dépenses nécessaires.
Lorsque ces biens indivis sont grevés d'usufruit et dans la mesure où l'usufruitier est tenu des réparations, il peut l'y obliger.

IV. ADMINISTRATION DES BIENS INDIVIS

Tout acte d'administration ou de disposition concernant un bien indivis requiert le consentement de tous les indivisaires lesquels peuvent donner, dans ce sens, *un mandat général d'administration* à un ou à plusieurs d'entre eux ainsi que :

- d'une part, nécessairement *un mandat spécial* pour la conclusion et le renouvellement des baux ;
- et d'autre part pour tout acte ne relevant pas de l'exploitation normale des biens indivis.

Lorsque au vu de tous les indivisaires et sans aucune réaction de leur part, un indivisaire quelconque *prend en main la gestion des biens indivis*, il est censé avoir reçu d'eux *un mandat tacite* couvrant les actes d'administration *à l'exception des actes de disposition, de conclusion ou de renouvellement de baux.*
Lorsqu'un indivisaire est *hors d'état de manifester sa volonté*, un autre indivisaire peut saisir le tribunal afin de se faire habiliter à le représenter, dans les mesures fixées par le juge, d'une manière générale ou seulement pour certains actes particuliers.
Sans l'effet d'un pouvoir légal, d'un mandat ou d'une habilitation judiciaire, tous actes accomplis par un indivisaire en représentation d'un co-indivisaire ont effet à l'égard de celui-ci suivant les règles *de la gestion d'affaires.*
Lorsque voulant passer un acte relatif à un bien indivis, lequel acte requiert nécessairement le consentement d'un co-indivisaire, lorsque cet indivisaire se heurte au refus systématique de celui-là, le tribunal peut passer outre et autoriser celui-ci à faire seul l'acte en question, dès lors que ledit refus met en péril l'intérêt commun.

L'acte passé sous autorisation judiciaire est valable.
Par contre, il ne peut pas, à la demande d'un nu-propriétaire, ordonner la vente *de la pleine propriété d'un bien grevé d'usufruit* contre la volonté de l'usufruitier.
Les notions *« intérêts communs » et « mesures d'urgence »* sont souverainement appréciées par le juge du fond ; aussi ce dernier peut-il notamment autoriser un indivisaire à percevoir soit des débiteurs de l'indivision soit des dépositaires de fonds indivis, une provision destinée à faire face aux besoins urgents, en prescrivant s'il y a lieu la manière d'employer ces fonds.

Il peut également soit désigné un indivisaire comme administrateur en l'obligeant s'il y a lieu de déposer une caution, soit nommer un séquestre.
Dans le cadre de l'administration des biens indivis, le président du tribunal peut interdire le déplacement des meubles corporels, sauf ceux spécifiés, dont il attribue l'usage personnel à l'un ou à l'autre des ayants droit avec la charge pour ceux-ci, s'il l'estime nécessaire de payer une caution.
Par ailleurs, tout indivisaire qui perçoit des revenus ou expose des frais pour le compte de l'indivision doit nécessairement en tenir un état qui sera mis à la disposition de tous les indivisaires.

V. DROIT DE JOUISSANCE DES BIENS INDIVIS

Chaque indivisaire peut user et jouir des biens indivis conformément à leur destination, dans la mesure compatible avec le droit des autres indivisaires et avec l'effet des actes régulièrement passés au cours de l'indivision ; sauf convention contraire, il est dans ce cas *redevable d'une indemnité* ; l'exercice de ce droit est réglé par le président du tribunal en cas de désaccord entre les intéressés.
Les fruits et les revenus des biens indivis accroissent à l'indivision à défaut de partage provisionnel ou de tout autre accord établissant la jouissance divise.
Aucune action en justice ayant trait à ces fruits et revenus n'est recevable *au-delà d'un délai de cinq (5) ans* à partir de la date à laquelle ils ont ou auraient dus être perçus.
Chaque indivisaire *a droit aux bénéfices provenant des biens indivis* et en retour, supporte les pertes proportionnellement à ses revenus dans l'indivision.
Aussi peut-il demander sa part annuelle dans les bénéfices, déduction faite

évidemment des dépenses entrainées par les actes auxquels il a consenti ou qui lui sont opposables.
L'étendue des droits de chaque indivisaire, *à défaut d'autres titres*, résulte de l'acte de notoriété ou de l'intitulé d'inventaire établi par le notaire.
En cas de litige le président du tribunal saisi peut ordonner *une répartition provisionnelle des bénéfices* sous réserve d'un compte à établir lors de la liquidation définitive.
Il peut également ordonner, dans la mesure des fonds disponibles, *une avance en capital*, sur les droits de l'indivisaire dans le partage à intervenir.
Tout indivisaire qui gère un ou plusieurs biens indivis est redevable des produits nets de sa gestion ; il a droit *à la rémunération* de ses activités dans les conditions fixées soit à *l'amiable*, soit par *la voie judiciaire.*
S'il a amélioré à ses frais l'état d'un bien indivis ou s'il a utilisé ses deniers personnels pour la conservation de ces biens, il doit lui être tenu compte des impenses faites.
Par contre, il doit répondre des dégradations et détériorations causées par son fait ou par sa faute sur les biens indivis.

VI. ACTES DE DISPOSITIONS DES BIENS INDIVIS

Lorsqu'un indivisaire entend céder tout ou partie de ses droits dans les biens indivis ou dans un ou plusieurs de ses droits à titre onéreux à une personne étrangère à l'indivision, il est tenu de notifier par acte extra-judiciaire aux autres indivisaires, le prix et les conditions de la cession projetée ainsi que les nom, domicile et profession de la personne qui se propose d'acquérir.

Tout indivisaire peut alors, par acte extrajudiciaire et dans un délai d'un (1) mois à compter de la notification, faire connaître au cédant sa volonté d'exercer *un droit de préemption* aux prix et conditions qui lui ont été notifiés.
Il disposera alors pour la réalisation de la vente en cas de préemption *d'un délai de deux (2) mois* à compter de la date d'envoi de sa réponse au vendeur ; sinon, passé ce délai de deux (2) mois, et *quinze jours après une mise en demeure restée sans effet*, sa déclaration de préemption est nulle de plein droit avec possibilité pour le vendeur de demander des dommages-intérêts.

Lorsque *plusieurs indivisaires exercent en même temps leur droit de préemption*, sauf convention contraire ils sont réputés acquérir ensemble la

portion mise en vente en proportion de leur part respective dans l'indivision. S'il y a une *adjudication de tout ou partie des droits d'un indivisaire* dans les biens indivis ou dans un ou plusieurs de ses biens l'avocat ou le notaire doit en informer les « co-indivisaires » par notification *un mois* avant la date prévue pour la vente.
Dans *un délai d'un mois* après l'adjudication, chaque indivisaire *peut se substituer à l'acquéreur* par une déclaration faite au greffe du tribunal ou auprès du notaire, et ces droits de substitution doivent être expressément mentionnés dans le cahier des charges établi en vue de la vente. Toute cession ou toute licitation faite en violation des dispositions susvisées *est nulle et de nul effet ;* l'action en nullité *se prescrit en cinq (5) ans* et ne pourrait être exercée que par ceux à qui les notifications devraient être faites ou par leurs héritiers.

VII. LA PRÉSENCE DES CRÉANCIERS

Parmi les créanciers ceux qui auraient pu agir sur les biens indivis avant qu'il y eût indivision, ainsi que ceux dont la créance résulte de la conservation ou de la gestion des biens indivis, seront payés par prélèvement sur l'actif avant le partage.
Ceux-ci ont également la possibilité de poursuivre *la saisie et la vente* des biens indivis.
Les créanciers personnels d'un indivisaire ne peuvent pas saisir la part de ce dernier dans les biens indivis meubles ou immeubles.
Ils ont toutefois la faculté de provoquer le partage au nom de leur débiteur ou encore d'intervenir dans le partage provoqué par le débiteur sous leur pression.
Il est cependant possible *aux « co-indivisaires »* d'arrêter le cours de l'action en partage en acquittant l'obligation au nom et en l'acquit du débiteur et se faire par la suite rembourser par prélèvement sur les biens indivis.

VIII. USUFRUIT ET INDIVISION

En ce qui concerne le cas des indivisions en usufruit toutes les dispositions visées dans les textes précédents leur sont applicables en tant qu'elles sont compatibles avec les règles de l'usufruit et les diverses notifications prévues ci-dessus doivent être adressées

respectivement à tout nu-propriétaire et à tout usufruitier.
Mais un usufruitier ne peut acquérir une part en nue-propriété que si aucun nu-propriétaire ne s'en porte acquéreur ; de même un nu-propriétaire ne peut acquérir une part en usufruit que si aucun usufruitier ne s'en porte acquéreur.

Observation :
Tant qu'il n'y a pas eu déjà un acte de partage ou de possession suffisante pour acquérir la prescription, le partage peut toujours être demandé même quand l'un des cohéritiers aurait joui séparément de partie des biens de la succession.

SECTION II
ACTION EN PARTAGE

Le partage est l'acte qui règle les parts d'une succession.
L'égalité en étant l'âme, le second souci du législateur est de l'assurer soit en valeur soit en nature. *C'est ce désir d'équité qui explique et justifie le caractère déclaratif donné au partage, le rapport des libéralités, le rapport des dettes, l'obligation de garantie des lots, la rescision du partage pour lésion.* Les biens successoraux à partager peuvent, en tout ou partie, faire l'objet de mesures conservatoires telles que *l'apposition de scellés* à la requête d'un intéressé ou du ministère public dans les conditions et formes déterminées par le code de procédure civile. L'étude de l'action en partage nous conduira à examiner successivement :

- la demande en partage ;
- les caractères du partage ;
- les opérations auxquelles il donne lieu.

I. DEMANDE EN PARTAGE

Nul ne peut être contraint à demeurer dans l'indivision et le partage peut être toujours provoqué nonobstant prohibition et convention contraire. Il en résulte que la loi prohibe toutes les clauses et conventions ayant pour objet de placer les cohéritiers dans un état perpétuel d'indivision. L'action en partage appartient à chacun des héritiers.

Il faut simplement *être capable d'aliéner* puisque le partage transforme le droit du cohéritier en remplaçant son droit indivis sur la masse successorale par un droit exclusif sur les choses mises dans son lot. En ce qui concerne *le mineur non émancipé et interdit ou le majeur en tutelle*, c'est son tuteur, spécialement désigné par un conseil de famille, qui le représente dans le partage. Si c'est lui qui demande le partage il faut qu'il y soit autorisé par le conseil de famille.
Le mineur émancipé peut demander le partage mais doit toujours *être assisté dans les opérations du partage par son curateur.* Les personnes pourvues d'un conseil judiciaire doivent toujours agir sous l'assistance de celui-ci. Pour un aliéné interné mais non interdit, la jurisprudence exige l'intervention d'un mandataire nommé par le tribunal.
La femme mariée est pleinement capable[84].
Cependant, l'exercice de cette capacité peut se trouver restreinte du fait des pouvoirs que le régime matrimonial donne au mari sur les biens de son épouse.
Par exemple lorsque les époux sont sous un régime de la communauté des biens, le mari peut provoquer seul et sans le concours de sa femme le partage des objets meubles et immeubles à elle échue qui tombent en communauté. Pour les autres biens qui ne tombent pas en communauté, il lui faut le concours de sa femme pour provoquer le partage. À l'égard des cohéritiers absents, l'action en partage appartient aux parents envoyés en possession.

L'action en partage et les contestations qui s'élèvent, soit à l'occasion du maintien de l'indivision, soit au cours des opérations de partage, sont à peine de nullité soumises au seul tribunal du lieu de l'ouverture de la succession.
C'est devant ce tribunal qu'il est procédé aux licitations et que doivent être portées, sous peine de nullité, les demandes relatives à la garantie des lots entre copartageants, celles en rescision du partage et également les cas de tentative de réconciliation.
Le tribunal peut également être saisi, si toutes les parties sont d'accord, d'une demande en partage par une requête collective qui contiendra, si toutefois il y a lieu à licitation, une mise à prix qui servira d'estimation ; dans ce cas, le jugement est rendu en chambre du conseil et n'est pas

[84] Voir article 32 de la loi n° 17 AN-RM du 3 février 1962 portant code du mariage et de la tutelle.

susceptible d'appel si les conclusions de la requête sont admises par le tribunal sans modification. L'action en partage se prescrit dans le délai de droit commun ; toutefois, dans les cas de maintien dans l'indivision, le délai de prescription extinctive ne courra que du jour où la cause du maintien dans l'indivision aura cessé d'exister.

II. CARACTÈRES DU PARTAGE

1) CARACTÈRES FORMELS

Le partage peut revêtir des formes extérieures diverses.

Ce peut être *une convention amiable ou un partage judiciaire* ; ce peut être également *une licitation partage ou un partage avec soulte.*

La licitation partage est une opération qui présente l'apparence d'une vente.

Elle intervient lorsque les biens héréditaires, par exemple les immeubles, ne peuvent commodément prendre place dans les lots destinés au partage ou lorsque les héritiers ne peuvent ni s'entendre sur leur attribution ni en pratiquer entre eux la division.

Le prix obtenu de l'acheteur prend la place du bien dans les opérations du partage.

La vente se fait aux enchères si l'un des héritiers le demande et faute d'accord entre eux. Les tiers sont admis à ces enchères.

2) CARACTÈRES ESSENTIELS

Après le partage *chaque héritier est censé avoir succédé seul et immédiatement à tous les effets compris dans son lot ou à lui échu sur licitation et n'avoir jamais eu la propriété des autres effets de la succession.* Il en résulte que le partage *a un caractère déclaratif ;* produit en conséquence *un effet rétroactif et anéantit l'indivision.* Chaque cohéritier est l'ayant cause direct du défunt par rapport aux biens mis dans son lot.

3) INTERPRÉTATION

L'effet déclaratif s'applique à tous les partages définitifs : partage judiciaire, partage amiable avec soulte ou sans soulte, partage de toute indivision, partage total ou partiel portant sur quelques biens de la succession pourvu qu'il fasse cesser l'indivision sur ces biens ; il s'applique à l'hypothèse de la licitation mais non à celle du partage provisionnel.

Par exemple : *Considérons l'hypothèse de la licitation d'un immeuble indivis.* Si c'est un des cohéritiers qui s'en rend adjudicataire, *ce cohéritier est réputé le tenir directement du défunt et non pas des copartageants.*

Il reçoit l'immeuble *franc et quitte de toutes charges* dont il aurait été frauduleusement grevé durant l'indivision par d'autres héritiers que par lui-même ou par l'exécuteur testamentaire. Si au contraire l'immeuble licité *est adjugé à un étranger B*, la licitation constitue alors non plus un partage *mais une vente.* Supposons *que l'immeuble licité et adjugé à l'étranger B* soit grevé d'hypothèque et que le cohéritier A. qui a constitué l'hypothèque soit exclu de l'attribution du prix :

- soit parce qu'il avait reçu du défunt une donation sans dispense de rapport ;
- soit parce qu'il était son débiteur.

Que va-t-il alors se passer ?
Si la somme que l'héritier A. doit rapporter est égale à sa part dans la succession, il n'aura droit à aucune portion du prix puisqu'il fait *le rapport en moins prenant.*
Ce prix sera attribué à ses cohéritiers A'.
Peut-on dans ce cas considérer cette licitation comme étant un acte de vente bien que le constituant A de l'hypothèque ne touche rien du prix ?
La Cour de cassation française a décidé que l'opération est une vente.
Une opération de vente pourquoi ?
Eh bien parce que :

- le vendeur est celui à qui l'on a attribué le prix, c'est-à-dire les cohéritiers A' ;
- que les créanciers hypothécaires pourront saisir le prix d'adjudication lorsqu'il tombe dans le lot de leur débiteur ;
- que lorsque, au contraire ce sont les autres cohéritiers A' qui le reçoivent, ils sont censés l'avoir reçu directement du défunt et ne pourront pas de ce fait être inquiétés par les créanciers hypothécaires.

Tous ces problèmes disparaissent lorsque l'on se trouve en face d'une indivision bien organisée.
Lorsque l'hypothèque est consentie par tous les copropriétaires de l'immeuble indivis, le caractère déclaratif du partage ne s'appliquera pas.

Il existe une autre question qui est la suivante :
La mise d'une créance dans le lot d'un cohéritier doit-elle être considérée comme une opération de partage soumise à l'effet déclaratif ou au contraire comme une véritable cession faite au créancier loti par chacun des autres de la part de créance dont ils sont devenus titulaires lors du décès ?
La Cour de cassation française suivie d'une jurisprudence constante a décidé que l'attribution de la créance à l'un des copartageants est une opération de partage à laquelle il faut appliquer *l'effet rétroactif*[85].
Toutefois, la jurisprudence reconnaît que *l'effet déclaratif ne peut pas s'appliquer d'une façon absolue* puisqu'il ne détruit pas l'effet des causes d'extinction, *paiement ou compensation* qui ont pu éteindre la part d'un cohéritier dans la créance.
Enfin il est établi que lorsque par exemple l'un des cohéritiers appelé A, hypothèque sa part indivise dans un immeuble et où cet immeuble a été adjugé à un autre cohéritier appelé B. le créancier hypothécaire D. perd non seulement *le droit de suite* mais même le droit de préférence sur la portion du prix qui revient à son débiteur A.

SECTION III
OPÉRATIONS DU PARTAGE

Le partage marque le commencement de la jouissance privative des biens successoraux. Il constitue une étape importante dans le système de la dévolution successorale.
La technique du partage est d'une approche délicate au Mali et les différentes contestations qui s'y rattachent *(action en partage, problèmes relatifs au partage, garantie des lots, rescision pour lésion...)* ressortent de la compétence du tribunal du lieu d'ouverture de la succession[86]. Le partage sera effectué d'après les dernières volontés du *de-cujus* formulées dans un testament écrit ou verbal, sous forme authentique, mystique, olographe ou coutumière[87]. Il peut être fait d'accord parties entre les héritiers ou judiciairement lorsque ceux-ci ne parviennent pas à cet accord.
Examinons successivement le partage amiable et la partage judiciaire :

---

[85] Voir ch. réunies du 5 décembre 1907 Sirey 1908, 1–5 et notes Lyon-Caen, D. 1908, 1–113.
[86] Voir article 25 du CPCCS.
[87] Voir article 55 de la loi n° 88-02 AN-RM du 7 février 1983 portant statut des notaires.

I. PARTAGE AMIABLE

Dans une société à tradition coutumière animiste, le partage constitue un événement exceptionnel avons-nous souligné, mais lorsqu'il intervient, il subit inéluctablement l'influence du chef de famille (assisté d'un Conseil des anciens) lequel procède à *« l'aportionnement »*, les femmes se contentant des objets de cuisine, d'habillement, des biens, bijoux de valeur relativement faible alors que les mâles perçoivent dans leurs lots des biens de plus grande importance : charrue, animaux, concessions, champs, etc.
Par exemple : Considérons l'arrêt n° 48 du 09 février 1983 de la cour d'appel de Bamako. Il déclare en ces termes : *« Considérant que de l'enquête alors effectuée par l'audition de divers témoins dont les assesseurs coutumiers de Douentza, il résulte qu'effectivement selon la coutume des parties, les femmes ne peuvent hériter entre autres choses, des concessions, des champs, des livres qui constituent l'objet du présent procès. Considérant que la succession ne peut être liquidée que selon la coutume du défunt. Considérant qu'il est établi que Nouh Modibo en mourant a laissé deux garçons, quatre filles et une veuve ; Qu'en application des règles de sa coutume, les veuves et les filles sont exclues de la succession dans sa partie relative aux concessions, champs et livres... »*[88]. Cependant, malgré une telle attitude les contestations sont rares, les héritiers copartageants évitant autant que possible toute friction éventuelle avec les esprits des ancêtres. *Dans le contexte social actuel, les procès-verbaux de ces opérations de partage effectuées à l'amiable peuvent-ils faire l'objet d'une requête en homologation devant le tribunal dans la mesure où les dispositions qu'ils contiennent sont souvent contraires à l'ordre public, c'est-à-dire à la loi ?*
Dans l'affirmative, les juridictions peuvent-elles faire droit à pareilles demandes ?
Nous savons qu'au Mali la grande majorité de la population soumise à l'influence de l'islam pratique fréquemment le partage à l'amiable.
La loi coranique autorise les familles à soumettre la liquidation et le partage des biens successoraux à l'autorité religieuse, généralement *le Cadi*[89].
Le partage fait dans ces conditions c'est-à-dire dans la proportion de deux parts pour le garçon contre une part pour la fille (Coran, sourate IV,

[88] Voir article 43 du 9 février 1983 déjà cité.
[89] Juge musulman dont la compétence s'étend aux questions en rapport avec la religion.

11) pourra-t-il être soumis à l'homologation du tribunal ? Tout dépend du sens exact donné au concept « homologuer » ; dans son acception étymologique, homologuer c'est reconnaître, c'est confirmer officiellement, c'est ratifier. Dans ce contexte et tenant compte de la loi actuelle dans son article 753 du CPF, nous pensons qu'une telle disposition portant ouvertement atteinte à la constitution, n'est pas possible ; aussi les juridictions saisies dans ce sens ne peuvent pas faire droit à pareille requête en homologation des procès-verbaux de ces opérations de partage effectuées tant que ces partages en eux-mêmes restent contraires à l'ordre public malien. Il est donc clair que le jugement d'homologation sollicité exigera de la part du juge saisi, assisté bien sûr des assesseurs légaux de la coutume du *de-cujus*, un nécessaire contrôle sur la validité de tel ou tel acte coutumier tant au regard de la constitution qu'en ce qui concerne la qualité des héritiers et leur volonté unanime d'accepter le dit partage, ou encore en ce qui concerne la licéité des objets à partager.

Une telle censure peut paraître aux yeux des cohéritiers comme une procédure suffisamment complexe, lente, onéreuse, ennuyeuse et de surcroît, décourageante, mais la loi, c'est la loi. Ce sentiment ne constitue-t-il pas, *heureusement*, un frein contre tout engorgement du prétoire par un éventuel afflux des requêtes en homologation ?

Mais comme l'a si bien fait remarquer l'auteur de la communication visée plus haut, sur *« la pratique du droit successoral au Mali »*, un partage amiable doit se suffire à lui-même, l'homologation ne pouvant *malheureusement* qu'engendrer des complications, dans ce milieu *qui est le nôtre*, car une fois devant les tribunaux, les héritiers penseront bien sûr que « le partage à l'amiable souhaité est devenu contentieux ».

II. PARTAGE JUDICIAIRE

A. PROCÉDURE

Le partage judiciaire est imposé lorsqu'il n'y a pas unanimité dans l'accord des héritiers ; lorsque le tuteur, le subrogé tuteur, le curateur ou le conseil judiciaire d'un mineur ou d'un interdit le requiert ou lorsque le créancier de l'un des cohéritiers le demande auquel cas il sera tenu des frais de justice. Il suppose un jugement ordonnant le partage, une apposition des scellés sur les biens successoraux et l'établissement d'un inventaire.

Il est alors procédé à l'estimation des biens par l'exécuteur testamentaire avec la participation effective d'un ou de plusieurs héritiers ou par des experts choisis soit par eux ou d'office par la justice. Les experts présenteront les bases de leur estimation et indiqueront si le bien estimé peut être commodément partagé et de quelle manière ; ils fixeront enfin en cas de division, chacune des parts qu'on peut en former et leur valeur.
Les biens sont évalués au jour du partage. Chacun des cohéritiers peut demander sa part en nature des meubles et immeubles de la succession.

Par contre s'il y a des créanciers saisissants ou opposants ou si la majorité des cohéritiers juge la vente nécessaire pour, l'acquit des dettes et charges de la succession, les meubles sont vendus publiquement en la forme ordinaire. Concernant les immeubles, s'ils ne peuvent pas être correctement partagés ou attribués de la bonne façon, alors il doit être procédé à la vente par licitation devant le tribunal. Cependant, les parties, si elles sont toutes majeures, peuvent consentir que la licitation se fasse devant un notaire de leur choix. Il est alors procédé à l'estimation des biens par l'exécuteur testamentaire avec la participation effective d'un ou de plusieurs héritiers ou par des experts choisis soit par eux soit d'office par la justice. Ces experts présenteront les bases de leur estimation et indiqueront si le bien estimé peut être correctement partagé et de quelle manière.
Ils fixeront ensuite en cas de division, chacune des parts qu'on peut en former et leur valeur ; les biens sont évalués au jour du partage.

Après que les meubles et immeubles aient été estimés et s'il y a lieu vendus, le président du tribunal renvoie les parties devant le notaire de leur choix ou en cas de non-entente devant un notaire nommé d'office. La liquidation est confiée à l'exécuteur testamentaire.
Ce dernier fait procéder devant notaire aux comptes que les copartageants peuvent se devoir, à la formation de la masse partageable, à la composition des lots et aux fournissements à faire à chacun des copartageants. La formation de la masse partageable et la composition des lots sont généralement confiées à une personne experte choisie par les héritiers d'accord partie ou par la justice à défaut d'entente. Le partage du patrimoine familial a lieu en principe en nature et aussi en valeur s'il y a lieu.
C'est à cette étape que surgissent généralement nombre de problèmes.

C'est par exemple le cas de l'affaire Ousmane Sidibé contre la dame Ouleymatou Sidibé et autres que connut la Cour suprême dans son arrêt n° 17 du 16 juin 2003.
Le problème posé à la Cour dans cette affaire est le suivant :
Lorsque le de-cujus laisse à son décès comme héritage une concession abritant sa famille ; que dans cette concession se trouvent élevées du vivant du père des constructions par un de ses enfants, ce dernier peut-il s'opposer à ce que ces constructions tombent dans la masse successorale partageable ?
La Cour a tranché en affirmant comme suit : « *Conformément à la coutume des parties, les maisons érigées dans la concession paternelle entre dans la masse successorale partageable. »*
Par ailleurs, le partage du patrimoine familial a lieu en principe nature et aussi en valeur s'il y a lieu. Quelle était la jurisprudence de la Cour suprême en la matière ? Selon l'arrêt n° 16 du 13 septembre 1976, celui n° 69 du 6 avril 1998 et également celui n° 63 du 17 avril 2000... *le partage se faisait régulièrement dans la proportion d'une part pour la fille contre deux part pour le garçon en droit successoral coutumier.*
Telle était la position de la Cour suprême jusqu'à la promulgation en 2011 de la nouvelle loi portant Code des personnes et de la famille[90].

Mais lorsque dans un procès une loi positive paraissait et se trouvait en conflit avec une coutume sur un même problème, la loi ne devait-elle pas l'emporter ?
La coutume ne devait-elle pas systématiquement s'incliner et disparaitre ?
Bien sûr que oui.
Pourtant la Cour avait malgré tout toujours décidé par une jurisprudence constante que le partage devait être réalisé *« dans la proportion d'une part pour la fille contre deux (2) parts pour le garçon conformément à la coutume des parties ».*

Observations :

De très nombreux justiciables avaient considéré une telle attitude comme une violation de la constitution, aussi dans l'affaire (Ousmane Sidibé/Ouleymatou Sidibé) visée ci-dessus, la dame Faty Sidibé dans son pourvoi en cassation avait justement réagi en déclarant ces termes :

---

[90] Voir arrêt n° 16 du 13 septembre 1976 in : Les principaux arrêts de la CSM 1970–1979, page 27. Observation : Nous avons eu à critiquer largement une telle disposition de la CSM.

« Que le Mali est un pays laïc et que la succession doit donc se faire selon le droit positif pour lequel tous les hommes naissent égaux en droit sans discrimination de race, de religion et de sexe ;
Que la dévolution selon le droit musulman doit être expressément exprimé par le défunt avant sa mort ;
Qu'à défaut de la volonté du de-cujus le consentement des héritiers est nécessaire.
Qu'en disposant de la masse successorale en raison de 1/3 pour Faty contre 2/3 pour Tidiane Sidibé l'arrêt querellé a violé le principe de l'égalité entre les citoyens ;
D'où la violation de la constitution. »
Plusieurs autres justiciables s'étaient également dressés contre cette position de la jurisprudence au Mali.
Par exemple :
Dans l'affaire N'Daba Kontaga contre Aly Kontaga *le mémorant*, dans son pourvoi en cassation, n'avait jamais accepté un partage exécuté systématiquement, *en dépit du droit positif*, suivant la coutume musulmane et s'était en conséquence insurgé contre l'arrêt n° 59 du 30 janvier 2002 de la cour d'appel de Bamako *« pour avoir confirmé le jugement du Tribunal de première instance, lequel avait procédé au partage suivant la coutume musulmane alors, affirme-t-il, qu'elle devait plutôt viser les constructions du droit civil, particulièrement du Code civil d'autant plus que tout partage qui serait fait en dehors du principe constitutionnel et de la laïcité des dispositions du droit positif malien ou celles du système juridique dont il hérite, serait injuste et violerait la loi ».*

La Cour suprême saisie à nouveau de ce même problème s'était exprimée en ces termes : *« ... Attendu que la violation de la loi par fausse interprétation intervient dans une hypothèse où le juge du fond a dû pour statuer prendre parti sur une difficulté d'interprétation d'un texte, soit que cette difficulté ne fut pas tranchée par la Cour de cassation au jour où il statuait, soit qu'il ait entendu par une interprétation personnelle résister à la jurisprudence exprimée par la Cour suprême ;*
Mais attendu que pour statuer, l'arrêt recherché a retenu :
« Que le Mali n'a pas encore légiféré en matière successorale ;
Que cependant il est de jurisprudence constante que la dévolution successorale se passe suivant la coutume du de-cujus ;

Attendu qu'en la matière la coutume prise en compte étant la coutume du défunt et celle des héritiers ; dans le cas d'espèce le de-cujus... étant musulman, la dévolution successorale doit se faire conformément à la pratique de cette religion ;
Attendu qu'en statuant comme elle l'a fait la cour d'appel n'a nullement violé la loi et sa décision ne saurait être censurée. »[91]

Tel est donc le contenu des arrêts n° 59 du 30 janvier 2002 et n° 17 du 16 février 2004 de la Cour suprême. Celle-ci avait ainsi répondu à la question posée par *« le mémorant »*, le sieur N'Daba Kontaga ; elle n'avait peut-être pas voulu à l'époque s'aventurer sur un terrain encore en friche et dangereux, esquivant ainsi un problème juridique réel, *qui n'était malheureusement pas encore tranché*, et en suivant tout simplement la jurisprudence en vigueur en cette période.
Nous avons eu d'ailleurs au cours de notre étude à formuler, des critiques concernant la position actuelle de la Cour suprême en la matière. En effet, le fait de donner à la fille la moitié de la part du garçon était non seulement une injustice grave, *une nette violation de la constitution, mais également une nette violation des dispositions coraniques par « certaine couche religieuse de notre société »* qui appliquent systématiquement ce principe inégalitaire sans chercher à comprendre par une analyse et une étude en profondeur le pourquoi d'une telle disposition injuste envers la gent féminine dans le Saint Coran, *lequel a toujours prôné une égalité absolue entre les deux sexes (homme et la femme)*, ceux-ci ne se différenciant que par le physique.
Cette flagrante violation de la constitution et de l'esprit des dispositions coraniques a désormais *et heureusement* été corrigée par le législateur malien dans la loi n° 2011-087 du 30 décembre 2011 portant code des personnes et de la famille en son article 753 ainsi libellé : *« Les parents du défunt au même degré ont les mêmes droits. Ils succèdent par égale portion et par tête. »*
Le grand problème relatif à la quotité des parts successorales entre la fille et le garçon en matière successorale vient enfin d'être ainsi définitivement résolu !

---

[91] Voir arrêt n° 17 du 16 février 2004 de la CSM.

Formation de la masse partageable

La masse partageable se forme et se met en place après la résolution de l'ensemble des problèmes relatifs à la succession tels que la désignation des experts, des notaires, les ventes, les licitations, les hypothèques, le règlement des comptes que les copartageants peuvent se devoir, le payement des dettes, la perception des créances, les fournissements à faire à chacun des copartageants… Chaque cohéritier fait rapport à la masse conformément à la loi des dons qui lui ont été faits, et des sommes dont il est débiteur. Si le rapport n'est pas fait en nature, les cohéritiers à qui il est dû prélèvent une portion égale sur la masse de la succession. Ces prélèvements se font, autant que possible, en objets de même nature, de même qualité et de même valeur.

Composition des lots et tirage au sort

Après ces prélèvements on procède, sur ce qui reste dans la masse, à la composition d'autant de lots égaux qu'il y a d'héritiers copartageants ou de souches copartageantes. Les lots sont faits par l'un des cohéritiers s'ils peuvent convenir entre eux sur le choix, et si celui qu'ils ont choisi accepte la commission. Sinon ils sont faits par *un expert désigné* par le président du tribunal. Avant de procéder au tirage au sort, chaque copartageant est admis à proposer ses réclamations contre leur formation. Dans la formation et la composition des lots, *on doit coûte que coûte éviter de morceler les héritages et de diviser les exploitations.* Les règles établies pour la division des masses à partager sont également observées dans la subdivision à faire entre les souches partageantes. C'est après toutes ces dispositions que commence le partage.

Le partage

Au cours du partage successoral, l'on devra s'efforcer de donner à chacun des héritiers les biens qui lui sont le plus utile. Dans la formation des lots, l'inégalité pourra se compenser *soit par un retour en rente, soit en argent.*
Il est également possible de procéder à *une attribution préférentielle* de certaines exploitations économiques constituant une unité économique. Les demandes d'attribution préférentielle sont examinées en

considération des intérêts en présence et de l'aptitude des postulants à gérer l'exploitation et à s'y maintenir.
L'attribution préférentielle peut être demandée par le conjoint survivant et par tout autre héritier conformément aux articles 882 et 883 du CPF sur les successions.

L'attribution préférentielle

C'est la dévolution d'un bien en faveur d'un copartageant.
Elle peut être demandée conjointement par plusieurs successibles.
L'attribution préférentielle de la propriété du local et du mobilier le garnissant est de droit pour le conjoint survivant.
Les bénéficiaires peuvent être un ou plusieurs copartageants, dont particulièrement des héritiers copropriétaires ou conjoints survivants.
Chacun de ceux-ci peut demander, *par voie de partage à charge de soulte, s'il y a lieu*, l'attribution préférentielle de toute ou partie de l'exploitation agricole constituant une *unité économique ou une quote-part indivise d'exploitation agricole*, même si une telle entité est formée pour une part de biens dont il était déjà propriétaire ou copropriétaire avant le décès et à la mise en valeur de laquelle il participe ou a participé effectivement ; cette condition de participation, en ce qui concerne le cas de l'héritier, peut avoir été réglée par son conjoint.

La demande d'attribution préférentielle peut, s'il y a lieu, porter, sans aucun préjudice conséquent, sur des parts sociales, sur toute entreprise commerciale, industrielle ou artisanale, dont l'importance n'exclut pas un caractère familial.
Lorsque ni le conjoint survivant ni aucun cohéritier copropriétaire ne demande l'attribution préférentielle, celle-ci peut être accordée à tout copartageant, sous la condition qu'il donne à bail dans un délai de six (6) mois le bien considéré, à un ou plusieurs cohéritiers dans les conditions personnelles prévues dans l'article 882 al. 3 du CPF ou à un ou plusieurs descendants de ces cohéritiers remplissant ces mêmes conditions.
Le conjoint survivant bénéficiant de droit de l'attribution préférentielle du local et du mobilier le garnissant, peut exiger de ses copartageants des délais ne pouvant excéder dix (10) ans pour le paiement d'une fraction de la soulte, égale au moins à la moitié.

Les sommes restant dues portent intérêts sauf convention contraire.
Lorsqu'il vend le local ou le mobilier le garnissant la fraction de la soulte y afférente devient immédiatement exigible.
Si la vente n'est que partielle, le produit y afférent est versé aux copartageants et imputé sur la fraction de la soulte encore due.
Les droits résultants de l'attribution préférentielle ne préjudicient aucunement aux droits viagers d'occupation et d'usage de l'immeuble reconnu au conjoint survivant à l'article 801 du CPF.
Le conjoint survivant ou tout héritier copropriétaire peut également demander l'attribution préférentielle :

- de la propriété ou du droit au bail, du local qui lui sert effectivement d'habitation *(s'il y avait sa résidence à l'époque du décès)* et du mobilier le garnissant ;
- de la propriété ou du droit au bail, du local à usage professionnel servant effectivement à l'exercice de sa profession et des objets mobiliers à usage professionnels garnissant ce local ;
- de l'ensemble des éléments mobiliers nécessaires à l'exploitation d'un bien rural cultivé par le défunt à titre de fermier ou de métayer, lorsque le bail continue au profit du demandeur ou lorsqu'un nouveau bail est consenti à ce dernier.

Les biens faisant l'objet d'attribution sont estimés à leur valeur au jour du partage.
La soulte éventuellement due est payable comptant sauf accord entre les copartageants.
À défaut d'accord entre les copartageants, la demande préférentielle est portée devant le tribunal qui se prononce suivant les intérêts en présence.
En cas de pluralité de demandes concernant une exploitation ou une entreprise, le tribunal tient compte de l'aptitude des postulants à gérer cette exploitation ou cette entreprise et à s'y maintenir et en particulier de la durée de leur participation personnelle à l'activité de l'exploitation ou de l'entreprise.

Enfin tous les actes déclaratifs doivent faire l'objet d'*une publicité*.
La sanction du défaut de publicité dans le délai requis est une action *en dommages intérêts* de ceux à qui ce défaut causera préjudice.
Les créanciers des copartageants peuvent exercer deux sortes de droit :

- ils peuvent demander à la place de leur débiteur le partage à

condition qu'ils aient intérêt à l'exercer et qu'ils prétendent le faire d'une manière normale ;
- ils peuvent intervenir à leur frais au partage pour éviter des fraudes éventuelles.

Ils ont le droit de s'opposer à tout partage procédé hors leur présence. Le partage déjà consommé peut tomber sous l'effet d'une *nullité* lorsqu'il s'agit d'un *partage précipité*.
La rescision du partage peut être enfin demandée par les créanciers lorsque le partage effectué entraîne pour l'un des copartageants *une lésion de plus du quart (1/4).*

Cas des cohéritiers non présents, des présumés absents, des mineurs non émancipés et des majeurs en tutelle.
Lorsque tous les cohéritiers *ne sont pas présents*, le partage doit être fait en justice conformément aux dispositions des articles 870 à 890 du CPF.
S'il y a lieu à *licitation* elle ne pourra se faire *que devant le tribunal* avec les formalités prescrites dès qu'il s'agirait d'une aliénation des biens des mineurs. Les partages faits conformément à la loi au nom *des présumés absents et des non-présents sont définitifs* dans la mesure où la loi a été respectée ; dans le cas contraire les partages déjà réalisés *ne seraient que provisionnels.* Toutes les dispositions visées ci-dessus s'appliquent pareillement au cas *des mineurs non émancipés et des majeurs en tutelle.*
S'il y a plusieurs mineurs, il peut leur être donné à chacun un tuteur spécial et particulier.

Après le partage

Après le partage, il doit être remis, s'il y a lieu, à chacun des copartageants des titres particuliers aux objets qui lui seront échus. Les titres d'une propriété divisée restent à celui qui a une plus grande part. Ce dernier reste devoir cependant à sa charge d'en aider ceux de ses copartageants qui y auront intérêt, quand il en sera requis. Les titres communs à toute l'hérédité seront remis à celui que tous les héritiers ont choisi pour en être le dépositaire, à la charge d'en aider les copartageants à toute réquisition ; en cas de difficulté sur ce choix, le problème est réglé par le juge.

B. PROBLÈME JURIDIQUE

1) EXPOSE

Le partage judiciaire soulève la question relative au rôle de la juridiction saisie.

En effet lorsqu'une juridiction est saisie d'une requête en partage successoral, la question se posait de savoir si le juge concerné devait procéder lui-même au partage par la même et seule décision ?

La réponse affirmative ne s'impose-t-elle pas ?

Ne puise-t-elle pas sa source dans l'essence même de la requête du justiciable et partant dans l'objet de la saisine ?

Cependant, la voie suivie par la plupart de nos juridictions était tout autre surtout lorsque le *de-cujus* relève non pas des dispositions du droit positif en vigueur, mais plutôt du droit coutumier.

Dans ce dernier cas, il arrivait souvent que :

a) Le juge, dans un soupçon de déni de justice, se décharge incontestablement en transposant le litige à un autre niveau, ordonnant simplement le partage suivant la coutume des parties et commettant un greffier, assisté d'assesseurs de la coutume des parties pour procéder au partage en ses lieux et places.

Dans ce cas, il est aisé de constater que le procès *descendait du prétoire au greffe*, ce qui assurément constituait une aberration, le greffier assisté d'assesseurs se trouvant ainsi et désormais investi illégalement d'une fonction qui n'est pas sienne.

Par exemple :

Considérons l'arrêt n° 92 du 12 mai 1982 de la cour d'appel de Bamako[92].

Il a décidé ce qui suit en ces termes :

« En la forme : Reçoit les appels interjetés.

Au fond : infirme le jugement entrepris et évoquant :

"Dit et juge que les biens (animaux vivants) détenus actuellement par Tinzié Coulibaly et énumérés dans le procès-verbal du 27 juillet 1979 du fonctionnaire huissier de Koutiala et leur croît en ce qui concerne le bétail, appartiennent à la communauté ayant existé entre les frères Noumouké, Kaffa et Niguiga Coulibaly ;

Ordonne leur partage suivant la coutume des parties (Minianka) ;

Commet le greffier notaire de Koutiala assisté des assesseurs de la coutume des parties pour procéder audit partage ;

Désigne le juge de paix à compétence étendue de Koutiala en qualité de juge commissaires..." »

---

[92] Voir Principaux arrêts de la CSM en matière civile de 1984, *op. cit.*

Cette décision n'a pas été cassée par la Cour suprême qui dans son arrêt n° 40 du 23 juillet1984 a rejeté le pourvoi intenté comme mal fondé au motif suivant :
« Dès lors que le principe de la communauté des biens est admis et que les juges d'appel ont ordonné le partage suivant la coutume Minianka, il devient superfétatoire pour ceux-ci de vérifier l'apport ou le travail effectivement réalisé par les frères communs en biens, cette opération rentrant dans la tâche confiée au greffier notaire ; aussi la décision querellée est motivée à suffisance et repose de ce fait sur une base légale. »
b) Il arrive aussi des cas où le juge saisi d'un partage héréditaire, après avoir fait masse des biens successoraux, *désigne un notaire aux fins de partage.*
Par la suite, le procès-verbal de partage établi par le notaire liquidateur est soumis à homologation ; cette attitude résulte d'une jurisprudence constante.
Dans ce sens l'on peut rappeler les affaires suivantes :

- succession de feu Amadou Doucouré ;
- succession de feu Modibo Keïta ;
- succession de feu Lazare Coulibaly…

Une telle procédure est-elle conforme à l'orthodoxie judiciaire ?
N'est-t-il pas préférable que le juge, par un jugement en bonne et due forme, dégage lui-même les grandes lignes qui déterminent les bases juridiques de l'opération avant de saisir le notaire aux fins de partage ?
c) Il existe enfin des cas où le juge procède lui-même au partage par la même et seule décision. Dans ce sens considérons successivement l'arrêt n° 16 de la Cour suprême du Mali du 13/09/1976 ; celui en date du 30 janvier 1992 de la cour d'appel et enfin l'arrêt d'appel du 27 août 1992 :

- arrêt n° 16 du 13/09/1976 de la CSM[93] : Selon cet arrêt *« s'agissant d'une succession musulmane, la concession au décès de l'auteur commun doit être partagée dans la proportion d'une part à l'héritier femelle et de deux parts à l'héritier mâle. En ne respectant pas ces proportions le juge commet un excès de pouvoir et viole les principes de droit établis à savoir les réserves déterminées par le Coran que nul ne peut modifier »* ;

[93] Voir Principaux arrêts de la CSM, années 1970–1979, page 27.

- arrêt d'appel du 30 janvier 1992 (succession feu Mallet Keïta) :
  Le dispositif de cet arrêt est ainsi libellé :
  « Reçoit les demandeurs en leur action ;
  Dit que la succession est évaluée à... ;
  Dit que le patrimoine de feu M. sera partagé entre ses héritiers en raison de 1/8 pour la veuve F.S et 7/8 pour les 14 enfants dont 5 filles ;
  Dit que chaque fille reçoit la moitié de la part d'un garçon... » ;
- arrêt d'appel du 27 août 1992 confirmant le jugement n° 374 du 27 décembre 1989 dont le dispositif est ainsi libellé :
  « Reçoit Monsieur H. B et A. D. en leur action,
  Dit que la masse brute à partager est de...,
  Ordonne le partage de la succession selon la coutume musulmane en raison de 1/6 pour la mère du défunt D., 1/8 pour la veuve A. D., le reste pour les douze enfants, chaque garçon recevant la part de deux filles. »

Conclusion :

L'analyse de tout ce qui précède laisse entrevoir assurément un ensemble de décisions parfois confuses, par endroit contradictoires, mais toujours difficiles à circonscrire pour y dégager une direction jurisprudentielle cohérente ;

2) DISCUSSION

a) Analyse critique

Considérons les trois cas ci-dessus dégagés :

Premier cas :

Le juge ordonne le partage suivant la coutume des parties et confie la tâche à un greffier en chef assisté d'assesseurs.

Dans ce cas, le juge se décharge incontestablement sur le greffier en chef.

Cet acte à notre avis équivaut à un déni de justice pouvant s'analyser en un excès de pouvoir, le juge investissant le greffier en chef dans une fonction essentiellement juridictionnelle qui n'est pas la sienne.

Par ailleurs, c'est le juge qui doit être légalement assisté de deux assesseurs et non le greffier en chef.

L'analyse de la Cour suprême dans son dernier attendu paraît bien

surprenante lorsqu'elle soutient que :
« Dès lors que le principe de la communauté des biens est admis et que les juges d'appel ont ordonné le partage suivant la coutume Minianka, il devient superfétatoire pour ceux-ci de vérifier l'apport ou le travail effectivement réalisé par les frères communs en biens, cette opération rentrant dans la tâche confiée au greffier notaire… »[94].
Aussi avions nous conclu, plus haut, que force était d'écarter l'arrêt n° 40 du 23 juillet1984 susvisé profondément critiquable et de retenir l'arrêt n° 16 du 13 septembre 1976 pour fixer en la matière la jurisprudence de la Cour suprême laquelle, à l'instar de celle des hautes juridictions de plusieurs États africains, *permet un contrôle régulateur de l'application de la coutume au moyen de pourvois formés pour violation de la coutume, celle-ci étant incontestablement un élément du droit.*

Deuxième cas :
L'on se pose ici la question de savoir si le fait d'investir un notaire pour procéder au partage judiciaire ne violait pas l'esprit du bon droit, même s'il est vrai que la même procédure existe dans le système judiciaire français. Nous n'approuvons pas qu'une telle possibilité ressorte de la loi portant statut des notaires. Le rôle du notaire ne devrait-il pas se limiter ici à matérialiser telle ou telle décision judiciaire dont les contours sont déjà fixés et clairement circonscrits par le juge ?
Le partage successoral objet de la saisine du juge est de nature juridictionnelle et ne saurait à notre avis relever d'une compétence notariale quelconque.
Faut-il alors apporter une modification à la loi ?
La question à mon avis est à débattre.

Troisième cas :
Dans ce cas c'est le juge qui procédait lui-même au partage par la même et seule décision conformément à l'objet de sa saisine.
Cela à notre avis est de bon droit. Ne pas agir ainsi conduit à une frustration éventuelle du justiciable. Compte tenu des critiques formulées contre les deux premières positions jurisprudentielles, nous pensons que la meilleure voie à suivre est celle qui offrirait aux justiciables le maximum de garantie en permettant au juge saisi de

---

[94] Voir Principaux arrêts de la CSM de 1984, page 19 et suiv.

procéder lui-même au partage par la même et seule décision.

b) Solution doctrinale

Telle doit être à notre avis la voie à suivre, celle-là même ouverte depuis 1976 par l'arrêt n° 16 du 13 septembre de la Cour suprême. Il appartient au juge de préciser le contenu de la coutume ; celle-ci n'étant pas un simple fait, mais *un élément du droit* ; à ce titre, il doit en circonscrire les contours, en relever les particularités, étant assisté de deux assesseurs. Le rôle du notaire consisterait simplement à matérialiser cette décision.

C'est alors seulement que l'efficacité juridique des décisions en la matière permettra un exéquatur certain et de ce fait imprimera à celles-ci une force exécutoire tant sur le plan national qu'international. C'est bien dans ce sens qu'a abondé le législateur malien dans la nouvelle loi n° 2011-087 du 30 décembre 2011 portant code des personnes et de la famille, dans son Titre VII, articles 868 à 895 du CPF.

SECTION IV
RÈGLEMENT DU PASSIF HÉRÉDITAIRE

Le passif héréditaire est acquitté jusqu'à concordance de l'actif successoral. Les héritiers sont de simples successeurs aux biens dont le patrimoine personnel est nettement distinct de celui de l'hérédité. Pour ce qui concerne le règlement du passif héréditaire, les héritiers contribuent entre eux au payement des dettes et charges de la succession, chacun dans la proportion de ce qu'il y prend. Ils y sont tenus personnellement pour leur part et portion viriles et hypothécairement pour le tout, sauf leur recours, soit contre leurs cohéritiers, soit contre les légataires à titre universel à raison de la part pour laquelle ils doivent y contribuer. Le légataire à titre universel contribue avec les héritiers au prorata de son émolument. Le légataire particulier n'est pas tenu des dettes et charges, sauf toutefois l'action hypothécaire sur l'immeuble légué. L'exécuteur testamentaire peut abandonner tous les biens de la succession aux créanciers et aux légataires. L'abandon n'est pas l'équivalent d'une renonciation ; c'est un procédé de liquidation. Ce que l'héritier abandonne c'est la possession et l'administration des biens héréditaires. Il reste tenu du rapport des dons et des legs rapportables qu'il a reçus du défunt ; si après la liquidation de l'actif successoral dépasse le passif, l'excédent sera partagé.

La manière dont les créanciers seront réglés par l'exécuteur testamentaire dépend de la provenance des sommes consacrées à leur payement ; les sommes provenant de la vente des biens hypothéqués sont délégués aux créanciers hypothécaires dûment inscrits avant la distribution des deniers. Pour les autres sommes il faut distinguer suivant qu'il y a ou non des créanciers opposants.

I. PRÉSENCE DE CRÉANCIERS OPPOSANTS

L'opposition est un acte quelconque par lequel les créanciers font connaître leur droit à l'héritier ; elle est expresse ou tacite et résulte de l'acte d'inventaire, du testament du défunt ou d'un contrat de mariage.
Les créanciers sont payés dans l'ordre et de la manière réglée par le juge ; les légataires sont également payés ; le légataire particulier n'est pas tenu des dettes et charges, mais il est toutefois tenu de l'action hypothécaire sur l'immeuble grevé, avons-nous souligné précédemment ; en effet, il est tenu d'acquitter, comme il se doit, la dette dont l'immeuble légué était grevé ; *il demeure alors subrogé aux droits du créancier* contre les héritiers et successeurs à titre universel.
Lorsque les immeubles d'une succession sont grevés de rentes par hypothèque spéciale, chacun des cohéritiers peut exiger que les rentes soient payées et que les immeubles soient rendus totalement libres avant qu'il ne soit procédé à la formation des lots.
C'est dans cet état que les cohéritiers partageront la succession du *de-cujus*, franc et quitte de toute charge.

Dans cette opération de partage, l'immeuble grevé est estimé au même taux que les autres immeubles : *alors, sur le prix total, on déduit le capital de la rente* ; l'héritier dans le lot duquel tombe l'immeuble grevé demeure seul chargé du service de la rente, *disposera de ce fait du capital de la rente*, et doit en garantir ses cohéritiers.
Le cohéritier ou successeur universel ou à titre universel qui, par l'effet de l'hypothèque, a payé au-delà de sa part de la dette commune n'a de recours contre les autres héritiers ou successeurs universels ou à titre universel, *que pour la part que chacun d'eux doit personnellement en supporter*, même dans le cas où le cohéritier qui a payé *(d'un coup) la totalité de la dette* se serait fait subroger aux droits des créanciers.
Le cohéritier qui jouit du bénéfice d'inventaire n'en subira aucun préjudice et conservera la faculté de réclamer le payement de sa créance personnelle, comme tout autre créancier.

En cas d'insolvabilité du cohéritier ou successeur universel ou à titre universel que va-t-il se passer ?
Sa part dans la dette hypothécaire est repartie sur tous les autres au marc le franc.
Le cohéritier ou successeur universel ou à titre universel peut demander dans tous les cas et contre tout créancier, *la séparation du patrimoine du défunt d'avec le sien*, sauf lorsqu'il y a *novation* dans la créance contre le défunt par l'acceptation de l'héritier du débiteur *(la novation étant une convention éteignant une obligation en lui substituant une nouvelle par changement de créancier)* ; ce droit se prescrit dans *un délai de trois (3) ans* en ce qui concerne les meubles ; s'agissant des immeubles, cette demande en séparation peut être exercée tant que lesdits immeubles existent dans la main de l'héritier.
Les créanciers de l'héritier ne sont point admis à demander la séparation des patrimoines contre les créanciers de la succession.
Les créanciers d'un copartageant peuvent s'opposer à ce que le partage se fasse en leur absence afin d'éviter qu'il ne soit fait en fraude de leur droit ; ils ont le droit d'y intervenir à leurs frais ; mais ne peuvent pas s'attaquer à un partage déjà consommé, à moins toutefois qu'il n'y ait été procédé sans eux malgré l'opposition qu'ils auraient formée. Les créanciers opposants ont une action personnelle contre l'héritier en faute.
Ils disposent de titres exécutoires contre le défunt, pareillement et personnellement contre l'héritier ; ils ne pourront cependant en poursuivre l'exécution que *huit (8) jours après la signification de ces titres* à la personne ou au domicile de l'héritier.

II. ABSENCE DE CRÉANCIERS OPPOSANTS

L'exécuteur testamentaire paie jusqu'à concurrence de l'actif successoral les créanciers et légataires à mesure qu'ils se présentent. Aux autres, il opposera une fin de non-recevoir pour l'épuisement total des facultés de la succession. Les créanciers successoraux n'ont pas de recours contre les créanciers plus diligents intégralement payés *mais gardent par contre un recours pendant un délai de trois (3) ans contre les légataires qui auraient obtenu délivrance de leurs legs* ; ce délai court du jour de l'apurement du compte.
Si un des héritiers a une dette envers la succession, cette dette est mise

dans son lot.
Il peut arriver que la masse successorale soit composée d'un immeuble que les héritiers désirent conserver en indivision en vue de son exploitation alors que la succession comporte des dettes.
Comment procéder alors au partage des dettes ?
Elles se divisent dès le jour du décès (art. 922 du CPF).
Chaque héritier sera redevable *d'une quote-part représentant la valeur de sa part indivise* dans l'immeuble concerné et *est tenu des dettes proportionnellement à sa part héréditaire déterminée* par la vocation légale de l'héritier. Cette contribution une fois fixée reste exigible invariablement par l'héritier, que celui-ci soit privé de sa part, qu'il soit chargé d'acquitter des dettes ou legs particuliers ou qu'il ait des avantages (donation ou legs). Le seul danger que présente cette division est l'insolvabilité éventuelle d'un cohéritier.
Ce danger n'est cependant pas grave, car les créanciers héréditaires peuvent poursuivre pour la totalité de leur créance *l'immeuble indivis qui constitue pour eux une garantie.*

Le cohéritier loti de biens grevés d'hypothèques ou de gages pour des dettes du *de-cujus* est chargé de ces dettes ; il peut être poursuivi pour le tout par le créancier hypothécaire.
Cas où la dette est indivisible ?
Quand la dette est indivisible, le créancier peut s'adresser pour le paiement de la totalité de sa créance à l'un quelconque des cohéritiers ; *quant au légataire à titre universel*, il peut, en attendant la liquidation, être poursuivi pour sa part virile.
Le cohéritier qui *a payé au-delà de sa part dispose d'une action récursoire* contre les cohéritiers pour le remboursement de l'excédent de sa contribution.
Cas d'une succession vacante ?
En cas de succession vacante, l'État n'étant pas généralement considéré comme un héritier il prend possession des biens vacants en vertu de son droit régalien. En attendant d'être envoyé en possession des biens vacants, il en assume *la curatelle et joue le rôle d'exécuteur.*
L'État est représenté dans cette gestion par l'Administration des domaines. L'intervention de l'État suspend le droit d'intervention des créanciers ; les actes passés par ces derniers avec le défunt et qu'ils exploitent doivent avoir *une date certaine* et reposer sur *des preuves fondées.*

L'Administration des domaines paie les créanciers au fur et à mesure qu'ils se présentent à moins que certains créanciers ne fassent opposition.

SECTION V
DES EFFETS DU PARTAGE, DE LA GARANTIE DES LOTS, DE LA RESCISION

(Articles 935 à 944 du CPF)

I. DES EFFETS DU PARTAGE ET DE LA GARANTIE DES LOTS

A. EFFETS DU PARTAGE

Après le partage chaque cohéritier est censé avoir succédé au *de-cujus* seul et immédiatement à tous les effets compris dans son lot, ou à lui échus sur licitation ; il est censé n'avoir jamais eu la propriété des autres effets de la succession.
Il en est de même de l'ensemble des biens qui lui sont advenus par tout autre acte ayant pour effet de faire cesser l'indivision ; peu importe que cet acte ait fait cesser l'indivision en tout ou en partie à l'égard de certains biens ou de certains héritiers seulement.
Les actes valablement accomplis en vertu d'un mandat des co-indivisaires, ou d'une autorisation judiciaire, conservent, quelle que soit, lors du partage, l'attribution des biens qui en ont fait partie.

B. GARANTIE DES LOTS

Les cohéritiers sont respectivement garants les uns envers les autres des troubles et évictions qui procèdent *seulement de cause antérieure au partage.*
Lorsque l'éviction soufferte *a été exceptée* par une clause particulière et expresse de l'acte de partage, il n'y aura *évidemment* pas lieu à garantie. Par ailleurs, *si c'est par sa faute* que le cohéritier souffre l'éviction, *la garantie cesse*.
En cas d'éviction, chacun des cohéritiers est personnellement obligé d'indemniser, en proportion de sa part héréditaire, son cohéritier de la perte que lui a causé l'éviction.
Lorsque l'un des cohéritiers est insolvable, la portion dont il est tenu doit être également repartie entre le garanti et tous les cohéritiers solvables. S'agissant *d'une rente*, la garantie de l'insolvabilité du débiteur ne peut être exercée que dans les cinq (5) ans qui suivent le

partage. Enfin, il n'y a pas lieu à garantie à raison de l'insolvabilité du débiteur lorsque cette insolvabilité n'est survenue que depuis le partage consommé.

II. DE LA RESCISION

La rescision en matière de partage est *l'annulation judiciaire de cet acte pour cause de lésion*, celle-ci étant tout préjudice qu'éprouve un copartageant à l'issue du partage.

Elle a pour cause *la violence, le dol* ou encore lorsqu'un cohéritier établit, à son préjudice, *une lésion de plus du quart (1/4)*, il importe de souligner qu'*une simple omission* d'un objet de la succession ne donne pas lieu à ouverture de l'action en rescision, mais seulement *à un supplément à l'acte de partage*. L'action en rescision peut s'exercer contre tout acte qui a pour objet de faire cesser une indivision entre cohéritier, que cet acte soit une vente, une licitation, un échange, une transaction ou toute autre manière. Après le partage ou l'acte qui en tient lieu, l'action en rescision n'est plus admise contre la transaction ; elle n'est également pas admise contre une vente de droits successifs faite sans fraude à l'un des cohéritiers à ses risques et périls par ses autres cohéritiers ou par l'un d'eux. Pour savoir s'il y a lésion, il faut estimer les objets suivant leur valeur à l'époque du partage. Tout défendeur à la demande en rescision du partage peut en arrêter le cours et empêcher un nouveau partage, en offrant et en fournissant au demandeur, soit en numéraire, soit en nature, un supplément de sa portion héréditaire.

Par ailleurs, tout cohéritier qui a aliéné en tout ou en partie son lot n'est plus recevable à intenter l'action en rescision pour violence ou dol dès lors que l'aliénation faite est postérieure au dol ou à la cessation de la violence.

CHAPITRE II
PARTAGE D'ASCENDANT[95]

SECTION I
DÉFINITION ET CARACTÈRES GÉNÉRAUX

Le partage d'ascendant est une opération de *nature mixte*, avant partage dont le support est une libéralité qui lui imprime en partie sa nature. Il suppose soit que les père et mère et autres ascendants ont respectivement

[95] Voir article 55 de la loi n° 88-02 AN-RM du 17 mars 1984 portant statut des notaires.

des volontés très arrêtées qu'ils désirent imposer, soit qu'ils prévoient des difficultés dans la répartition de leurs biens entre leurs héritiers après la mort. Il consiste pour l'ascendant de partager lui-même ses biens, de son vivant, entre ses héritiers présomptifs par le moyen de deux procédés : *la donation-partage et le testament-partage*[96].

Le partage fait par un ascendant ne peut être attaqué pour cause de lésion. Si tous les biens que l'ascendant laisse au jour de son décès n'ont pas été compris dans le partage, ceux de ses biens qui n'y auront pas été compris seront attribués ou partagés conformément à la loi.
La donation-partage est une disposition entre vifs par laquelle les personnes qui ont des enfants ou descendants *se dépouillent immédiatement et irrévocablement de leurs biens.* Elle présente l'avantage de permettre à l'ascendant vieilli de remettre l'exploitation familiale, désormais trop lourde, en des mains plus jeunes. Le descendant qui reçoit le bien, certain de le conserver, ne craindra pas de prendre immédiatement d'heureuses initiatives et d'y consacrer efforts et investissements. *Le testament-partage* est un acte juridique toujours révocable qui ne produit effet qu'au décès de l'ascendant. Il n'effectue entre les héritiers appelés qu'une simple répartition. L'initiative du disposant se borne à former des lots conformes aux dispositions de la loi entre descendants. L'ascendant peut se servir du testament partage pour user de sa quotité disponible en créant des avantages en faveur de certains de ses héritiers dans la mesure permise[97]. Par ailleurs, *le testateur n'est pas obligé d'observer une proportionnalité quelconque entre les divers éléments de la succession et la constitution des parts* : il peut donner par exemple au banquier les liquidités et les titres, à l'agriculteur les terres, à l'ingénieur les machines. Son action doit être cependant mesurée et ne pas donner lieu à une quelconque injustice susceptible de permettre à un héritier mécontent d'attaquer le testament.
Le testament partage ne concerne pas les biens irrévocablement sortis du patrimoine.
Les dispositions préciputaires sont hors part et acquises sans discussion. Les donations en avancement d'hoirie sont rapportables à la succession et imputables sur la part de l'intéressé.

---

[96] Voir également avant-projet de loi sur les successions au Mali article 163 et suiv., page 32.
[97] Voir Mazeaud opus déjà cité, page 911.

SECTION II
PARTAGE D'ASCENDANT, ACTE DE NATURE MIXTE

I. OPÉRATIONS DE PARTAGE

Il est soumis à toutes les conditions de forme et de fond d'un partage ordinaire. Comme dans le partage, l'ascendant doit *avoir une volonté de procéder à un partage et non à une libéralité* ; un partage même partiel doit être effectué, réalisant des attributions divises. L'ascendant doit respecter l'égalité en valeur, il reste cependant soumis aux règles ordinaires du partage lequel est susceptible de réduction lorsque les réserves sont atteintes. Dans les rapports entre les copartagés, la donation-partage produit les effets d'un partage dès le jour de la donation, contrairement au testament partage qui ne produit effet que du jour du décès de l'ascendant.

II. LE PARTAGE D'ASCENDANT A POUR SUPPORT UNE LIBÉRALITÉ

De par sa nature mixte le partage d'ascendant, acte à titre gratuit, est soumis aux formes de la donation ou du testament.

A. DONATION-PARTAGE

L'ascendant doit être obligatoirement propriétaire des biens compris dans le partage sous peine de nullité de l'acte tout entier.

Seuls les biens présents sont susceptibles d'être compris dans une donation-partage.

Les biens indivis, par exemple les biens de communauté, ne peuvent faire l'objet que d'un *partage conjonctif* par une donation-partage réalisée par le père et la mère.

La jurisprudence admet cependant la validité du partage fait par un ascendant sur l'ensemble de ses biens et de ceux de son conjoint prédécédé lorsque les enfants majeurs y ont consenti. Dans les rapports entre l'ascendant donateur et ses descendants *l'acte produit les effets d'une donation* ; il est irrévocable et entraîne un transfert à titre particulier.

Les descendants n'ont pas la charge des dettes de l'ascendant sauf clause spéciale.

Ils sont tenus à l'égard de l'ascendant de toutes les obligations des donataires.
Lorsque la donation-partage porte sur un immeuble, elle doit faire l'objet d'une publicité dans les formes prescrites en cas de donation pour que l'acte soit opposable aux tiers.
Dans le cadre de la dévolution successorale, les enfants bénéficiant d'une donation-partage conservent leur libéralité mais seulement dans la limite de la quotité disponible.

B. TESTAMENT-PARTAGE

Il ne produit effet comme nous l'avons vu plus haut que du jour du décès de l'ascendant. Il est essentiellement révocable ; tous ses effets sont ceux du partage. Lorsque le copartagé refuse la succession, il renonce par là même au bénéfice du testament-partage.

CONCLUSION GÉNÉRALE

Aux termes de cette étude sur le régime successoral actuel il nous vient à l'esprit les questions de savoir :

- d'une part quelles sont les forces de ce système héréditaire, quelles en sont les faiblesses ;
- et d'autre part comment confronter ces deux aspects, les concilier, les modeler en les *« triturant »* peut être de manière à en tirer une substance juridique homogène qui régirait sans heurts majeurs la transmission pour cause de mort du patrimoine de la famille au Mali. Les forces du présent système successoral puisent leur source dans le fait que le Mali, partie intégrante du concert des Nations modernes, se trouve impliqué dans le respect nécessaire des grands principes juridiques universels qui régissent la communauté internationale ; aussi est-il un devoir impérieux pour l'État malien d'élaborer une législation qui s'insère harmonieusement dans le système des valeurs internationales.

Le Mali est un État constitutionnel de forme républicaine et laïque ; un État de droit et de démocratie pluraliste qui a souscrit à la Déclaration universelle des droits de l'homme du 10 décembre 1948, à la Charte africaine des droits de l'homme et des peuples du 27 juin 1981 et qui a réaffirmé son attachement au respect de la personne humaine, à la liberté, à l'égalité, à la justice… sans discrimination aucune fondée sur l'origine sociale, la couleur, la langue, la race, le sexe, la religion et l'opinion politique.

En partant de ce constat, nous pouvons affirmer que de 1962 à ce jour, le législateur malien a pris nombre de décisions qui placent notre pays à une position respectable sur le plan juridique : le Code du mariage et de la tutelle dans ses articles 36, 33 al. 2, 53 ainsi que le Code des personnes et de la famille, essentiellement dans son article 318, ont consacré la pleine capacité civile de la femme mariée et son importance tant économique que sociale au sein d'une famille, *non plus globale, mais nucléaire* : en effet, l'homme n'est plus seul à assurer la direction matérielle de la famille ; il n'est plus seul à nourrir, entretenir, élever les enfants… ; il n'est plus seul à contribuer aux charges du ménage ; il les supporte conjointement avec sa femme et proportionnellement aux revenus de chacun.
Ces textes assurent la protection du mineur au moment de la dévolution successorale de son auteur en exigeant l'intervention du tuteur… tantôt pour accepter sous bénéfice d'inventaire ou répudier telle ou telle succession, tantôt pour autoriser la suspension de tout partage jusqu'à la majorité de l'héritier ainsi que la possibilité pour celui-ci devenu majeur de reprendre la succession répudiée.
Ils consacrent également la compétence des tribunaux judiciaires en cas d'ouverture et de dévolution successorale tout en soulignant le caractère d'ordre public conféré au respect lié à l'ordre légal des successions. L'article 53 al. 2 de l'ordonnance 36 CMLN du 31 juillet 1973 portant Code de la parenté, relayé par l'article 495 du CPF accorde à l'enfant naturel désormais les mêmes droits successoraux qu'à l'enfant légitime *(en dépit de la résistance persistante sur le plan religieux)*, tandis que les articles 522 à 542 du CPF régissent le problème de l'adoption *(adoption filiation et adoption protection)*, celle-ci n'étant autre que la transposition sur le plan du droit d'une tradition coutumière ancestrale du Mali.
C'est dans ce creuset successoral, duquel se détache le caractère positif de l'ensemble des lois que nous venons de constater, aussi bien que la consécration constitutionnelle de l'égalité entre les hommes dans leurs droits respectifs, moraux ou matériels *(en dépit de leur différence naturelle tenant à la nationalité, à la religion, au sexe…)*, que se situe fondamentalement la force du régime successoral actuel du Mali. Le système ancien comportait d'énormes faiblesses liées tantôt à l'absence

totale d'un code des successions, tantôt au caractère hétéroclite du régime qui était en vigueur, tantôt à la survivance de coutumes anachroniques. Avec la parution de la loi n° 2011-087 portant code des personnes et de la famille le 30 décembre 2011, le caractère hétérogène de la législation sur les successions se traduisant par l'application en la matière de diverses règles, tantôt du droit civil français, tantôt du droit coranique, tantôt du droit coutumier, faisant ainsi *« des affaires d'héritage au Mali un vrai casse-tête pour les tribunaux »)*[98], est désormais révolu sur plusieurs points de vue.

En rappelant ici le domaine successoral antérieur, l'on est tenté de le comparer à un îlot de traditions coutumières barbares situé au milieu d'un océan de modernités.
La barbarie de ces coutumes résulte surtout et essentiellement du sort qu'elles réservent à la femme dans les grandes familles traditionnelles. La femme vit effacée dans ces différentes communautés humaines qu'elles soient bamanan, sénoufo ou malinké… Elle n'a pas une personnalité juridique ; elle constitue un objet du patrimoine de la famille et entre par conséquent dans la composition de la masse successorale à partager. *Le lévirat* est une pratique courante dans ces coutumes où la femme est aussi *objet d'usufruit*. Dans les coutumes où on lui reconnaît tant soit peu la qualité d'héritière (dogon, bozo), elle ne peut prétendre qu'à des objets de peu de valeur et jamais à des biens immobiliers tels que champs, concessions ou tout autre.
N'est-ce pas là un anachronisme intolérable, une incohérence juridique inexplicable lorsque, en ce début du XXIe siècle, nous jetons un regard comparatif sur la constitution du Mali, État de droit et de démocratie pluraliste, *que nous avons même osé placer à l'avant-garde du droit en Afrique.* Il est vrai que ces incohérences, contraires à l'ordre public, ne produisent seulement effet que lorsque les différentes transmissions successorales se font à l'amiable, en dehors du prétoire et que le juge éventuellement saisi ne saurait jamais homologuer de telles décisions qui seraient *en « porte-à-faux » avec l'ordre public et les grands principes universels du droit.* Lorsque la Cour suprême statue en ces termes :
« *Les tribunaux doivent observer la coutume des parties même si cette coutume est impie* », elle n'envisage nullement les cas de violation de

[98] Voir journal *L'Essor Magazine*, juin 1992.

l'ordre public tant juridique, économique que social. En bref, la femme a toujours été considérée dans nos coutumes et à travers les âges comme un être inférieur et physiquement et dans ses droits malgré l'existence d'une loi fondamentale qui consacre l'égalité entre les deux sexes.
Dans les coutumes sous influence islamique aussi bien que dans les sociétés que sous-tendent les règles du christianisme, nous constatons une interférence entre les deux préceptes religieux autour de certaines données telles que les droits de la femme à l'héritage, à la propriété mobilière et immobilière ainsi que le principe sacré de l'égalité entre l'homme et la femme.

Enfin, il ressort des travaux des colloques internationaux aussi bien que des grandes décisions des jurisconsultes musulmans que le principe de l'inégalité édictée dans le Coran au cours du partage des biens héréditaires n'est qu'un aménagement intérieur au régime matrimonial musulman afin de rétablir l'équilibre dans le partage et assurer ainsi l'égalité entre les deux sexes. Les divergences d'opinions autour des dispositions de la sourate IV, 11 du Coran reposent sur une équivoque et constitue par là même un faux problème. Pour mieux l'élucider, nous vous renvoyons aux travaux du Colloque de Paris du 2 novembre 1974 visés ci-dessus ainsi qu'aux contenus des annexes I et II de la présente étude. La logique de notre raisonnement nous conduit à la fin de ce travail sur la succession au Mali à nous interroger sur la valeur intrinsèque de l'arrêt n° 16 du 13 septembre 1976 et de toute la jurisprudence qu'il a engendrée portant sur la proportion des parts de l'héritier mâle et de l'héritier femelle dans le contexte successoral malien.
Le libellé de cet arrêt est le suivant :
« S'agissant d'une succession musulmane la concession au décès de l'auteur commun doit être partagée dans la proportion d'une part pour l'héritier femelle et de deux parts pour l'héritier mâle. En ne respectant pas ces proportions le juge commet un excès de pouvoir et viole les principes de droit établis, à savoir les réserves déterminées par le Coran que nul ne peut modifier. »

Mais ces proportions ordonnées au profit des héritiers mâle et femelle, résultant d'un aménagement intérieur au régime matrimonial musulman afin de rétablir l'équilibre dans le partage et assurer ainsi l'égalité prônée de façon ferme entre les deux sexes par le Coran,

s'imposent-elles unanimement et de façon absolue à tous les musulmans du monde ? La réponse est négative à moins d'un régime matrimonial musulman uniformisé, stéréotypé, obligatoirement transposé dans toutes les communautés musulmanes quelles que soient leurs diversités géographique, physique, raciale ou sociale !
La République du Mali, pays musulman dans sa grande majorité (85 %) environ, dispose, dans son arsenal juridique, d'un régime matrimonial propre, non stéréotypé, dans lequel la femme ne constitue nullement une charge, mais un pivot familial qui participe autant que l'homme à l'entretien, à la promotion économique et à l'épanouissement du ménage. Les articles 33, 35 al. 2 et 53 du Code de la famille et de la tutelle *(en tant que raison écrite)*, relayés par l'article 318 du CPF confirment cette assertion.
Dans ce contexte, vouloir imposer au moment du partage successoral les proportions « *de deux parts pour l'homme contre une part pour la femme* » constitue assurément non seulement une atteinte au principe constitutionnel de l'égalité entre les deux sexes, *mais aussi et surtout une violation flagrante de la Constitution et de l'esprit du Coran.*
Dans la communication faite au séminaire de la justice intitulée « Pratique du droit successoral au Mali », le passage suivant a retenu notre attention et notre adhésion totale : « *l ne fait l'ombre d'un doute que les juridictions appliquent très souvent la loi coranique eu égard à l'importance de la communauté musulmane dans notre pays. Cette donnée n'est pas pour autant de nature à simplifier les tâches des tribunaux : les principes de la succession en droit musulman sont assez complexes. Même si la base est le Coran, il n'en demeure pas moins vrai comme l'a fait remarquer un juriste, qu'il n'existe aucun système général valable pour toutes les contrées. De même que la communauté islamique a fait place à une pluralité de sociétés musulmanes, de même le droit islamique a cédé le pas à des droits musulmans* »[99].
C'est pour toutes ces raisons que force est de conclure que l'arrêt n° 16 du 13 septembre 1976 de la Cour suprême du Mali et toute la jurisprudence qu'il a engendrée sont contraires tant à la constitution, à l'ordre public international qu''à l'esprit du Coran.
Pourquoi donc tout ce désordre jurisprudentiel ? C'est là un défi qu'il appartenait au législateur de relever rapidement par une synthèse appropriée de l'ensemble de nos coutumes et du droit positif, ce qui

[99] Voir « Pratique du droit musulman au Mali » par M. Doumbia, *op. cit.*

conduirait à « *une solution d'équilibre et de compromis, avec une vue de continuité qui ne sacrifie ni l'héritage du passé, ni l'irrésistible marche vers le modernisme* »[100] laquelle solution régirait sans heurts majeurs la matière successorale au Mali. Puisse le présent ouvrage contribuer à la relève de ce défi. *Ce défi fut relevé heureusement en 2011.* En effet, la loi n° 2011-087 du 30 décembre 2011 sur les successions au Mali incarne une solution d'équilibre et de compromis la mieux adaptée au tempérament malien mais comportant encore des lacunes sur lesquelles il importe de réfléchir. *En tout cas le défi est relevé et constitue essentiellement la matière de l'Annexe V.*

Une fois adoptée, la nouvelle loi sur les successions soulèvera certes beaucoup de discussions et de propos tendancieux dans une société où la grande majorité de la population est non seulement analphabète mais profondément imbue de fanatisme religieux, mais cette éventuelle réaction intégriste disparaît sûrement et rapidement sous l'effet d'une forte campagne de sensibilisation et d'explication des dispositions de la sourate 4, 11 du Coran sur les droits de la femme et encore qu'il est loisible, à l'instar du Sénégal, *d'adopter un compromis successoral* qui permet une option entre la succession *ab intestat* de droit commun et une éventuelle succession testamentaire de droit musulman, étant entendu qu'en cas de saisine, les tribunaux ne sauraient outre passer le cadre des dispositions constitutionnelles en vigueur au Mali.
Telle est actuellement la position du législateur malien ; mais autoriser une telle option est à notre avis critiquable dans une certaine mesure, car elle constituerait une atteinte aux principes fondamentaux de la constitution : considérons par exemple le sort de l'enfant naturel :

- *en cas d'option testamentaire* : par l'application du droit musulman l'enfant naturel sera rejeté et ne pourra prétendre à une quelconque vocation successorale ;
- *en cas d'option pour l'application du droit commun des successions* : au contraire, il sera considéré sur un même pied d'égalité que l'enfant légitime.

Autoriser donc une telle option ferait que dans le même pays, la même nation, le même État, la même République *l'enfant naturel, dans un même régime successoral, sera tantôt accepté comme héritier tantôt*

[100] Voir idem.

rejeté.
Cette incohérence porterait gravement atteinte aux dispositions de la constitution, aussi doit-elle autant que possible être évitée ; l'application de la loi n° 2011-087 du 30 décembre 2011 portant code des personnes et de la famille ne permet-elle pas une telle incohérence ? Oui lorsqu'il n'est pas permis à cet enfant de saisir les juridictions de droit commun afin qu'ils statuent conformément aux dispositions de la constitution.

LIVRE III
LIBÉRALITÉS

(Art. 945 à 1145 du CPF)

INTRODUCTION

Les libéralités sont constituées, *par des donations entre vifs* qui prennent effet immédiatement *et aussi celles pour cause de mort (ou libéralités testamentaires)*, faites par des personnes vivantes mais qui ne prennent effet qu'après leur décès c'est-à-dire à l'ouverture de leur succession. Après nous être longuement penché sur les dispositions testamentaires tout au long de l'étude précédente sur les successions, nous allons nous consacrer présentement à l'étude portant uniquement sur les donations entre vifs.

DONATIONS ENTRE VIFS

GÉNÉRALITÉS

On ne peut disposer de ses biens à titre gratuit que par donation entre vifs ou par la voie testamentaire ; la donation entre vifs est un acte par lequel le donateur se dépouille actuellement et irrévocablement de la chose donnée en faveur du donataire qui l'accepte. Les substitutions sont prohibées ; par exemple, toute libéralité par laquelle *le donataire A est chargé de conserver la chose donnée* et de la rendre ensuite à un tiers B sera nulle, même à l'égard du donataire A, à l'exception des dispositions permises relatives aux pères et mères et aux frères et sœurs. Lorsqu'une libéralité est faite à un donataire A. qui ne recueillerait pas le don et que c'est plutôt un tiers B qui serait appelé à le recueillir, une telle disposition ne sera pas regardée « *aux yeux de la loi* » comme *une substitution* et elle sera valable ; il en sera de même lorsque l'on donne *l'usufruit* d'un bien à l'un et *la nue-propriété* à l'autre.

Dans toute disposition entre vifs, *les conditions impossibles*, c'est-à-dire celles contraires *aux lois ou aux mœurs* seront réputées comme non écrites.

Les clauses d'inaliénabilité affectant un bien donné ne sont valables *que si elles sont temporaires et justifiées par un intérêt sérieux et légitime* ; le donataire peut être autorisé à disposer du bien si l'intérêt qui avait justifié la clause a disparu ou s'il advient qu'un intérêt plus important l'exige. Par ailleurs si postérieurement à la révision,

l'exécution des conditions ou des charges, *telle qu'elle était prévue à l'origine*, redevient possible, elle pourra être demandée par *les héritiers* ; il importe de remarquer que les libéralités consenties à des personnes morales ou même à des personnes physiques à charge de constituer des personnes morales sont valables. Toute clause par laquelle le disposant prive de la libéralité celui qui mettrait en cause la validité d'une clause d'inaliénabilité ou demanderait l'autorisation d'aliéner, est réputée non écrite. Tout bénéficiaire de donations sous conditions ou grevées de charges de telle sorte que *l'exécution de ces conditions et charges* est devenue pour lui, soit extrêmement difficile, soit sérieusement dommageable, peut demander par voie principale ou par voie reconventionnelle *(en réponse à l'action en exécution ou en révocation que les héritiers du disposant ont introduite)* que *soient révisées en justice* lesdites conditions ou lesdites charges.
Cette demande est formée contre les héritiers et à défaut adressée au ministère public lequel, dans tous les cas, doit avoir communication de l'affaire. Le juge saisi est souverain dans sa décision. *La demande en révision n'est recevable que dix (10) années après la mort du disposant* ; en cas de demande successive, elle ne saurait être recevable que dix (10) années après le jugement qui a ordonné la précédente révision ; la personne gratifiée *(le donataire)* devant, *dans l'intervalle pour exécuter ses obligations*, justifier des diligences qu'elle a faites. À l'encontre du jugement faisant droit à l'action en révision, *la tierce opposition* n'est recevable qu'en *cas de fraude imputable au donataire.* La rétractation ou la reformation du jugement attaqué n'ouvre droit à aucune action contre le tiers acquéreur de bonne foi.

CHAPITRE I
CONDITIONS DE VALIDITÉ D'UNE DONATION ENTRE VIFS

SECTION I
CONDITION DE FOND : CAPACITÉ

Pour qu'il y ait donation entre vifs deux (2) conditions sont fondamentales : *le donateur doit être capable de disposer et le donataire capable de recevoir.* Dans l'un et l'autre cas, il faut être sain d'esprit.

1) ÊTRE CAPABLE DE DISPOSER

Toute personne remplissant ces conditions peut donc disposer et recevoir, excepté celle que la loi en déclare incapable. Toute disposition au profit d'un incapable est nulle à moins qu'on la déguise sous la forme d'un contrat onéreux ou qu'on la fasse sous le nom de personnes interposées c'est-à-dire des père et mère, des enfants et descendants et aussi l'époux de la personne incapable.

Par exemple, le mineur de moins de seize (16) ans ne peut pas disposer, exceptionnellement la loi *(article 1141 du CPF)* permet à ce mineur de disposer, *par convention matrimoniale*, en faveur de l'autre époux, soit par donation simple, soit par donation réciproque, *mais seulement avec le consentement et l'assistance de ceux dont le consentement est requis pour la validité de son mariage* ; avec ce consentement, il peut donner tout ce que la loi permet à l'époux majeur de donner à l'autre conjoint. Par ailleurs à défaut de parent au 6e degré inclusivement, ledit mineur pourra désormais disposer comme le ferait un majeur.

2) ÊTRE CAPABLE DE RECEVOIR

Pour être capable de recevoir entre vifs il suffit d'*être conçu au moment de la donation*, alors que la capacité de recevoir en ce qui concerne le testament se situe plutôt *à l'époque du décès du testateur.*

Dans tous les deux (2) cas, la donation aussi bien que le testament ne produisent effet *qu'autant que l'enfant sera né viable.*

Cette notion de viabilité, nous le savons, est sujette à une forte controverse et une jurisprudence abondante.

Enfin le mineur, bien que parvenu à l'âge de seize (16) ans, ne peut disposer même par testament au profit de son tuteur. De même le mineur devenu majeur ou émancipé ne peut disposer par donation entre vifs ou par testament au profit de celui qui *a été son tuteur* tant que le compte définitif de la tutelle n'a pas été préalablement rendu et apuré, exception faite du cas où le tuteur en question n'est autre *qu'un ascendant du mineur légitime ou naturel peu importe. Les docteurs en médecine ou en chirurgie, les officiers de santé et les pharmaciens* qui ont traité une personne pendant la maladie dont elle meurt, ne peuvent profiter des dispositions entre vifs qu'elle aurait faites en leur faveur pendant le cours de cette maladie à l'exception :

1) *des dispositions rémunératoires* faites à titre particulier eu égard aux facultés du disposant et des services rendus ;

2) *des dispositions universelles* dans le cas de parenté jusqu'au quatrième degré inclusivement, pourvu que le décédé n'ait pas d'héritier en ligne directe ; à moins que celui en faveur de qui la disposition a été faite ne soit lui-même du nombre de ces héritiers.

Les mêmes règles sont observées à l'égard *du ministre du culte.*
Les dispositions entre vifs au profit *des hospices, des pauvres d'une commune, d'établissements d'utilité publique* ne porteront effet qu'autant qu'elles auraient été autorisées par un arrêté du ministère chargé des collectivités.

SECTION II
CONDITIONS DE FORME :
ACTE CONTRACTUEL NOTARIE

La donation entre vifs est un *acte contractuel important*, dangereux dans le maintien de l'équilibre du patrimoine de la famille et auquel le législateur malien a porté une attention particulière ; c'est pourquoi l'article 990 du CPF est libellé comme suit : *« tout acte portant donation entre vifs est passé devant notaire, dans la forme ordinaire des contrats ; et il en reste minute, sous peine de nullité ».* Pour qu'un acte de donation entre vifs produise donc un effet juridique, il faut que le donateur accepte de s'engager et que cet engagement soit accepté en terme exprès par le donataire ; cette acceptation doit se passer du vivant du donateur par un acte postérieur et authentique dont il reste minute ; mais la donation n'aura d'effet à l'égard du donateur qu'à partir du jour où l'acte constatant l'acceptation lui aura été notifié. Ainsi, toute donation dûment acceptée est *parfaite* par le seul consentement des parties ; et la propriété des objets donnés est transférée au donataire sans aucune autre formalité.

Le donateur peut stipuler *le droit de retour* des objets donnés en cas de prédécès du donataire seul ou en cas de prédécès du donataire et de ses descendants ; l'effet du droit de retour est de résoudre toutes les aliénations des biens donnés, et de faire revenir ces biens au donateur, francs et quittes de toutes charges (art. 1008 et1009 du CPF).
Si le donataire *est majeur*, l'acceptation est faite par lui-même, ou en son nom par la personne fondée de sa procuration ou encore celle ayant

un pouvoir général d'accepter les donations qui auraient été ou qui pourraient être faites. Ces différentes pièces *(procuration ou pouvoir général d'accepter...)* doivent être annexées à la minute de la donation ou à la minute de l'acceptation qui serait faite par acte séparé. La donation entre vifs ne peut comprendre, conformément *à l'article 1000 du CPF*, que les biens présents du donateur ; *si elle comprend des biens à venir, elle est nulle à cet égard.*
Lorsque le donataire est *mineur non émancipé ou majeur en tutelle*, l'acceptation du tuteur respectif est exigée ; il importe de souligner que les père et mère peuvent accepter pour le mineur émancipé ; de même les autres ascendants, *même du vivant des père et mère*, quoiqu'ils ne soient pas tuteurs du mineur, peuvent accepter pour lui. Les donations faites au profit des hospices, des pauvres d'une commune ou d'établissements d'utilité publique, sont acceptées par les administrateurs de ces communes ou établissements après y avoir été dûment autorisés.

Lorsqu'il y a lieu à une donation entre vifs, portant sur des biens susceptibles d'hypothèques, *il faudrait procéder nécessairement à la publication au niveau du service chargé de la Conservation des domaines des actes contenant la donation et l'acceptation, ainsi que la notification de l'acceptation* qui aurait eu lieu par acte séparé.
Cette publication est faite à la diligence des tuteurs, curateurs ou administrateurs lorsque la donation entre vifs est faite à des mineurs, à des majeurs en tutelle ou à des établissements publics ; le défaut de publication peut être opposé par toute personne ayant intérêt sauf par celles qui sont chargées de faire la publication ou leurs ayants cause et le donateur. Les mineurs et les majeurs en tutelle victimes du défaut d'acceptation ou de publication des donations ne sont point restitués. Ils peuvent cependant faire, s'il le faut, un recours contre leurs tuteurs sans toutefois obtenir restitution dans la mesure où lesdits tuteurs se trouveraient insolvables.

Donations sous conditions.
Toute donation entre vifs faite sous des conditions dont l'exécution dépend de la seule volonté du donateur est nulle : *(article 1001 du CPF).*
La donation est également nulle lorsqu'elle est faite sous la condition d'acquitter d'autres dettes ou charges autres que celles qui existaient au moment de la donation, ou qui seraient exprimées soit dans l'acte de

donation, soit dans l'état qui devrait y être annexé (*article 1002 du CPF).*
Que se passe-t-il lorsqu'un donateur, après qu'il se soit réservé la liberté de disposer d'un effet compris dans la donation, ou d'une somme fixe sur les biens donnés, meurt sans toutefois avoir eu le temps de jouir de cette disposition ?
Ledit effet ou ladite somme appartiendra, *conformément à l'article 1003 du CPF*, aux héritiers du donateur nonobstant toutes clauses ou stipulations contraires.
Il importe de souligner que les dispositions des articles précédents 1001, 1002 et 1003 du CPF ne s'appliquent point aux donateurs dont est mention aux titres VII et VIII du CPF, concernant respectivement *les partages d'ascendants ainsi que les donations faites par conventions matrimoniales aux époux et aux enfants à naître du mariage.*
Le donateur peut faire la réserve à son profit ou disposer au profit d'un autre *de la jouissance ou de l'usufruit des meubles ou immeubles donnés.*
Enfin pour qu'un acte de donation d'effets mobiliers soit valable, il faut que les effets dont un état estimatif, *signé du donateur et du donataire, ou de ceux qui acceptent pour lui*, ait été dressé et annexé à la minute de la donation.
Lorsque la donation d'effets mobiliers a été faite avec réserve d'usufruit, le donataire est tenu, à l'expiration de l'usufruit, de prendre les effets donnés qui se trouvent en nature, dans l'état où ils sont.
Lorsque le donataire constate la non-existence de certains objets compris dans le procès-verbal d'inventaire, il a action contre le donateur et ses héritiers pour leur valeur, et ce, jusqu'à concurrence de la valeur qui leur a été donnée dans l'état estimatif.

CHAPITRE II
LE PRINCIPE « DONNER ET RETENIR NE VAUT »

SECTION I
PRINCIPE À CARACTÈRE DANGEREUX

Le principe « *donner et retenir ne vaut* » traduit ce que l'on appelle généralement la règle de l'irrévocabilité des donations entre vifs ; il résulte de l'article 945 du CPF et est ainsi libellé : « la donation entre vifs est acte par lequel le donateur se dépouille *actuellement* et *irrévocablement* de la chose donnée en faveur du donataire qui *l'accepte* » ; ce qui veut dire que la chose donnée sort *actuellement* c'est-à-dire *immédiatement* et *irrévocablement*, c'est-à-dire *définitivement* du patrimoine familial. La donation entre vifs est donc un acte essentiellement dangereux car il procède au déséquilibre de la famille, cellule de base de l'État par l'appauvrissement parfois injustifié du patrimoine familial du donateur. L'acte est dangereux aussi par son caractère *irrévocable* ; en effet une fois la donation juridiquement accomplie, le sort de la chose donnée est scellé car il n'est plus possible de « reculer », d'où l'expression *« donner et retenir ne vaut »*.

L'importance du danger d'un tel acte peut se traduire par le fait que le comportement tant soit peu inconscient de tel ou tel donateur pourrait entraîner inutilement la faillite de telle ou telle entreprise économique ou encore conduire à la ruine telle ou telle famille…

Voilà pourquoi le législateur, dans sa volonté de protection du patrimoine familial, donc de la famille, de la nation, voire de l'État, a tenu à limiter, tant l'étendue du champ d'action de la donation entre vifs, que l'impact éventuel de la dangerosité de cet acte, en stipulant dans les articles 1010 à 1022 du CPF les exceptions suivantes à la règle relative au principe de l'irrévocabilité de la donation entre vifs.

SECTION II
EXCEPTIONS À LA RÈGLE DE L'IRREVOCABILITÉ

Les exceptions sont les suivantes :

1) La révocation a lieu en cas d'inexécution des conditions qui sous-tendent la donation entre vifs.

Elle n'a jamais lieu de plein droit. Lorsqu'il y a révocation les biens donnés rentrent dans les mains du donateur libres de toutes charges et hypothèques du chef du donataire.

Par ailleurs, le donateur a contre les tiers détenteurs des immeubles donnés tous les droits qu'il aurait contre le donataire lui-même. Dans ce cas, la révocation n'a jamais lieu de plein droit.

2) La donation entre vifs peut être révoquée pour cause d'ingratitude dans les cas suivants :

- si le donataire a attenté à la vie du donateur ;
- s'il s'est rendu coupable envers lui de sévices, délits ou injures graves ;
- s'il lui refuse des aliments.

La révocation pour cause d'ingratitude n'a également jamais lieu de plein droit.
La demande en révocation pour cause d'ingratitude doit être formée dans l'année, à compter du jour du délit imputé par le donateur au donataire ou à compter du jour où le délit a pu être connu par le donateur. Autant le donateur ne peut demander cette révocation contre les héritiers du donataire, autant les héritiers du donateur ne peuvent demander une telle révocation contre le donataire. *Enfin la révocation n'a aucun effet sur les aliénations faites par le donataire, ni sur les hypothèques et autres charges réelles qu'il a pu imposer sur l'objet de la donation*, pourvu que tout soit antérieur à la publication au service chargé de la Conservation des domaines. Lorsque la révocation est prononcée, le donataire sera condamné à restituer la valeur des objets aliénés ainsi que les fruits à compter du jour de la demande.
3) Révocation pour cause de survenance d'enfant.
Toutes donations entre vifs faites par personne qui n'avait point d'enfant ou de descendant actuellement vivant dans le temps de la demande, demeurent révoquées de plein droit par la survenance d'un enfant légitime du donateur, même d'un posthume, ou par la légitimation d'un enfant naturel par mariage subséquent, s'il est né depuis la donation. Peu importe la valeur de ces donations et à quelque titre qu'elles aient été faites et encore qu'elles fussent gratuites ou rémunératoires. Peu importe aussi que ces donations aient été faites en faveur de mariage par autres que par les ascendants aux conjoints, ou par les conjoints l'un à l'autre.

Que se passerait-t-il lorsque le donataire serait déjà entré en possession des biens donnés et qu'il y aurait été laissé depuis la survenance de l'enfant ?
Au terme de l'article 1018 du CPF, le législateur a répondu « *que la donation demeurera pareillement révoquée* » ; dans ce cas le donataire ne serait pas tenu de restituer les fruits qu'il a perçu et ce, de quelque nature que soient ces fruits, sauf le cas où la naissance de l'enfant ou sa légitimation par mariage subséquent lui aurait été notifiée par exploit ou autre acte de bonne forme, et ce, même quand la demande pour rentrer dans les biens n'aurait été formée que postérieurement à cette notification.
En cas de révocation, les biens compris dans la donation révoquée de plein droit, rentrent dans le patrimoine du donateur libre de toutes

charges et hypothèques du chef du donataire, quand bien même la donation aurait été faite en faveur du mariage du donataire et insérée dans le contrat et que le donateur se serait obligé comme caution, par la donation, à l'exécution du contrat de mariage.

Lorsque les donations entre vifs sont ainsi révoquées, pourraient-elles revivre soit par la mort de l'enfant du donateur, soit par un acte confirmatif ?
Non les donations révoquées dans ces conditions ne peuvent pas revivre, à moins que le donateur ne fasse une nouvelle disposition.
Enfin le donataire ou ses héritiers ou ayants cause et autres détenteurs des choses données, ne peuvent-ils pas opposé la prescription pour faire valoir la donation révoquée par la survenance d'enfant ?
Si, l'article 1022 le leur permet ; en effet, ils peuvent bien le faire, *mais seulement la prescription ne jouera qu'après une possession de vingt (20) années* qui ne pourront commencer à courir que du jour de la naissance du dernier enfant du donateur, même posthume et ce sans préjudice des interruptions telles que de droit.

SECTION III
ÉTENDUE DE LA PORTION DES BIENS DISPONIBLES

Tout individu est libre de disposer de ses biens comme il l'entend, mais dans la mesure où ces dispositions ne portent pas atteinte à l'équilibre du patrimoine familial et par ricochet à celui de la famille ; aussi le législateur a-t-il fixé des limites aux libéralités en général que sont les donations entre vifs ou testamentaires.
Quelle est l'étendue de la portion des biens dont peut disposer le donateur ?
Le législateur a ainsi stipulé :
- les libéralités (donations entre vifs ou testamentaires) ne peuvent *dépasser la moitié **(1/2)** des biens du disposant* s'il laisse à son décès quatre enfants au plus ;
- il ne pourra disposer que *du cinquième **(1/5)** de ces biens* s'il laisse plus de quatre enfants légitimes ou naturels. Par le terme *enfant*, il faut comprendre également *les descendants en quelque degré que ce soit*, encore qu'ils ne doivent être comptés que pour l'enfant dont ils tiennent la place *dans la succession du disposant* ;

- les libéralités par actes entre vifs ou testamentaires ne peuvent excéder *le quart **(1/4)** des biens* lorsque le donateur laisse à son décès, à défaut d'un enfant, mais un ou plusieurs ascendants dans chacune des lignes, paternelle et maternelle ;
- elles seront *réduites au tiers **(1/3)** des biens du donateur* lorsque ce dernier ne laisse d'ascendants que dans une ligne ;
- le donateur ne peut excéder non plus *le tiers **(1/3)** de ses biens* lorsqu'il n'a plus comme héritier ni descendant, ni ascendant, *mais plutôt un conjoint survivant, non divorcé*, contre lequel n'existe pas de jugement de séparation de corps passé en force de chose jugée et qui n'est pas engagé dans une instance en divorce ou séparation de corps ;
- la loi permet au donateur entre vifs ou testamentaire *de disposer de la totalité de ses biens* à défaut de descendant, d'ascendant et de conjoint survivant non divorcé, non séparé de corps ou non engagé dans une instance en divorce ou en séparation de corps ;
- lorsque la donation, par acte entre vifs ou testamentaire, porte sur *un usufruit ou sur une rente viagère*, la valeur d'une telle libéralité ne saurait excéder *le quantum de la quotité disponible*, sinon *les héritiers au profit desquels la loi fait une réserve*, auront l'option, ou d'exécuter cette disposition ou de faire le choix de l'abandon de la propriété de la quotité disponible.

Par ailleurs, la valeur en pleine propriété des biens qui ont été aliénés, soit à charge de rente viagère, soit à fonds perdu, ou avec réserve d'usufruit à l'un des successibles en ligne directe, est imputée à la portion disponible et s'il en reste un excédent, il est rapporté à la masse ; cette imputation et ce rapport ne peuvent pas être demandés par les héritiers des autres successibles en ligne directe qui ont consenti à ses aliénations, ni en aucun cas par les successibles en ligne collatérale. Enfin, la propriété de la quotité disponible peut être donnée par acte entre vifs ou testamentaire, *en totalité ou en partie* aux enfants ou autres successibles du donataire, sans être sujette au rapport par le donataire ou le légataire venant à la succession, pourvu qu'en ce qui concerne les dons la disposition *soit faite expressément à titre de préciput et hors part.* Il importe cependant de déclarer que la donation entre vifs *est faite à titre de préciput et hors part* ; ladite déclaration doit être faite soit dans l'acte qui contient la disposition, soit postérieurement, dans la forme des dispositions entre vifs ou testamentaires.

CHAPITRE III
DIFFÉRENTES FORMES DE DONATIONS ENTRE VIFS

Elles sont de diverses sortes.
Ce sont essentiellement : les donations-partage, les donations faites par conventions matrimoniales aux époux et aux enfants à naître du mariage, les donations faites entre époux par convention matrimoniale ou pendant le mariage et enfin les dispositions permises.

SECTION I
DONATIONS-PARTAGE

La donation-partage est un partage d'ascendant, acte de nature mixte, gratuit, soumis aux formes de la donation et produisant les effets d'un partage dès le jour de la donation, contrairement au testament-partage lequel ne produit effet que du jour du décès de l'ascendant. Nous pouvons en conséquence définir la donation-partage comme étant une disposition entre vifs par laquelle, les personnes qui ont des enfants ou descendants, donnent et partagent entre eux, de leur vivant, tout ou partie de leurs biens, s'en dépouillant ainsi immédiatement et irrévocablement. La donation et le partage peuvent être faits par actes séparés pourvu que l'ascendant intervienne aux deux actes.
La donation-partage présente l'avantage de permettre à l'ascendant vieilli de remettre l'exploitation familiale, désormais, en des mains plus jeunes. Le descendant qui reçoit le bien, certain de le conserver, ne craindra pas de prendre immédiatement d'heureuses initiatives et d'y consacrer efforts et investissements.
Les donations entre vifs faites en avancement d'hoirie sont rapportables à la succession et imputables sur la part de l'intéressé.

Dans la donation-partage l'ascendant doit être obligatoirement propriétaire des biens compris dans le partage sous peine de nullité de l'acte tout entier ; seuls les biens présents sont susceptibles d'être compris dans une donation-partage. Les biens indivis, par exemple ceux de la communauté, ne peuvent faire l'objet que d'un partage *conjonctif* par une donation-partage réalisée par le père et la mère. La jurisprudence française admet la validité du partage fait par un ascendant sur l'ensemble de ses biens et de ceux de son conjoint prédécédé lorsque les enfants majeurs y ont consentis.

Dans les rapports entre l'ascendant donateur et ses descendants l'acte produit les effets d'une donation ; il est irrévocable et entraîne un transfert à titre particulier. Les descendants n'ont pas la charge des dettes de l'ascendant sauf clause spéciale. Ils sont tenus à l'égard de l'ascendant de toutes les obligations des donataires. Lorsque la donation-partage porte sur un immeuble, elle doit faire l'objet d'une publicité dans les formes prescrites en cas de donation, pour que l'acte soit opposable aux tiers. Dans le cadre de la dévolution successorale les enfants bénéficiant d'une donation-partage conservent leur libéralité, mais seulement dans la limite de la quotité disponible. Les biens reçus par les descendants à titre de partage anticipé constituent un avancement d'hoirie imputable sur leur part de réserve, à moins qu'ils n'aient été donnés expressément par préciput et hors part.

Les donations-partages suivent les règles des donations entre vifs pour tout ce qui concerne l'imputation, le calcul de la réserve et la réduction. L'action en réduction ne peut être introduite qu'après le décès de l'ascendant qui a fait le partage ou du survivant des ascendants en cas de partage conjonctif. Elle se prescrit par cinq (5) ans à partir dudit décès. Lorsqu'un descendant n'a pas participé à la donation-partage ou a reçu un lot inférieur à sa part de réserve, *s'il n'existe pas à l'ouverture de la succession des biens non compris dans le partage et suffisants pour composer ou compléter sa réserve*, il peut exercer l'action en réduction. L'enfant non encore conçu au moment de la donation-partage dispose d'une semblable action pour composer ou compléter sa part héréditaire.
Malgré la réalité de l'existence des règles applicables aux donations entre vifs et sauf une convention contraire, *les biens donnés ne sont nullement évalués au jour de la donation-partage pour l'imputation et le calcul de la réserve*, qu'à condition bien sûr que tous les enfants vivants ou représentés au décès de l'ascendant aient reçu un lot dans le partage anticipé, *l'aient accepté expressément et qu'il n'ait pas été prévu de réserve d'usufruit portant sur une somme d'argent (article 1119 du CPF).*

Composition des lots ?
Le lot de certains gratifiés peut être formé, en totalité ou en partie, des donations, soit rapportables, soit préciputaires, déjà reçus par eux de l'ascendant.

Comment procéder à l'évaluation de ces biens, au cas où ceux-ci ont, dans l'intervalle, éventuellement fait l'objet d'emplois ou de remplois ? Il importe de répondre que la date d'évaluation applicable au partage anticipé est également applicable aux donations antérieures qui lui ont été ainsi incorporées et que toute stipulation contraire est réputée non écrite *(arti. 1120 du CPF)*. Les parties peuvent aussi convenir qu'une donation préciputaire antérieure sera incorporée au partage et imputée sur la part de réserve du donataire à titre d'avancement d'hoirie *(art. 1121 du CPF)*. *Observations :* Les conventions prévues dans les articles précédents 1120 et 1121 du CPF peuvent avoir lieu même en l'absence de nouvelles donations de l'ascendant ; elles ne sont pas considérées comme étant des libéralités entre les descendants, *mais comme un partage fait par l'ascendant.*

SECTION II
DONATIONS FAITES PAR CONVENTION MATRIMONIALE, AUX ÉPOUX ET AUX ENFANTS À NAÎTRE DU MARIAGE

La donation entre vifs de biens présents, bien que faite par convention matrimoniale aux époux ou à l'un d'eux, est soumise aux règles générales prescrites concernant les donations. Elle ne peut pas se faire au profit *des enfants à naître* sauf dans les cas précis énoncés au Titre VI du CPF relatif aux *« Dispositions permises en faveur des petits-enfants du donateur ou testateur, ou des enfants des frères et sœurs »*.
Par ailleurs, dans le cas présent, les père et mère, les autres ascendants, les parents collatéraux des époux et même les étrangers, pourront, par convention matrimoniale, disposer de tout ou partie des biens qu'ils laisseront au jour de leur décès, tant au profit desdits époux qu'au profit *des enfants à naître* de leur mariage mais seulement à la condition que *le donataire survive à l'époux donataire (art. 1126 du CPF).*
En effet, pour le législateur soucieux de la protection de la cellule familiale, une pareille donation, quoique faite au profit seulement des époux ou de l'un d'eux, est toujours dans ledit cas de survie du donateur, présumée faite au profit des enfants et descendants à naître du mariage ; une telle donation est irrévocable, en ce sens seulement que le donateur ne peut plus disposer à titre gratuit, des objets compris dans la donation, si ce n'est pour sommes modiques, à titre de récompense ou autrement.

Enfin que va-t-il se passer lorsque, par *convention matrimoniale*, le donateur a disposé de tout ou partie et cumulativement *des biens présents et à venir*, avec la charge qu'un état des dettes et charges du donateur existantes au jour de la donation sera annexé à l'acte de donation ?
Dans ce cas le législateur laisse toute latitude au donataire, lors du décès du donateur, de s'en tenir uniquement aux biens présents en renonçant au surplus des biens du donateur *(art. 1128 du CPF).* Et si l'état des dettes et charges du donateur existantes au jour de la donation n'est pas annexé à l'acte contenant donation des biens présents et à venir ?

Dans ce cas, le donataire est obligé d'accepter ou de répudier cette donation pour le tout.
En cas d'acceptation, il ne peut réclamer que les biens qui se trouvent existants au jour du décès du donateur ; *il est alors soumis au paiement de toutes les dettes et charges de la succession.*
La donation par convention matrimoniale en faveur des époux et des enfants à naître de leur mariage, peut encore être faite valablement :

- d'une part à condition de payer *indistinctement* toutes les dettes et charges de la succession du donateur ;
- d'autre part, sous d'autres conditions, dont l'exécution par le donataire *dépendrait de la volonté de ce donateur ;* le donataire est tenu dans un tel cas d'accomplir ces conditions, sauf s'il préfère plutôt renoncer à la donation *(art. 1130 du CPF).*

Il peut arriver parfois que le donateur, par convention matrimoniale, se soit réservé la liberté de disposer soit d'un effet compris dans la donation de ses biens présents, soit d'une somme d'argent fixe à prendre sur ces mêmes biens et puis que malheureusement il meurt sans en avoir disposé.
Que va-t-il alors se passer ?
Le législateur a décidé dans l'article 1130 al. 2 du CPF que *l'effet ou la somme* susvisé est censé compris dans la donation et appartiendra en conséquence au donataire ou à ses héritiers.

Pour conclure, nous faisons remarquer :

- que les donations faites par convention matrimoniale ne peuvent être attaquées ni déclarées nulles, sous prétexte de défaut d'acceptation ;

- que toute donation faite en faveur du mariage est caduque, si le mariage ne s'ensuit pas ;
- que les donations faites à l'un des époux, dans les termes des articles 1126, 1128 et 1130 du CPF visés ci-dessus, deviennent caduques si le donateur survit à l'époux donataire et à sa postérité ;
- enfin que toutes donations faites aux époux par leur convention matrimoniale sont, lors de l'ouverture de la succession du donateur, réductibles, lorsque le quantum des donations dépasse celui de la quotité disponible, c'est-à-dire la portion dont la loi permettait au donateur de disposer.

SECTION III
DONATIONS ENTRE ÉPOUX, SOIT PAR CONVENTION MATRIMONIALE, SOIT PENDANT LE MARIAGE

Les donations peuvent se faire par convention matrimoniale entre époux.
Elles se font soit réciproquement, soit par l'un des deux époux à l'autre et de la façon qu'ils jugeront bien à propos. Pour qu'une donation entre vifs de biens présents, faite entre époux par convention matrimoniale, soit censée faite sous la condition de survie du donataire, il faudrait nécessairement que cette condition de survie soit formellement exprimée. Cette donation sous condition de survie du donataire est également soumise à toutes les règles et formes prescrites par la loi pour ces genres de donations. Tout comme des donations pareilles *qui leur sont faites par un tiers*, la donation de biens à venir, ou de biens présents et à venir, *faite entre époux par convention matrimoniale, soit simple, soit réciproque*, est soumise elle aussi aux règles établies par le Titre VIII du CPF, reprises dans le précédant chapitre II de la présente étude et relatives aux *« donations faites par convention matrimoniale aux époux et aux enfants à naître du mariage »* ; sauf que dans ce cas précis la donation n'est point transmissible aux enfants issus du mariage, en cas de décès de l'époux donataire avant l'époux donateur.

L'époux conscient du fait qu'il ne laisserait pas d'enfant, ni de descendant légitime ou naturel, pourrait, soit par convention matrimoniale, soit pendant le mariage, disposer en propriété, en faveur de l'autre époux, *non seulement de tout ce qu'il pourrait disposer en faveur d'un étranger, mais en outre, de la nue-propriété de la portion réservée aux ascendants conformément aux dispositions de l'article 973 du CPF.*

Au cas où l'époux laisserait des enfants ou descendants, soit légitimes, issus ou non du mariage, soit naturels, il pourra disposer en faveur de l'autre époux :

- soit de la pleine propriété de ce dont il pourrait disposer en faveur d'un étranger ;
- soit d'un quart (1/4) de ses biens en pleine propriété et des trois autres quarts en usufruit ;
- soit encore de la totalité de ses biens en usufruit seulement *(article 1139 du CPF).*

S'agissant des biens soumis à l'usufruit, les enfants ou descendants ont le droit d'exiger, malgré toute stipulation contraire du disposant, qu'il soit dressé inventaire des meubles ainsi qu'état des immeubles (art. 1141 du CPF).

Cas du mineur

Le mineur ne peut pas, par convention matrimoniale, donner à l'autre époux, soit par donation simple, soit par donation réciproque.

Il lui faut absolument s'enquérir du consentement et de l'assistance de ceux dont le consentement est requis pour la validité de son mariage.

Avec un tel consentement, le mineur pourra donner tout ce que la loi permet à l'époux majeur de donner à l'autre conjoint.

Considérons le cas d'un ménage, marié sous un régime monogamique, avec des enfants ; que le divorce s'en est suivi et qu'un des époux se soit remarié et a fait à son second conjoint, dans la limite de l'article 1139 du CPF visé ci-dessus, une libéralité en propriété.

Que peut-il se passer ?

Le législateur par l'article 1143 du CPF permet et donne à chacun des enfants du premier lit, en ce qui le concerne, sauf volonté contraire et non équivoque du disposant, la faculté de substituer à l'exécution de cette libéralité, *l'abandon de l'usufruit de la part de succession qu'il eût recueillie en l'absence de conjoint survivant.*

Par ailleurs, ceux qui auront à exercer cette faculté, pourront exiger que soit appliquées les dispositions de l'article 1141 du CPF selon lequel, s'agissant des biens soumis à l'usufruit, les enfants ou descendants ont

le droit d'exiger, sauf stipulation contraire du disposant, qu'il soit dressé un inventaire des meubles ainsi qu'un état des immeubles.
Les époux ne peuvent pas se donner indirectement, c'est-à-dire de façon déguisée, au-delà de ce qui leur est permis.
Toute donation faite entre époux pendant le mariage, quoique qualifiée entre vifs, est toujours révocable.
Toute donation déguisée, ou faite à personnes interposées est nulle.
Lorsqu'un époux acquiert un bien avec des deniers qui lui ont été donnés *à cette fin* par l'autre, la donation n'est évidemment que *des deniers* et nullement du bien auquel ils sont employés ; *dans ce cas les droits du donateur ou de ses héritiers n'ont pour objet qu'une somme d'argent suivant la valeur actuelle du bien* ; en cas d'aliénation de ce bien, on considère la valeur qu'il avait au jour de l'aliénation ; si un nouveau bien a été subrogé au bien aliéné, on considère la valeur de ce nouveau bien.

SECTION IV
DONATIONS PERMISES EN FAVEUR DES PETITS-ENFANTS DU DONATEUR (OU TESTATEUR), OU DES ENFANTS DE SES FRÈRES ET SŒURS

Les biens dont les père et mère ont la faculté de disposer peuvent être par eux donnés, en tout ou en partie, à un ou plusieurs de leurs enfants par acte entre vifs ou testamentaires, avec la charge de rendre ces biens aux enfants nés et à naître, *au premier degré seulement*, desdits donateurs. La même forme de donation entre vifs faite au profit d'un ou de plusieurs de ses frères et sœurs sont également valables, *mais seulement en cas de mort sans enfant.* Il importe de souligner que les dispositions permises dans les deux cas précédents ne sont valables qu'autant que la charge de restitution est au profit *de tous les enfants nés et à naître du grevé seulement*, sans exception aucune, sans préférence aucune, ni d'âge, ni de sexe desdits frères ou sœurs donataires.
Et si, dans les cas visés ci-dessus, le grevé de restitution au profit de ses enfants meurt, en laissant non seulement des enfants au premier degré, mais aussi des descendants d'un enfant prédécédé ?
La loi permet à ces derniers de recueillir, *grâce à la technique de la représentation*, la portion revenant à l'enfant prédécédé.

Lorsque l'enfant, le frère ou la sœur auxquels des biens ont été donnés par un acte de donation entre vifs (A), sans charge de restitution, s'engagent par l'acceptation d'une nouvelle libéralité faite par acte entre vifs (B), sous la condition que les biens précédemment donnés par l'acte entre vifs A demeurent plutôt grevés de cette charge de restitution, que se passera-t-il ?
Les donataires susvisés, par le fait de leur engagement à accepter la nouvelle libéralité sous condition, sont tenus par la loi au respect strict de ce contrat ; en conséquence ils recevront les deux dispositions faites à leur profit, mais seront tenus par la condition consistant en l'accomplissement de la charge de restitution susvisée. Le législateur a stipulé dans l'article 1089 du CPF qu'il ne leur est point permis de diviser les deux (2) dispositions faites à leur profit.
Quand commencera pour les appelés, la jouissance de leurs droits ?
Ces droits sont en effet ouverts aussitôt que, par quelque cause que ce soit, cesse la jouissance de l'enfant, du frère ou de la sœur. L'abandon anticipé de la jouissance au profit des appelés ne peut aucunement porter préjudice aux créanciers du grevé antérieur à l'abandon. Par ailleurs sur les biens à rendre, les épouses ou les époux des grevés *n'ont pas de recours subsidiaire* sauf en cas d'insuffisance de biens libres ou lorsque cela a été expressément ordonné par le donateur.

Celui qui procède à ces donations autorisées par le législateur *(art. 1085 à 1111 du CPF)* peut, par le même acte ou par un acte postérieur, *en forme authentique*, nommer un tuteur chargé de l'exécution de ces dispositions ; lequel ne peut être dispensé que pour une des causes exprimées aux articles 671, 672, 673, 674 et 675 du CPF. À défaut de ce tuteur, l'article 1093 du CPF *exige qu'il en soit* « *nommé un à la diligence du grevé ou de son tuteur* s'il est mineur dans le délai d'un mois à compter du jour du décès du donateur (testateur) ou du jour où, depuis cette mort, l'acte contenant la disposition a été connu ». Le grevé qui n'a pas satisfait à l'exigence de l'article 1093 du CPF visé ci-dessus est déchu du bénéfice de la donation entre vifs. Dans ce cas et grâce à la diligence soit des appelés s'ils sont majeurs soit de leur tuteur ou curateur s'ils sont mineurs ou majeurs en tutelle soit de tout parent des appelés majeurs, mineurs, ou majeurs en tutelle ou même soit d'office, à la diligence du procureur de la République du lieu où la succession est ouverte, *le droit peut être déclaré ouvert au profit des appelés (art. 1094 du CPF).*

Inventaire des biens et effets composant la succession du donateur
Après le décès de celui qui a disposé à charge de restitution, à la requête du grevé de restitution, dans le délai fixé au titre des successions et en présence du tuteur nommé pour l'exécution, il est procédé dans les formes ordinaires, *à l'inventaire de tous les biens et effets qui composent sa succession* sauf le cas où il ne s'agirait que d'un legs particulier. Les frais de cet inventaire sont compris dans la disposition.
Si l'inventaire n'a pu être fait à la requête du grevé dans le délai fixé, il y est procédé dans le mois suivant à la diligence du tuteur nommé pour l'exécution en présence du grevé ou de son tuteur.
Si malgré tout il ne put encore se faire, il est alors procédé au même inventaire à la diligence cette fois-ci des personnes désignées en l'article 1094 susvisé tout en y appelant le grevé ou son tuteur ainsi que le tuteur nommé pour l'exécution.

Le grevé de restitution est tenu de faire procéder à la vente par affiches et enchères de tous les meubles et effets compris dans la disposition sauf :

1) les meubles meublants et autres choses mobilières comprises dans la disposition avec la condition expresse de les conserver en nature et de les rendre dans l'état où ils se trouveraient lors de la restitution ;
2) les animaux et matériels servant à faire valoir la terre, compris dans les donations entre vifs (ou testamentaires) desdites terres ; concernant ces objets le grevé est seulement tenu de les faire priser et estimer afin d'en rendre une égale valeur lors de la restitution. Dans un délai de six (6) mois à partir du jour de la clôture de l'inventaire, délai passible, s'il y a lieu de prolongation, le donataire grevé fait *un emploi* des deniers comptants, de ceux provenant du prix des meubles et effets qui ont été vendus ainsi que de ce qui a été reçu des effets actifs.

Dans les trois (3) mois au plus tard après qu'il ait reçu ces deniers provenant des effets actifs qui sont recouvrés ainsi que les remboursements de rente, *le donataire grevé de restitution est pareillement tenu d'en faire emploi.*
En présence et à la diligence du tuteur nommé pour l'exécution, cet emploi est fait conformément à la volonté du disposant, c'est-à-dire conformément à ce qui a été ordonné par l'auteur de la disposition, dans la mesure où il a désigné la nature des effets dans lesquels l'emploi doit être fait, *sinon ledit*

emploi ne pourra se faire qu'en immeubles ou avec privilège sur des immeubles.

Publication des dispositions par acte entre vifs
Les dispositions par acte entre vifs (ou testamentaires), à charge de restitution, lorsqu'elles concernent des immeubles, sont obligatoirement publiés, à la diligence soit du grevé, soit du tuteur nommé pour l'exécution, conformément aux lois et règlements relatifs à la publicité foncière. Les créanciers ainsi que les tiers acquéreurs peuvent opposer, même aux mineurs ou aux majeurs en tutelle, le défaut de publication de l'acte contenant la donation ; ces mineurs et majeurs en tutelle ont toutefois un droit de recours contre le grevé et contre le tuteur à l'exécution. Lorsque le grevé ou le tuteur à l'exécution se trouvent insolvables, les mineurs ou majeurs en tutelle ne pourront malheureusement être restitués contre ce défaut de publication *(art. 1107 et 1111 du CPF). Le défaut de publication* ne saurait aucunement être suppléé ni regardé comme couvert par la connaissance que les créanciers ou les acquéreurs pourraient avoir eue de la disposition par d'autres voies que celles de la publication.
Il importe de souligner que les donataires, les légataires ni même les héritiers de celui qui a fait la disposition, ni pareillement leurs donataires, légataires ou héritiers, ne peuvent, en aucun cas, opposer aux appelés le défaut de publication ou inscription. Le tuteur nommé pour l'exécution est personnellement responsable de tout ce adviendrait par sa faute ou négligences *(art. 1109 et 1110 du CPF).*

CHAPITRE IV
TECHNIQUES DE PROTECTION DE LA FAMILLE

Nous avons déjà mis en relief, dans nos études précédentes, l'importance que revêt le concept « famille », cellule de base par excellence de toute société, de toute nation et de tout État de droit. C'est pourquoi le législateur malien a toujours agi dans le sens de la protection de la famille, en évitant autant que possible que certains agissements de par leur dangerosité, tels que par exemple les donations entre vifs ou testamentaires de certains individus parmi ses composantes, n'entament lourdement le patrimoine familial, provoquant ainsi le déséquilibre de la famille et par ricochet celui de la nation et même de l'État. En effet les libéralités font sortir les biens du patrimoine d'un individu sans contrepartie, portant atteinte aux intérêts de ses proches, perturbant de la sorte l'ordre social ; aussi le législateur

contrôle-t-il et règlemente-t-il les libéralités afin de parvenir à conserver autant que possible le patrimoine familial dans le cercle de la famille du donateur. *Quelles sont les techniques utilisées par le législateur, permettant d'assurer cette protection et de réduire tant soit peu le caractère dangereux des donations entre vifs ?*
Ce sont, dans le cadre des exceptions prises pour atténuer le caractère dangereux de la règle de l'irrévocabilité des donations, des mesures relatives à une juste distribution de la justice (Section I) et aussi des mesures portant d'une part sur certaines formes de *donations à interdire ou à soumettre à autorisation*, d'autre part sur d'autres *dispositions à requalifier* telles que par exemple celles relatives aux avantages matrimoniaux (section II).

SECTION I
MESURES RELATIVES À UNE JUSTE DISTRIBUTION DE LA JUSTICE

I. SUR LA PROTECTION MORALE DE LA FAMILLE

A. RÉVOCATION POUR INEXÉCUTION DES CONDITIONS DE LA DONATION

Lorsqu'un individu fait une donation, son patrimoine familial s'appauvrit surement. Le donateur, conscient de cet appauvrissement, peut chercher à le compenser en soumettant son acte à certaines conditions. Par exemple un individu A peut faire une donation entre vifs de son immeuble BF sis à Bamako dans la zone ACI à son beau-fils B sous la condition que B procède d'une part au paiement de toutes ses dettes envers la BDM-SA-Mali et d'autre part à la purge de l'hypothèque qui grève sa concession familiale CF sise à Sikasso-Mali. Un tel acte n'appauvrit pas le patrimoine de la famille si les conditions sont exécutées à la lettre, sinon la révocation de la donation adviendra sûrement pour inexécution des conditions sous lesquelles elle a été faite. Cette possibilité de révocation est un signe de protection morale du patrimoine familial contre toute malveillance ou agression à son égard. Elle fait que tous les biens objets de la donation retournent dans les mains du donateur, libres de toutes charges et hypothèques du chef du donataire ; par ailleurs, le donateur a, contre les tiers détenteurs des objets donnés, tous les droits qu'il aurait contre le donataire lui-même.

B. RÉVOCATION POUR CAUSE D'INGRATITUDE

Lorsque le sieur A fait une donation entre vifs à un autre individu B, il est bien clair, avons-nous affirmé, qu'il appauvrit dangereusement son patrimoine familial d'autant plus qu'une donation entre vifs est généralement de nature irrévocable. Il en résulte donc, *qu'il est de bonne moralité*, que le sieur B ait hautement conscience de la qualité de cet acte de bienveillance et qu'il en mesure toute la portée psychologique dans le temps et dans l'espace. Il s'agit là d'un acte de pure bonté, expression d'une certaine largesse d'esprit et d'un véritable amour envers un prochain. Cependant lorsqu'il arrive un jour, que ce soit ce même donataire B qui, délibérément *attente* à la vie de son donateur A pour telle ou telle raison, ou se soit rendu coupable envers lui *de sévices, délits, injures graves ou encore lui refuse systématiquement des aliments*, la force de ce manque de reconnaissance constitutive d'ingratitude a conduit à l'intervention nécessaire du législateur malien dans la défense d'une *nécessaire* moralité de comportement du donataire vis-à-vis du donateur en restaurant intégralement le patrimoine familial grâce à l'article 1010 du CPF lequel autorise le donateur à revenir sur sa donation malgré « *le principe donner et retenir ne vaut* » en ces termes : *« la donation entre vifs ne peut être révoquée que pour cause... d'ingratitude... »*

Cette révocation ne touche que *le seul donataire* et non pas ses héritiers. Elle ne peut non plus être intentée que *par le seul donateur* et pas par ses héritiers à moins que l'action n'ait déjà été intentée par le donateur ou que celui-ci ne soit décédé dans l'année du délit. La révocation ne préjudicie ni aux aliénations faites par le donataire, ni aux hypothèques et autres charges réelles qu'il a pu imposer sur l'objet de la donation, pourvu que tout soit *antérieur à la publication au service chargé de la conservation des domaines (art. 1015 du CPF).* Par contre, le donataire restera condamné à restituer *la valeur des objets aliénés ainsi que les fruits* à partir du jour de cette demande.

II. SUR LA PROTECTION DU PATRIMOINE FAMILIAL

A. DONATION ENTRE ÉPOUX, CADUCITÉ

(Art. 1126, 1128, 1130, 1132, 1133, 1142)

Dans le cadre des articles visés ci-dessus, il importe de souligner que l'article 1142 du CPF fait remarquer que « toute donation faite entre époux pendant le mariage, quoique qualifier entre vifs est toujours révocable ». Par ailleurs, conformément à l'article 1132 du CPF « toute donation faite en faveur du mariage est caduque, si le mariage ne s'ensuit pas ». Il en est de même, selon l'article 1133 du CPF, des donations faites à l'un des époux (qui deviennent caduques), si le donateur survit à l'époux donataire et à sa postérité.

B. RÉVOCATION POUR SURVENANCE D'ENFANT

C'est toujours dans le profond souci de protéger la cellule familiale, fondement de l'État, que le législateur malien, à travers les articles entre autres 1016 et 1018 du CPF, a stipulé des exceptions nécessaires à la règle de l'irrévocabilité des donations entre vifs, dont celle relative à la révocation de toute donation entre vifs pour cause de survenance d'enfant. Il résulte de ces articles :

a) Que lorsqu'une personne A qui n'a pas d'enfant ou descendant *(légitime ou naturel, vivant dans le temps de la donation)*, fait une donation entre vifs à une autre personne B *(à quelque titre que cela ait été fait ; que ces dispositions fussent mutuelles ou rémunératoires ; faites en faveur de mariage par autres que par les ascendants aux conjoints ou par les conjoints l'un à l'autre)* peu importe, cette disposition sera révoquée de plein droit dès lors que survient la naissance d'un enfant du donateur, *que cet enfant soit posthume ou non, légitime ou naturel légitimé par mariage subséquent ou simplement conçu*, à la seule condition que cette naissance ou cette conception se fasse au temps de la donation.

b) Cette donation restera pareillement révoquée et de plein droit, conformément à l'article 1018 du CPF, même si le donataire a déjà pris possession des biens donnés et qu'il y aurait même été laissé par le donateur depuis la naissance de l'enfant. Dans ce cas cependant le donataire n'est pas tenu de restituer les fruits perçus de quelque nature qu'ils soient, sauf toutefois à partir du jour où la naissance de l'enfant ou sa légitimation par mariage subséquent lui a été expressément notifié par exploit d'huissier ou autre acte en bonne forme ; et cela même si la demande pour rentrer dans les biens donnés n'aurait été formée que postérieurement à cette notification. Par la révocation, les biens compris dans la donation retournent dans le patrimoine familial, celui du donateur, libres de toutes charges et hypothèques du chef du donataire. Cette donation ainsi révoquée ne peut plus ni revivre, ni avoir un nouvel effet, ni par la mort de l'enfant du donateur, ni par aucun acte confirmatif. Tout acte de renonciation à la révocation est nul et de nul effet.

C. RAPPORT, RÉDUCTION ET RETOUR LÉGAL

a) Rapport et réduction

Le rapport, la réduction, le retour légal sont des techniques juridiques utilisées par le législateur en vue d'assurer autant l'égalité entre divers héritiers du donateur que la protection du patrimoine familial contre toute éventuelle dilapidation du fait de ce dernier.

- ***Rapport :***
  Le rapport oblige le donataire (l'héritier), à rapporter *en nature ou en moins prenant*, à la succession du donateur, sauf lorsqu'il s'agit d'une donation par préciput ou hors part, l'ensemble des biens qu'il a reçus du *de-cujus*.
  Ainsi le rapport permet le retour dans le patrimoine familial du donateur, des biens qui en étaient sortis par la voie de la donation entre vifs ; l'ensemble de ces biens du *de-cujus* constitue la masse successorale à partager ; elle se compose de *la réserve légale* et de *la quotité disponible*.
- *La réserve légale* est aussi une technique juridique du législateur permettant, toujours dans le souci de protection de la famille et de son patrimoine, *de rendre indisponibles*, donc soustraits de toute éventuelle donation entre vifs, *certains biens acquis de plein droit* aux héritiers légaux déterminés par la loi

tels que les descendants, les ascendants directs, les conjoints survivants. La réserve est indisponible.

Quant à la portion de bien dont peut disposer librement le donateur, elle s'appelle quotité disponible, elle est toujours disponible.

- ***Réduction :***

  Les libéralités, soit par acte entre vifs, soit par testament, *qui portent atteinte à la réserve sont réductibles à la quotité disponible.*

  Il n'y a lieu à réduire les donations entre vifs qu'après avoir épuisé la valeur de tous les biens compris dans les dispositions testamentaires. La réduction ne peut être réclamée qu'en valeur, et le donataire restituera les fruits de ce qui excédera la portion disponible à compter du jour de la demande. *La réduction* ne peut être demandée que par les héritiers réservataires ou par leurs propres héritiers ou ayants cause.

NB : Pour un examen assez succinct sur *le « Rapport », la « Réduction » et la « Quotité disponible »*, il importe de se reporter à notre précédente étude sur les successions.

b) Retour légal

Le retour légal est une technique fondée sur l'idée de protection du patrimoine de la famille et qui par ailleurs puise sa source surtout du fait qu'il faut se méfier de tout ce qui peut compromettre les intérêts de cette cellule sociale par excellence. C'est cet aspect de la technique de la réglementation que le législateur a souvent utilisée, laquelle laisse préjuger que le donateur a eu l'intention de gratifier le donataire et ses descendants mais nullement des tiers. C'est aussi ce sentiment de protection de la famille dans son patrimoine et dans son essence qui l'a conduit à accueillir dans ses articles 1008 et 1009 du CPF le principe du retour légal ainsi libellés :

Article 1008 du CPF : « Le donateur peut stipuler le droit de retour des objets donnés, soit pour le cas du prédécès du donataire seul, soit pour le cas du prédécès du donataire et de ses descendants. »

L'effet du droit de retour est de résoudre conformément à l'article 1009 du CPF toutes les aliénations des biens donnés et de faire revenir ces biens au donateur, francs et quittes de toutes charges.

SECTION II
MESURES D'INTERDICTION, D'AUTORISATION OU DE REQUALIFICATION

I. DONATION AVEC CHARGE, LES SUBSTITUTIONS

La donation avec charge est une forme de libéralité déguisée susceptible de porter atteinte au patrimoine de la famille. Elle se fond dans la substitution, laquelle est prohibée (art. 948 du CPF), sauf lorsqu'elle concerne les père et mère ou les frères et sœurs.
S'agissant donc des substitutions en général, le législateur, soucieux de la protection du patrimoine de la famille, a stipulé que toute disposition par laquelle le donataire, l'héritier institué ou le légataire, sera chargé de conserver les biens donnés et de les rendre ensuite à un tiers (1/3) sera nulle même à l'égard du donataire, de l'héritier institué ou du légataire.

II. DONATIONS FAITES PAR UN MINEUR, DONATION SOUS ASSISTANCE

Toute donation faite entre vifs par un mineur est nulle. Il existe cependant une exception à cette règle ; c'est le cas du mineur *qui se marie sous assistance* prévue par l'article 1141 du CPF. Exemple :

- *Lorsque, dans le cadre d'une convention matrimoniale, un mineur veut faire à son époux soit une donation simple, soit une donation réciproque, peut-il le faire ?*
  Nous savons que pour faire une donation quelconque il faut être saint d'esprit, donc capable ; or le mineur est naturellement incapable ; aussi, dans le souci de sauvegarder son patrimoine familial, le législateur a décider dans l'article 1141 du CPF « que le mineur ne peut, *par convention matrimoniale*, donner à l'autre époux, soit par donation simple, soit par donation réciproque, qu'avec le consentement et l'assistance de ceux dont le consentement est requis pour la validité de son mariage… ».
  C'est à partir *de ce consentement et de cette assistance* que le mineur pourra donner tout ce que la loi permet à l'époux majeur de donner à l'autre époux.

- *Le législateur dispose également dans l'article 968 du CPF que le mineur, quoique parvenu à l'âge de seize (16) ans, ne peut disposer au profit de son tuteur*, si le compte définitif de la tutelle n'a été préalablement rendu et apuré ; sauf lorsque cette disposition concerne les ascendants des mineurs qui sont ou qui ont été leurs tuteurs.

III. DONATIONS INTERDITES, SOUS AUTORISATION OU REQUALIFICATION

Le législateur, toujours soucieux, avons-nous affirmé, du maintien de l'équilibre qui sous-tend la cellule familiale, contrôle aussi certaines donations entre vifs, soit en les interdisant, soit en ne les validant qu'après autorisation, soit après requalification.
Par exemple :

1) DONATIONS INTERDITES

Les docteurs en médecine ou en chirurgie, les officiers de santé et les pharmaciens, les ministres du culte, qui ont traité ou ont assisté une personne pendant la maladie dont elle meurt, ne peuvent, conformément à l'article 968 du CPF, profiter des dispositions entre vifs qu'elles auraient faites en leur faveur pendant le cours de cette maladie à l'exception :

- des *dispositions rémunératoires* faites à titre particulier, eu égard aux facultés du disposant et aux services rendus ;
- des *dispositions universelles*, en cas de parenté jusqu'au quatrième degré inclusivement pourvu toutefois que le décédé n'ait pas d'héritier en ligne directe ; à moins que celui au profit de qui la disposition est faite ne soit lui-même du nombre de ces héritiers.

2) DONATIONS SOUS AUTORISATION

Ces donations ne sont valables qu'autant qu'elles ont été autorisées.
Par exemple :
Conformément à l'article 969 du CPF *« les dispositions entre vifs faites au profit des hospices, des pauvres d'une commune ou faite au profit d'un établissement d'utilité publique, n'auront leur effet qu'autant qu'elles sont autorisées par arrêté du ministre chargé des collectivités ».*

3) DONATIONS SOUS REQUALIFICATION

Les avantages matrimoniaux peuvent souvent consister en une forme de *donation indirecte, déguisée* ; c'est pourquoi le législateur, dans le cadre de son droit de contrôle, intervient parfois pour mieux établir l'équilibre dans la gestion du patrimoine familial. Ainsi si certaines dispositions entre vifs sont considérées comme de simples avantages matrimoniaux, par contre d'autres sont traités comme *de véritables donations*, à prendre en considération afin d'établir un juste équilibre entre tous les membres de la famille.

Par exemple :

L'article 444 CPF stipule que les avantages retirés par l'un ou l'autre des époux, des clauses d'une communauté conventionnelle, *ne sont point regardés comme des donations.*

Par contre au cas où il y aurait des enfants qui ne seraient pas issus des deux époux, toutes conventions qui auraient pour conséquence de donner à l'un des époux au-delà de la quotité disponible *seront considérées comme des donations* et évidemment nulles pour tout l'excédent. Mais les simples bénéfices, résultant des travaux communs et des économies faites sur les revenus respectifs quoiqu'inégaux des deux époux, *ne sont pas considérés comme des avantages faits au préjudice des enfants d'un premier lit.*

Par ailleurs en régime monogamique stipule l'article 1143 du CPF, si un époux remarié a fait à son second conjoint une libéralité en propriété, chacun des enfants du premier lit aura, en ce qui le concerne, *sauf volonté contraire et non équivoque du disposant*, la faculté *de substituer à l'exécution de cette libéralité* l'abandon de l'usufruit de la part de succession qu'il eût recueillie en l'absence de conjoint survivant.

ANNEXES

ANNEXE I

POURQUOI LE DROIT MUSULMAN DÉFAVORISE LA FEMME DANS LA SUCCESSION ?

Par Mahamadou Aroualo Issa.
Ancien conseiller technique au ministère de la Justice.
Spécialiste en droit musulman.

Le droit musulman, inspiré de la droiture de Dieu omnipotent et omniscient, premier législateur, est une loi objective et complète valable pour les temps et tous les lieux. Il s'assigne comme objectif la suppression de toutes sortes d'inégalité courante entre les êtres humains, en particulier celles qui étaient pratiquées entre l'homme et la femme à l'époque de Djahilia, temps réputé pour son inaptitude vis-à-vis des problèmes socio-moraux. Le messager de Dieu, Mohamed, va procéder à une réforme radicale et rationnelle du statut de la femme en la réhabilitant dans sa dignité fondamentale et en lui redonnant tous ses droits civils. Le Coran a successivement adopté en faveur de la femme plusieurs mesures importantes :

1) interdiction de tout pessimisme quant à l'avenir d'une fille nouvelle née ; conception qui est tout à fait contraire à l'ancienne en cours chez les Arabes ;
2) reconnaissance à la femme des mêmes droits et devoirs qu'à l'homme, à savoir le droit de propriété, de disposition et d'aliénation aussi bien que le devoir familial et communautaire.

La conception islamique soutenue par la logique reconnaît l'égalité entre la femme et l'homme sur tous les plans (humains, sociaux et juridiques). Les différences marginales et artificielles qui semblent avoir existé entre l'homme et la femme ne sont en réalité qu'un aménagement social, dicté par la recherche d'équilibrer la charge familiale. Nous pouvons qualifier la succession comme l'un de ces cas irréguliers qui semblent avoir défavorisé la femme, dans les partages successoraux.

Dans le mariage, n'est-elle pas la vraie favorite ? Je réponds affirmativement. Il vous suffira pour vous rendre compte de cette réalité de procéder à une petite opération arithmétique qui démontre l'équilibre inaliénable du circuit des biens entre les titulaires de biens dans la conception islamique. Prenez le mariage et l'héritage, les deux circuits originaires de bien, vous verrez que l'équilibre s'établit de lui-même dans les gains des deux parties : (homme et femme) ; un héritage de 30 vaches à répartir entre un frère et une sœur ; le frère a droit au double de ce que la sœur gagne, soit 20 vaches contre 10 vaches ; or, pour le mariage de celle-ci, il est tenu de lui payer une dot de 5 vaches, qui vont au compte de la sœur ; enfin de compte, chacun aura 15 vaches. La même règle demeure applicable entre la mère et le père, épouse et époux. C'est ainsi que fonctionne le mécanisme du circuit des biens et du bonheur dans la société par la volonté de Dieu. Une conclusion logique s'impose, à partir de cette équation. Nous pouvons affirmer sans crainte d'être contredit que le partage successoral dans la loi musulmane obéît à un circuit bien fermé visant à sauvegarder l'équilibre, combien indispensable, résultant du bon sens pratique au lieu d'une vue superficielle du problème. Une analyse plus approfondie éclaire nettement qu'il n'y a ni d'héritier comblé ni d'héritière lésée, et l'explication de cette logique se fonde sur des raisons diverses tant sociales qu'économiques. Celles-ci font que l'homme gagne plus dans la succession que la femme qui en se mariant récupère la proportion perdue.

ANNEXE II

« RÉGIME DE SUCCESSION AU MALI »

(Cas particulier de la femme)

Par Amadou A. N'Diaye

Observations : Cette étude remonte à l'année 1990.

V°: *La Revue du Citoyen N° 9* du mois de Septembre 1999. Page 28 et suiv.

INTRODUCTION

Le titre de la présente étude peut se formuler de la manière suivante : « Femmes et succession », mettant ainsi en relief deux concepts essentiels :

- d'une part, le concept *femme*, fondement de toute société, symbole de la perpétuation du genre humain ;
- d'autre part, le concept « *succession* », instrument indispensable de permanence dans toutes les économies qui se fondent sur l'appropriation des biens.

Facteur de continuité, de cohésion et de l'unité des familles autour d'un noyau commun qu'est la famille d'origine, la succession est une technique qui assure la transmission du patrimoine familial pour cause de mort. Ce patrimoine étant une universalité de droits, nous pouvons affirmer que la succession constitue une forme d'appropriation des biens et par conséquent une méthode d'acquisition de la propriété.

Mais une telle acquisition de la propriété peut-elle concerner la femme ?

Autrement dit dans quelle mesure la transmission du patrimoine familial pour cause de mort détermine-t-elle le droit de la femme à l'héritage et à la propriété des biens transmis ?

Pour répondre à une telle question, il importe d'examiner l'évolution de la condition féminine à travers les âges et dans l'espace. Aussi loin que nous remontons le cours de l'histoire nous constatons dans toutes les sociétés une situation d'infériorité de la femme par rapport à l'homme. Ainsi dans les sociétés anciennes, orientales ou occidentales, la femme était considérée comme une chose ; elle ne pouvait prétendre à la personnalité juridique et n'avait en conséquence aucun droit. Les Babyloniens la mettaient au rang du bétail. La loi d'Hammourabi consacrait cette condition. Les Indous tuaient l'épouse au jour même de la mort de son mari et les brûlaient tous deux sur le même bûcher. À Rome jusqu'au règne de Justinien Ier (527–565), le père de famille avait un droit de vie et de mort sur sa fille célibataire ou mariée. Un proverbe latin n'ajoute-t-il pas que *« jamais la femme ne se délivrera du carcan de la servitude »?* Le grand philosophe Aristote (384–322 av. J.C.), précepteur d'Alexandre le Grand, prônait déjà cette conception. Depuis les siècles de l'obscurantisme jusqu'aux temps modernes, la femme n'a pas cessé d'être traitée en inférieure et privée de ses droits les plus élémentaires à la dignité. La période préislamique se caractérisa par la même brutalité vis-à-vis de la femme. La famille ne comprenait pas que les mâles, la femme n'étant pas un sujet de droit, constituait plus ou moins un élément du patrimoine familial. Il va sans dire qu'elle n'avait aucune vocation successorale, celle-ci n'existant qu'au profit des mâles, parents par les mâles.

L'avènement de l'islam et l'enseignement du christianisme contribuèrent à rétablir plus d'ordre, à ramener les choses à une plus juste valeur, à redonner à la femme sa dignité et ses droits entiers sur tous les plans : par exemple en matière de propriété la femme musulmane a désormais sur ses biens les droits les plus absolus ; si elle est majeure elle peut en disposer à son gré sans recourir à personne, ni à son père ni à son frère, ni à son mari, ni à son fils ou quiconque d'autre. Il n'y a aucune différence entre une femme et un homme dans ce domaine[101]. Sur le plan successoral, le Coran admit à succéder différents parents féminins en particulier la femme, la fille, la mère, la sœur.

Il n'y a également aucune différence entre les biens meubles ou immeubles, et tous doivent être partagés entre les héritiers légaux dans la proportion d'une part pour la fille contre deux parts pour le garçon.
Après avoir ainsi exposé l'évolution générale de la condition féminine dans le temps jusqu'à l'avènement de l'islam, nous allons à présent examiner la situation réservée à la femme dans la dévolution successorale au Mali. Une telle étude nous conduira à analyser successivement :

- la condition successorale de la femme de la période précoloniale à l'avènement du Code de mariage et de la tutelle de 1962 ;
- l'influence de la Constitution sur le système successoral malien ;
- les réformes à envisager.

TITRE I

LA CONDITION SUCCESSORALE DE LA FEMME DE LA PÉRIODE PRÉCOLONIALE À L'AVÈNEMENT DU CODE DE MARIAGE ET DE LA TUTELLE DE 1962

I. PÉRIODE PRÉCOLONIALE

Avant la pénétration coloniale la notion qui prévalait au Mali était celle de la famille *« globale »* que Maurice Delafosse définissait comme étant une institution sociale traditionnelle comprenant *« tous les descendants vivants de la famille ou tout au moins tous ceux de ces descendants qui ne sont pas trop éloignés par le temps et par l'espace de leur ancêtre pour avoir oublié les liens de parenté qu'ils doivent à une couche commune... »* La société comprenait les musulmans régis par les règles coraniques et les non-musulmans ; en ce qui concerne ceux-ci la réglementation des rapports patrimoniaux reposait sur un ordre juridique édicté par les coutumes lesquelles étaient défavorables à

[101] Voir *Le Haut Sénégal* par Maurice de Lafosse, page 94.

la femme, surtout en matière successorale. Elle n'avait aucune place dans la gestion des biens familiaux ; elle ne pouvait hériter et ne disposait de rien par voie successorale ; à la mort de son mari elle entrait dans le patrimoine laissé par le *de-cujus.* Il était désigné au sein de la famille un homme qui héritait de la veuve.
La seule valeur que la femme incarnait était sa vocation à s'occuper du ménage et à procréer.

II. PÉRIODE COLONIALE

Au cours de la période coloniale, il faut souligner que l'autorité de tutelle n'a jamais accepté de bouleverser les coutumes. Aussi cette époque se caractérisait-elle par la dualité des ordres juridiques : d'un côté le droit traditionnel ou *statut local* et de l'autre côté *le statut civil français.*
Le statut civil français concernait une infime partie de la population : les ressortissants français résidant dans les colonies, les métis et étrangers qui ne peuvent se prévaloir d'aucune coutume, les indigènes devenus citoyens qui avaient renoncé à leur statut local.
Le statut coutumier au contraire concernait l'immense majorité de la population autochtone.
Il est constitué par un faisceau de coutumes ayant sa sphère d'application s'étendant sur plusieurs ethnies.
La condition de la femme musulmane était soumise aux règles islamiques, avons-nous dit, tandis que celle de la femme non musulmane restait sous l'influence des coutumes respectives.
Une telle femme n'avait aucun droit à l'héritage et heureusement pour elle que *le décret Mandel du 15 juin 1939 intervint pour interdire le lévirat :* donc plus de revendication de veuve du moins en théorie par le frère de l'époux décédé.

III. PÉRIODE POST-COLONIALE

Après l'accession du Mali à la souveraineté nationale et internationale, le législateur fut animé par une volonté soutenue de créer des textes de lois afin de mieux organiser et de mieux gérer la nouvelle société.
En dehors de la constitution, fondement de l'État, il y eut un foisonnement de codes tels que le Code pénal, le Code de procédure civile, commerciale et sociale (CPCCS), le Code de la nationalité, le Code du travail, le Code

sur le mariage et la tutelle, etc. En élaborant ces différents textes, particulièrement la loi n° 62-17/AN-RM du 3 février 1962 portant Code du mariage et de la tutelle, le législateur malien a adopté un concept nouveau de la famille, celui de la famille conjugale (composée du père, de la mère et des enfants) consacrant ainsi l'éclatement de la famille globale traditionnelle. L'indépendance du Mali a donc entraîné une redéfinition de la notion de famille et une interférence certaine de celle-ci sur la nation et le jeune État malien. Le Code du mariage et de la tutelle adopté en 1962 puis modifié successivement par la loi n° 63619/AN-RM du 25 janvier1963 et l'ordonnance n° 26 du 30 mai 1975 était dominé par deux soucis majeurs : d'abord un souci d'uniformité, ensuite un souci de modernité. Il faut épurer les coutumes, les débarrasser de leur contenu barbare, les mettre en harmonie avec le développement social de la population. C'est dans ce cadre que fut créé un type de rapports nouveaux au sein de la famille et aussi la Charte d'un nouveau statut de la femme malienne en raison des contraintes sociales qui pesaient sur elle. Le proverbe selon lequel *« la femme, éternelle mineure, doit toujours obéissance à l'homme »* traduisait parfaitement la conception que la société traditionnelle malienne se faisait de la femme, laquelle demeurait toujours sous tutelle, aussi bien dans le foyer paternel ou marital que dans celui de son propre fils.

Désormais il s'agira de la faire sortir de ce carcan, c'est-à-dire de ce rôle de citoyenne diminuée et en conséquence de donner pleinement son sens aux dispositions de la constitution du 22 septembre 1960 qui proclame la République et *« assure à tous l'égalité devant la loi sans distinction de race, de sexe et de religion »*. Par ailleurs, le Code du mariage ci-dessus visé consacre dans son article 36 la pleine capacité civile de la femme mariée en ces termes : « la femme mariée à la pleine capacité civile ». L'exercice de cette capacité n'est limité que par le contrat de mariage et par la loi. Il s'agissait là d'une loi hardie qui mettait un terme à une tradition séculaire. Devant une telle évolution de la condition féminine et un vide juridique en matière successorale, l'on s'étonne de constater une révoltante dichotomie entre d'une part les dispositions de la constitution et celle de l'article 36 du Code du mariage et d'autre part l'article 231 CPCCS *(ancien)* qui soumet les successions à l'application des coutumes. L'impact de cet article tant sur les impératifs de la loi fondamentale que sur ceux du nouveau Code du mariage constituera la substance du titre suivant consacré à l'influence de la constitution sur le système successoral malien.

TITRE II

INFLUENCE DE LA CONSTITUTION SUR LE SYSTÈME SUCCESSORAL MALIEN

Tout d'abord, nous allons considérer l'impact de l'article 231 du CPCCS (ancien) sur l'ordre public tant national qu'international.

I. IMPACT DE L'ARTICLE 231 CPCCS (ANCIEN) SUR L'ORDRE PUBLIC NATIONAL ET INTERNATIONAL

Au moment de l'accession du Mali à la souveraineté, il y eut, nous l'avons déjà souligné, une prolifération de textes législatifs ; cependant, force a été de constater une carence juridique notoire dans le domaine de la transmission du patrimoine familial pour cause de mort. Cette situation est d'autant plus grave que les successions, élément fondamental du droit patrimonial de la famille, présentent dans toute communauté une importance sociale, économique et politique capitale. C'est pourquoi, compte tenu des nombreuses difficultés rencontrées dans la codification d'une telle matière qui touche de trop près les fibres sensibles des citoyens, le législateur de 1961 a cru opportun d'adopter à titre transitoire les dispositions de l'article précité qui consacrent la compétence des coutumes lesquelles demeurent toujours applicables. Ainsi, alors que les différentes constitutions de la République déclarent solennellement l'égalité de tous devant la loi et que l'article 36 du Code du mariage et de la tutelle consacre la pleine capacité civile de la femme mariée, l'article susvisé persiste à la maintenir en matière successorale dans un état d'infériorité anachronique. Les coutumes d'inspiration animiste la considèrent encore comme un élément du patrimoine héréditaire ; d'autres sinon l'écartent purement et simplement de tout droit à succéder, du moins lui refusent toute acquisition pour cause de décès des biens immobiliers tels que concessions et champs. Par exemple, de nos jours il est courant de constater lors de l'ouverture des successions, de nombreuses veuves sans enfant, réduites à la misère par le fait d'avoir été spoliées des biens immobiliers de leur défunt mari par les frères et cousins même lointains de ce dernier.

Les coutumes d'inspiration musulmane quant à elles, sous le voile des dispositions (mal comprises) du Coran (chapitre 4, verset 11), placent

systématiquement la femme dans un état d'infériorité congénitale dans la proportion arithmétique telle que deux femmes égalent un homme. L'impact de ces dispositions sur le droit successoral de la femme viole manifestement les impératifs de la constitution et trouble par ce fait l'ordre public national et international.
Quels sont les impératifs constitutionnels ?

II. LES IMPÉRATIFS DE LA LOI FONDAMENTALE

Au cours de plusieurs décennies de souveraineté, le Mali a connu plusieurs constitutions dont celles de 1960, 1974 et 1992 desquelles s'est dégagée une constante à savoir le principe « *de l'égalité de tous devant la loi sans distinction d'origine, de race, de sexe ou de religion* ». Mais il s'agit là de déclarations purement formalistes sur un fond de dictature. La constitution du 25 février 1992, fondement de la 3e République, contient dans son préambule les dispositions suivantes :
« Le peuple souverain du Mali, fort de ses traditions de lutte héroïque, engagé à rester fidèle aux idéaux des victimes de la répression et des martyrs tombés sur le champ d'honneur pour l'avènement d'un État de Droit…

- *affirme sa volonté de préserver et de renforcer les acquis démocratiques de la révolution du 26 mars 1991 ;*
- *s'engage solennellement à défendre… la laïcité de l'État ;*
- *proclame sa détermination à défendre les droits de la femme ;*
- *souscrit à la Déclaration universelle des droits de l'homme du 10 décembre 1948, à la Charte africaine des droits de l'homme et des peuples du 27 juin 1981… »*

Dans la rubrique intitulée « Des droits et devoirs de la personne humaine », la Constitution de 1992 stipule :
Article 1 : « La personne humaine est sacrée et inviolable. Tout individu a droit à la vie, à la liberté, à la sécurité et à l'intégrité de sa personne. »
Article 2 : « Tous les maliens naissent et demeurent libres et égaux en droits et en devoirs. Toute discrimination fondée sur l'origine sociale, la couleur, la langue, la race, le sexe, la religion et l'opinion politique est prohibée. »
De l'examen de ces textes, notre attention est portée *a priori* sur le relief que constituent certains concepts de valeur tels que « État de droit », « Démocratie », « Justice », « Égalité de tous devant la loi sans

discrimination tenant au sexe… », « Droits de l'homme », « Détermination à défendre les droits de la femme… » L'analyse de ces notions et leur projection sur le plan de la réalité pratique ne sauraient s'accommoder avec le statut successoral actuel de la femme ; aussi importe-t-il au plus haut degré de combler les lacunes qui caractérisent le domaine de l'héritage et de mettre rapidement au point un projet de loi qui tienne compte tant des impératifs constitutionnels que de certaines susceptibilités d'ordre social.

III. NÉCESSITÉ D'UN DROIT SUCCESSORAL POSITIF

La nécessité d'un droit successoral positif s'impose.
L'ordre public national l'exige ; l'ordre public international nous y oblige, car le Mali a souscrit à de nombreux engagements relatifs au respect de la Déclaration universelle des droits de l'homme et particulièrement à celui des droits de la femme. La Constitution de la IIIe République proclame solennellement la détermination de l'État à défendre les droits de la femme. Il faudrait donc rapidement préparer un projet de loi. Plusieurs commissions d'experts s'étaient déjà penchées sur le problème.
Le Mali étant un État de droit composé environ de 85 % de musulmans, 10 % de chrétiens, 5 % d'animistes et libres penseurs, il s'agira d'élaborer une législation qui puisse satisfaire autant que possible aux aspirations profondes de la population.
Les règles du christianisme et celles de l'islam se rejoignant autour de certaines données telles que par exemple les droits de la femme à l'héritage, à la propriété mobilière et immobilière, le principe de l'égalité entre l'homme et la femme… Il va sans dire que cela a facilité l'effort de synthèse des commissions techniques en ce qui concerne les coutumes plus ou moins disparates, les règles du droit coranique ainsi que les dispositions du Code civil français.
Le projet actuel de la loi sur les successions, qui est la résultante de tant d'autres projets tous classés sans suite, est un produit de synthèse qui rétablit l'ordre public en tenant compte du concept nouveau de la famille et de l'importance désormais considérable que joue la femme aussi bien au sein de la famille que sur le plan économique, social et politique dans la nation. Les grands axes de ce projet doivent tendre à faire sortir la femme du carcan de la servitude et de son état d'éternelle mineure, de lui faire bénéficier pleinement des dispositions de la

Constitution et de celles de l'article 36 du Code du mariage et de la tutelle ainsi que des valeurs que lui reconnaissent clairement les écritures à la fois du christianisme et de l'islam.
Quelles sont alors les réformes à envisager ?

TITRE III
LES RÉFORMES À ENVISAGER

Les réformes qu'il faudrait envisager pour donner à la femme un statut successoral conforme aux dispositions de la Constitution doivent porter essentiellement sur trois points :

- d'une part la détermination de la qualité des parts successorales entre la fille et le garçon ;
- d'autre part la détermination de la place que doit occuper la femme dans la répartition du patrimoine successoral ;
- enfin la détermination et la garantie du quantum des parts attribuées à la femme.

I. PROBLÈME RELATIF À LA QUOTITÉ DES PARTS SUCCESSORALES DE LA FILLE ET DU GARÇON

La succession musulmane est instituée par le Coran lequel dispose que les enfants du défunt succèdent à leur père sans distinction d'âge dans la proportion d'une part pour la fille contre deux part pour le garçon (Coran ch. IV verset 11). Ce verset constitue la grande pierre d'achoppement à laquelle s'est toujours attelé le Mali, État laïc par nature et explique le pourquoi du vide juridique que nous déplorons en matière successorale. Mais il ne s'agit là que d'un faux problème comme nous allons le constater. Pour le moment considérons la thèse selon laquelle le Mali étant un pays à 85 % environ de musulmans, il importe de transposer intégralement dans sa loi successorale les dispositions du verset ci-dessus.

A. THÈSE DE LA TRANSPOSITION INTÉGRALE DES DISPOSITIONS CORANIQUES DANS LA NOUVELLE LOI SUCCESSORALE MALIENNE

1) Justifications et critiques

Les défenseurs de cette thèse invoquent trois arguments majeurs tenant successivement à la protection de la femme, à la protection du patrimoine familial et au caractère dogmatique des dispositions coraniques.

a) *Premier argument :* Protection de la femme
Les défenseurs du principe de l'inégalité des parts successorales justifient leur position par le fait que l'homme étant naturellement condamné à recueillir sa sœur lorsque celle-ci à l'issue d'un mariage malheureux abandonne le foyer conjugal et se tourne vers son frère ; qu'il en résulte une charge supplémentaire pour l'homme que le législateur se doit de prendre en considération au nom de l'équité.
Ce raisonnement ne résiste pas à notre avis à la critique. En effet si le frère accueille sa sœur, c'est bien en vertu d'une obligation naturelle. Il n'en est pas juridiquement obligé.
Ce dont il est légalement tenu c'est d'une obligation alimentaire conformément aux articles 102 et 104 du Code de la parenté ; encore faut-il que la sœur soit dans le besoin et que le frère dispose de ressources suffisantes pour y faire face. Par ailleurs, il importe de bien remarquer que cette obligation d'assistance n'est pas unilatérale ; elle est réciproque, la sœur pouvant se trouver tenue envers son frère d'une obligation identique, naturelle ou légale.

b) *Deuxième argument* : Protection du patrimoine familial
Les tenants de la thèse concernée pensent aussi que le principe invoqué ci-dessus permet d'éviter qu'une quotité importante du patrimoine familial ne passe *(pour cause de mort)* en des mains étrangères par le fait du mariage de la fille. Une telle argumentation est mal fondée à notre avis, car il suffit seulement de se rappeler que les biens qui d'un côté sont éventuellement sortis du patrimoine de la famille du fait du mariage de la sœur sont par ailleurs éventuellement récupérés par la même famille du fait du mariage du frère avec une sœur d'autrui.

c) *Troisième argument :* Caractère dogmatique des dispositions coraniques
Pour soutenir leur point de vue, les défenseurs du principe de l'inégalité des parts invoquent enfin le caractère dogmatique de la règle coranique sus-invoquée. Pour eux il s'agit d'une disposition d'inspiration divine qui ne saurait faire l'objet d'interprétation. Pour répondre à cette assertion il est indispensable d'établir clairement la différence entre le « Din » *et la* « Charria'ah... ». Pour cela il faut souligner que chaque

religion authentique comporte deux dimensions : *l'une intérieure et profonde, l'autre extérieure*, qui varie sous l'inflence du temps, du lieu, de l'intellect, de la civilisation… Le « Din » et la « Charria'ah » représentent ces deux dimensions. Le « Din » est la foi en Dieu, la soumission au Seigneur, l'obéissance du croyant aux préceptes de la religion telles l'unicité de Dieu, la négation du principe de la Trinité (un des fondements du catholicisme), la considération de Mohamed béni soit-il en tant que prophète, envoyé de Dieu, la consécration des cinq piliers de l'islam… La « Charria'ah » au contraire est un code de la conduite contenant les critères de la morale et de la vie ; c'est un modèle de vie et de société que préconise l'islam et qui consiste en un ensemble de droits et de devoirs. Enfin tandis que le « Din » représente le fondement spirituel qui consacre les grands principes immuables de l'islam, la « Charria'ah » quant à elle en constitue un instrument temporel d'équilibre juridique et d'harmonie régissant la « Ummah » c'est-à-dire la communauté islamique. Ces règles qui organisent la société musulmane depuis l'an 622 ne sont pas à notre avis immuables et ne sauraient en conséquence être transposées que *« mutatis mutandis »* à la communauté malienne à l'aube du XXIe siècle.

Par exemple, l'islam fonde la parenté sur les liens du sang alors qu'au Mali la parenté résulte aussi bien des liens du sang, de l'alliance que de l'adoption. En outre, le législateur malien reconnaît l'enfant naturel alors que celui-ci, au regard du droit musulman, n'a aucune existence juridique. De même contrairement aux dispositions de la loi musulmane, le droit civil malien reconnaît des effets juridiques à l'adoption. C'est le cas de l'adoption filiation. Par ailleurs, *la différence de religion et même de nationalité…* n'est pas cause d'indignité successorale au Mali contrairement à l'esprit du système successoral musulman. Enfin des notions islamiques comme le « *talion* » *« la répudiation, l'esclavage, la « la mort* par lapidation », *la mort civile, la mutilation en cas de vol* », *« les coups de fouet* »… n'ont aucun effet juridique dans le droit positif malien. Après une telle analyse, il convient d'affirmer que la thèse exposée ci-dessus ne résiste pas à l'analyse puisque contraire tant aux impératifs de la constitution actuellement en vigueur au Mali qu'à l'esprit profondément égalitariste des dispositions du Coran. C'est pourquoi il nous vient à l'esprit la question suivante : *Quelle est la signification exacte des règles contenues dans le chapitre 4 verset 11 du Coran ?*

2) Signification et valeur des dispositions concernées

Cette signification résulte du concept « égalité » que prône le Coran et que nous allons tout de suite examiner.

a) *Principe de l'égalité entre l'homme et la femme :*

Le grand maître du savoir religieux Bahram Elâhi d'origine iranienne a affirmé dans son ouvrage intitulé *La Voie de la perfection* : *« Du point de vue spirituel les âmes qui habitent des corps d'hommes, de femmes... ont les mêmes possibilités de réalisation ; aucune n'est défavorisée. En aucun cas l'homme n'est supérieur à la femme si ce n'est pas sa force musculaire... »*[102]

Un hadith édicte le précepte suivant :

« Dieu prescrit la justice et la bienfaisance ; les gens sont égaux comme les dents d'un même peigne.

Ils ne se surclassent que par les bonnes actions. »

Il n'existe donc entre la femme et l'homme aucune inégalité fondamentale liée à leur nature.

La femme est l'égale de l'homme et les droits qui lui sont reconnus ressortent de nombreux domaines : humain, social et civil.

Comment expliquer alors l'inégalité de principe qui ressort « ex littera » du Coran ?

b) Explication à l'inégalité de principe entre la fille et le garçon dans la dévolution du patrimoine familial :

De grands spécialistes du droit tels que le Dr Hamidallah auteur de l'ouvrage intitulé : *Initiation à l'Islam*, le juriste Aboubakar Djaber Eldjazaïri, auteur du livre *La Voie du musulman*, le professeur Abd El Khader Boye de l'université de Dakar, ainsi que M. Aroualo Maïga, magistrat malien *(actuellement à la retraite)*, spécialiste du droit musulman, etc. s'accordent tous pour expliquer que cette inégalité est fondée en justice c'est-à-dire *paradoxalement empreinte du cachet de l'équité*, la législation ayant tenu compte de l'ensemble des droits de la femme et non pas seulement du droit d'héritage pris isolement. L'auteur de l'ouvrage intitulé *Initiation à l'Islam* a écrit ceci :

---

[102] Voir International islamique of student organisations : *Comprendre l'islam* par Abul A'La Moudoudi, p. 144-145, Salmiyah Kuwaît. Voir également *La Voie de l'islam* par Bahram Elâhi 95.

« ... La femme possède une propriété sur laquelle ni le père, ni le mari, ou un autre quelconque parent n'a aucun droit. En plus de cette autonomie elle a droit à l'entretien (nourriture, vêtement, logement, etc.) auquel le tribunal même oblige le père, le mari, le fils, etc.
En outre la femme reçoit de son mari la dot...
Dans ces conditions il est compréhensible que l'homme ait droit à plus d'héritage que la femme...
La notion de l'entretien de la femme va en islam jusqu'à ce point que selon la loi, la femme n'est pas obligée de nourrir son propre enfant : c'est au père de l'enfant de lui procurer une nourrice à ses frais si la femme ne veut pas donner à téter. »

Le sieur Cheick El Djazairi auteur du livre *La Voie du musulman*, déclare :
« *qu'en matière d'héritage le mâle a le double de la femelle* ». Il ajoute que « *ce partage qui a suscité des critiques malveillantes à l'égard de l'Islam soit par hostilité soit par mauvaise information* » *s'explique par le fait qu'en droit matrimonial musulman l'homme étant le pivot de la famille, « il doit fournir dot, subsistances, vêtements et logement. S'il a des enfants il doit les entretenir, supporter leurs frais scolaires et médicaux. La femme même riche n'est pas obligée de participer aux dépenses familiales.*
Si elle le fait c'est par bonté et non par obligation.
Donc il est équitable d'attribuer au partage deux parts au garçon et une seule à la fille laquelle n'ayant pas eu à faire face aux dépenses se trouvait par ce fait privilégiée[103] ».
Le même raisonnement est tenu aussi bien par notre collègue magistrat Aroualo Maïga que par le professeur d'université Abdel-Kader-Boye dans l'étude réalisée sous sa direction intitulée : « La condition juridique et sociale de la femme au Sénégal. »[104] Il en résulte les conclusions suivantes :
En matière successorale l'islam reconnaît à la femme un droit à l'héritage estimant qu'elle est l'égale de l'homme.
L'inégalité (chapitre 4, verset 11 du Coran) n'est qu'un aménagement matrimonial interne, une recherche d'équilibre imposée par les

---

[103] Voir *Initiation à l'islam*, opus cité, p. 151, n° 400.
[104] Voir *La Voie du musulman* par El Djazairi, p. 491 *in fine*.
Voir également Étude et Travaux de l'USED du 9 décembre 1987.

exigences de la justice dans un système de répartition des charges et des obligations où les pertes doivent être égales aux profits.
« Le principe résultant du Coran n'est pas absolu. Il admet des exceptions. C'est le cas où le de cujus laisse une fille unique et ses géniteurs... elle a la moitié (1/2) de l'héritage et chacun de ses géniteurs (homme ou femme) le sixième (1/6). Lorsque le de-cujus ne laisse qu'un demi-frère et une demi-sœur, chacun de ceux-ci recueillera le sixième (1/6) de l'héritage. Il peut même arriver que la femme soit plus favorisée que l'homme. Par exemple lorsque l'héritage revient à l'époux et aux géniteurs de la défunte, l'époux en prend la moitié (1/2) et les deux géniteurs se partagent le reste à raison d'un tiers (1/3) pour le père et les deux tiers (2/3) pour la mère. Ces constatations démontrent bien que les inégalités de parts successorales en droit musulman ne procèdent point d'une quelconque inégalité tenant à la nature entre l'homme et la femme mais plutôt de certaines considérations d'ordre matrimonial. »
Mais une telle réalité sociologique musulmane peut-elle s'intégrer harmonieusement dans le droit civil malien ?
C'est à cette question que nous allons immédiatement nous atteler en examinant la thèse suivante.

B. THÈSE DE LA PROJECTION RATIONNELLE DES RÈGLES DU DROIT SUCCESSORAL NON DOGMATIQUES SUR LE SYSTÈME MALIEN

Dans le système malien, le régime matrimonial est différent de celui du droit musulman. En effet, au Mali l'homme n'est plus seul à assurer la direction de la famille ; il n'est plus seul à nourrir, entretenir, élever les enfants… ; il n'est plus seul à contribuer aux charges du ménage ; il les supporte conjointement avec sa femme et proportionnellement aux revenus de chacun. Les articles suivants du Code du mariage le démontrent éloquemment :
Article 33 : Ils (les époux) contractent ensemble par le seul fait du mariage l'obligation d'assurer la direction morale et matérielle de la famille, de nourrir, entretenir, élever leurs enfants et préparer l'établissement de ceux-ci.
Article 35 : Alinéa 2 « si la femme exerce une profession séparée de celle de son mari, elle doit contribuer aux charges du ménage ».
Article 53 : « La femme qui a obtenu la séparation de biens doit

contribuer proportionnellement à ses facultés et à celle du mari tant aux frais du ménage qu'à ceux d'éducation des enfants communs. Elle doit supporter entièrement ces frais s'il ne reste rien au mari. »

La participation financière et morale de la femme étant aussi effective que celle de l'homme dans le système matrimonial malien, une transposition intégrale éventuelle du droit successoral musulman sur la nouvelle loi successorale malienne constituerait une entorse grave à la constitution et une violation flagrante de l'esprit de justice et d'égalité absolue entre tous les hommes que le Coran a si énergiquement défendu. La thèse de la projection rationnelle des règles du droit successoral musulman sur le système malien est de loin celle que nous défendons objectivement, qui s'insère harmonieusement dans le régime matrimonial du droit civil malien et commande par conséquent en matière de réforme le projet d'article conçu comme suit : « *Toutes les personnes apparentées au défunt au même degré ont les mêmes droits sans aucun privilège tenant à l'âge, au sexe, ou à la filiation. Lorsqu'ils sont tous appelés de leur chef ils viennent à égalité ; ils succèdent par égales portions et par tête.* » Après avoir circonscrit le premier point de la réforme envisagée relatif à la détermination de la quotité des parts successorales entre la fille et le garçon, considérons maintenant le second point, c'est-à-dire la détermination de la place que doit occuper la femme dans la répartition du patrimoine. Pour cela, nous nous conformons aux dispositions du projet de loi actuel en son article 14.

II. DÉTERMINATION DE LA PLACE QUE DOIT OCCUPER LA FEMME DANS LA RÉPARTITION DU PATRIMOINE FAMILIAL[105]

Pendant longtemps, la femme a été considérée comme une étrangère n'ayant aucun lien de sang avec les autres membres de la famille. Nous avons conscience de cette situation qui a toujours été la sienne dans les diverses coutumes du Mali. À partir du concept nouveau de la famille qui lui a conféré un statut nouveau, une importance capitale et un rôle de plus en plus déterminant, nous pensons qu'à l'instar du Code civil français le nouveau système successoral malien devra, dans la distribution du patrimoine familial pour cause de mort, tenir compte de

[105] Voir l'avant-projet de loi sur les successions au Mali (ministère de la Justice, 1984).

la proximité du lien parental, du degré présumé d'affection pour tel ou tel individu et surtout de l'égalité entre tous les héritiers du même degré sans privilège tenant à l'âge ou au sexe. Conformément à la conception de la commission d'experts auteur du projet de loi actuel sur les successions, cette distribution devra tenir compte de l'ordre suivant :

- ordre des descendants directs ;
- ordre des ascendants privilégiés (*père et mère)* et des conjoints survivants ;
- ordre des collatéraux privilégiés *(frères et sœurs)* ;
- ordre des ascendants ordinaires et collatéraux ordinaires ;
- l'État.

Ainsi la femme conjointe survivante occupe non plus la dernière place comme par le passé coutumier, ni la 4e place comme dans le droit français mais plutôt la 2e place au même titre que les ascendants privilégiés, c'est-à-dire le père et la mère du défunt. *Le degré d'affection qu'éprouve un individu pour ses parents (père et mère) n'est-il pas égal généralement en intensité à celle qu'il est censé éprouver pour son épouse, par surcroît mère de ses enfants ?* Désormais, la femme survivante va primer, sans pourtant les éliminer entièrement, les frères et sœurs, cousins et cousines, oncles et tantes… enfin tous ces parents plus ou moins lointains qui la spoliaient froidement des biens de son défunt mari. Après avoir brièvement déterminer la place de la femme au sein de la famille conjugale, considérons le quantum de la part successorale et la garantie dont elle bénéficie.

III. DÉTERMINATION ET GARANTIE DU QUANTUM DES PARTS ATTRIBUÉES À LA FEMME

Dans ce cadre également, il importe de se rallier entièrement aux dispositions du dernier projet de loi sur les successions au Mali en ces articles 17 à 21 lesquels sont clairs, remarquables et conçus comme suit :
Article 17 : Les épouses survivantes recueillent dans la succession du défunt une part égale à celle d'un descendant direct sans qu'elle puisse en cas de pluralité de parts, être supérieure en leur totalité, au quart de la masse successorale. Toutefois, s'il existe au jour du décès entre le défunt et son conjoint une décision de divorce passée en force de chose jugée

l'époux survivant ne peut prétendre à aucune part.
Article 18 : En concours avec les descendants directs du défunt, le conjoint a en outre un droit d'occupation sur l'immeuble qui lui servait d'habitation au moment de l'ouverture de la succession. Ce droit d'occupation est strictement personnel et cesse par la mort du conjoint survivant ou par son remariage.
Article 19 : Lorsque le défunt ne laisse aucun descendant la succession est dévolue à ses ascendants père et mère et à ses conjoints survivants par tête et par portions égales.
Article 20 : En concours avec les seuls héritiers de l'ordre des collatéraux privilégiés, le ou éventuellement les époux survivants perçoivent la moitié de l'héritage en plus du droit d'occupation stipulé à l'article 18 ci-dessus.
Article 21 : « Si le défunt ne laisse qu'un ou plusieurs conjoints les biens meubles ou immeubles leur sont dévolus par tête et par portions égales. »

Quelle explication faut-il donner au contenu de ces articles sinon que les parts ainsi déterminées constituent des réserves ; elles sont intangibles, indisponibles pour le *de-cujus.* Il est remarquable de constater que lorsque le conjoint survivant et particulièrement la femme vient en concours avec les descendants, malgré sa deuxième position par rapport aux descendants qui eux sont des héritiers du premier ordre, elle n'est pas exclue par ceux-ci. Le conjoint survivant a une part égale à celle d'un descendant laquelle part ne saurait jamais, en cas de pluralité de conjoints survivants être supérieure à un quart de la masse successorale. Il s'agit là d'une attitude favorable à la monogamie. En plus de cette part le conjoint survivant bénéficie *d'un droit d'habitation strictement personnel* qui disparaît soit avec la mort soit avec le remariage de l'intéressé. La femme survivante jouit ainsi d'une double garantie tenant l'une à *l'intangibilité de sa réserve* et l'autre à son *droit d'occuper l'immeuble qui lui servait d'habitation* au moment de l'ouverture de la succession du *de-cujus*. Par ailleurs, lorsque les conjoints survivants sont en concours avec les collatéraux privilégiés c'est-à-dire les frères et sœurs du défunt, lesquels occupent le troisième ordre, ils ne sont pas pour autant écartés par les conjoints survivants qui sont eux du deuxième ordre. Cette attitude permet de ne pas rompre trop brutalement avec les traditions coutumières et permet à la femme survivante de recueillir la moitié de la succession en plus d'un droit d'occupation, l'autre moitié revenant aux collatéraux privilégiés qui de ce fait ne se sentiraient pas trop frustrés. Le législateur a tenu à protéger la femme survivante contre tous les aléas qui jonchaient son parcours successoral coutumier et à assurer sa promotion sociale au-delà même de la disparition de son conjoint.

CONCLUSION

En conclusion soulignons simplement que depuis la Constitution du 25 février 1992 nous *osons espérer* que le Mali est devenu un État de droit au sens juridique du terme dans lequel le Gouvernement et l'Assemblée nationale ont la haute responsabilité et la lourde mission d'assurer le respect et l'exécution des dispositions de la loi fondamentale en ce qu'elle a proclamé : *« Le droit de tout individu à l'égalité sans discrimination tenant au sexe… La détermination du peuple souverain à défendre les droits de la femme. »*. Voici plus de quarante-six années que ces dispositions constitutionnelles sont bafouées et que l'ordre public international est violé. La IIIe République est tenue moralement à relever le défi, car sa raison d'être l'y oblige. Nous souhaitons vivement que l'Association des juristes maliennes serve pour cela de tremplin, c'est-à-dire à la fois de bouclier et de levain.
Bouclier contre les empiétements éventuels de la loi fondamentale.
Levain pour la promotion *du droit de la famille, de la santé et de l'instruction ; de la justice et de la démocratie*, pour un développement harmonieux du Mali, tant sur le plan économique que social et politique.

ANNEXE III
« DÉVOLUTION SUCCESSORALE ET FISC AU MALI »[106]

INTRODUCTION

Cette étude a été préparée et présentée sous la direction de M. *Amadou Aliou N'Diaye*, professeur, par un groupe de jeunes chercheurs, étudiants à l'École nationale d'administration (ENA, 4e année sciences juridiques, 1998) dont les noms suivent :

Issa Konfourou ;
Niama Sissoko ;
Farimata Traoré ;
Sara Kanté ;
Kany Diallo.

GÉNÉRALITÉS

Il s'agit dans cette étude de déterminer les droits dus à l'État sur toutes les transmissions qui s'opèrent pour cause de mort, qu'il s'agisse d'une succession *ab intestat ou testamentaire.* L'impôt est calculé en fonction de la part de chacun des héritiers. C'est pourquoi ceux-ci, par l'intermédiaire de leurs représentants, doivent souscrire une déclaration de succession au bureau des impôts du domicile du défunt. Chacun d'eux a qualité pour souscrire la déclaration au nom de tous et l'administration fiscale a le droit de réclamer à un seul la totalité de l'impôt dû. Les cohéritiers sont solidaires du paiement des droits (article 752 CGI). Toutefois, le paiement peut être fractionné ou même différé dans certaines conditions énumérées par les articles 753 à 756 ci-dessous visés du Code général des impôts :

Article 753 : « Sur la demande... de l'un quelconque des cohéritiers solidaires, le montant des droits de mutation par décès peut être acquitté en plusieurs versements égaux dont le premier a lieu au plus tard trois mois après la date de la décision accordant le délai de paiement sollicité, sans que le paiement pour solde puisse intervenir plus de trois ans après l'expiration du délai pour souscrire la déclaration. Le nombre de versement ne peut en aucun cas être supérieur à dix. »

---

[106] Voir la *Revue du citoyen*, année 1998.

Article 754 : « Le chef du service de l'enregistrement pourra autoriser le paiement des droits de mutation par décès exigibles dans les successions en ligne directe et entre époux en plusieurs versements semestriels égaux dont le nombre sera déterminé d'après l'importance de ces droits et sans qu'il puisse être supérieur à 20, au cas où l'actif héréditaire comprend à concurrence de 50 % au moins des biens non liquidés. »
Article 755 : « Les intérêts sur les droits différés sont calculés au taux légal et ajoutés à chaque versement sous les imputations de droit. »
Article 756 : « La demande de délai est adressée au receveur de l'Enregistrement du Bureau où la succession doit être déclarée. Elle n'est recevable que si elle est accompagnée d'une déclaration de succession complète et régulière et si les redevables fournissent des garanties suffisantes... »

Le service de l'enregistrement peut à tout moment exiger un complément de garantie. Si le redevable ne satisfait pas, dans le délai d'un mois, à la demande qui lui est adressée à cet effet par lettre recommandée, les droits deviennent immédiatement exigibles. Les biens restés dans l'indivision ne sont pas taxables, mais les héritiers doivent payer le droit d'enregistrement. Pour que tout cela ait lieu, il faut souscrire une déclaration de succession, ensuite l'administration fiscale déterminera le tarif applicable lors de la liquidation des droits de mutation.

I. DÉCLARATION DE SUCCESSION ET PATRIMOINE SUCCESSORAL

A. LA DÉCLARATION DE SUCCESSION

Nous allons examiner tout d'abord les bureaux compétents pour recevoir la déclaration de succession, ensuite les délais requis pour souscrire, enfin la forme et le contenu de la déclaration.

1) Bureaux compétents.

Par bureau compétent, il faut retenir le service des impôts habile à recevoir la déclaration de succession.

Celle-ci doit être déposée quelle que soit la situation des biens transmis :

- si le défunt est domicilié au Mali, au bureau de son domicile.
  Par exemple quand × meurt à Ségou, la déclaration se fait au

bureau d'enregistrement de Ségou ;

- si le défunt n'était pas domicilié au Mali mais y est décédé, au bureau du lieu du décès ;
- si le défunt n'était pas domicilié au Mali et n'y est pas décédé, au bureau de Bamako exclusivement et ce pour les biens taxables au Mali. Le Code général des impôts a fixé des délais pour souscrire la déclaration de succession.

2) Délais

Le délai varie selon que le décès est survenu au Mali ou ailleurs.

Il est de *(6) six mois* à compter du jour du décès si celui-ci est survenu au Mali ; *(12) douze mois* dans les autres cas.

3) Forme et contenu de la déclaration.

La déclaration est souscrite suivant une formule imprimée délivrée par le service des impôts.

Par exemple s'agissant de la ville de Bamako (service des domaines et des recettes), la déclaration doit être détaillée et contenir tous les renseignements nécessaires à la liquidation de l'impôt et à son contrôle. Elle doit notamment comprendre :

- l'identité des déclarants ou les représentants des héritiers ;
- l'identité du défunt, la date et le lieu du décès ;
- l'identité des héritiers ;
- l'énumération et l'estimation détaillée des biens transmis ;
- enfin, l'énumération et la justification des dettes dont la soustraction est demandée.

B. LE PATRIMOINE SUCCESSORAL

Le patrimoine successoral comprend l'actif et le passif successoral

1) L'actif successoral

Les droits de mutation par décès frappent en principe tous les biens quelle que soit leur nature qui composent le patrimoine du défunt (immeubles, numéraires, voitures, fonds de commerce, bijoux, etc.)

Seuls les biens du défunt situés au Mali peuvent être taxés. La valeur imposable est la valeur vénale (c'est-à-dire la valeur du bien au jour du décès), et les redevables doivent mentionner dans la déclaration de succession la valeur réelle des biens transmis. À cet égard, l'administration se réserve le droit de procéder à des vérifications si elle l'estime nécessaire et en conséquence elle peut engager une procédure de redressement s'il apparaît que la valeur déclarée est inférieure à la valeur vénale réelle. En ce qui concerne les meubles meublants,

c'est-à-dire ceux destinés à l'usage et à l'ornement des habitations (meubles des salles à manger, des salons, des chambres…) leur valeur ne peut être inférieure à 5 % de l'ensemble des biens successoraux. Cette règle ne s'applique pas si les biens ont été vendus aux enchères dans les deux ans du décès ou s'ils ont fait l'objet d'un inventaire notarié. ***Exemple : Une personne est décédée en 1990 laissant un immeuble à Bamako de 10 000 000 F Un fonds de commerce d'une valeur de 5 000 000 F ; un compte en banque dont le solde est de 600 000 F. On constate dans ce cas précis qu'aucun bien meuble n'a été énuméré c'est-à-dire pris en compte. Dans ce cas, la valeur des meubles meublants que le de-cujus est censé avoir laissés sera de : (10 000 000 F + 5 000 000 F + 600 000 F) × 5 % = 780 000 F.***
La présomption d'existence et de valeur des meubles est de 5° %
En effet, l'inspecteur des impôts doit appliquer les 5 % d'offre lorsque l'estimation des parties est inférieure à ce pourcentage ou s'il n'est pas fait mention de meubles meublants.
Ainsi les héritiers seront imposés pour un actif valant : 10 000 000 + 5 000 000 + 600 000 + 780 000 = 16 380 000 F.
En ce qui concerne les actions et obligations, c'est le cours (prix) qui se pratiquait à la Bourse où ces titres sont côtés qui doit être déclaré.
S'il s'agit de titres non cotés en Bourse, les héritiers doivent en préciser la valeur dans la déclaration.
Enfin concernant *les immeubles*, c'est la valeur vénale au jour du décès qui doit être déclarée.
S'agissant *des droits d'usufruit ou de nu-propriété* la valeur de ces biens est fixée forfaitairement à une fraction de la valeur de la pleine propriété, *fraction qui varie suivant l'âge de l'usufruitier.*
Exemple : A décédé laissant l'usufruit d'un immeuble qu'il possède à B, âgé de 42 ans et la nue-propriété à C. La valeur de cet immeuble est estimée à 25 000 000 F. La valeur du bien recueilli par B sera calculée en appliquant le barème prévu par l'article 695 du Code général des impôts. En conséquence B ayant 42 ans, la valeur de l'usufruit dont il dispose sera conformément au barème fixé ci-dessus de 4/10 de la valeur B pleine propriété de l'immeuble, soit :

$$\frac{25\,000\,000 \times 4}{10} = 10\,000\,000 \text{ F.}$$

La valeur de la nue-propriété recueillie par C sera de : 25 000 000 – 10 000000 :15 000 000 représentant les 6/10 de la pleine

propriété.
Pour le paiement des droits de succession, chacun paiera sur la part qu'il aura recueillie : (soit pour B 10 000 000 F et pour C 15 000 000 F).
Ainsi, le taux de l'impôt est fonction de l'âge de l'usufruitier ; plus il est jeune, plus il contribue à un taux élevé et plus il vieillit, moins il paye.
Si l'usufruitier a :

- 20 ans révolus le taux est de 7/10e pour l'usufruitier, 3/10e pour le nu-propriétaire ;
- 20 à 30 ans le taux est de 6/10e pour l'usufruitier, 4/10e pour le nu-propriétaire ;
- 30 à 40 ans le taux est de 5/10e pour l'usufruitier, 5/10e pour le nu-propriétaire ;
- 40 à 50 ans le taux est de 4/10e pour l'usufruitier,610e pour le nu-propriétaire ;
- 50 à 60 ans le taux est de 3/10e pour l'usufruitier, 7/10e pour le nu-propriétaire ;
- 60 à 70 ans le taux est de 2/10e pour l'usufruitier, 8/10e pour le nu-propriétaire ;
- à partir de 70 ans le taux est de 1/10e pour l'usufruitier, 9/10e pour le nu-propriétaire.

Les dettes dont la déclaration est demandée doivent exister à la charge du défunt au jour de l'ouverture de la succession et ne faire juridiquement l'objet d'aucune contestation. Ce sont par exemple des sommes que le *de-cujus* a reconnu devoir de son vivant ainsi que celles qui ont pris naissance avant son décès tels que les frais de dernière maladie et les impôts directs.
Concernant ces derniers, il suffit de produire l'avertissement ou une attestation de perception. Les dettes doivent résulter de titres susceptibles de faire preuve en justice contre le défunt. Elles seront détaillées articles par articles et ne feront pas partie de celles dont la déduction est prohibée par la loi comme par exemple : Les dettes reconnues par testament, les dettes consenties par le défunt au profit de ces héritiers, les dettes échues depuis plus de trois mois au moment du décès à moins qu'il ne soit produit une attestation du créancier certifiant la réalité de la dette à ce moment.

2) Le passif successoral
Il correspond aux sommes que le défunt devait à ses créanciers. Les

héritiers en recueillant les biens successoraux sont tenus de payer les dettes également. C'est ainsi que les héritiers paieront les droits de mutation sur la valeur des biens *diminuée des sommes qu'ils auront à payer pour rembourser les dettes du défunt (actif net).* Toutefois, pour éviter des abus et des fraudes, la loi soumet la déclaration des dettes à des conditions assez rigoureuses.

C. LES ABATTEMENTS SUR L'ACTIF TAXABLE

Conformément à l'article 701 du Code général des impôts, *l'abattement est effectué sur l'ensemble des parts recueillies par les ayants droit en ligne directe et par le conjoint.* ***Cet abattement est de 2,5 millions de francs.*** Ce chiffre est ***majoré de 1,5 million de francs par enfant vivant ou représenté ou par ascendant à charge du défunt…***

Ainsi le conjoint survivant bénéficiera d'un abattement de 2,5 millions de francs, les enfants vivants ou représentés bénéficieront respectivement d'un abattement de 1,5 million de francs.

L'abattement de 2,5 millions de francs est effectué en premier lieu sur la part revenant au conjoint survivant ; le surplus s'il en existe, augmenté le cas échéant des majorations résultant de l'abattement de 1,5 million de francs par enfant se divise entre les autres ayants droit d'après les règles de la dévolution *ab intestat* c'est-à-dire d'après la part qu'ils prennent légalement dans la succession.

NB *: En ce qui concerne le tarif du droit de mutation, voir l'annexe ci-dessous.*

Le Code des Impôts prévoit aussi des réductions.

D. LES RÉDUCTIONS DES DROITS

Suivant l'article 702 du Code général des impôts, lorsqu'un héritier a trois enfants, vivants ou représentés au moment de l'ouverture de la succession, il bénéficie d'une réduction de 100 % qui ne peut toutefois excéder 50 000 francs par enfant en sus du deuxième.

Cette réduction de 50 000 francs concerne les héritiers en ligne indirecte (collatéraux, conjoint, ascendant…).

Le maximum de 50 000 francs est porté à ***100 000 francs en ce qui concerne les successions en ligne directe (descendants directs) et entre époux***.

L'héritier qui n'a pas d'enfant ou qui n'en a qu'un seul ou même deux ne bénéficie pas de cette réduction.

III. TARIF ET LIQUIDATION DES DROITS DE MUTATION

La liquidation des droits est l'œuvre exclusive de l'inspecteur des impôts, ce qui suppose pour ce dernier la connaissance du tarif applicable et des règles de liquidation des droits.

A. TARIF APPLICABLE

Il ne tient pas compte de la nature des biens transmis contrairement à la mutation à titre onéreux dans laquelle le taux varie suivant la nature des biens.
Le tarif *dépend uniquement du degré de succession*, c'est-à-dire du lien de parenté unissant le défunt à ses héritiers, d'où des abattements et des réductions de droits.

B. LIQUIDATION DE L'IMPÔT

Nous étudierons ici successivement un aspect technique et un aspect pratique.

1) Technique de liquidation

Les droits sont calculés sur la part nette de chaque ayant droit ; après avoir calculé ces droits dus sur chacune des parts, on procède à leur addition, on applique l'abattement dans les cas de succession en ligne directe ou indirecte. Enfin, on retranche le montant de la somme trouvée après les réductions à la part à laquelle peuvent respectivement prétendre les héritiers qui ont plus de deux (2) enfants.

2) Exemple pratique :

A décède le 25 août 1997 laissant pour recueillir sa succession sa veuve et ses quatre enfants :
Ali (sans enfant), Ousmane (2) deux enfants, Gaoussou (3) trois enfants, Issiaka (7) sept enfants.
Cette succession se compose des biens suivants :

Actif :
Un immeuble à Bamako = 20 000 000 F ;
Une voiture Peugeot 505 = 1 500 000 ;
Un fonds de commerce = 10 000 000 ;
Le solde compte en banque = 3 000 000 ;
Numéraire = 250 000 F ;
SCPCE = 1 000 000 F ;

20 actions (sociétés) = 500 000 F ;
Actif total = 36 250 000 F.

Passif :
À son passif il devait les sommes suivantes :
Impôt/BIC = 500 000 F ;
Patente = 250 000 F ;
Impôts/revenus fonciers = 400 000 F ;
Dettes envers × = 500 000 F ;
Passif total = **1 650 000 F**.

RÈGLE DE PARTAGE

C'est l'égalité de droits et de devoirs soit 1/5 pour chaque héritier.

Actif brut :
Biens déclarés : 36 0250 000 F.
Forfait mobilier (5 %) : $\frac{36\,250\,000 \times 5}{100}$ ***= 1 812 500 F.***
Actif brut : 36 250 000 + 1 812 500 = 38 062 500 F.
Chaque héritier aura : $\frac{38\,062\,500}{5}$ = ***7 612 500 F.***
On partage le passif entre tous les héritiers soit :
$\frac{1\,650\,000 \times 1}{5}$ = ***330 000 F.***
La part nette recueillie par chaque héritier est :
7 612 500 – 330 000 = ***7 282 500 F.***
Abattement applicable : 2 500 000 + (1 500 000 × 4) = 8 500 000 F.

PARTS NETTES TAXABLES

La Veuve = 7 282 500 F – 2 500 000 F = 4 782 500 F.
Aly = 7 282 500 F – 1 500 000 F = 5 782 500 F.
Gaoussou = idem// = 5 782 500 F.
Ousmane = idem// = 5 782 500 F.
Issiaka = idem// = 5 782 500 F.

a) Droits dûs par la veuve sur sa part nette (4 782 500 F)
Elle a quatre enfants :

- de 0 à 250 000 F
  250 000 × 4 % = 10 000 F ;
- de 250 000 à 1 000 000
  (1 000 000 – 250 000) × 10 % = 75 000 F ;
- de 1 000 000 F à 4 782 500 F
  (4 782 500 – 1 000 000) × 15 % = 567 375 F.

Total = 10 000 + 75 000 + 567 375 = 652 375 F.

Ayant quatre enfants, elle bénéficie d'une réduction de droit d'un montant de 200 000 francs (c'est-à-dire une réduction de 100 000 francs par enfant × 2 enfants) en exclusion des deux (2) premiers.

Les droits nets à payer s'élèvent ainsi à : 652 375 F – 200 000 F = **452 375 F**.

b) Droits dûs par aly sur sa part nette (5 782 500 F)

Aly n'a pas d'enfant :

- de 0 à 250 000 F
  250 000 F × 7 % = 17 500 F ;
- de 250 000 F à 1 000 000 F
  (1 000 000 F – 250 000 F) × 15 % = 112 500 F ;
- de 1 000 000 F à 5 000 000 F
  (5 000 000 F – 1 000 000 F) × 20 % = 800 000 F ;
- de 5 000 000 F à 5 782 500 F
  (5 782 500 F – 5 000 000 F) × 25 % = 195 500 F.

Total : 17 500 F + 112 500 F + 800 000 F + 195 500 = 1 125 500 F.

Aly n'ayant pas d'enfant, il ne bénéficiera pas d'une réduction.

Les droits nets à payer s'élèvent à : **1 125 5000 F.**

c) Droits dûs par ousmane sur sa part nette (5 782 500 F)

Ousmane a deux (2) enfants) :

- de 0 à 250 000 F
  250 000 F × 4 % = 10 000 F ;
- de 250 000 F à 1 000 000 F
  (1 000 000 F – 250 000 F) × 10 % = 75 000 F ;
- de 1 000 000 F à 5 000 000 F
  (5 000 000 F – 1 000 000 F) × 15 % = 600 000 F ;
- de 5 000 000 F à 5 782 500 F
  (5 782 500 F – 5 000 000 F) × 22 % = 172 150 F.

Total : 10 000 F + 75 000 F + 600 000 F + 172 150 = 857 150 F.

Ousmane n'ayant que deux (2) enfant, il ne bénéficiera également pas de

réduction.
Les droits nets à payer sont : **857 150 F**.

d) Droits dûs par gaoussou sur sa part nette (5 782 500 F)

- De 0 à 250 000 F
  250 000 F × 4 % = 10 000 F ;
- De 250 000 F à 1 000 000 F
  (1 000 000 F – 250 000 F) × 10 % = 75 000 F ;
- De 1 000 000 F à 5 000 000 F
  (5 000 000 F – 1 000 000 F) × 15 % = 600 000 F ;
- De 5 000 000 F à 5 782 500 F
  (5 782 500 F – 5 000 000 F) × 22 % = 172 150 F.

Total : 10 000 F + 75 000 F + 600 000 F + 172 150 = 857 150 F.
Gaoussou a droit à une réduction de 100 000 F, car il a trois (3) enfants et seul le troisième enfant (héritier en ligne directe) sera pris en compte.
Les droits nets à payer s'élèvent à : 857 150 F – 100 000 F = **757 150 F**.

e) Droits dûs par issiaka sur sa part nette (5 782 500 F)
Issiaka a sept (7) enfants.

- De 0 à 250 000 F
  250 000 F × 3 % = 7 500 F ;
- De 250 000 F à 1 000 000 F
  (1 000 000 F – 250 000 F) × 8 % = 60 000 F ;
- De 1 000 000 F à 5 000 000 F
  (5 000 000 F – 1 000 000 F) × 12 % = 480 000 F ;
- De 5 000 000 F à 5 782 500 F
  (5 782 500 F – 5 000 000 F) × 18 % = 140 760 F.

Total : 7 500 F + 60 000 F + 480 000 F + 140 760 F = 688 260 F.
Ayant sept (7) enfant, Issiaka a droit à une réduction de 500 000 F (100 000 F × 5 enfants en sus) en exclusion des 2 premiers.
Les droits nets qu'il doit payer s'élèvent à 688 260 F – 500 000 = 188 260 F
Le total des droits à percevoir par le fisc sur la présente succession s'élève à :
452 375 F + 1 125 500 F + 857 500 F + 757 150 F + 188 260 F =
3 380 785 F

Tableau comportant tarif du droit de mutation par décès :

I. Mutation en ligne directe et entre époux

Indication du nombre enfants du donateur ou du défunt	De 0 à 250 000	De 250 000 à 1 000 000	De 1 000 000 à 5 000 000	Au-delà de 5 000 000	Maximum
5 enfants ou plus vivants ou représentés	3 %	8 %	12 %	18 %	15 %
2, 3, 4 enfants vivants ou représentés	4 %	10 %	15 %	22 %	18 %
1 enfant ou pas	7 %	15 %	20 %	25 %	20 %

II. Mutation en ligne collatérale

Degré de parenté	De 0 à 250 000	De 250 000 à 1 000 000	De 1 000 000 à 5 000 000	Au-delà de 5 000 000	Maximum
Entre frères et sœurs	20 %	27 %	33 %	40 %	35 %
Entre oncles et neveux	28 %	32 %	38 %		40 %
Entre autres personnes	35 %	40 %	45 %	50 %	45 %

ANNEXE IV
JURISPRUDENCE

QUELQUES GRANDS ARRÊTS DE LA JURISPRUDENCE DE LA COUR SUPRÊME EN MATIÈRE DE SUCCESSION (1966–2014)

ARRÊT n° 3 DU 21 FÉVRIER 1966

Les droits conférés par le permis d'habiter ne peuvent être ni vendus ni loués sous peine de nullité de la convention intervenue et de reprise immédiate.

LA COUR…

MOYENS DE CASSATION :

1) Attendu que Souleymane Dembélé, au soutien de son pourvoi, reproche à l'arrêt d'avoir ordonné le partage de la concession en deux parties égales ; qu'ainsi il n'a pas tenu compte du fait que feu Seydou Dembélé dont Bréhima Dembélé est l'héritier avait, de son vivant cédé une partie de sa parcelle… à sa sœur consanguine, Sitan Dembélé sans le consentement de Souleymane Dembélé copropriétaire ; que dès lors, il convient de diminuer la part actuelle de Bréhima Dembélé de la superficie de terrain aliéné par feu son père ;

2) Attendu que de son côté, Bréhima Dembélé invoque deux moyens :

> *a) Excès de pouvoir : En ce que l'arrêt a ordonné le partage de la concession alors que seules, les autorités administratives compétentes sont qualifiées pour opérer des mutations ou des retraits de permis d'occuper ;*
>
> *b) Fausse interprétation des conclusions des parties : En ce que l'arrêt affirme que lesdites parties sont d'accord sur le principe de la copropriété de la concession ;*
>
> *c) Moyen soulevé d'office : Violation de l'article 63 de la loi du 20 avril 1810.*

En ce que la cour d'appel avait dans sa composition deux membres parents au degré prohibitif ;

ANALYSE

Sur le moyen unique soulevé par Souleymane Dembélé :

Attendu que le sieur Souleymane Dembélé fait grief à l'arrêt d'avoir

ordonné le partage de la concession sans dire que la part de Bréhima Dembélé devait être réduite de la superficie de terrain aliénée par feu son père ;
Attendu qu'à l'origine, la concession avait été attribuée en 1922 à une communauté familiale composée de Seydou Dembélé père de Bréhima, Abdoulaye Dembélé, Souleymane Dembélé et leur sœur Sitan Dembélé ; que c'est en 1923 que le chef de famille Seydou Dembélé céda une parcelle à Sitan Dembélé qui se trouvait dans l'embarras ;
Attendu qu'en plus des arguments de la cour d'appel qui justifient le rejet des prétentions de Souleymane Dembélé, il convient de noter que plus de 10 ans se sont écoulés depuis cette aliénation et que Souleymane Dembélé n'avait soulevé aucune protestation ; *que dès lors toute action de sa part relative à cette parcelle est couverte par la prescription de l'article 17 du décret du 3 décembre 1931 qui dispose que : « l'action se prescrit par trente ans lorsqu'elle est basée sur un (1) acte authentique, par dix ans, dans les autres cas »* d'où il suit que le moyen doit être rejeté ;

Sur le premier moyen de Bréhima Dembélé :
Attendu qu'il est fait grief à la cour d'appel d'avoir excédé ses pouvoirs en ordonnant le partage de la concession se substituant ainsi aux autorités administratives compétentes seules qualifiées pour opérer des mutations ou des retraits de permis d'occuper ;
Attendu que le permis d'occuper de la concession litigieuse a été établi au nom de Dembélé Souleymane... Conformément aux décrets domaniaux et fonciers des 15 novembre 1935, 20 mai 1955 ; 10 juillet 1956 et l'arrêté local du 25 novembre 1919 ;
Attendu qu'aux termes de l'article 3 de cet arrêté local : « ce permis ne conférera aux bénéficiaires qu'un droit d'usage et d'habitation, à l'exclusion de tous droits de propriété ; il sera absolument gratuit » ; qu'en son article 8 il précise que : « Les droits conférés par le permis d'habiter ne pourront être vendus ni loués sous peine de nullité de la convention intervenue et de reprise immédiate » ;
Attendu par ailleurs que l'article 12 du décret du 15 novembre 1935 dispose que : « sont soumises à la juridiction administrative toutes les contestations relatives à l'acte de concession » et qu'enfin le décret du 10 juillet 1956 confirme en son article 26 que : « la juridiction administrative demeure compétente pour statuer sur les contestations relatives à l'acte de concession » ajoutant cependant que : « Les

contestations relatives à l'abandon des droits coutumiers relèvent de la compétence des tribunaux judiciaires » ;
Attendu qu'il ressort de l'analyse de ce qui précède que l'appréciation de la validité des titres délivrés par l'autorité administrative échappe à la compétence des juridictions de l'ordre judiciaire qui ne pourraient par exemple, trancher le litige né de la contradiction entre deux titres, mais que par contre, le litige né entre des tiers et en dehors de toute intervention de l'Administration au sujet de la cession d'un titre, d'un permis d'habiter, une parcelle de domaine public notamment, peut être jugé par les juridictions judiciaires ; que la cession est un contrat passé sous condition résolutoire de l'autorisation administrative ;
Attendu qu'il y a lieu de rappeler que la vente par autorité de justice est un mode de transmission de la propriété des biens meubles ou immeubles du débiteur saisi aux mains de l'acheteur ;
Que cependant malgré ce principe la concession faisant l'objet d'un permis d'habiter ne passe pas automatiquement à son acheteur aux enchères ;
Qu'en effet l'article 219 du Code de procédure civile, commerciale et sociale tout en admettant le principe a posé une condition en ces termes :
« Article 219 » : L'exécution forcée d'immeubles autres que ceux-ci s'effectue ainsi qu'il suit :
« En ce qui concerne :
1)... Les installations faites sur les lots faisant l'objet de permis d'occuper réservés exclusivement à l'habitation, l'adjudication ne deviendra définitive que lorsque l'acquéreur, réunissant personnellement des conditions requises par la réglementation en la matière, aura obtenu la délivrance par l'Administration compétente d'un permis d'habiter le lot où se trouvent les installations. À défaut de production de ce permis dans la quinzaine de l'adjudication, l'immeuble est remis en vente publique ». « Toutefois, l'adjudicataire qui ne réunit pas les conditions requises pour obtenir personnellement un permis d'habiter pourra rendre définitivement l'adjudication prononcée à son profit en prenant l'engagement qui sera consigné au procès-verbal, d'enlever les installations du lot dont il s'agit ». Que dans une espèce où la cour d'appel avait statué sur une contestation relative à l'acte de concession, la Cour de céans dans son arrêt n° 13 du 3 mai 1965 avait confirmé le même principe ;
Attendu que la solution du litige avait à être recherchée d'une part, dans

les règles de la dévolution successorale de la coutume des parties et d'autre part, dans les règlements rappelés ci-dessus relatifs aux biens domaniaux attribués sous permis d'occuper ;
Attendu que si les tribunaux judiciaires connaissent des questions relatives à la propriété et telles qu'elles résultent des principes même du Code civil, il convient cependant de concilier ce droit qui leur appartient avec cette idée que l'autorité judiciaire ne peut porter atteinte aux actes des pouvoirs publics ;
Attendu que s'il ne peut être contesté à l'arrêt déféré d'avoir reconnu aux parties la propriété des installations, constructions et autres aménagements sur la concession litigieuse et d'en avoir ordonné le partage, même en les délimitant il en va autrement lorsqu'il omet de préciser que ce partage ne sera effectif que sous condition résolutoire de l'autorisation administrative ;
Qu'en effet, par cette décision, l'arrêt reconnaît aux parties, non seulement la propriété des bâtiments et autres investissements mais aussi celle du sol qui les supporte alors qu'en vertu des règles rappelées ci-dessus le permis d'occuper ne leur confère qu'un droit d'usage et que toute modification de ce droit ne relève que de la seule autorité administrative compétente ;
Qu'il s'ensuit que la cour d'appel a excédé ses pouvoirs et doit de ce fait encourir la censure de la Cour suprême ;
Sur le deuxième moyen de Bréhima Dembélé.
a) Attendu que le deuxième moyen de Bréhima Dembélé relatif à la contestation de la copropriété se justifie d'ailleurs par les pièces du dossier, notamment la convention du 26 novembre 1955 et les énonciations de l'arrêt attaqué ; qu'il saurait donc être accueilli ;
b) Sur le moyen d'office tiré de la violation de l'article 63 de la loi du 20 avril 1810.
Attendu que la loi du 20 avril 1810 prévoit que les parents et alliés jusqu'au degré d'oncle et de neveu inclusivement ne peuvent être simultanément membres d'un même Tribunal ou d'une même Cour sans une dispense du chef de l'État, dispense qui n'est accordée que pour les juridictions composées de plus de huit juge ;
Attendu toutefois que cette prohibition n'est cause de nullité qu'autant qu'il s'agit de deux juges parents délibérant dans la même affaire ;
Attendu que la loi du 20 avril 1810 est toujours applicable en vertu des articles 51 de la Constitution et 231 du Code de procédure civile et commerciale ainsi conçu :

« Article 51 : La législation en vigueur demeure valable dans la mesure où elle n'est pas contraire à la présente Constitution et dans la mesure où elle n'a pas fait l'objet d'une abrogation expresse » ;
« Article 231, alinéa 2 : En outre, les matières non réglées par le présent Code demeurent régies par les textes en vigueur en leurs dispositions non contraires à celles dudit Code » ;
Attendu qu'il est constant que Karamoko Traoré est le père de Bassidiki Traoré ;
Que l'article 22 de la loi du 15 mai 1961 portant organisation judiciaire dispose, en son alinéa 3 qu'« en cas d'appel des décisions rendues par les tribunaux de première instance… en matière coutumière, la Cour est complétée par des assesseurs de la coutume des parties et qui dans tous les cas, ont voix délibératives » ;
Qu'il s'en suit que Karamoko Traoré exerce, en matière coutumière, les attributions dévolues à un juge ordinaire ;

c) Attendu qu'il résulte de l'arrêt déféré que Karamoko Traoré et Bassidiki Traoré ayant tous deux pouvoir délibératif ont connu ensemble du procès opposant les nommés Bréhima Dembélé et Souleymane Dembélé, avec cette circonstance que la Cour était composée de moins de huit membres ;
Qu'en conséquence la décision rendue est entachée de nullité ;
Par ces motifs :
Casse et annule l'arrêt attaqué ;

II. ARRÊT N° 19 DU 29 DÉCEMBRE 1971

Donation-partage, testament-partage et partage d'ascendant

La Cour…
Moyens de cassation

Attendu que le pourvoi reproche à l'arrêt attaqué les griefs suivants :

1) *composition irrégulière de la Cour, en ce sens que le juge Ibrahima Koné qui en a fait partie n'a été désigné à cet effet par aucune ordonnance du premier président de ladite Cour telle qu'elle est prévue par la loi ;*
2) *la cour d'appel ne conteste pas la validité de la convention qui apportait un partage des biens de Ibahima Diallo mais elle prétend qu'elle était sous condition suspensive puisque c'est*

après sa mort que les 20 vaches devaient revenir à Yaye Diallo ;
Attendu qu'un tel raisonnement est fautif en ce sens que Ibrahima Diallo a tenu de son vivant à satisfaire une procédure que l'on l'appelle en droit français un partage d'ascendant, se réservant 20 bovidés pour en jouir le reste de ses jours.
Attendu qu'il est bien certain qu'après sa mort on ne peut qu'appliquer les règles de succession en spécifiant bien que les héritiers étaient outre Yaye Diallo, les deux veuves laissées par Brahima Diallo.
Qu'en ne suivant pas les règles du droit des successions, l'arrêt encourt cassation.

ANALYSE DES MOYENS

Sur le premier moyen tiré de la composition irrégulière de la cour d'appel en ce sens que M. Ibrahima Koné, juge d'instance y a fait partie sans avoir au préalable été désigné à cet effet par une ordonnance expresse du premier président.
Attendu que la consultation du registre des ordonnances de la cour d'appel a permis de déceler l'existence effective de l'ordonnance n° 13 du 15 février 1969 désignant M. Ibrahima Koné président du tribunal de Mopti pour faire partie de la composition de la Cour en transport, d'où il suit que le moyen doit être rejeté.
Moyen tiré de ce qu'en se basant sur le testament au lieu des règles du droit sur les successions, l'arrêt attaqué doit être cassé.
Attendu que contrairement à l'argumentation du mémorant l'acte appelé dans la présente procédure « Convention n° 12 » constitue à la fois une donation entre vifs et un testament et non un partage d'ascendant. Il faut entendre par cette expression l'acte par lequel les père et mère et autres ascendants opèrent à l'avance, entre leurs enfants et descendants la distribution et le partage de leurs biens. Il se réalise de deux façons, soit par donation entre vifs (donation-partage) soit par testament (testament partage).
Attendu que la donation-partage est une libéralité par laquelle un ascendant donne dès son vivant actuellement et irrévocablement, à tous ses enfants tout ou parties de ses biens et en opère le partage entre eux.
Attendu que la jurisprudence a décidé que *le partage opéré entre deux époux d'une part et les enfants de l'une d'eux nés d'un premier lit d'autre part constitue une donation entre vifs, et non un partage d'ascendant* ;

Attendu que par ailleurs la donation-partage suppose nécessairement qu'il y a distribution, en totalité ou en partie, des biens du disposant entre plusieurs enfants successibles, le mot partage impliquant par lui-même l'idée d'un partage entre plusieurs personnes.
Attendu que dès lors la donation que le père aurait faite à son fils unique quoique qualifié partage d'ascendant ne pourrait être considérée comme tel au point de vue du droit civil.
Attendu que le testament partage est un acte pour cause de mort révocable dans lequel un ascendant opère entre tous ses enfants la distribution et le partage de tout ou partie des biens qu'il laissera à son décès.
Que ces définitions excluent donc le cas d'espèce des diverses formes du partage d'ascendant.
Attendu que suivant le droit coranique, un musulman peut disposer entre vifs de l'intégralité de sa fortune, aucune réserve ne protège les héritiers contre les libéralités faites au profit des tiers par leur auteur, aucune loi d'égalité n'empêche celui-ci d'avantager un ou plusieurs de ses enfants au détriment des autres. La seule réserve semble, l'acceptation du donataire Ici cette volonté a été exprimée dès lors que la demanderesse avait pris l'initiative de revendiquer les 10 bœufs à elle donnés par son père du vivant même de celui-ci.
Attendu qu'au demeurant le problème juridique se situe donc sur le point de savoir si les juges du fond en se basant sur le testament n'ont-ils pas violé la loi (ici les règles du droit de succession). Attendu qu'à cet égard il convient de noter tout d'abord que la loi aussi bien que la coutume admettent le testament. Selon le droit islamique qui régit la matière, le fondement de la légalité du testament est la nécessité d'annuler à concurrence du tiers les droits des héritiers sur le patrimoine de leur auteur. Par ces motifs :
Rejette comme mal fondé…

III. ARRÊT N° 25 DU 29 DÉCEMBRE 1971

Pourvoi d'ordre du ministre de la Justice : Le tribunal a statué sur un litige qui relève du droit coutumier sans la participation des assesseurs violant ainsi l'article 35 de la loi organique du 15 mai 1961.

La Cour…
Moyens de cassation :

1) SUR LE POURVOI DE ALY LAMINE KEÏTA

Attendu que le demandeur au pourvoi n'a ni produit ni consigné. Mais par lettre en date du 27 septembre 1971 adressée au premier président de la Cour suprême, il a déclaré se désister purement et simplement du pourvoi introduit par lui.
Attendu qu'il convient de lui donner acte de désistement

2) SUR LE POURVOI DE MONSIEUR LE PROCUREUR GÉNÉRAL MOYEN DE CASSATION

Attendu qu'à l'appui du pourvoi d'ordre le procureur général soulève un moyen unique de cassation pris de violation de l'article 35 de la loi organique du 15 mai 1961. Excès de pourvoi en ce que le Tribunal a statué sur le litige qui relève du droit coutumier sans la participation des assesseurs coutumiers alors que le texte visé le prévoit formellement.

ANALYSE DES MOYENS

Attendu qu'il est constant que le tribunal civil de Bamako était composé de M. Bassidiki Traoré, président et nul assesseur pour statuer le 24 décembre 1970 sur le litige en partage de succession opposant la dame Fatou Diallo au sieur Aly Lamine Keïta.
Attendu que le litige relève du domaine coutumier ; qu'aux termes de l'article 35 de la loi du 15 mai 1961 portant organisation judiciaire les tribunaux d'instance doivent, lorsqu'ils statuent en matière coutumière, être complétés par deux assesseurs de la coutume des parties, lesquels ont voix délibérative.
Attendu qu'ayant statué comme il l'a fait le 24 décembre 1970, dans une affaire coutumière, sans la participation des assesseurs, le tribunal civil de Bamako a violé les dispositions de l'article 35 de la loi organique et a, de ce fait excédé ses pouvoirs.
Attendu qu'ainsi le moyen est recevable et que la décision déférée encourt la censure de la Cour suprême.
Attendu que dès lors, il convient :

1) de donner acte à Aly Lamine Keïta de son désistement ;
2) de recevoir le pourvoi du procureur général ;
3) de casser et de renvoyer la cause et les parties devant le même Tribunal autrement et légalement composé ;
4) de laisser les dépens à la charge du trésor public.

Par ces motifs
Casse et renvoie la cause et les parties devant le tribunal de première instance de Bamako.

IV. ARRÊT N° 16 DU 13 SEPTEMBRE 1976

Le pourvoi d'ordre du ministre de la Justice garde des Sceaux reproche au jugement déféré relatif à un partage successoral, la dénaturation des faits.

La Cour…
Moyen de cassation :

Le procureur général près la Cour suprême, agissant d'ordre de monsieur le ministre de la Justice garde des Sceaux (lettre n° 491 MJG.SC-102616 du 26 avril 1976) a introduit un pourvoi en cassation contre le jugement n° 132 rendu contradictoirement le 21 février 1974 par le tribunal civil de Bamako et dont le dispositif est ainsi conçu : « Ordonne le partage de la succession suivant le croquis n° 2 dressé par l'expert ;
Dit que Maty Sidibé sera tenu de verser à Ténin Koné la somme de 216.443 F représentant la valeur de 43 m² supplémentaires. »

ANALYSE

Attendu qu'au soutien de son pourvoi le demandeur a exposé que la dame Adama dite Ténin Koné et le sieur Seydou Koné avaient hérité de leur auteur Bilal Koné une concession sise à Bamako, quartier Bozola ; Qu'au décès de Seydou Koné qui n'a laissé que sa femme Maty Siby comme seule héritière, il y eut entre celle-ci et la dame Adama une contestation sur les parts respectives devant revenir à chacune d'elles dans la concession.

Attendu que statuant sur cette contestation le jugement recherché après avoir constaté dans ses motifs que la dame Adama Koné qui demande le partage de la concession en offre le 1/4 à Maty Siby sa part, a ordonné le partage de la concession suivant le croquis dressé par un expert ;
Attendu que le moyen unique de cassation dont se prévaut le demandeur résulte de l'ordre donné par le ministre de la Justice garde des Sceaux et qui consiste en la dénaturation des faits.

En ce que le tribunal a affirmé que la dame Adama Koné a offert à la dame Maty Siby le 1/4 de la concession alors que l'offre du 1/4 porte sur la part du défunt Seydou.
D'où il suit que le jugement attaqué par une constatation erronée a dénaturé les faits et doit par suite être censuré.

Attendu que Me Dongar dans le mémoire déposé au nom de Maty Siby a conclu dans le même sens.
Sur le moyen de cassation proposé :
Attendu que le pourvoi reproche au jugement déféré la dénaturation des faits en ce que le tribunal a affirmé que la dame Adama Koné a offert à la dame Maty Siby le quart de la concession alors que l'offre du 1/4 porte sur la part du défunt Seydou Koné, époux de Maty Siby.
Attendu que des constatations du jugement déféré, il appert que la concession litigieuse a été héritée par les frère et sœur Seydou Koné et Adama Koné à la suite du décès de leur père commun Bilaly survenu depuis plus de 3 décades, à une date non précisée.
Attendu que Seydou Koné décédait à son tour, ne laissant habile, à lui succéder que sa sœur Adama Koné et sa veuve, la dame/Siby.
Attendu qu'il résulte tant de la requête introductive d'instance que des conclusions versées au dossier le 19 novembre 1971 par Me Dongar conseil de la dame Maty que la part revendiquée et offerte concerne bien le 1/4 de la portion de la concession qui appartenait à feu Seydou Koné.
Attendu en effet que s'agissant d'une succession musulmane, au décès de leur auteur commun Bilaly la concession devait être partagée dans la proportion d'une part au bénéfice de l'héritier femelle et de deux parts à celui de l'héritier mâle, en d'autres termes dans la proportion d'un tiers en faveur d'Adama et de 2/3 en faveur de Seydou.
Attendu qu'à la mort de celui-ci sa veuve ne pouvait revendiquer ni recevoir au-delà du 1/4 des 2/3 de la concession, ce qui représente le 1/6 de l'ensemble à partager.
Attendu qu'en procédant tel qu'ils l'ont fait, par l'attribution du 1/4 de la chose à partager, les Juges du fond ont non seulement dénaturé le terme du débat, mais violé les principes du droit pré-établi, à savoir les réserves déterminées par le Coran que nul n'a le droit de modifier ce que faisant ils ont excédé leurs pouvoirs ;

D'où il suit que leur décision encourt la censure de la Cour suprême ;

Par ces motifs
Casse et annule le jugement déféré…

V. ARRÊT N° 22 DU 15 AOÛT 1977

Succession : cas de la donation entre vifs et cas de la fille adoptive dans la succession en droit musulman.
Les causes d'exhérédation en droit musulman ? Par ailleurs, la cour d'appel affirme qu'un document contient la preuve matérielle de sa fausseté sans mentionner dans ses décisions ni la volonté des tiers opposants de s'inscrire en faux contre la pièce incriminée ni la déclaration de la partie civile qui l'a produite de ne pas s'en servir, ni le silence de cette partie qui équivaut à la renonciation d'utiliser la pièce contestée.

La Cour…
Moyens de cassation :

Attendu qu'au soutien du pourvoi maître Ibrahima Sall pour la demanderesse a soulevé les moyens de cassation ci-après :

1) *le défaut et l'insuffisance de motifs ;*
2) *le manque de base légale ;*
3) *la violation manifeste des dispositions coutumières et législatives sur l'hérédité ;*
4) *la violation des principes du Droit.*

Attendu que tenant compte de l'interférence de ces moyens les uns sur les autres, la mémorante les a analysés conjointement.
Attendu que pour sa part la Cour essaiera de les sérier autant que faire se peut.

ANALYSE DES MOYENS

Sur le premier moyen :
Attendu que le pourvoi fait grief tant au jugement d'instance qu'à l'arrêt confirmatif de la cour d'appel d'avoir tranché le différend nonobstant l'incidence apparente, indiscutable et déterminante sur le fond d'un document produit par la mémorante, en affirmant que ce document « contenait la preuve matérielle de sa fausseté » sans

mentionner dans leurs décisions ni la volonté des tiers opposants de s'inscrire en faux contre la pièce incriminée ni la déclaration de la partie qui l'a produite de ne pas s'en servir, ni le silence de cette partie qui équivaut à la renonciation d'utiliser la pièce contestée.

Attendu que dans de telles conditions et en la taxant péremptoirement de faux pour lui ôter toute valeur sans avoir au préalable satisfait aux exigences de l'article 39 du Code de procédure civile qui soustrait l'acte incriminé à son pouvoir d'interprétation a commis une violation de la loi.
Attendu que faute d'avoir relevé la même violation la Cour l'a elle-même commise.
Attendu qu'une telle violation dépasse d'ailleurs le cadre du simple vice de forme et s'interprète d'une atteinte aux droits de la défense ;
Attendu en effet que la position adoptée par la Cour sur la même question n'est pas meilleure à celle du premier juge.

Attendu qu'en ses énonciations l'arrêt confirmatif a constaté mais pour les rejeter, les mesures d'instruction sollicitées par maître Hamaciré N'doure qui occupait alors pour la mémorante, mesures qui consistaient en l'intervention de la Cour pour la production aux débats du carnet où a été inscrite la volonté de la défunte (ce carnet a varié dans son appellation au cours du procès) que le tribunal a refusé de restituer à la mémorante selon la version de celle-ci, et en l'audition de témoins à la barre étant donné que les témoignages recueillis par la police sont nuls à cet égard, étant entendu que l'intervention de cette autorité en la circonstance n'est pas prévue par le Code de procédure civile ;
Attendu qu'en retenant dans ses motifs le défaut de présentation du carnet censé contenir le testament dont Minan Coulibaly s'était prévalue d'une part et en constatant que la preuve du legs n'était pas rapportée et que l'on n'en aperçoit même pas la présomption alors qu'il lui incombait justement de faire produire le carnet contenant le testament présumé détenu par le tribunal d'autre part, et en rejetant par ailleurs la demande d'audition de témoins proposée au motif que lesdits témoins avaient été entendus, alors qu'ils l'ont été dans les formes contraires à celles édictées par le Code de procédure civile, l'arrêt recherché a créé des contradictions s'interprétant d'un défaut de motifs qui le vicient et commis des violations de la loi qui entraînent sa censure par la Cour suprême.

Sur le deuxième moyen :
Attendu que le pourvoi s'est ensuite fondé sur la qualité de fille adoptive de la demanderesse et de la détérioration des relations de Koda Bolly avec son frère Kantara Bolly, pour demander l'éviction pure et simple de celui-ci de la succession, relations caractérisées par un abandon total de la sœur par le frère.

Attendu que ce faisant le pourvoi en a appelé à la jurisprudence musulmane, au Code malien de la parenté et soutenu que l'absence d'un lien quelconque d'aide et d'assistance entre Kola Bolly et Kantara Bolly rendait celui-ci, malgré sa qualité de frère consanguin, inapte à appréhender la succession de celle-là.
Attendu que contrairement à cette optique de la mémorante, le défaut d'assistance n'est pas en matière de succession une cause d'exhérédation.
Que l'esclavage, l'homicide et la différence de religion sont les seules conditions nécessaires pour enlever à un successible l'exercice de son droit.
Attendu par ailleurs que selon les règles de l'imam Zeïd, considéré par le prophète comme celui qui connaît mieux la science des successions, les successibles du sexe féminin sont au nombre de sept, à l'exclusion desquels la loi musulmane n'accorde à aucun autre le droit d'hériter :
Ce sont :

1) *la fille ;*
2) *la fille du fils ;*
3) *la mère au cœur tendre ;*
4) *l'épouse ;*
5) *l'aïeule ;*
6) *la patronne ;*
7) *la sœur à quelque ligne qu'elle appartienne (germaine, consanguine ou utérine).*

Attendu que de cette nomenclature la fille adoptive n'apparaît donc pas comme héritière.
D'où il suit que ce moyen n'est pas fondé.

Sur le troisième moyen : Tiré de la violation de la législation malienne sur la parenté.
Attendu que non moins vainement le pourvoi a invoqué la violation de

la loi malienne sur la parenté (ordonnance n° 36 CML, 36 CMLN en date du 31 juillet 1973).

Attendu qu'en vertu de la non-rétroactivité des lois, ce texte eu égard à sa postériorité au cas d'espèce ne saurait s'y appliquer.
Qu'en conséquence le moyen fondé sur cette législation est à rejeter.
Sur le quatrième moyen : Tiré de la violation des principes du droit :
En ce que l'arrêt a rejeté systématiquement les demandes de la mémorante basées soit sur le legs soit sur la donation entre vifs, alors que ces libéralités sont prévues par le droit musulman et sont de nature à influer sur la solution du litige d'où il suit qu'en rejetant systématiquement les demandes de la mémorante en méconnaissance de ces principes l'arrêt recherché doit être censuré.

Attendu que des énonciations tant du jugement d'instance que de l'arrêt confirmatif il appert que Minan Coulibaly s'est instamment prévalu d'un écrit, bien sûr non authentique ni sous seing privé, mais constituant en tant qu'écrit un commencement de preuve aux termes mêmes de la loi.
Attendu s'il est non moins évident qu'il appartenait aux juges du fond d'apprécier souverainement les preuves fournies par les parties par contre, dans le cas d'espèce et suivant l'analyse qui précède il a été prouvé à suffisance que la décision recherchée était viciée du fait même de la manière dont elle avait écarté la « pièce maîtresse » qui servait de fondement aux prétentions de la mémorante, pièce dont le contenu non examiné par la Cour, et censé être un legs ou une donation entre vifs, alors que ces libéralités sont prévues par le droit musulman et sont de nature à permettre dans l'éventualité où la défunte y aurait recouru, de modifier la situation de prime abord avantageuse du défendeur, parent le plus proche qui exclut, sauf devant l'existence des libéralités sus-spécifiées, les autres héritiers dont la demanderesse, nièce appartenant à une ligne plus éloignée
Attendu qu'en se refusant à faire la lumière sur ces points de droit soulevée devant eux ou n'y répondant que de façon laconique, les juges du fond ont mis la Cour suprême dans l'impossibilité d'exercer son contrôle, ce qui entraîne la censure de leur décision.
Attendu qu'outre les moyens qui précèdent la demanderesse a, dans l'éventualité d'une cassation et en application des dispositions de l'article 171 du Code de procédure civile, commerciale et sociale

(rédaction du 17/2/1968) conclu :
Au principal : à son installation dans ses droits d'héritière exclusive en tant qu'enfant adoptive de la défunte avec toutes les conséquences de droit.
Subsidiairement : Que soit déclarée valable la donation entre vifs du patrimoine intervenu en sa faveur.
Attendu que dans le cas d'espèce les exigences des alinéas 1 à 3 de l'article 171 du Code de procédure civile, commerciale et sociale ne sont pas remplies pour qu'il y ait cassation sans renvoi ;
Qu'en effet la cassation sans renvoi n'a lieu que dans le cas suivant en matière civile : « Si la juridiction saisie après cassation ne se conformait pas au point de droit tranché par l'arrêt, la Cour sur un second pourvoi régulier statue en fait et en droit » ;
Attendu enfin que les demandes tant principales que subsidiaires de la mémorante sus spécifiées en Absence de ces conditions ressortissant donc à la compétence des Juges du fond doivent être rejetées.
Par ces motifs… Casse et annule l'arrêt déféré…

VI. ARRÊT N° 28 DU 29 DÉCEMBRE 1977

Lien créateur de parenté et dévolution successorale. Dans la loi musulmane, le consanguin est exclu par le germain
La Cour…
Moyens de cassation

Attendu qu'au soutien de son pourvoi maître Assane Seye, avocat, a soulevé les moyens de cassation ci-après :
Premier moyen :
Tiré de l'inexistence de liens de parenté entre le de cujus et les nommés T.D. et K.B.D.
En ce que le jugement d'instance aussi bien que l'arrêt confirmatif leur ont reconnu ces liens alors que selon la mémorante, il n'a existé entre les parties aucun lien de sang créateur de la parenté, le fait que le père du défunt et celui des défendeurs ayant eu un même Maître ne pouvant s'assimiler à de tels liens ni les créer non plus. Étant donné qu'elles sont basées sur de simples affirmations de témoins intéressés, non étayées par des écrits (ni actes d'État civil, ni carnet de famille), les décisions intervenues (jugement d'instance aussi bien que l'arrêt confirmatif attaqué) n'ont pas respecté les prescriptions sur les moyens de preuve

légale, ayant de ce fait violé la loi, ce qui entraîne la censure de l'arrêt attaqué.

Second moyen :

Pris de la violation des articles 60 et 100 du Code de procédure civile commerciale et sociale, insuffisance de motifs.

En ce que d'une part la cour d'appel affirme que la sœur consanguine peut prétendre à l'héritage dans la mesure où il n'y a ni descendant ni ascendant, conjoint, frères et sœurs germains ou utérins ;

Alors qu'après avoir fait ces constatations l'arrêt déféré devait en tirer les conséquences Borogo Kanouté étant sœur germaine du de cujus. Et d'autre part, la Cour se contente de déclarer qu'en application de la loi musulmane dont se réclament les parties la sœur consanguine ne peut prétendre qu'à la moitié de l'héritage sans indiquer la loi musulmane, le rite, la coutume musulmane dont relève le litige, alors qu'en ne précisant pas la source servant de base à sa décision, la cour d'appel a mis la Cour suprême dans l'impossibilité de vérifier ses sources et partant leur bonne application au cas d'espèce d'autant plus que d'après la *Rizâla* et d'après l'abrégé de la loi musulmane de Khalil Ben Ishag, selon le rite malékite, le consanguin est exclu par le germain, étant entendu que Borogo Kanouté étant sœur germaine de feu Mamady, les prétendus cousins ne seraient tout au plus que des consanguins d'où il suit qu'en statuant comme ils l'ont fait les juges du fond n'ont pas donné de base légale à la décision.

ANALYSE DES MOYENS

Sur le premier moyen :

Attendu qu'en son premier moyen le pourvoi fait grief tant au jugement d'instance qu'à l'arrêt confirmatif d'avoir sur la foi de témoignages intéressés et en dehors de tout acte d'état civil en l'absence de tout carnet de famille, reconnu aux défendeurs la qualité d'héritiers du *de-cujus* alors qu'aucun lien de sang et partant de parenté n'existe entre eux, le seul fait qui puisse les unir étant que leurs auteurs respectifs ont appartenu à un même maître (ce mot pris dans le sens de propriétaire d'esclaves) d'où il suit que pour n'avoir pas respecté les prescriptions de la loi sur les moyens de preuves, la décision attaquée encourt cassation.

Attendu que des écritures de la mémorante, il appert que celle-ci a constaté devant les juges du fond la qualité d'héritiers de ses adversaires tandis que des énonciations de l'arrêt attaqué il apparaît que pour établir des liens de parenté entre les parties, la Cour s'est fondée tant sur l'enquête diligentée que sur les débats, enquête et débats qui constituent des moyens de preuves.

Qu'en principe les juges du fond apprécient souverainement les moyens de preuves fournies par les parties.
Que compte tenu de l'état embryonnaire des services de l'État civil au temps de la naissance des protagonistes et de leurs auteurs, il paraît illusoire comme l'a suggéré la mémorante d'exiger des parties des pièces émanant de ces services pour étayer leurs argumentations.
Que cependant à défaut de ces pièces à laquelle la loi attache un caractère irréfragable d'autant plus qu'elles font foi jusqu'à inscription de faux, il était mieux indiqué en présence des contradictions apparentes qui fusent des témoignages qui ont servi de base à la décision et qui sont justement contestés, de procéder à des investigations plus approfondies ou de faire usage en l'occurrence des documents administratifs tels que les cahiers de recensement ou faire établir des actes de notoriété.
Qu'en l'absence de tels éléments et en se contentant de simples affirmations, l'arrêt attaqué a non seulement violé les principes sur les moyens de preuves, mais également mis la Cour suprême dans l'impossibilité d'exercer son contrôle, ce qui entraîne la censure de sa décision.

Par ces motifs, *Sans qu'il soit nécessaire d'examiner le second moyen :*
Casse et annule l'arrêt déféré…

VII. ARRÊT Nº 15 DU 27 JUIN 1983

- ***Affaire coutumière et composition régulière du tribunal.***
- ***Demande ultra-petita.***

La Cour…
Moyens de cassation :

Attendu qu'au soutien du pourvoi, le demandeur a souligné deux moyens de cassation ;
Premier moyen tiré de la violation de la loi organique du 15 mai 1961 ;
En ce que s'agissant d'une affaire coutumière, le tribunal était irrégulièrement composé pour ne s'être pas adjoint les assesseurs de la coutume des parties ;
Alors qu'en pareille matière et selon les prescriptions de l'article 35 de la loi susvisée, le concours des assesseurs était nécessaire pour que la composition du tribunal fût régulière ;

D'où il suit qu'en statuant sans leur concours le jugement attaqué a violé le texte visé au moyen, ce qui doit en entraîner la censure ;
Deuxième moyen également tiré de la violation de la loi ;
En ordonnant d'office l'exécution provisoire, chose qui n'avait pas été demandée, ce que faisant il a violé l'article 61 du CPCCS.

ANALYSE DES MOYENS

Sur le premier moyen tiré de la violation de la composition irrégulière du Tribunal ;
Attendu que le pourvoi fait grief au jugement déféré (tribunal civil de Sikasso 2 octobre 1979) d'avoir statué en matière coutumière (succession) sans la participation des assesseurs de la coutume des parties à la composition ce qui constitue une violation de la loi du 15 mai 1961 portant organisation judiciaire au Mali ;
Attendu que des énonciations du jugement recherché il ressort que l'affaire ici concernée est une revendication de succession, une matière non régie par la loi, donc relevant de la coutume ;
Qu'il ressort des qualités dudit jugement que le Tribunal était composé du juge Tapily assisté d'un greffier, sans la participation d'aucun assesseur ;
Attendu que dans ces conditions il y a eu violation de la loi organique du 15 mai 1961 notamment les dispositions de son article 35 où il est statué « les tribunaux de première instance, les justices de paix à compétence étendue, lorsqu'ils statuent en matière coutumière sont complétés par deux assesseurs de la coutume des parties » ;
Attendu que l'absence des assesseurs de la composition du tribunal entache la décision que celui-ci a rendue de nullité ; qu'en conséquence le moyen doit être accueilli ;

Sur le deuxième moyen tiré de la violation de l'article 61 du CPCCS en ce que le tribunal a statué « ultra petita » ;
Attendu que du dispositif du jugement il ressort que le juge a ordonné l'exécution provisoire, mesure qui n'a pas été demandée selon les productions des parties ;
Attendu qu'en l'ordonnant d'office, le juge a statué sur une chose non demandée, ce que faisant sa décision encourt la censure de la Cour suprême ;
Qu'il s'ensuit que le deuxième moyen mérite d'être également retenu.

Par ces motifs…
Casse et annule le jugement déféré dans le seul intérêt de la loi…

VIII. ARRÊT N° 50 DU 14 JUILLET 1986

Mauvaise application de la coutume : « si le droit musulman attribue la succession de toute personne qui meurt sans laisser d'héritier au trésor public (Baït Al Mal), il n'est pas dit qu'une telle succession doit revenir au chef du village ».

La Cour…
Moyen unique de cassation :

Le mémoire ampliatif soulève un moyen de cassation unique tiré de la mauvaise application de la coutume ;

ANALYSE DU MOYEN

Attendu que le Coran, les hadiths, la doctrine et la jurisprudence ont vulgarisé le droit successoral musulman ;
Attendu que pour la détermination des héritiers de feu Aboubacrine Hama Aly, l'arrêt déféré argumente de la façon suivante :
Considérant qu'en droit coranique une femme n'épuise pas une succession puisque par elle-même elle ne peut être que réservataire (fard) à laquelle est assigné une part déterminée et dans le cas présent, cette réserve est la moitié puisque Lalla Hamma Aly est sœur unique ;
Que le reliquat de la succession subit un sort qui varie selon les actes, les auteurs et les coutumes ;
Considérant qu'il n'est pas non plus contesté et cela ressort en particulier du témoignage de Aba Abdoulaye Tangara que selon la coutume de Bintagoungou N'Bouna la femme n'hérite pas de la terre, qu'en l'absence d'héritier mâle, celle-ci revient au chef coutumier ;
Considérant que quelque impie que cela paraisse, les tribunaux sont liés en matière successorale par la coutume du défunt.
Qu'il n'est pas inutile de noter que le chef a quand même cédé la moitié de la succession à Lalla Hamma Aly ;
Attendu que l'arrêt attaqué lui-même qualifie la coutume qu'il a appliquée d'impie ;
Attendu qu'il n'a jamais été question en droit successoral musulman

qu'un chef coutumier doit partager la succession avec l'héritier ;
Attendu que si le droit musulman attribue la succession de toute personne qui meurt sans laisser d'héritier au trésor public (ou Baït Al Mal), il n'est pas dit qu'une telle succession doit revenir au chef de village ;
Attendu qu'en ce qui concerne le de cujus qui ne laisse que des héritières les règles de droit sont bien connues et elles précisent que les filles en l'absence de fils sont réservataires pour les 2/3 et que le reste de la succession est dévolu à la famille paternelle du de cujus ;
Attendu que les parties au procès sont des ressortissants de la Région de Goundam, qu'elles se prévalent de la religion musulmane « rite malékite » ;
Attendu que la coutume appliquée n'est pas précisée et l'arrêt semble se fonder sur le seul témoignage de Aba Abdoulaye Wangara ;
Attendu qu'un célèbre adage dit bien *(testis unus, testis nullus)* ;
Attendu que les parties au procès de par leur statut de musulman ne sauraient être soumises à une coutume impie ;
Par ces motifs :
Casse et annule l'arrêt déféré…

IX. ARRÊT N° 10 DU 22 FÉVRIER 1998

Réalité de liens de parenté et contestations. Sur la qualité d'héritier d'un enfant reconnu

La Cour…
Moyens de cassation :

Les demanderesses au pourvoi par l'organe de leurs conseils maîtres Ibrahima Sall, Mamadou Ouane et Bécaye N'diaye soulèvent les moyens de cassation ainsi conçus :

Moyens soulevés par maître Ibrahima Sall :
Attendu que pour rejeter les prétentions de la dame Mamou Keïta, l'arrêt stipule principalement :
« Considérant que la dame Tenimba Coulibaly mère du de-cujus, conteste le bien-fondé du jugement en ce qui concerne Mamou Keïta a qui elle dénie la qualité d'héritière de son fils décédé au motif que si ce dernier et dame Mamou Keïta ont certes le même père, il ressort de ses

révélations qu'aucun lien de mariage ne l'a jamais uni audit auteur commun de l'intéressé et du de-cujus ;
Que ce dernier était par suite un enfant naturel ;
Qu'il n'y a donc en réalité aucun lien juridique de parenté entre la dame Mamou Keïta et le défunt Mamby Keïta et qu'étant seule ascendante vivante du dernier, elle doit être, avec ses enfants, frères et sœurs utérins du de-cujus déclarés seuls héritiers de feu Mamby Keïta »
Attendu que la Cour a adopté ces moyens en ce que :
La dame Mamou Keïta également interpellée n'a pu émettre que de vagues indications sur la filiation réelle du *de-cujus* insusceptibles toutefois de combattre les assertions de son adversaire Ténimba Coulibaly.
Que dès lors les éléments purement factuels affirmés par la mère du *de-cujus* qui ont été prouvés par le seul témoin vivant ont une répercussion juridique, dont la conséquence est l'incapacité de la dame Mamou Keïta d'hériter, étant donné que le prédécès de leur acteur biologique commun enlève toute vocation héréditaire d'entre elle et le *de-cujus* ;
Attendu que la décision qui est la résultante de ces constatations n'en mentionne pas la base légale ;
Que celle-ci semble être la coutume Malinké ;
Qu'en tout cas, elle est contraire aux règles de droit musulman telles que pratiquées sur le territoire national ;
Que ces règles édictées dans la *Rizâla* et *Millot* prévoient :

- que la filiation peut être établie par la reconnaissance de paternité ;
- qu'il y a reconnaissance de paternité lorsqu'un individu déclare en présence de deux témoins qu'il est le père de l'enfant ou s'attribue tacitement la paternité de cet enfant en le traitant comme sien ;
- que la reconnaissance place l'enfant légitime et qu'il entre de plein droit dans la famille de l'auteur de la reconnaissance laquelle produit ses effets sur l'enfant, le déclarant et les parents de ce dernier ;
- que notamment il a dans la succession de l'auteur de la reconnaissance et des parents de celui-ci, les mêmes droits que l'enfant né du mariage (*Millot*, pages 392–393, n° 419)

Attendu qu'il ressort de ces prescriptions que feu Mamby Keïta a

bénéficié d'une reconnaissance expresse de la part de Mamadou Keïta présumé non marié avec sa mère.
Que cela est constaté de manière incontestable dans les actes publics versés au dossier de la procédure en particulier :

- le certificat de non condamnation délivré le 2 juillet 1964 par le greffier en chef de la cour d'appel
- le jugement de relaxe pour concussion rendu le 4 octobre 1967 par le tribunal correctionnel de Mopti.
- l'extrait de l'acte de décès confectionné le 15 avril 1983 à Bamako.

Attendu que le jugement supplétif du 25 août 1964 du tribunal de première instance de Ségou mentionne qu'à Ségou est né vers 1937 un enfant de sexe féminin prénommé Mariam Soucko de Mamadou Keïta et de Fatoumata Aw.
Attendu qu'il est constant que les dénominations Mariam Soucko et Mamou Keïta sont issues d'un auteur mâle commun ;
Que leur parenté ainsi affirmée détermine leur consanguinité ;
Attendu qu'en droit musulman :

1) la sœur consanguine vient à la succession comme héritière à fard lorsque le défunt n'a laissé ni enfant, ni frère consanguin, ni plus une sœur germaine… ;
   Attendu que si les conditions sus-indiquées sont remplies : la mère du *de-cujus* a droit au titre de la succession, à une quotité réduite au sixième si elle se trouve en concurrence avec des frères du défunt ;
2) la sœur consanguine reçoit la moitié de la succession, et s'il y a deux le tiers à partager ;
3) les frères utérins ou la sœur utérine sont appelés à la succession en qualité d'héritiers à fard et reçoivent le sixième de la succession s'il y a un frère utérin et une sœur utérine, deux frères utérins ou deux sœurs utérines, en plus il leur est attribué le tiers qu'ils se partagent par tête sans considération de sexe (*Millot*, n° 521, 527–529, pages 463, 467, 468 et *Rizâla*, page 266) ;

Attendu que les dispositions que voilà accordent un privilège certain dit de masculinité à la parenté consanguine sur la parenté utérine ; Qu'en fonction d'elles, le prédécès du père commun, Mamadou Keïta, ne peut retirer à Mamou Keïta son droit de participation à la succession de Mamby Keïta ; Qu'en logique et à l'évidence, la filiation consanguine créée entre les enfants survit à la mort du père commun. Attendu que cette consanguinité engendre la vocation héréditaire de Mamou Keïta à qui elle permet de concourir avec la mère, les frères et sœurs utérins, au partage du patrimoine de Mamby Keïta. Attendu qu'en résumé, il en résulte que l'arrêt entrepris contient ensemble, contradiction dans l'examen des éléments du procès et violation de la loi applicable en la matière ;

Moyens présentés par maîtres B. N'D. et D.

Premièrement : Moyen tiré de la mauvaise interprétation du droit musulman,

En ce que pour écarter Mamby fils de la succession de son père, l'arrêt attaqué au motif qu'étant né hors mariage il ne pouvait de ce seul fait prétendre à la qualité d'héritier de son père en application selon l'arrêt du droit musulman ; *Alors que selon le même droit, un enfant né hors mariage légalement reconnu par son auteur doit bien posséder la qualité d'héritier de ce dernier ;*

D'où il suit que l'arrêt recherché a mal interprété le droit applicable et n'a pas amené à sa décision une base légale ;

Deuxièmement : Violation des articles de la loi du 17 juillet 1973 (Code de la parenté)

En ce que l'arrêt recherché, en refusant à un enfant reconnu conformément aux dispositions de l'article 59 de la loi du 17 février 1968 a implicitement refusé à cet enfant la qualité d'héritier et à sa mère le droit qu'ils tiennent de la loi (ordonnance n° 36/ CMLN du 31 juillet 1973 instituant le code de la parenté), alors que les textes visés au moyen ne souffrent d'aucune ambiguïté sur la qualité refusée.

Moyens présentés par Me Ouane :

Tiré du manque de base légale de l'arrêt n° 63 de mars 1987.

En ce que l'arrêt attaqué s'est fondé sur des affirmations contradictoires d'un témoignage préféré contre toute attente au contenu irréfragable des pièces d'État pièces d'État civil.

Attendu qu'à tous ces moyens sus exposés, Me Tiémoko Diatigui Diarra, conseil de Ténimba Coulibaly a répliqué que :

« Mamby Keïta conçu et né pendant que Mamadou Keïta était légitimement marié (donc enfant adultérin) ne pouvait pas être reconnu

en droit musulman par son père prétendu.
Que selon le droit musulman, l'enfant né hors mariage ne peut hériter que de sa mère ».

ANALYSE DES MOYENS

Attendu que les moyens présentés par les différents avocats se recoupent et tendent de faire admettre la qualité d'héritiers de Mamby et de Mamou Soucko et la qualité d'enfant naturel de Mamby père.
Attendu qu'il sera en conséquence donné une analyse presque globale aux divers moyens présentés :

1) Sur la qualité d'enfant naturel de Mamby Keïta père :
Attendu que les mémorantes font grief à l'arrêt attaqué de s'être fondé sur des affirmations contradictoires d'un témoignage préféré au contenu irréfragable de pièces d'État civil et de manquer de base légale.
Attendu que même si on admettait la qualité d'enfant né hors mariage de Mamby Keïta père, il n'est pas à oublier que des pièces d'État civil versées au dossier et les dépositions du témoin Kamory Keïta qui a notamment déclaré : « feu Mamadou Keïta a fait le baptême dudit enfant (Mamby Keïta) mais il n'a pas épousé sa mère jusqu'à son décès ; je peux vous dire que de son vivant Mamby Keïta était parfaitement au courant de son état d'enfant naturel, toutefois, il savait que son père l'a reconnu puisque son nom est celui de son auteur », prouvent que Mamby Keïta enfant né hors mariage a bénéficié d'une reconnaissance de son père feu Mamadou Keïta ;
« Attendu qu'en droit musulman la reconnaissance place l'enfant né hors mariage dans la situation de l'enfant légitime et qu'il entre de plein droit dans la famille de l'auteur de la reconnaissance laquelle produit ses effets entre l'enfant, le déclarant et les parents de ce dernier ;
Que notamment il a dans la succession de l'auteur de reconnaissance et des parents de celui-ci, les mêmes droits que l'enfant né du mariage » (*Millot* pages 391, 392, 3393, n° 419, 421).
Attendu que le législateur malien également stipule article 53 Code de la parenté : « l'enfant né hors mariage dont la filiation est établie à la suite d'un aveu de paternité, d'une décision du juge, accède à la parenté de ses ascendants. Il jouit des mêmes droits et est soumis aux mêmes obligations et empêchements que l'enfant légitime ».
Attendu que l'arrêt attaqué n'ayant pas tenu compte du fait que Mamby

Keïta a été reconnu par son père Mamadou Keïta pour en tirer toutes les conséquences découlant du droit musulman, a manqué de base légale et mérite la censure de la Cour suprême.

2) Sur la qualité d'héritier du fils de Mamby Keïta :

Attendu qu'il est reproché à l'arrêt d'avoir, en niant la qualité d'héritier au jeune Mamby Keïta fils du *de-cujus* au motif que le droit musulman ne reconnaît pas la qualité d'héritier aux enfants naturels, fait une fausse interprétation de droit appliqué. Attendu que l'arrêt dans ses motivations stipule essentiellement « Considérant qu'en ce qui concerne la demande de la dame Fatoumata Sidibé qui a réclamé la reconnaissance de la qualité d'héritier de son enfant naturel baptisé Mamby Keïta né de commerce adultérin avec le *de-cujus* il y a lieu de rappeler que le droit musulman ne reconnaît aucune vocation héréditaire aux enfants naturels… »

Attendu qu'en droit musulman « la reconnaissance place l'enfant né hors mariage dans la situation de l'enfant légitime et qu'il entre de plein droit dans la famille de l'auteur de la reconnaissance laquelle produit ses effets entre l'enfant, le déclarant et les parents de ce dernier, que notamment il a dans la succession de l'auteur de la reconnaissance et des parents de celui-ci les mêmes droits que l'enfant né du mariage » (*Millot*, pages 391, 392, 3393, n°s 419, 421).

Attendu que l'arrêt n'ayant pas précisé si l'enfant naturel dont il s'agit a été ou non reconnu il met la Cour suprême dans l'impossibilité d'exercer convenablement son contrôle.

3) Sur la qualité d'héritière de Mamou Soucko

Attendu que la filiation de Mariam Soucko dite Mamou établie par le jugement supplétif n° 565 du 25 août 1964 du tribunal de Ségou n'a jamais fait l'objet d'une contestation.

Qu'il est constant que cette filiation détermine la consanguinité avec feu Mamby Keïta et qu'en droit musulman la sœur consanguine vient à la succession comme héritière à fard lorsque le défunt n'a laissé ni enfant, ni ascendant paternel, ni frère germain ou consanguin, ni sœur germaine.

Attendu que l'arrêt incriminé ayant écarté Mariam Soucko dite Mamou de la succession de feu Mamby Keïta a violé les principes du droit musulman et en conséquence mérite la censure de la Cour suprême.

Par ces motifs :

Casse et annule l'arrêt déféré…

X. ARRÊT N° 23 DU 23 FÉVRIER 1998

Pourvoi d'ordre du ministre de la Justice garde des Sceaux contre l'arrêt de la cour d'appel en ce qu'il a été attribué aux héritières coutumières musulmanes la totalité de la succession portant sur les champs laissés par le défunt musulman.

La Cour…
Moyen unique de cassation :

Le pourvoi d'ordre soulève un moyen unique de cassation pris de la violation des règles de partage successoral en droit musulman applicable au défunt qui était de coutume musulmane ;

ANALYSE DU MOYEN

Attendu que le droit applicable en matière de succession est la coutume du défunt ;
Attendu qu'en la cause, l'arrêt querellé énonce :
« … Considérant que les parties se prévalent de la religion musulmane ;…
Que la coutume applicable est celle du défunt qui, du reste, était musulman dit que l'exploitation et la gestion des champs demeurent entre les mains des héritières… » ;
Attendu qu'il ressort amplement de cette décision que la cour d'appel en attribuant aux héritières la totalité de la succession portant sur les champs laissés par le défunt, a violé les règles du droit musulman applicable à cette succession, en l'espèce les versets 12 et 176 du Coran ;
D'où il suit que l'arrêt querellé mérite d'être censuré ;
Vu l'article 31 alinéas 2, 3 et 4 de la loi n° 96-071/AN-RM du 16 décembre 1996 portant organisation et fonctionnement de la Cour suprême et la procédure suivie devant elle ;
Par ces motifs :
Casse et annule l'arrêt déféré…

XI. ARRÊT N° 23 DU 23 FÉVRIER 1998

Droit de péremption d'un co-indivisaire suite à la cession de la part

indivise d'un cohéritier.
En matière de vente ce sont les règles du droit civil qui sont applicables plutôt que les règles relatives à la coutume des parties.

La Cour…
Moyen unique de cassation :

Attendu que le demandeur au pourvoi a invoqué la violation des articles 814-14 et 815-16 du Code civil à l'appui de son action ; en ce que ces articles accordent un droit de péremption co-indivisaires suite à la cession de la part indivise d'un cohéritier ;
Que dans le cas d'espèce la cour d'appel a méconnu ce droit des co-indivisaires, invoquant le droit musulman ;
Que l'action du mémorant se situe en amont de la procédure de partage successoral qui doit obéir au droit musulman ;
Qu'elle vise plutôt la procédure de vente qui n'a rien à voir avec un partage successoral ;
Que la méconnaissance par la cour d'appel de ces dispositions du Code civil expose l'arrêt querellé à une censure certaine ; Hadema Sissoko, défendeur, par l'organe de son avocat maître Bassidiki Traoré a sollicité le rejet du pourvoi comme mal fondé ;

ANALYSE DU MOYEN

Attendu que le demandeur a invoqué la violation de l'article 815 du Code civil, comportant lui-même plusieurs chapitres ci-dessus conçus :

- *Article 815-14 du Code civil* « l'indivisaire qui entend céder, à titre onéreux, à une personne étrangère à l'indivision, tout ou partie de ses droits dans les biens indivis ou dans un ou plusieurs de ces biens est tenu de notifier par acte extrajudiciaire aux autres indivisaires le prix et les conditions de la cession projetée ainsi que les nom, domicile et profession de la personne qui se propose d'acquérir ; tout indivisaire peut, dans le délai d'un mois qui suit cette notification, faire connaître au cédant par acte extrajudiciaire, qu'il exerce un droit de préemption aux prix et aux conditions qui lui ont été notifiés… » ;
- *Article 815-15 du Code civil :* « S'il y a lieu à l'adjudication de tout ou partie des droits d'un indivisaire dans les biens indivis ou dans un ou plusieurs de ces biens, l'avocat ou le notaire doit en informer les indivisaires par notification un mois avant la date prévue par la

vente ; chaque indivisaire peut se substituer à l'acquéreur dans un délai d'un mois à compter de l'adjudication par déclaration au greffe ou auprès du notaire » ;

- *Article 815-16 du Code civil :* « Est nulle toute cession ou toute licitation opérée au mépris des dispositions des articles 815-14 ; l'action en nullité se prescrit en 5 ans. Elle ne peut être exercée que par ceux à qui les notifications devaient être faites ou leurs héritiers » ;

Attendu que pour débouter le mémorant de sa demande la cour d'appel a adopté les motifs suivants :

« Considérant que toute la problématique de ce litige repose sur la loi applicable en la matière ; tandis que l'une des parties se prévaut de la loi française notamment le Code civil, l'autre au contraire se prévaut de la coutume musulmane ;

Considérant cependant qu'il résulte de la décision n°853 du 30 octobre 1985 du tribunal civil de Bamako que la coutume musulmane a été retenue comme loi applicable ;

Que cette décision non contestée a acquis force exécutoire dès lors qu'elle n'a été suivie d'aucune voie de recours ;

Considérant qu'il est constant que Hademan Sissoko a accédé à la propriété du lot n° E/24 de Badalabougou à partir de la vente aux enchères publiques ; que cette vente s'est opérée conformément aux règles édictées en la matière ; que cette vente étant légale, c'est donc à tort qu'elle a été annulée par le juge… » ;

Attendu qu'il résulte des moyens soulevés par le mémorant tant devant les juges du fond que devant la haute juridiction que la problématique du procès a trait à la vente du bien indivis et non au partage successoral ; que dès lors ne se pose plus un problème d'application de coutume des parties ; que s'agissant d'une vente c'est la loi générale c'est-à-dire les règles applicables à la vente qui prévalent au lieu de la coutume des parties (en matière de partage successoral) ;

Attendu qu'il résulte des pièces du dossier que la publicité requise tant du cédant que de l'avocat ou du notaire à l'égard des autres indivisaires et prévue aux articles 815-15 et 815-33 n'a pas été respectée ; que l'inobservation de cette prescription est sanctionnée par les dispositions de l'article 815-16 par la nullité de cession.

Attendu que cette nullité d'ordre public ne saurait être mise en brèche, quel que soit le mode d'acquisition du bien indivis par le nouvel acquéreur ;

D'où il suit, qu'en statuant comme ils l'ont fait, les juges du fond ont violé le texte susvisé au moyen ;
Par ces motifs :
La Cour…
Casse et annule l'arrêt déféré…

XII. ARRÊT Nº 132 DU 17 MAI 1999

Mauvaise application de la coutume. Les pratiques coutumières varient d'un milieu à un autre. Défaut de réponse à un chef de demande.

La Cour…
Moyens de cassation :

À l'appui de son action, le demandeur sous la plume de son conseil maître Sidibé a présenté deux moyens de cassation :

1°/ Premier moyen de cassation pris aux motifs d'une interprétation erronée des faits et mauvaise application de la coutume, défaut de base légale et de motifs.
En ce qu'il n'existe pas au Mali de coutumes codifiées ou homogènes ; qu'ainsi chaque milieu a ses pratiques coutumières ; que la cour d'appel de Mopti a considéré au mépris de la tradition du milieu que toutes les pratiques coutumières dans la région de Tombouctou sont les mêmes, c'est-à-dire l'application du Coran alors qu'il est constant que les pratiques coutumières varient d'un milieu à un autre ;
Qu'ainsi le cercle de Niafunké dont relèvent les parties a ses pratiques coutumières différentes de Goundam, du cercle de Tombouctou ;
Qu'ainsi, les croyances aux pratiques de l'islam n'excluent pas l'existence de certaines pratiques coutumières séculaires contraires ;
Qu'il résulte du dossier que l'ensemble des responsables du village de N'Goro a reconnu que les biens immobiliers notamment les champs et les maisons sont intransmissibles pour cause de mort aux héritiers femelles ; qu'en pareil cas, ces biens tombent dans les « Beït-Al Mal du village » sous la responsabilité du chef de village qui pourra les affecter à d'autres nécessiteux ;
Que conformément à la coutume, le chef de village a concédé une part des champs à la défenderesse unique héritière du *de-cujus* Galo Hamadi

pour sa subsistance ;
Que la Cour a déduit de cette bienfaisance de la part du mémorant comme une reconnaissance de la propriété de la défenderesse sur les lieux litigieux ;
Qu'il en résulte que la Cour a fait une mauvaise application de la coutume des parties et une interprétation erronée des faits ; d'où la censure de la Cour suprême pour défaut de motifs et manque de base légale.

2°/ Deuxième moyen pris du défaut de réponse à chef de demande et violation de l'article 423 du Code de procédure civile, commerciale et sociale.
En ce qu'il résulte du dossier que la défenderesse n'a produit aucune pièce pour justifier de sa qualité à agir en justice pour revendiquer la succession laissée par feu Galo Hamadi.
Que l'exception de défaut de qualité a été soulevée par l'intimé ; que la Cour s'est fondée sur certains gestes faits en faveur de la défenderesse pour présumer qu'elle justifie déjà de sa qualité alors que cette qualité doit être justiée par un jugement d'hérédité ;
Qu'il résulte du dispositif de l'arrêt querellé que la Cour n'a pas répondu à ce chef de demande dans son dispositif conformément à l'article 430 al. 2 du code de procédure civile commerciale et sociale ;
Qu'il résulte enfin du dernier considérant que l'arrêt a fait ressortir le point de vue des assesseurs alors que le secret des délibérations oblige l'anonymat ;
Qu'ainsi de ce qui précède l'arrêt déféré mérite la censure de la haute juridiction.

ANALYSE DES MOYENS

Attendu que suivant l'arrêt n° 63 du 29 mai 1996, la chambre civile de la cour d'appel de Mopti siégeant en matière coutumière a infirmé le jugement n° 6 du 13 avril 1995 suivant lequel le tribunal civil de Niafunké avait reconnu le droit du domaine public sur les champs et la concession litigieuse en raison de la coutume du milieu, à l'exception d'un champ consenti par le chef de village à la défenderesse pour sa subsistance ;
Que statuant à nouveau, la cour d'appel n'a pas cru devoir méconnaître la qualité d'héritière de l'intimé en disant que Dicko Galo Touré est

propriétaire de six champs, d'un jardin et d'une concession sise à N'Goro à elle légués par son feu père Galo Hamadi conformément à la coutume coranique de la zone de Tombouctou où la Charia est appliquée.
Que le demandeur Ibrahima Soumaïla Yattara en sa qualité de chef de village de N'Goro s'est régulièrement pourvu en cassation contre l'arrêt en invoquant les moyens de cassation présentés ci-dessus et qu'il échet d'examiner et d'analyser pour en tirer les conséquences de droit.

1°/ Du moyen pris de la mauvaise application de la coutume, du défaut de motifs et du manque de base légale :
Attendu qu'il est constant que la matière est coutumière et qu'il existe au Mali, plusieurs coutumes non encore codifiées ;
Qu'en matière de partage ou de réclamation de biens successoraux c'est la coutume des parties qui s'applique ;
Attendu que les pratiques coutumières sont différentes suivant les ethnies, le milieu, les terroirs et conditions sociales ;
Attendu que ce n'est pas la charia dérivée du Coran qui s'applique à toutes les ethnies du pays ;
Attendu que la Cour dans son arrêt affirme que la zone de Tombouctou, dont fait partie Niafunké, applique le Coran dans le partage de la succession ;
Attendu qu'il est constant que la coutume change suivant que les parties sont peulhs, sonraï tamacheq, arabes nobles, esclaves ou de caste ;
Que dans la région administrative de Tombouctou, les coutumes sont différentes dans les cercles de Goundam, Rharous, Tombouctou, Niaafunké ;
Attendu que la République est laïque et l'islam n'exclut pas l'existence de pratiques coutumières séculaires diverses ;
Attendu qu'il a été reconnu par l'ensemble des notabilités du village de N'Goro (chef de village, conseillers, imam) que les biens fonciers (champs, jardins, maison d'habitation sont intransmissibles pour cause de décès aux héritiers de sexe féminin ;
Attendu que le but de cette pratique séculaire est la volonté exprimée de conserver jalousement les terres, seules véritables richesse en milieu rural, dans la lignée mâle, les femmes étant appelées par transfert à enrichir le patrimoine foncier de leurs époux au préjudice de la famille d'origine ;
Attendu qu'en pareille circonstance (défaut d'héritiers mâles) les biens

immobiliers du *de-cujus* tombent dans le patrimoine de la collectivité (domaines publics) sous la responsabilité et la gestion du chef de village ;
Attendu que ce système appelé « Beït-Al Mal » est identique à la succession vacante avec terres sans propriétaire dont la gestion est confiée au chef de village qui devient ainsi le curateur ;
Attendu qu'il résulte de l'examen du dossier que le vieux Galo Hamadi Touré en mourant a laissé en plus d'une veuve qui s'est vue confier la concession, une unique fille Dicko Galo à laquelle le chef de village a concédé un champ de culture pour sa subsistance et ce conformément à la coutume du milieu ; que la Cour ne saurait nullement assimiler cela à une quelconque reconnaissance par le mémorant de la qualité de la seule et unique héritière de la défenderesse ;
Attendu que même dans l'hypothèse de l'application de la loi musulmane (Coran ou Sunna) la femme héritière unique est réservataire de la moitié et ne peut à elle seule épuiser la succession ; que ce motif pris de la cour d'appel procède non seulement d'une mauvaise application de la coutume des parties, mais aussi d'une interprétation erronée des faits et qu'en conséquence, sa décision mérite sanction.

2°/ Du second moyen pris du défaut de réponse à chef de demande et violation de l'article 423 du Code de procédure civile, commerciale et sociale

Attendu que le mémorant reproche le défaut de qualité à la défenderesse pour ester en justice et revendiquer la succession de feu son père Galo Hamadi ;
Attendu qu'il ne ressort pas de l'examen des pièces du dossier que le demandeur en première instance ait soulevé *in limine litis* la question ; qu'il est mal venu à soulever en appel cette question préjudicielle alors même qu'il a reconnu lui-même que la dame Dicko Galo est la fille unique de feu Galo Hamadi, en conséquence cette branche du moyen est à écarter.
Attendu que dans cette seconde branche du moyen le demandeur reproche à l'arrêt d'avoir fait ressortir le point de vue des assesseurs dans la formation collégiale statuant en matière coutumière ;
Attendu par ailleurs qu'il ne ressort pas de l'examen des pièces du dossier qu'un ou plusieurs membres de la formation de jugement aient manifesté leurs sentiments à l'audience ou violé le secret des délibérations tel que prévu par l'article 423 du code de procédure civile, commerciale et sociale ;
Attendu que cette seconde branche est moins heureuse que la première et en conséquence ce moyen est à écarter.

Par ces motifs :
La Cour…
Casse et annule l'arrêt déféré…

XIII. ARRÊT Nº 63 DU 17 AVRIL 2000

Dans la dévolution successorale le droit musulman doit être expressément exprimé par le défunt avant sa mort.
À défaut de la volonté du de-cujus, le consentement des héritiers est nécessaire pour que le droit positif s'impose.

La Cour…
Moyens de cassation :

La mémorante excipe de deux moyens de cassation ainsi libellés :

Premier moyen :
Tiré de la violation du principe d'égalité des citoyens :
En ce sens qu'il ressort des motifs du dossier que Tidiane Sidibé a droit au 2/3 et Faty au 1/3 de la concession ;
Attendu que le Mali est un pays laïc et la succession doit se faire selon le droit positif pour lequel tous les hommes naissent égaux en droit sans distinction de race, de religion et de sexe ;
Que la dévolution de la succession selon le droit musulman doit être expressément exprimée par le défunt avant sa mort ;
Qu'à défaut de la volonté du de-cujus, le consentement des héritiers est nécessaire pour que le droit positif s'impose ;
Qu'en disposant de la masse successorale et 1/3 pour Faty l'arrêt a violé le principe de l'égalité entre les citoyens ;

Second moyen :
Tiré de l'imprécision des héritiers :
En ce qu'il ne ressort nulle part du dossier et des pièces (jugement d'hérédité) qui détermine le nombre des héritiers que Tidiane et Faty ont prétendu être les deux seuls héritiers ;
Que le premier juge et la Cour ont agi avec légèreté en ordonnant le partage de la succession des héritiers ;
D'où il suit que l'arrêt encourt la cassation ; le défendeur conclut au rejet pur et simple du recours comme étant mal fondé.

ANALYSE DES MOYENS

Attendu que la mémorante fait grief à l'arrêt querellé d'avoir procédé au partage de la succession de feu Bakary Sidibé alors que le nombre des héritiers n'a pas été déterminé suivant la loi et en violation du principe de légalité des citoyens ;
Attendu que l'arrêt critiqué dispose ainsi :
Statuant publiquement, contradictoirement en matière civile et en dernier ressort ;
Déclare l'appel irrecevable pour forclusion ;
Condamne l'appelant aux dépens ;
Attendu que le Conseil de la mémorante expose dans le cas d'espèce des critiques de fond à l'encontre de l'arrêt incriminé alors que les juges d'appel ont déclaré son appel irrecevable pour forclusion ;
Attendu que de jurisprudence abondante et constante le demandeur au pourvoi qui ne critique pas « la disposition de l'arrêt déclarant irrecevable son appel n'est pas admis à contester une décision prise au fond » (Soc 5 janvier 1967, Bull civ. n° 4 ; Com. 31 mai 1967 édit III n° 222, civ. 30 nov. 1967 édit n° 353, J. Boré, p. 795) ;
Attendu qu'il résulte par conséquent que les moyens soulevés étant en rapport direct avec le fonds, donc étrangers à la présente décision, ne sauraient prospérer ;
Par ces motifs :
La Cour : …
Le rejette comme étant mal fondé…

XIV. ARRÊT N° 03 DU 29 janvier 2001

Lorsque le juge occulte le droit coutumier musulman au profit des dispositions du Code civil d'inspiration étrangère il y a violation de la règle selon laquelle les successions doivent être réglées suivant la coutume des parties.
Le conjoint survivant est un héritier réservataire ; un héritier à fard qui a droit à la réserve.

La Cour : …
Moyens de cassation :

Le procureur général et le conseil de dame Ténin Traoré Me Issiaka

Keïta excipent d'un même moyen unique de cassation tiré de la violation de la loi par fausse qualification des faits :
En ce que pour motiver l'arrêt attaqué, la cour d'appel a fait application des dispositions de l'article 916 du Code civil qui sont ainsi conçus : « à défaut d'ascendants et de descendants, les libéralités par acte entre vifs ou testamentaires peuvent épuiser la totalité des biens » ;
Que cet article exclut le conjoint survivant de la liste des héritiers réservataires ;
Qu'en l'espèce toutes les parties relèvent de la coutume musulmane qui dispose que le conjoint survivant est un héritier réservataire ; un héritier à fard qui a droit à la réserve ;
Que le testament fait par Seydou Bah en violation des dispositions du droit musulman ne peut s'analyser qu'en une exhérédation sans motif légitime ;
Qu'en occultant le droit coutumier musulman au profit des dispositions du Code civil d'inspiration étrangère, les juges ont violé la règle selon laquelle les successions doivent être réglées suivant la coutume des parties ;
Qu'en conséquence l'arrêt querellé mérite d'être cassé.

ANALYSE DU MOYEN UNIQUE

Pris de la violation de la loi par fausse qualification des faits.
Attendu qu'il est reproché aux juges d'appel d'avoir appliqué au cas présent des dispositions du Code civil français alors qu'au Mali la matière successorale demeure régie par la coutume des parties à savoir le droit musulman ;
Attendu qu'il y a violation de la loi lorsque le juge du fond applique à une situation de fait faussement qualifiée, une loi autre que celle qui aurait dû la régir (cassation civile p. 571–1874) ;
Attendu que pour décider de l'infirmation du jugement d'instance,la cour d'appel a retenu ceci « qu'aux termes de l'article 916 du Code civil à défaut d'ascendant ou de descendant, les libéralités par actes entre vifs ou testamentaires pourront épuiser la totalité des biens ; que feu Seydou ne laissant ni ascendant ni descendant, a disposé de la totalité de son patrimoine sans violer la loi » ; mais Attendu qu'en matière successorale, le Mali n'a pas encore légiféré et de jurisprudence constante, seule la coutume des parties régissent la matière ;

Attendu que dans le cas d'espèce les parties étant de confession musulmane, leur succession est réglée selon la coutume musulmane, voire le droit musulman illustré par la *Rizala*, élément du droit positif malien ;
Attendu que conformément à cette source de droit, l'époux survivant est un héritier réservataire ;
Attendu que « la femme héritière du mari qui ne laisse ni enfant, ni enfant d'un fils, a droit au quart des biens successoraux ; (*Rizala*, chapitre partages successoraux, page 275) ;
Attendu que la cour d'appel en décidant qu'aux termes de l'article 916 du Code civil Seydou Bah peut disposer de la totalité de son patrimoine alors que la coutume des parties, la loi musulmane applicable aux faits de la cause réserve à la conjointe survivante le quart des biens laissés par le *de-cujus*, a manifestement violé la loi par fausse application des faits et exposé son arrêt à la censure de la haute juridiction ».
Par ces motifs :
La Cour : …
Casse et annule l'arrêt n° 104 du 15 février 1995 de la cour d'appel de Bamako.

XV. ARRÊT N° 127 du 28 JUILLET 2002

Légitimation des enfants nés hors mariage est faite par le mariage subséquents de leurs père et mère…
Lorsque la reconnaissance ne résulte pas de l'acte de naissance, elle est faite par acte authentique dressé par l'officier d'état civil ou par le notaire.

La Cour…
Moyens de cassation :

À l'appui de son pourvoi, la mémorante soulève trois moyens tirés de la violation des dispositions des articles 29, 30, 32 et 36 du Code de la parenté ;

Premier moyen :
Tiré de la violation de l'article 29 du Code de la parenté ;
En ce qu'aux termes de l'article 29 du Code de la parenté « les enfants nés hors mariage, outre que ceux nés d'un commerce adultérin, sont

légitimes par le mariage subséquent de leurs père et mère lorsque ceux-ci les ont légalement reconnus avant mariage ou les reconnaissent au moment de sa célébration ;
Dans ce dernier cas, l'officier d'état civil qui procède au mariage constate la reconnaissance et la légitimation dans un acte séparé » ;
Que le mariage entre Daba Coulibaly et Djénéba N'Diaye a lieu à la date du 11 octobre 1992 suivant acte de mariage n° 351 du centre d'état civil de Sikasso ;
Que Aïssata étant une fille naturelle, sa reconnaissance et sa légitimation doivent être mentionnées dans un acte séparé ayant la même date que l'acte de mariage de ses dits parents ;
Que nulle part, il n'a été établi que le défunt père a posé des actes qui établissent cette reconnaissance ;
Que la défenderesse tente de déduire cette reconnaissance d'un banal acte de naissance suivant jugement supplétif ;
Que les dispositions de l'article 29 du Code de la parenté n'ont pas été respectée ;
Que l'arrêt encourt la cassation.

Deuxième moyen :
Tiré de la violation des articles 30 et 32 du Code de la parenté ;
En ce qu'aux termes de l'article 30 du Code de la parenté les enfants adultérins sont légitimés par le mariage subséquent de leurs père et mère, lorsque ceux-ci les reconnaissent au moment de la célébration du mariage dans les formes déterminées par l'article 29 ci-dessus :
1er Les enfants nés du commerce adultérin de la mère lorsqu'ils sont désavoués par le mari ;
2e Les enfants nés du commerce adultérin du mari.
Que la filiation naturelle n'étant même pas établie entre Daba Coulibaly et Aïssata, elle ne saurait être considérée comme la fille adultérine de ce dernier ;
Que l'arrêt querellé en admettant le principe que Aïssata est héritière de Daba affirme ipso facto que Aïssata est non seulement reconnue mais aussi légitimée.
Que cet arrêt viole les dispositions pertinentes des articles 29 et 30 du Code de la parenté ;
Qu'aucun jugement tenant lieu d'acte de légitimation de l'enfant Aïssata n'a jamais été produit dans le dossier. Que cet arrêt mérite d'être cassé.

Troisième moyen :
Tiré de la violation de l'article 36 du Code de la parenté :
En ce que l'article 36 du Code de la parenté dispose :
« Qu'à l'égard du père, la preuve de la filiation de l'enfant né hors mariage résulte d'une reconnaissance ou d'un jugement ; lorsque la reconnaissance ne résulte pas de l'acte de naissance, elle est faite par acte authentique dressé par l'officier d'état civil ou le notaire » ;
Que les dispositions de l'article 36 énoncé posent le principe de la preuve de la reconnaissance et de la filiation de l'enfant né hors mariage ;
Qu'aucune preuve de ces différentes filiations de reconnaissance n'ayant été produite, il s'enduit que l'arrêt querellé a explicitement méconnu et violé les dispositions de l'article 36 du Code de la parenté ;

ANALYSE·DES MOYENS

Attendu qu'il est fait grief à l'arrêt querellé la violation des dispositions des articles 29, 30 et 36 du Code de la parenté ;
Attendu que les moyens développés par la mémorante se recoupent au point qu'on peut les regrouper dans une analyse globale ;
Attendu que les textes de loi sus évoqués disposent :
Article 29 : « Les enfants nés hors mariage, outre que ceux nés d'un commerce adultérin sont légitimés par le mariage subséquent de leurs père et mère, lorsque ceux-ci les ont légalement reconnus avant leur mariage ou les reconnaissent au moment de sa célébration ;
Dans ce dernier cas l'officier de l'état civil qui procède au mariage constate la reconnaissance et la légitimation dans un acte séparé ».

Article 30 :
« Les enfants adultérins sont légitimés dans les cas suivants par le mariage subséquent de leurs père et mère lorsque ceux-ci les reconnaissent au moment de la célébration dans les formes déterminées par l'article 29 ci-dessus » ;

Article 32 :
« Lorsqu'un des enfants visés aux articles 29 et 30 aura été reconnu par ses père et mère ou par l'un d'eux postérieurement à leur mariage, cette reconnaissance n'emportera légitimation qu'en vertu d'un jugement rendu par le tribunal civil en chambre du conseil » ;

Article 36 :
« À l'égard du père, la preuve de la filiation de l'enfant né hors mariage résulte d'une reconnaissance ou d'un jugement ; lorsque la reconnaissance ne résulte pas de l'acte de naissance, elle est faite par acte authentique dressé par l'officier de l'état civil ou le Notaire » ;
Attendu qu'il ressort de la lecture combinée de ces dispositions que la reconnaissance d'un enfant né hors mariage de père marié doit résulter d'un acte exprès établi devant un officier d'état civil ou notaire lors de la célébration du mariage de ses auteurs ;
Attendu que des pièces versées au dossier notamment les notes d'audience du tribunal de première instance de la Commune I (côte 17) et l'acte de naissance n° 248 du 28 janvier 1983 établi au nom de Aïssata que cette dernière est née le 27 janvier 1983 et que ces auteurs se sont mariés officiellement en 1992 soit neuf ans plus tard.
Attendu qu'il n'a pas été contesté que feue Daba Coulibaly était légalement liée à Dame Niamoye Touré avant la naissance de l'enfant Aïssata Coulibaly revêtant dès lors la qualité d'enfant adultérin objet de reconnaissance conformément aux dispositions des articles 29 et 30 du Code de la parenté ;
Attendu que pour débouter la dame Niamoye Touré de son recours, la cour d'appel de Bamako a retenu ceci : « qu'il ressort de l'acte de naissance reg n° 3 de l'année 1983 que Aïssata Coulibaly est fille de Daba Coulibaly et de Djénéba N'Diaye, que la filiation ainsi attribuée à Aïssata Coulibaly n'est pas détruite par une contestation d'État, que l'acte doit produire les effets qui s'y attachent pour Aïssata ».
Attendu qu'en décidant ainsi alors que le Code de la parenté en son article 36 exige comme preuve de la filiation un jugement ou un acte authentique expressément établi par l'auteur de l'enfant concerné, la cour d'appel a violé les textes susvisés et exposé son arrêt à la cassation.
Par ces motifs :
Casse et annule l'arrêt déféré »...

XVI. ARRÊT N° 027 DU 17 FÉVRIER 2003

Lorsque des griefs sont soulevés contre l'attitude d'un Notaire lors d'un partage fait par lui, l'homologation judiciaire du procès-verbal exige la présence des parties et du notaire devant le juge.

La Cour...

Moyens de cassation :

Les mémorantes présentent à l'appui de leur action les moyens de cassation ci-après :

Premier moyen pris du défaut de motifs :
En ce que l'arrêt querellé s'est contenté d'affirmer que d'après l'examen du procès-verbal, ce partage a été fait conformément à la coutume ;
Que l'arrêt ne démontre pas en quoi ce partage est conforme, sauf à rappeler le contenu du procès-verbal critiqué par les mémorantes ;
Qu'il s'en suit que l'arrêt manque de motifs ;
Que tant devant le premier juge que devant la cour d'appel les mémorantes ont démontré la partialité du notaire ;
Que le notaire n'a pas convoqué les mémorantes pour débattre du partage de la succession ou pour permettre d'user d'un éventuel droit de préemption ;
Que l'homologation suppose une discussion préalable des termes d'une convention ;
Que les mémorantes ont contesté devant la cour d'appel le mode de partage ;
Que la cour d'appel n'a pas répondu aux moyens présentés par les mémorantes ;

Deuxième moyen pris du manque de base légale :
En ce que l'arrêt querellé infirme un jugement rendu par le tribunal devant lequel les parties et le notaire ont comparu pour discuter de la possibilité d'homologuer un procès-verbal de partage ;
Que sans avoir fait comparaître les parties et le notaire pour s'enquérir des griefs retenus contre l'attitude du notaire et le mode de partage, la Cour a homologué le procès-verbal ;
Que les motifs fournis par la Cour sont insuffisants et incomplets.
Que l'arrêt mérite d'être censuré.
Me Binké Kamité, avocat à la Cour, pour les intérêts de la dame Kadiatou Diallo a répondu au mémoire ampliatif et conclut au rejet du pourvoi comme mal fondé

ANALYSE DES MOYENS

Attendu que les « mémorantes » font grief au juges d'appel de s'être abstenus de répondre aux moyens présentés par elles et d'avoir infirmé

le premier jugement sans faire comparaître le Notaire et les parties, exposant ainsi leur décision à la censure de la Haute Cour pour défaut de motif et de base légale ;
Attendu que le défaut de motif est un vice de forme et que le jugement est réputé régulier en la forme dès qu'il comporte un motif exprès, implicite ou même incomplet ;
Attendu que pour infirmer le jugement d'instance la cour d'appel a retenu ceci : « que par jugement en date du 10 mai 2000 du tribunal civil de la Commune IV, Me Amadou Diop notaire a été désigné aux fins de procéder au partage de la masse successorale entre les héritiers de feu Housséni Kouma… »

Que d'après l'examen du procès-verbal le partage a été fait conformément à la coutume des parties autrement dit au droit musulman après expertise des biens composant la masse successorale…
« Attendu qu'en statuant comme elle l'a fait la cour d'appel a implicitement basé sa décision sur le jugement de désignation du notaire et sur le procès-verbal de partage qui a respecté les règles du partage de la loi coranique en son verset 11 (sourate sur les femmes) qui prévoit pour la fille la moitié de la part successorale de l'enfant mâle ;
Attendu que l'homologation d'un procès-verbal de partage établi par un notaire, expert désigné par décision judiciaire ne nécessitant pas légalement la présence physique de l'homme de l'art, la cour d'appel ne l'ayant pas fait comparaître n'a aucunement violé la loi en la matière ;
Attendu par ailleurs que le défaut de réponse à conclusion s'assimile au défaut de motifs ;
Attendu que dans le cas d'espèce les mémorantes n'ont pas explicité les moyens auxquels réponse n'a pas été donnée, en conséquence la cour d'appel n'a pas à y accorder d'attention particulière ;
Attendu enfin que c'est après analyse et appréciation souveraine des faits et pièces versées au dossier que les juges d'appel ont à bon droit homologué le partage des biens successoraux de feu Housséni Kouma entre ses héritiers ;
Attendu que les moyens soulevés par les mémorantes n'ayant pas prospéré, ils sont à rejeter ;
Par ces motifs :
Le rejette comme mal fondé...

XVII. ARRÊT N° 143 DU 19 MAI 2003

Il incombe à chaque partie de prouver conformément à la loi les faits nécessaires au succès de ses prétentions ; l'objet du litige est déterminé par les prétentions respectives des parties fixées dans la requête introductive d'instance et par les conclusions en défense.

La Cour…

Moyens de cassation :

Attendu qu'au soutien de son pourvoi par le biais de son conseil Agaly Maïga invoque deux moyens de cassation :

Premier moyen :

Violation de la loi par refus d'application de l'article 9 du Code de procédure civile, commerciale et sociale : En ce que les juges du fond ont renversé la charge de la preuve ; qu'au lieu d'exiger à Mahamane Maïga de faire la preuve de ses prétentions en sa qualité d'initiateur du procès, les juges tant en première instance qu'en appel ont voulu que le pourvoyant (défendeur dans ces différentes instances) fasse la preuve négative des allégations de son protagoniste ; que ce renversement de la charge de la preuve est à l'antipode 301 des dispositions de l'article 9 du Code de procédure civile, commerciale et sociale ;

Que cette manière de procéder de la cour d'appel est de nature à exposer sa décision à la censure de la haute juridiction ;

Deuxième moyen :

Dénaturation des éléments de preuve :

En ce que nonobstant les dépositions de Agaly Maïga, celles des témoins et des conclusions de son Conseil tendant à réfuter les allégations de Mahamane Maïga, les juges du second degré ont énoncé dans l'arrêt querellé « qu'il n'est pas contesté que de nos jours, outre les biens laissés par leur auteur commun, ils détiennent en communauté une trentaine de bovins, des caprins, confiés à un tiers à Niono, deux champs de culture, trois ânes, une bascule,une montre réveil, deux fusils de chasse ainsi qu'une charrue… »

« Qu'en se déterminant ainsi la cour d'appel a dénaturé les dispositions du pourvoyant, les conclusions de son conseil, toutes choses constituant la violation de l'article 4 du Code de procédure civile, commerciale et sociale qui dispose : "l'objet du litige est déterminé par les prétentions respectives des parties. Ces prétentions

sont fixées par la requête introductive d'instance et par les conclusions en défense..." »
Cette attitude des juges du fond est de nature à entraîner la cassation de l'arrêt querellé ;

ANALYSE DES MOYENS

Attendu que les moyens de cassation soulevés par le pourvoyant interfèrent et peuvent s'analyser ensemble.
Attendu que la violation de la loi par refus d'application de la loi suppose qu'un texte parfaitement clair et n'appelant pas d'interprétation spéciale ait été directement transgressé ;
Attendu qu'aux termes de l'article 9 du Code de procédure civile, commerciale et sociale, il incombe à chaque partie de prouver les faits nécessaires au succès de sa prétention ;
Que dans le cas d'espèce Mahamane Maïga, auteur de la requête en partage de succession, devrait porter le fardeau de la preuve de la détermination de la masse successorale et plus tard le caractère commun des autres biens familiaux ;
Mais attendu que l'arrêt recherché en énonçant clairement dans son dernier considérant « ... que la possession et la jouissance communes de ces biens ne font l'objet d'aucune contestation ; qu'il incombe dès lors à l'appelant Agaly Maïga, qui s'en proclame seul propriétaire, de rapporter la preuve de sa prétention ; que celui-ci n'a pu valablement le faire par aucun moyen de preuve légalement admissible ; que l'action en partage de l'intimé, tant sur la succession que sur les biens de la communauté, s'en trouve fondée en son principe » alors qu'il devait demander aux deux parties de prouver leurs prétentions, a violé l'article 9 du Code de procédure civile, commerciale et sociale qui dispose :
« Il incombe à chaque partie de prouver conformément à la loi les faits nécessaires au succès de sa prétention » ;
Que le moyen est pertinent et mérite d'être accueilli ;
Attendu que la cassation étant encourue, il est superfétatoire d'examiner le deuxième moyen relatif à la dénaturation des éléments de la preuve.
Par ces motifs :
Casse et annule l'arrêt déféré...

XVIII. ARRÊT N° 177 DU 18 JUIN 2003

Tout jugement doit être motivé sous peine de nullité et nul n'est tenu de rester dans l'indivision.

Le point de vue de l'Islam est que toutes constructions élevées par un enfant du vivant de son père sur le terrain de celui-ci tombent dans la masse successorale.

LA COUR...

MOYENS DU POURVOI :

À l'appui de son pourvoi, le mémorant a exposé des moyens de cassation suivants :

1) *Insuffisance de motifs*

« En ce que : qu'il est constant qu'un arrêt insuffisamment motivé équivaut à l'absence de motifs et aux termes de l'article 463 du CPCCS le jugement doit être motivé à peine de nullité ;

Que s'agissant d'une action en partage de succession, où tous les héritiers y compris l'aîné le sieur Moussa Sidibé reconnaissent que Ousmane Sidibé a été le seul à reprendre les constructions de la famille après le lotissement de Kita en 1964 qui a détruit les 2/3 de la concession familiale ;

Qu'il n'est resté d'ailleurs qu'une seule case qui ne pouvait contenir l'ensemble des membres de la famille ;

Qu'étant entendu que la mésentente a persisté dans la famille, l'aîné Moussa Sidibé, qui devait être le rassembleur a préféré se retirer chez lui et cultiver la haine entre le mémorant et les autres frères restés en famille ;

Qu'il est évident qu'il y a un réel désir de partage afin que chacun sache à quoi s'en tenir ;

Que la Cour a soutenu que les constructions édifiées par le mémorant tombent dans la masse successorale sans aucune justification constante fondée sur la loi ou la coutume.

Qu'en statuant comme elle l'a fait la cour d'appel a insuffisamment motivé sa décision qui mérite la censure ».

2) Mauvaise application de la coutume musulmane en ce que : « l'imam de Kita a reconnu quatre hypothèses :

- *le mémorant peut accepter de tout partager avec ses cohéritiers à cause de la baraka ;*
- *il peut demander le remboursement des investissements réalisés, le terrain commun étant partagé entre eux ;*
- *les héritiers peuvent seulement réclamer la valeur du terrain ;*

- *les héritiers ne peuvent pas rembourser au mémorant la valeur des investissements, celui-ci accepte qu'il n'y a pas partage et assure la direction morale de la famille. »*

Attendu qu'il est constant que la première hypothèse est à écarter à cause même de la nature du procès, il a plutôt choisi les 2e et 3e hypothèse car le climat familial ne se prête à aucun compromis ;
Attendu quant à la 4e hypothèse, les héritiers ou cohéritiers dirigés en fait par Moussa Sidibé n'ont pas donné la preuve qu'ils ne peuvent pas rembourser les investissements quand on sait que Moussa Sidibé est ancien fonctionnaire menant d'autres activités, quand on sait que la dame Fantani est maîtresse du second cycle et les autres héritiers sont mariés si elles sont filles, soit dans le secteur informel s'ils sont garçons ;
Qu'en plus il paraît difficilement imaginable que les enfants acceptent une quelconque tutelle du mémorant, la haine et le mépris ayant été cultivées ;
Qu'en décidant que les investissements réalisés par le mémorant tombent dans la succession la Cour a mal appliqué la coutume des parties et cette décision mérite d'être cassée ;
2) Absence de base légale
En ce qu'en « décidant que les investissements faits par le mémorant tombent dans la masse successorale la cour d'appel semble prendre la 4ème hypothèse du rapport en date du 20/03/2000 selon lequel il n'y a pas partage : qu'aux termes de l'article 815 du Code civil nul n'est tenu de rester dans l'indivision ;
Qu'en incluant les investissements réalisés par le mémorant dans la masse successorale alors qu'on sait par ailleurs qu'aucun cohéritier n'a réalisé et que cela est admis par eux-mêmes ;
Que les jeunes qui ont grandi après 1964 n'ont connu que le mémorant qu'ils considèrent comme leur père ;
Que la cour d'appel en statuant comme elle l'a fait a manqué de base légale à sa décision ;
Que la décision mérite d'être censuré ;

ANALYSE DES MOYENS

Du premier moyen tiré de l'absence de motif
Attendu que dans ce moyen il est fait grief à l'arrêt attaqué de manquer de motif en ce qu'il a soutenu que les constructions édifiées par le mémorant tombent dans la masse successorale sans aucune justification constante fondée sur la loi ou la coutume ; alors qu'il est constant qu'un

arrêt insuffisamment motivé équivaut à l'absence de motif et qu'aux termes de l'article 463 du Code de procédure civile, commerciale et sociale le jugement doit être motivé à peine de nullité.

Attendu que pour infirmer le jugement de première instance et dire que le terrain à usage d'habitation et les constructions tombent dans la succession de feu Mamadoou Sidibé, l'arrêt attaqué est ainsi motivé : « considérant que par arrêt avant dire droit du 14 juillet 1999, l'avis de l'imam de Kita a été requis quant au point de vue de l'islam sur des constructions élevées par un enfant du vivant de son père sur le sur terrain de celui-ci ; que suivant rapport du 20 mars 2000, il apparaît que selon Moussa Keïta Grand imam de Kita, les maisons érigées entrent dans la masse successorale laissée pécuniairement, car tout ce qui a une valeur pécuniaire doit être partagée » ;

Attendu que ce faisant, l'arrêt querellé a suffisamment motivé sa décision, querellée quelle que soit par ailleurs la valeur de ladite motivation ; qu'il convient en conséquence de rejeter ce moyen.

Du second moyen tiré de la mauvaise application de la coutume

Attendu que par ce moyen il est fait grief à l'arrêt d'avoir procédé par mauvaise application de la coutume pour avoir décidé que les investissements réalisés par le mémorant tombent dans la succession alors que les héritiers ou cohéritiers dirigés en fait par Moussa Sidibé n'ont pas donné la preuve qu'ils ne peuvent pas rembourser les investissements ;

Attendu que l'avis de l'imam de Kita concernant la manière dont le partage doit être effectué sur lequel l'arrêt s'est fondé a été exprimé sous la forme de quatre cas de figures :

- celui des héritiers qui a érigé des maisons sur le terrain du *de-cujus* sans que celui-ci n'ait élevé aucune construction, peut accepter de tout partager sans contrepartie ;
- celui qui a construit peut demander que la valeur des maisons érigées lui soit restituée par les cohéritiers, la valeur du terrain du *de-cujus* étant partagée entre tous les héritiers ;
- les héritiers qui n'ont rien érigé sur le terrain du *de-cujus* peuvent réclamer à celui qui a construit la valeur du terrain et lui laisser le tout ;
- les héritiers ne peuvent pas rembourser à l'héritier qui a construit ; il n'y a pas partage. La concession devient indivise, car ils vont tous habiter la maison.

Attendu en conséquence qu'après avoir admis implicitement que les constructions sont les seules œuvres du mémorant et ordonné ensuite leur partage, l'arrêt attaqué a, après appréciation souveraine des faits de la cause, appliqué la coutume qu'elle invoque et qui tient ici de loi ;
Attendu que cette application de la coutume s'analyse en application de la loi dans la mesure où il s'est agi d'appliquer une règle de droit à une situation de fait qu'elle régit ;
Attendu que ce faisant l'arrêt incriminé échappe à la cassation ;

Du troisième moyen tiré du manque de base légale
« Attendu que le mémorant reproche à la Cour d'avoir admis que les réalisations effectuées par le mémorant tombent dans la succession alors qu'aucun des héritiers n'a participé à la construction de la maison familiale et que les efforts du mémorant sont reconnus par ses adversaires ;
Attendu qu'une décision judiciaire est censurée pour défaut de base légale lorsque l'insuffisance de motivation est tellement accentuée que la Cour régulatrice n'arrive pas à exercer son contrôle d'applicabilité de la règle de droit correcte aux faits de la cause ;
Attendu que pour infirmer le jugement d'instance, la cour d'appel a retenu : que par arrêt avant dire droit du 17 juillet 1999 l'avis de l'imam de Kita a été requis quant au point de vue de l'islam sur les constructions élevées par un enfant du vivant de son père sur le terrain de celui-ci ; que suivant le rapport du 20 mars 2000, les maisons érigées entrent dans la masse successorale… » ;
Attendu qu'en décidant ainsi en s'appuyant sur l'arrêt avant dire droit au 17 juillet 1999 et le rapport du 20 mars 2000, l'arrêt attaqué a été légalement justifié et échappe par conséquent à la censure de la Haute Cour.
Par ces motifs :
Le rejette comme mal fondé…

XIX. ARRÊT N° 227 DU 18 AOÛT 2003

Défaut de réponse à conclusion d'une partie
Les parties ne peuvent soumettre à la Cour de nouvelles prétentions ; le sursis à statuer ne dessaisit pas le juge et n'est pas susceptible d'appel
Testament olographe : conditions de validité.

La Cour…
Moyen de cassation :

À l'appui de son pourvoi, le demandeur a invoqué les moyens suivants :
Premier moyen tiré du défaut de motif.
Attendu que l'arrêt querellé livré en quelques lignes ne pouvait que souffrir d'un tel grief.
Qu'en effet l'on n'a jamais vu un arrêt d'appel aussi bref, aussi expéditif et occultant les questions essentielles qui sont posées ;
Que c'est pourquoi le défaut de motif s'analyse en un défaut de réponse à conclusions d'une partie ;
Que lorsque Me Kouma a sollicité l'infirmation du jugement avant de présenter une demande, nous avons rappelé qu'aux termes de la loi les demandes nouvelles n'étaient pas recevables en appel ;
Que l'arrêt a carrément passé sous silence cette question essentielle.
Qu'en cela il mérite la cassation.
Deuxième moyen tiré de la violation de la loi : article 576 du Code de procédure civile, commerciale et sociale. 44 du CMT 1394 du Code civil et 53 du Code de la parenté. Article 576 du Code de procédure civile, commerciale et sociale.
Attendu que l'article 576 du CPCCS dispose : « les parties ne peuvent soumettre à la Cour de nouvelles prétentions… »
« Que devant le tribunal de première instance les parties et leur Conseil ont voulu une gestion consensuelle de cette affaire ;
Que pour cela elles ont évalué par voie d'expert les biens de la masse successorale avant de saisir le tribunal par une requête conjointe pour le partage ;
Que la seule pomme de discorde était le régime matrimonial des époux.
Que Mamadou et les autres Madeira et Bakary penchaient pour la séparation des biens tandis que Mme Bengaly Aïssata était pour la communauté des biens. C'est-à-dire exhéréder totalement Mamadou Bengaly.
Que pour s'en convaincre il y a lieu de faire référence aux conditions du Conseil de Mme Bengaly datées du 25 janvier 2001 : « dire et juger les époux en situation de communauté de biens et en conséquence la moitié de la masse successorale était à la dame Aïssata Bengaly ; dire et juger que l'autre moitié sera partagée entre les nommés Bakary Madeira et Mamadou Bengaly à raison d'une part pour chacun d'eux… »

« Qu'en appel, Aïssata Bengaly, par l'organe d'un autre conseil maître Kouma Mariam, libelle les prétentions : "dire et juger que le testament olographe laissé par le défunt est valable et produira les effets de droit". »
Que l'objet du litige en première instance n'a jamais porté sur la validité du testament olographe.
Qu'il y a certainement une demande nouvelle à laquelle la cour d'appel ne devrait pas accéder.
Qu'en le faisant, elle viole l'article 576 du Code de procédure civile, commerciale et sociale et l'arrêt mérite la censure de la Haute Cour.
Des articles 44 du CMT et 1394 du Code civil.
Attendu que l'arrêt tirant argument du testament soutient que le régime matrimonial des époux est la communauté.
Que l'article 44 du CMT dispose que « les époux qui demandent le régime de la communauté doivent rédiger un contrat de mariage ».
Que tel n'a jamais été le cas entre les époux Bengaly.
Que si les époux avaient voulu régulariser leur régime dit de communauté ; ils avaient le temps.
Que Aïssata a tenté de se soustraire à cette disposition légale en soutenant que leur mariage date d'avant le Code du mariage et de la Tutelle du Mali.
Qu'à cela ne tienne, en envisageant le problème sous cet angle, le mariage tombe sous le coup du Code civil qui dispose en son article 1394 que : « toutes les conventions matrimoniales seront rédigées par acte devant Notaire ».
Que tel n'a jamais été le cas des époux Bengaly.
Qu'indéniablement la Cour en retenant la communauté de biens entre les époux viole les textes de loi susvisés et expose sa décision à la censure.
Article 53 du Code de la parenté du Mali.
Attendu que le testament dont se prévaut Aïssata Bengaly exhérède totalement Mamadou Bengaly sous prétexte qu'il serait un enfant adultérin naturel.
Que l'arrêt querellé en maintenant cette situation viole le principe posé par l'article 53 al 2 du Code de la parenté qui dispose « l'enfant né hors mariage jouit des mêmes droits que l'enfant légitime ».
Que l'arrêt mérite la censure de la Cour suprême.

Troisième moyen tiré de la contradiction entre le motif et le dispositif
Attendu que l'arrêt souffre d'une contradiction et d'une ambiguïté qui

fera qu'elle ne pourra échapper à la censure.
Qu'en effet l'arrêt soutient " qu'il sera sage en avant dire droit de surseoir à statuer sur toute action en partage successoral avant la liquidation de ladite communauté et de désigner un liquidateur pour toutes fins utiles.
Qu'en principe si l'arrêt avait suivi cette logique dans son dispositif, l'on ne serait même pas devant la Cour suprême car le sursis à statuer ne dessaisit pas le juge aux termes de l'article 383 du Code de procédure civile, commerciale et sociale « poursuit que la décision de sursis ne peut être frappée d'appel »
Que la lecture du dispositif crée une confusion troublante.
Que le dispositif stipule « statuant publiquement, contradictoirement en matière civile et en dernier ressort ».
« Qu'en statuant en dernier ressort, forcement l'arrêt donne l'impression de donner une décision au fond et pousse à exercer les voies de recours appropriées. »
Que l'arrêt doit être cassé et l'affaire renvoyée devant la cour d'appel.

ANALYSE DES MOYENS

Attendu que le mémorant fait grief à l'arrêt querellé d'avoir manqué de motif et de violer la loi en ses articles 576 du Code de procédure civile, commerciale et sociale, 44 du Code de mariage, 93 du Code de la parenté et 1394 du Code civil ;

Mais attendu que l'arrêt déféré dispose ; « infirme le jugement entrepris et statuant à nouveau : dit qu'il sera sursis au partage successoral sollicité jusqu'à liquidation de la communauté des biens ayant existés entre les époux tel que stipulé dans le testament olographe en date du 22 février 1983 du *de-cujus*. Réserve les dépens.
« Attendu que l'arrêt incriminé soutient dans ses motivations » qu'il sera sage avant dire droit de surseoir à statuer sur toute action en partage successoral avant la liquidation de la communauté et de désigner un liquidateur pour toutes fins utiles » ;
Attendu qu'il résulte de ce qui précède que la cour d'appel n'ayant pas vidé toute sa saisine, sa décision ne saurait faire l'objet de recours ;
Attendu que conformément aux dispositions des articles 165, 382,488 et 615 du Code de procédure civile, commerciale et sociale, le pourvoi formé par Mamadou Bengaly doit être déclaré irrecevable ;

Par ces motifs :
La Cour : Déclare le pourvoi irrecevable…

XX. ARRÊT Nº 017 DU 16 FÉVRIER 2004

Conflit dans l'application des règles du droit civil en concours avec l'application des règles coutumières contraires aux normes constitutionnelles dans la dévolution de la masse successorale.

La Cour…
Moyens de cassation :

Le mémorant à l'appui de son pourvoi excipe d'un moyen unique tiré de la violation de la loi :
En ce qu'en reprenant à son compte les dispositions du jugement nº 188 pour ce qui est du partage selon la coutume musulmane, l'arrêt a effectivement procédé par violation de la loi dans la mesure où, aux termes de la constitution, en son article 4, la liberté de religion s'exprime dans le respect de la loi ;
Qu'au contraire, elle devait viser les constructions du droit civil et du Code civil, d'autant plus que le partage qui serait fait en dehors du principe constitutionnel et de la laïcité des dispositions du droit positif malien ou celles du système juridique dont il hérite, aboutirait à faire subir aux mémorants un préjudice inconsommable ;
Que ne l'ayant pas fait, la Cour a violé la loi ;

ANALYSE

Attendu qu'il est reproché à l'arrêt querellé la violation de la loi notamment l'article 4 de la Constitution ;
Attendu que la violation de la loi par fausse interprétation intervient dans une hypothèse où le juge du fond a dû pour statuer prendre parti sur une difficulté d'interprétation d'un texte, soit que cette difficulté ne fut pas tranchée par la Cour de cassation, au jour où il statuait, soit qu'il ait entendu par une interprétation personnelle résister à la doctrine exprimée par la Cour suprême ;
Mais attendu que pour statuer, l'arrêt recherché a retenu que « le Mali n'a pas encore légiféré en matière successorale ;
Que cependant il est de jurisprudence constante que la dévolution successorale se passe suivant la coutume du *de-cujus* » ;

Attendu qu'en la matière la coutume prise en compte étant la coutume du défunt et non celle des héritiers, dans le cas d'espèce le *de-cujus* Kalilou étant musulman la dévolution de sa succession doit se faire conformément à la pratique de cette religion ;
Attendu qu'en statuant comme elle l'a fait la cour d'appel n'a nullement violé la loi et sa décision ne saurait être censurée.
Qu'il importe d'écarter le moyen ;

Par ces motifs :
En la forme : Reçoit le pourvoi ;
Au fond : Le rejette comme mal fondé…

ANNEXE V
LOI N° 2011-087 /DU 30 DÉCEMBRE 2011
PORTANT
CODE DES PERSONNES ET DE LA FAMILLE

L'Assemblée nationale a délibéré et adopté en sa séance du 02 décembre 2011 ;

Le Président de la République promulgue la loi dont la teneur suit :

…

(LIVRES VII ET VIII)

DES SUCCESSIONS ET LIBÉRALITÉS

LIVRE VII

TITRE I
DES DISPOSITIONS GÉNÉRALES

Article 751 : L'héritage est dévolu selon les règles du droit religieux, coutumier ou selon les dispositions du présent livre.

Les dispositions du présent livre s'appliquent à toute personne :

- dont la religion ou la coutume n'est pas établie par écrit, par le témoignage, le vécu ou la commune renommée ;
- qui de son vivant n'a pas manifesté ou par devant témoins sa volonté de voir son héritage dévolu autrement ;
- qui de son vivant n'a pas disposé par testament de tout ou partie de ses biens, sauf la mesure compatible avec la réserve héréditaire et les droits du conjoint survivant.

Nul ne peut déroger aux règles du mode de dévolution successorale retenu.

TITRE II
DE L'OUVERTURE DES SUCCESSIONS ET DE LA SAISINE DES HÉRITIERS

Article 752 : La succession s'ouvre au dernier domicile du défunt par le décès ou par la déclaration judiciaire du décès.

Article 753 : Les parents du défunt au même degré ont les mêmes droits. Ils succèdent par égale portion et par tête.

Article 754 : Lorsque plusieurs personnes, appelées à la succession l'une de l'autre, périssent dans un même évènement ou dans des évènements concomitants sans que l'ordre des décès soit connu, le plus jeune est censé avoir survécu au plus âgé.

Article 755 : La succession est dévolue aux parents et aux conjoins successibles du défunt dans les conditions définies par le présent code.

Article 756 : Les parents et les conjoints survivants sont saisis de plein droit des biens, droits et actions du défunt sous l'obligation d'acquitter toutes les charges de la succession. À leur défaut les biens passent à l'État.

Article 757 : L'État doit se faire envoyer en possession. Le Tribunal compétent en matière successorale est celui du lieu d'ouverture de la succession.

Article 758 : L'action en pétition d'hérédité se prescrit par l'expiration du délai de droit commun prévu par la loi fixant le Régime Général des Obligations.

TITRE III
DES QUALITÉS REQUISES POUR SUCCÉDER

Article 759 : Pour succéder au défunt il faut exister à l'instant de l'ouverture de la succession, ou, ayant déjà été conçu, naître viable.

Article 760 : Peut succéder celui dont l'absence est présumée au contraire de celui dont l'absence est déclarée.

Article 761 : L'absent qui reparait recouvre sa qualité de successible pour agir en pétition d'hérédité tant que le délai légal de prescription extinctive ne sera pas écoulé ; sauf qu'il n'est pas admis à réclamer les fruits.

Article 762 : La preuve de la qualité d'héritier s'établit par tous moyens.

Article 763 : Est indigne et comme tel, exclu de la succession ;

- celui qui est condamné comme auteur ou complice, à une peine criminelle pour avoir volontairement donné ou tenté de donné la mort au défunt ;
- celui qui a eu ou tenté d'avoir une relation sexuelle avec une épouse de son père.

Article 764 : Peut être également déclaré indigne de succéder :

- celui qui est condamné comme auteur ou complice, à une peine correctionnelle pour avoir volontairement commis des violences ayant entrainé la mort du défunt sans intention de la donner ;
- celui qui est condamné pour témoignage mensonger porté contre le défunt dans une procédure criminelle ;
- celui qui est condamné pour s'être volontairement abstenu

d'empêcher soit un crime, soit un délit contre l'intégrité corporelle du défunt d'où il est résulté la mort, alors qu'il pouvait le faire sans risque pour lui et pour les tiers ;

- celui qui est condamné pour dénonciation calomnieuse contre le défunt lorsque, pour les faits dénoncés, une peine criminelle était encourue ;
- celui qui a commis les actes criminels mentionnés à l'article précédent et à l'égard duquel en raison de son décès, l'action publique n'a pu être exercée ou s'est éteinte.

Article 765 : La déclaration d'indignité prévue à l'article précédent est prononcée après l'ouverture de la succession par le tribunal civil à la demande de tout autre héritier.

La demande doit être formée dans les six mois du décès si la décision de condamnation ou de déclaration de culpabilité est antérieure au décès ou dans les six mois de cette décision si elle est postérieure au décès.

En l'absence d'héritier la demande peut être formée par le Ministère Public.

Article 766 : N'est pas exclu de la succession le successible frappé d'une cause d'indignité prévue aux articles 763 et 764 ci-dessus, lorsque le défunt, postérieurement aux faits et à la connaissance qu'il en a eue, a précisé par une déclaration expresse de volonté en la forme testamentaire, qu'il entend le maintenir dans ses droits héréditaires ou lui a fait une libéralité universelle ou à titre universel.

Article 767 : L'héritier exclu de la succession pour cause d'indignité est tenu de rendre tous les fruits et tous les revenus dont il a eu la jouissance depuis l'ouverture de la succession.

Article 768 : Les enfants de l'indignes ne sont pas exclus par la faute de leur auteur soit qu'ils viennent à la succession de leur chef, soit qu'ils y viennent par l'effet de la représentation ; mais l'indigne ne peut, en aucun cas, réclamer, sur les biens de cette succession, la jouissance que la loi accorde aux père et mère sur les biens de leurs enfants.

TITRE IV
DES HÉRITIERS

Article 769 : La succession est dévolue par la loi aux parents et aux conjoints successibles du défunt dans les conditions définies ci-après.

Article 770 : Est conjoint successible le conjoint survivant non divorcé contre lequel n'existe pas de jugement de séparation de corps passé en force de chose jugée.

CHAPITRE I
DES DROITS DES PARENTS EN L'ABSENCE DE CONJOINTS SUCCESSIBLES

Article 771 : La loi ne distingue pas entre la filiation légitime et la filiation naturelle pour déterminer les parents appelés à succéder. Les droits successoraux résultant de la filiation adoptive sont réglés au titre de l'adoption.

SECTION I
DES ORDRES D'HÉRITIERS

Article 772 : Les parents en l'absence de conjoint successible, sont appelés à succéder ainsi qu'il suit :

1) les enfants et leurs descendants ;
2) les père et mère ; les frères et sœurs et les descendants de ces derniers ;
3) les ascendants autres que les père et mère ;
4) les collatéraux autres que les frères et sœurs et les descendants de ces derniers.

À l'exception des père et mère qui héritent du dixième, chacune de ces quatre catégories constitue un ordre d'héritiers qui exclut les suivants.

Article 773 : Les enfants ou leurs descendants succèdent à leurs père et mère ou autres ascendants, sans distinction de sexe, ni de primogéniture, même s'ils sont issus d'unions différentes.

Article 774 : Les père et mère de l'enfant lui succèdent, chacun pour moitié, lorsque le défunt ne laisse ni postérité, ni frère, ni sœur, ni descendant de ces derniers.

Article 775 : Les frères et sœurs du défunt, ou leurs représentants lui succèdent, à l'exclusion des autres parents, ascendants ou collatéraux, lorsque les père et mère sont décédés avant le défunt et que celui-ci ne laisse pas de postérité.

Article 776 : La succession est dévolue pour un quart, à chacun des père et mère et, pour la moitié restante, aux frères et sœurs ou à leurs descendants, lorsque les père et mère survivent au défunt et que celui-ci n'a pas de postérité, mais des frères et sœurs ou des descendants de ces derniers. La succession est dévolue lorsqu'un seul des père et mère survit, pour un quart à celui-ci et pour trois quarts aux frères et sœurs ou à leurs descendants.

Article 777 : La succession est dévolue aux ascendants autres que les père et mère à défaut d'héritiers des deux premiers ordres.
Article 778 : La succession est dévolue aux parents collatéraux autres que les frères et sœurs et les descendants de ces derniers, à défaut d'héritiers des trois premiers ordres.

SECTION II
DES DEGRÉS

Article 779 : La proximité de parenté s'établit par le nombre de générations ; chaque génération s'appelle un degré. La suite des degrés forme la ligne.
On appelle ligne directe la suite des degrés entre personnes qui descendent l'une de l'autre.
On appelle ligne collatérale la suite des degrés entre personnes qui ne descendent les unes des autres, mais qui descendent d'un auteur commun.
On distingue la ligne directe descendante et la ligne directe ascendante.
Article 780 : En ligne directe on compte autant de degrés qu'il y a de générations entre les personnes : ainsi, le fils est, à l'égard du père, du premier degré, le petit fils au second ; et réciproquement du père et de l'aïeul à l'égard des fils et petits-fils.
En ligne collatérale les degrés se comptent par génération depuis l'un des parents jusque et non compris l'auteur commun, et depuis celui-ci jusqu'à l'autre parent : ainsi deux frères sont au deuxième degré ; l'oncle et le neveu sont au troisième degré ; les cousins germains au quatrième ; ainsi de suite.
Article 782 : Dans chaque ordre l'héritier le plus proche exclut l'héritier plus éloigné en degré.
À égalité de degré, les héritiers succèdent par égale portion et par tête.
Le tout sauf ce qui sera dit ci-après de la division par branche et de la représentation.
Article 783 : Les parents collatéraux ne succèdent pas au-delà du sixième degré.
Article 784 : La parenté se divise en deux branches, selon qu'elle procède du père ou de la mère.
Article 785 : Lorsque la succession est dévolue à des ascendants, elle se divise par moitié entre ceux de la branche paternelle et ceux de la branche maternelle.

Article 786 : Dans chaque branche succède à l'exclusion de tout autre l'ascendant qui se trouve au degré le plus proche. Les ascendants au même degré succèdent par tête.
À défaut d'ascendant dans une branche, les ascendants de l'autre branche recueillent toute la succession.
Article 787 : Lorsque la succession est dévolue à des collatéraux autres que les frères et sœurs ou leurs descendants elle se divise elle se divise par moitié entre ceux de la branche paternelle et ceux de la branche maternelle.
Article 788 : Dans chaque branche succède, à l'exclusion de toute autre, le collatéral qui se trouve au degré le plus proche. Les collatéraux au même degré succèdent par tête. À défaut de collatéral dans une branche, les collatéraux de l'autre branche recueillent toute la succession.

SECTION III
DE LA REPRÉSENTATION

Article 789 : La représentation est une fiction de la loi dont l'effet est de faire entrer les représentants dans la place, le degré et les droits du représenté.
Article 790 : La représentation a lieu à l'infini dans la ligne directe descendante.
Elle est admise dans tous les cas, soit que les enfants du défunt concourent avec les descendants d'un enfant décédé, soit que tous les enfants du défunt étant morts avant lui, les descendants desdits enfants se trouvent entre eux en degrés égaux ou inégaux.
Article 791 : La représentation n'a pas lieu en faveur des ascendants.
Le plus proche dans chacune des deux lignes exclut toujours le plus éloigné.
Article 792 : La représentation est admise en ligne collatérale, en faveur des enfants et descendants des frères et sœurs du défunt, soit qu'ils viennent à sa succession concurremment avec des oncles ou tantes, soit que tous les frères et sœurs du défunt étant prédécédés, la succession se trouvent dévolue à leurs descendants en degrés égaux ou inégaux.
Article 793 : Dans tous les cas où la représentation est admise, le partage s'opère par souche comme si comme si le représenté venait à la succession ; s'il y a lieu le partage s'opère par subdivision de souche.
À l'intérieur d'une souche ou d'une subdivision de souche le partage se

fait par tête.
On représente les prédécédés, on ne représente pas les renonçants.
Article 795 : La représentation est admise en faveur des enfants et descendants de l'indigne, encore que celui-ci soit vivant à l'ouverture de la succession.

CHAPITRE II
DES DROITS DU CONJOINT SUCCESSIBLE

Article 796 : Le conjoint successible est appelé à la succession soit seul soit en concours avec les parents du défunt.
Article 797 : Le ou les conjoints survivant en présence des descendants du défunt recueillent seul ou ensemble le quart de la succession. Ils recueillent en outre l'usufruit du quart des biens de la succession.
Article 798 : La succession est dévolue, à défaut de descendants, au conjoint survivant et aux père et mère par tête et par portion égale. En cas de prédécès du père ou de la mère, la part qui serait revenu au prédécédé échoit aux conjoints survivants. Le ou les conjoints survivants recueillent en outre l'usufruit de la moitié des biens de la succession.
Article 799 : Le ou les conjoints survivants, à défaut de descendants, de père et mère, en présence des frères et sœurs du défunt, recueillent les deux tiers des biens de la succession.
Ils ont en outre le droit d'usufruit sur la totalité des biens de la succession.
Article 800 : Le ou les conjoints survivants recueillent la totalité de la succession par tête et par portion égale, à défaut de descendants, de père et mère, de frères et sœurs du défunt.
Article 801 : Le conjoint survivant a jusqu'au partage de la succession, un droit d'occupation sur l'immeuble qui lui servait d'habitation.
Ce droit d'habitation est strictement personnel et cesse le cas échéant, par le décès ou le remariage.
Il ne préjudicie en rien aux droits résultant de l'attribution préférentielle reconnue au conjoint survivant aux articles 882, 883, 884, 885 du présent code.
Article 802 : Tout usufruit appartenant au conjoint sur les biens du prédécédé, qu'il résulte de la loi, du testament ou d'une donation de biens à venir donne ouverture à une faculté de conversion en rente viagère à la demande de l'un des héritiers nus-propriétaires ou du conjoint successible lui-même.

TITRE V
DES DROITS SUCCESSORAUX DE L'ÉTAT

Article 803 : La succession est acquise à l'État à défaut d'héritiers.
Article 804 : L'État n'est tenu des dettes du défunt que jusqu'à concurrence de l'actif recueilli dans la succession.
Article 805 : L'Administration des domaines de l'État qui prétend avoir droit à la succession est tenue de faire apposer les scellés et de faire l'inventaire dans les formes prescrites pour l'acceptation des successions sous bénéfice d'inventaire.
Article 806 : Elle doit demander l'envoi en possession au tribunal dans le ressort duquel la succession est ouverte. Le tribunal statue sur sa demande dans un délai de trois (3) mois, après deux (2) publications consécutives faites à quinze (15) jours d'intervalle dans un journal d'annonces légales et affichage au bureau de la mairie du lieu d'ouverture de la succession, le procureur de la République entendu.
Lorsque la vacance a été régulièrement déclarée, l'Administration des domaines peut, avant sa demande, procéder par elle-même aux formalités de publicité prévues à l'alinéa précédent.
Dans tous les cas, il est justifié des publications par la production des journaux dans lesquels elles ont été faites, et de l'affichage, par un exemplaire du placard signé du directeur du service chargé de la conservation des domaines revêtu du visa du maire du lieu d'ouverture de la succession.
Article 807 : L'Administration des domaines qui n'aura pas rempli les formalités qui lui sont prescrites pourra être condamnée aux dommages et intérêts envers les héritiers, s'il s'en présente.

TITRE VI
DE L'ACCEPTATION, DE LA RENONCIATION AUX SUCCESSIONS

CHAPITRE I
DE L'ACCEPTATION

Article 808 : Une succession peut être acceptée purement et simplement, ou sous bénéfice.
Article 809 : Nul n'est tenu d'accepter une succession qui lui échue.
Article 810 : Les successions échues aux mineurs et aux majeurs en

tutelle ne peuvent être valablement acceptées que conformément aux dispositions du livre de la minorité, de la tutelle, de l'émancipation et des majeurs protégés par la loi.

Article 811 : L'effet de l'acceptation remonte au jour de l'ouverture de la succession.

Article 812 : L'acceptation peut être expresse ou tacite :

- elle est expresse quand on prend le titre ou la qualité d'héritier dans un acte authentique ou privé ;
- elle est tacite quand l'héritier fait un acte qui suppose nécessairement son intention d'accepter, et qu'il n'aurait droit de faire qu'en sa qualité d'héritier.

Article 813 : Les actes purement conservatoires, de surveillance et d'administration provisoire ne sont pas des actes d'acceptation d'hérédité, si l'on n'y a pas pris le titre ou la qualité d'héritier.

Article 814 : La donation, la vente ou le transport que fait de ses droits successifs un des cohéritiers, soit à un étranger, soit à ses cohéritiers, soit à certains d'entre eux, emporte de sa part acceptation de la succession. Il en est de même de la renonciation, même gratuite, que fait un des héritiers au profit d'un ou de plusieurs de ses cohéritiers.

Il en est également de même de la renonciation qu'il fait, même au profit de tous ses cohéritiers indistinctement, lorsqu'il reçoit le prix de sa renonciation.

Article 815 : Les héritiers de celui à qui une succession est échue, qui est décédé sans l'avoir répudiée ou sans l'avoir acceptée expressément ou tacitement peuvent accepter cette succession ou y renoncer de son chef. Cette succession doit être acceptée sous bénéfice d'inventaire, si ces héritiers ne sont pas d'accord pour l'accepter ou pour y renoncer.

Article 816 : Le majeur ne peut attaquer l'acceptation expresse ou tacite qu'il a faite d'une succession, que dans le cas où cette acceptation aurait été la suite d'un dol pratiqué envers lui.

Il ne peut jamais réclamer sous prétexte de lésion, excepté seulement dans le cas où la succession se trouverait absorbée ou diminuée de plus de moitié, par la découverte d'un testament inconnu au moment de l'acceptation.

CHAPITRE II
DE LA RENONCIATION AUX SUCCESSIONS

Article 817 : La renonciation a une succession ne se présume pas.

Elle ne peut être faite qu'au greffe du tribunal civil du lieu d'ouverture de la succession, sur un registre spécial tenu à cet effet.

Article 818 : L'héritier qui renonce est censé n'avoir jamais été héritier.

Article 819 : La part du renonçant accroît à ses cohéritiers. S'il est seul elle est dévolue aux degrés subséquents.

Article 820 : On ne vient jamais en représentation d'un héritier qui a renoncé.

Si le renonçant est seul héritier de son degré, ou si tous ses cohéritiers renoncent, les enfants viennent de leur chef et succèdent par tête.

Article 821 : Les créanciers de celui qui renonce au préjudice de leurs droits, peuvent se faire autoriser en justice à accepter la succession du chef de leur débiteur, en ses lieu et place.

Dans ce cas la renonciation n'est annulée qu'en faveur des créanciers, et jusqu'à concurrence seulement de leurs créances. Elle ne l'est pas au profit de l'héritier qui a renoncé.

Article 822 : La faculté d'accepter ou de renoncer à une succession se prescrit par le laps de temps requis pour la prescription la plus longue des droits immobiliers.

Article 823 : Tant que la prescription du droit d'accepter n'est pas acquise contre les héritiers qui ont renoncé, ils ont la faculté encore la succession, si elle n'a pas déjà été acceptée par d'autres héritiers ; sans préjudice néanmoins des droits qui peuvent être acquis à des tiers sur les biens de la succession, soit par prescription, soit par actes valablement faits avec le curateur à la succession vacante.

Article 824 : On ne peut même par convention matrimoniale renoncer à la succession d'une personne vivante, ni aliéner les droits éventuels qu'on peut avoir à cette succession.

Article 825 : Les héritiers qui auraient diverti ou recélé des effets d'une succession, sont déchus de la faculté d'y renoncer.

Ils demeurent héritiers purs et simples, nonobstant leur renonciation, sans pouvoir prétendre à aucune part dans les objets divertis ou recélés.

CHAPITRE III
DU BÉNÉFICE D'INVENTAIRE, DE SES EFFETS ET DES OBLIGATIONS DE L'HÉRITIER BÉNÉFICIAIRE

Article 826 : La déclaration d'un héritier qu'il entend ne prendre cette qualité que sous bénéfice d'inventaire, doit être faite au greffe du tribunal civil sur le registre destiné à recevoir les actes de renonciation.

Article 827 : Cette déclaration n'a d'effet qu'autant qu'elle précédée ou suivie d'un inventaire fidèle et exact des biens de la succession, dans les formes réglées par les lois sur la procédure et dans les délais qui seront ci-après déterminés.

Article 828 : L'héritier a trois mois pour faire inventaire, à compter du jour de l'ouverture de la succession.

Il a de plus, pour délibérer sur son acceptation ou sur sa renonciation, un délai de quarante jours qui commence à courir du jour de l'expiration des trois mois donnés pour l'inventaire, ou du jour de la clôture de l'inventaire, s'il a été terminé avant les trois mois.

Article 829 : L'héritier peut, en sa qualité d'habile à succéder, et sans que l'on puisse en induire de sa part une acceptation, lorsqu'il existe dans la succession des objets susceptibles de dépérit ou dispendieux à conserver, se faire autoriser par justice à procéder à la vente de ces effets.

Article 830 : L'héritier ne peut être contraint à prendre qualité pendant la durée des délais pour faire inventaire et pour délibérer et il ne peut être obtenu contre lui de condamnation.

S'il renonce lorsque les délais sont expirés ou avant, les frais par lui faits légitimement jusqu'à cette époque sont à la charge de la succession.

Article 831 : L'héritier en cas de poursuite dirigée contre lui après l'expiration des délais ci-dessus, peut demander un nouveau délai, que le tribunal saisi de la contestation accorde ou refuse suivant les circonstances.

Article 832 : Les frais de poursuite, dans le cadre de l'article précédent, sont à la charge de la succession, si l'héritier justifie, ou qu'il n'avait eu connaissance du décès, ou que les délais ont été insuffisants, soit à raison de la situation des biens, soit à raisons des contestations survenues.

S'il n'en justifie pas, les frais restent à sa charge personnelle.

Article 833 : L'héritier conserve néanmoins, après l'expiration des délais accordés par l'article 828 ci-dessus, même de ceux donnés par le juge conformément à l'article 831, la faculté de faire encore inventaire et de se porter héritier bénéficiaire, s'il n'existe pas contre lui de jugement passé en force de chose jugée, qui le condamne en qualité d'héritier pur et simple.

Article 834 : L'héritier qui s'est rendu coupable de recel, ou qui a omis, sciemment ou de mauvaise foi, de comprendre dans l'inventaire des effets de la succession, est déchu du bénéfice d'inventaire.

Article 835 : L'effet du bénéfice d'inventaire est de donner à l'héritier l'avantage :

- de n'être tenu du payement des dettes de la succession que jusqu'à concurrence de la valeur des biens qu'il a recueillis, même de pouvoir se décharger du payement des dettes en abandonnant tous les biens de la succession aux créanciers et aux légataires ;
- de ne pas confondre ses biens personnels avec ceux de la succession et de conserver contre elle le droit de réclamer le payement de ses créances.

Article 836 : L'héritier bénéficiaire est chargé d'administrer les biens de la succession et doit rendre compte de son administration aux créanciers et aux légataires. Il ne peut être contraint sur ses biens personnels qu'après avoir été mis en demeure de présenter son compte, et faute d'avoir satisfait à cette obligation.

Article 837 : Après l'apurement des comptes, il ne peut être contraint sur ses biens personnels que jusqu'à concurrence seulement des sommes dont il se trouve reliquataire.

Il n'est tenu que des fautes graves dans l'administration dont il est chargé.

Article 838 : Il ne peut vendre les meubles de la succession que par le ministère d'un officier public, aux enchères et après les affiches et publications exigées par la loi. S'il les représente en nature il n'est tenu que de la dépréciation ou de la détérioration causée par sa négligence.

Article 839 : Il ne peut vendre les immeubles que dans les formes prescrites par les lois sur la procédure ; il est tenu d'en déléguer le prix aux créanciers hypothécaires qui se sont faits connaître.

Article 840 : Il est tenu, si les créanciers ou autres personnes intéressées l'exigent, de donner caution bonne et solvable de la valeur du mobilier compris dans l'inventaire, et de la portion du prix des immeubles non délégués aux créanciers hypothécaires.

Faute par lui de fournir cette caution, les meubles sont vendus et leur prix est déposé ainsi que la portion non déléguée du prix des immeubles, pour être employés à l'acquit des charges de la succession.

Article 841 : S'il y a des créanciers opposants, l'héritier bénéficiaire ne peut payer que dans l'ordre et de la manière réglés par la loi et par le juge. S'il n'y a pas de créanciers opposants, il paye les créanciers et les légataires à mesure qu'ils se présentent.

Article 842 : Les créanciers non opposants qui ne se présentent qu'après l'apurement du compte et le payement du reliquat, n'ont de recours à exercer que contre les légataires.
Article 843 : Le recours dans l'un et l'autre cas se prescrit dans le laps de temps de trois ans, à compter du jour de l'apurement du compte et du payement du reliquat.
Article 844 : Les frais de scellés s'il en a été apposé, d'inventaire et de compte, sont à la charge de la succession.

CHAPITRE IV
DES SUCCESSIONS VACANTES

Article 845 : La succession est réputée vacante, lorsque, après l'expiration des délais impartis aux héritiers pour exercer leur option, il ne se présente personne pour la réclamer, qu'il n'existe pas d'héritiers connus ou que les héritiers connus y ont renoncé.
Article 846 : Le tribunal civil du lieu de son ouverture peut nommer un curateur sur la demande de personnes intéressées ou sur la réquisition du procureur de la République.
Article 847 : Le curateur à une succession vacante est tenu, avant tout, d'en faire constater l'état par un inventaire : il en exerce et poursuit les droits ; il répond aux demandes formées contre elle ; il administre sous la charge de faire verser le numéraire qui se trouve dans la succession, ainsi que les deniers provenant du prix des meubles et immeubles vendus, dans la caisse du receveur des domaines pour la conservation des droits ; le tout, à charge de rendre compte à qui il appartiendra.
Article 848 : Les dispositions du chapitre III du présent Titre, sur les formes de l'inventaire, sur le mode d'administration et sur les comptes à rendre de la part de l'héritier bénéficiaire, sont, au surplus, communes aux curateurs à succession vacantes.

TITRE VII
DU PARTAGE ET DES RAPPORTS
DE L'INDIVISION ET DE L'ACTION EN PARTAGE

CHAPITRE I
DU PARTAGE

Article 849 : Nul ne peut être contraint à demeurer dans l'indivision et le partage peut toujours être provoqué, à moins qu'il n'y ait été sursis par jugement ou convention. À la demande d'un indivisaire le tribunal peut surseoir au partage pour deux années au plus si sa réalisation immédiate risque de porter atteinte à la valeur des biens indivis. Ce sursis peut s'appliquer à l'ensemble des biens indivis ou à certains d'entre eux seulement. En outre si des indivisaires entendent demeurer dans l'indivision le tribunal peut, à la demande de l'un ou de plusieurs d'entre eux, en fonction des intérêts en présence, attribuer sa part, après expertise, à celui qui a demandé le partage soit en nature si elle est aisément détachable du reste des biens indivis, soit en argent si l'attribution en nature ne peut être commodément effectuée, ou si le demandeur en exprime la préférence ; s'il n'existe pas dans l'indivision une somme suffisante le complément est versé par ceux des indivisaires qui ont concouru à la demande, sans préjudice de la possibilité pour les autres indivisaires d'y participer s'ils en expriment la volonté. La part de chacun dans l'indivision est augmentée en proportion de son versement.

Article 850 : L'indivision de toute exploitation agricole constituant une unité économique et dont la mise en valeur était assurée par le défunt ou par son conjoint, à défaut d'accord amiable, peut être maintenue dans les conditions fixées par le tribunal qui statue en fonction des intérêts en présence et des possibilités d'existence que la famille peut tirer des biens indivis. Le maintien de l'indivision demeure possible lorsque l'exploitation comprend des éléments dont l'héritier ou le conjoint était déjà propriétaire ou copropriétaire avant l'ouverture de la succession. L'indivision peut également être maintenue à la demande des mêmes personnes, et dans les conditions fixées par le tribunal, en ce qui concerne la propriété du local d'habitation ou à usage professionnel qui à l'époque du décès était effectivement utilisé pour cette habitation ou à usage professionnel par le défunt ou son conjoint. Il en est de même des objets mobiliers servant à l'exercice de la profession. Si le défunt laisse un ou plusieurs descendants mineurs, le maintien de l'indivision peut être demandé, soit par le conjoint survivant, soit par tout héritier, soit par le représentant légal des mineurs.

À défaut de descendant mineur le maintien de l'indivision ne peut être demandé que par le conjoint survivant à la condition qu'il ait été avant le décès, ou soit devenu du fait du décès, copropriétaire de l'exploitation agricole ou des locaux d'habitation ou à usage professionnel.

S'il s'agit d'un local d'habitation, le conjoint doit avoir résidé dans les lieux à l'époque du décès.

Le maintien dans l'indivision ne peut être prescrit pour une durée supérieure à cinq ans.

Il peut être renouvelé, dans le cas prévu à l'alinéa 3, jusqu'à la majorité du plus jeune des descendants et, le cas prévu à l'alinéa 4, jusqu'au décès du conjoint survivant.

Article 851 : Tout indivisaire peut prendre des mesures nécessaires à la conservation des biens indivis.

Il peut employer à cet effet les fonds de l'indivision détenus par lui et il est réputé en avoir la libre disposition à l'égard des tiers. À défaut de fond de l'indivision, il peut obliger ses co-indivisaires à faire avec lui les dépenses nécessaires. Lorsque les biens indivis sont grevés d'un usufruit, ces pouvoirs sont opposables à l'usufruitier dans la mesure où celui-ci est tenu des réparations.

Article 852 : Les actes d'administration et de disposition relatifs aux biens indivis requièrent le consentement de tous les indivisaires. Ceux-ci peuvent donner à l'un ou à plusieurs d'entre eux un mandat général d'administration. Un mandat spécial est nécessaire pour tout acte qui ne ressortit pas à l'exploitation normale des biens indivis, ainsi que pour la conclusion et le renouvellement des baux. Si un indivisaire prend en main la gestion des biens indivis, au su des autres et néanmoins sans opposition de leur part, il est censé avoir reçu un mandat tacite, couvrant les actes d'administration mais non les actes de disposition ni la conclusion ou le renouvellement des baux.

Article 853 : Si l'un des indivisaires se trouve hors d'état de manifester sa volonté, un autre peut se faire habiliter par justice à le représenter d'une manière générale ou pour certains actes particuliers. Les conditions et l'étendue de cette représentation étant fixées par le juge. À défaut de pouvoir légal, de mandat ou d'habilitation par justice, les actes faits par un indivisaire en représentation d'un autre ont effet à l'égard de celui-ci, suivant les règles de la gestion d'affaires.

Article 854 : Un indivisaire peut être autorisé par justice à passer seul un acte pour lequel le consentement d'un co-indivisaire serait nécessaire, si le refus de celui-ci met en péril l'intérêt commun.

Le juge ne peut à la demande d'un nu-propriétaire, ordonner la vente de la pleine propriété d'un bien grevé d'usufruit contre la volonté de l'usufruitier. L'acte passé dans les conditions fixées par l'autorisation de la justice est opposable à l'indivisaire dont le consentement a fait défaut.

Article 855 : Le président du tribunal civil peut prescrire ou autoriser toutes mesures urgentes que requiert l'intérêt commun. Il peut notamment autoriser un indivisaire à percevoir des débiteurs de l'indivision ou des dépositaires de fonds indivis une provision destinée à faire face aux besoins urgents, en prescrivant, au besoin, les conditions de l'emploi. Cette autorisation n'entraîne pas prise de qualité pour le conjoint survivant ou pour l'héritier. Il peut également soit désigner un indivisaire comme administrateur en l'obligeant s'il y a lieu à donner caution, soit nommer un séquestre.
Article 856 : Le président du tribunal peut aussi interdire le déplacement des meubles corporels sauf à spécifier ceux dont il attribue l'usage personnel à l'un ou à l'autre des ayants-droit, à charge pour ceux-ci de donner caution s'il l'estime nécessaire.
Article 857 : Quiconque perçoit des revenus ou expose des frais pour le compte de [[Merci de vérifier texte incomplet]]
Article 858 : Chaque indivisaire peut user et jouir des biens indivis conformément à leur destination, dans la mesure compatible avec le droit des autres indivisaires et avec l'effet des actes régulièrement passés au cours de l'indivision. À défaut d'accord entre les intéressés, l'exercice de ce droit est réglé à titre provisoire, par le président du tribunal. L'indivisaire qui use ou jouit privativement de la chose indivise est, sauf convention contraire, redevable d'une indemnité.
Article 859 : Les fruits et les revenus des biens indivis accroissent à l'indivision, à défaut de partage provisionnel ou de tout autre accord établissant la jouissance divise. Aucune action relative aux fruits et revenus ne sera, toutefois recevable plus de cinq ans après la date à laquelle ils ont été perçus ou auraient pu l'être. Chaque indivisaire a droit aux bénéfices provenant des biens indivis et supporte les pertes proportionnellement à ses droits dans l'indivision.
Article 860 : Tout indivisaire peut demander sa part annuelle dans les bénéfices, déduction faite des dépenses entrainées par les actes auxquels il a consenti ou qui lui sont opposables.

À défaut d'autres titres, l'étendue des droits de chacun dans l'indivision résulte de l'acte de notoriété ou de l'intitulé d'inventaire établi par le notaire. En cas de contestation le président du tribunal civil peut ordonner une répartition provisionnelle des bénéfices sous réserve d'un compte à établir lors de la liquidation définitive. À concurrence des fonds disponibles il peut aussi ordonner une avance en capital sur les droits de l'indivisaire dans le partage à intervenir.

Article 861 : L'indivisaire qui gère un ou plusieurs biens indivis est redevable des produits nets de sa gestion. Il a droit à la rémunération de son activité dans les conditions fixées à l'amiable, ou, à défaut, par décision de justice.
Article 862 : Lorsqu'un indivisaire a amélioré à ses frais l'état d'un bien indivis, il doit lui en être tenu compte selon l'équité, eu égard à ce dont la valeur du bien se trouve augmentée au moment du partage ou de l'aliénation. Il doit lui être pareillement tenu compte des impenses nécessaires qu'il a faites de ses deniers personnels pour la conservation desdits biens, encore qu'elles ne les aient point améliorés.
Inversement l'indivisaire répond des dégradations et des détériorations qui ont diminué la valeur des biens indivis par son fait ou par sa faute.
Article 863 : L'indivisaire qui entend céder, à titre onéreux, à une personne étrangère à l'indivision, tout ou partie de ses droits dans les biens indivis ou dans un ou plusieurs de ses droits, est tenu de notifier par acte extrajudiciaire aux autres indivisaires le prix et les conditions de la cession projetée ainsi que les nom, domicile, et profession de la personne qui se propose d'acquérir. Tout indivisaire peut, dans le délai d'un mois qui suit cette notification, faire connaître au cédant, par acte extrajudiciaire, qu'il exerce un droit de préemption aux prix et conditions qui lui ont été notifiés. En cas de préemption, celui qui l'exerce dispose pour la réalisation de l'acte de vente d'un délai de deux mois à compter de la date d'envoi de sa réponse au vendeur. Passé ce délai, sa déclaration de préemption est nulle de plein droit, quinze jours après une mise en demeure restée sans effet, et sans préjudice des dommages et intérêts qui peuvent lui être demandés par le vendeur. Si plusieurs indivisaires exercent leur droit de préemption, ils sont réputés, sauf convention contraire, acquérir ensemble la portion mise en vente en proportion de leur part respective dans l'indivision.
Article 864 : S'il y a lieu à l'adjudication de tout ou partie des droits d'un indivisaire dans les biens indivis, ou dans un ou plusieurs de ses biens, l'avocat ou le notaire doit en informer les indivisaires par notification un mois avant la date prévue pour la vente. Chaque indivisaire peut se substituer à l'acquéreur dans un délai d'un mois à compter de l'adjudication par déclaration au greffe du tribunal ou auprès du notaire.
Le cahier des charges établi en vue de la vente, doit faire mention des droits de substitution.
Article 865 : Est nulle toute cession ou toute licitation opérée au mépris

des dispositions des articles 863 et 864 ci-dessus. L'action en nullité se prescrit par cinq ans. Elle ne peut être exercée que par ceux à qui les notifications devaient être faites ou par leurs héritiers.

Article 866 : Les créanciers qui auraient pu agir sur les biens indivis avant qu'il y eût indivision, et ceux dont la créance résulte de la conservation ou de la gestion des biens indivis, seront payés par prélèvement sur l'actif avant le partage.

Ils peuvent en outre poursuivre la saisie et la vente des biens indivis.

Les créanciers personnels d'un indivisaire ne peuvent saisir sa part dans les biens indivis meubles ou immeubles.

Ils ont toutefois la faculté de provoquer le partage au nom de leur débiteur ou d'intervenir dans le partage provoqué par lui.

Les co-indivisaires peuvent arrêter le cours de l'action en partage en acquittant l'obligation au nom et en l'acquit du débiteur.

Ceux qui exerceront cette faculté se feront rembourser par prélèvement sur les biens indivis.

Article 867 : Les dispositions des articles 849 à 866 sont applicables aux indivisions en usufruit autant qu'elles sont compatibles avec les règles de l'usufruit. Les notifications prévues par les articles 863, 864 et 865 ci-dessus doivent être adressées à tout nu-propriétaire et à tout usufruitier. Mais un usufruitier ne peut acquérir une part en nue-propriété que si aucun nu-propriétaire ne s'en porte acquéreur ; un nu-propriétaire ne peut acquérir une part en usufruit que si aucun usufruitier ne s'en porte acquéreur.

Article 868 : Le partage peut être demandé même quand l'un des cohéritiers auraient joui séparément de partie des biens de la succession, s'il n'y a eu un acte de partage ou possession suffisante pour acquérir la prescription.

Article 869 : L'action en partage à l'égard des cohéritiers mineurs ou majeurs en tutelle, peut être exercée par leurs tuteurs spécialement autorisés par un conseil de famille. À l'égard des cohéritiers absents, l'action appartient aux parents envoyés en possession.

Article 870 : Le partage peut être fait dans la forme et par tel acte que les parties jugent convenables si tous les héritiers sont présents et capables.

Article 871 : Les biens successoraux peuvent en tout ou partie, faire l'objet de mesure conservatoires, telles que l'apposition des scellés, à la requête d'un intéressé ou du Ministère public, dans les conditions et suivant les formes déterminées par le code procédure civile.

Article 872 : L'action en partage et les contestations qui s'élèvent, soit à l'occasion du maintien de l'indivision, soit au cours des opérations de partage, sont, à peine de nullité soumises au seul tribunal du lieu de l'ouverture de la succession. C'est devant ce tribunal qu'est procédé aux licitations et que doivent être portées les demandes relatives à la garantie des lots entre copartageants et celles en rescision du partage. Dans le cas où il y aurait lieu à tentative de conciliation le juge du tribunal civil du lieu de l'ouverture de la succession sera seul compétent à peine de nullité. Si toutes les parties sont d'accord, le tribunal peut être saisi de la demande en partage par une requête collective. S'il y a lieu à licitation, la requête contiendra une mise à prix qui servira d'estimation dans le cas où le jugement est rendu en chambre du conseil et n'est pas susceptible d'appel si les conclusions de la requête sont admises par le tribunal sans modification.

Article 873 : Si l'un des cohéritiers refuse de consentir au partage ou s'il s'élève des contestations, soit sur le mode d'y procéder, soit sur la manière de le terminer, le tribunal prononce, comme en matière sommaire, ou commet, s'il y a lieu, pour les opérations de partage, un des juges, sur le rapport duquel il décide sur les contestations.

Article 874 : L'estimation des immeubles est faite par experts choisis par les parties intéressées, ou, à défaut, nommés d'office. Le procès-verbal des experts doit présenter les bases de l'estimation.

Il doit indiquer si l'objet estimé peut être commodément partagé ; de quelle manière ; fixer enfin, en cas de division, chacune des parts qu'on peut en former, et leur valeur.

Article 875 : L'estimation des meubles, s'il n'y a eu de prisée faite dans un inventaire régulier, doit être faite par gens à ce connaissant, à juste prix et sans crue.

Article 876 : Chacun des cohéritiers peut demander sa part en nature des meubles et immeubles de la succession ; néanmoins s'il y a des créanciers saisissants ou opposants, ou si la majorité des cohéritiers juge la vente nécessaire pour l'acquit des dettes et charges de la succession, les meubles sont vendus publiquement en la forme ordinaire.

Article 877 : Si les immeubles ne peuvent être commodément partagés ou attribués dans les conditions prévues dans le présent code, il doit être procédé à la vente par licitation devant le tribunal.

Cependant les parties, si elles sont toutes majeures, peuvent consentir que la licitation soit faite devant un notaire, sur le choix duquel elles s'accordent.

Article 878 : Après que les meubles et immeubles aient été estimés et vendus, s'il y a lieu, le président du tribunal renvoie les parties devant un notaire dont elles conviennent, ou nommé d'office si les parties ne s'accordent pas sur le choix. Il est procédé devant cet officier aux comptes que les copartageants peuvent se devoir, à la formation de la masse générale, à la composition des lots, et aux fournissements à faire à chacun des copartageants.

Article 879 : Chaque cohéritier fait rapport à la masse, suivant les règles qui seront ci-après établies, des dons qui lui ont été faits, et des sommes dont il est débiteur.

Article 880 : Si le rapport n'est pas fait en nature, les cohéritiers à qui il est dû, prélèvent une portion égale sur la masse de la succession. Les prélèvements se font, autant que possible, en objets de même nature, qualité et bonté que les objets non rapportés en nature.

Article 881 : Après ces prélèvements, il est procédé sur ce reste dans la masse, à la composition d'autant de lots égaux qu'il y a d'héritiers copartageants, ou de souches copartageantes.

Article 882 : Dans la formation et la composition des lots, on doit éviter de morceler et les héritages et de diviser les exploitations. Dans la mesure ou le morcèlement des héritages et la division des exploitations peuvent être évités, chaque lot autant que possible être composé soit en totalité soit en partie, de meubles et immeubles, de droits ou de créances de valeur équivalente. Le conjoint survivant ou tout héritier copropriétaire peut demander l'attribution préférentielle, par voie de partage, à charge de soulte s'il y a lieu, de toute exploitation agricole ou partie d'exploitation agricole, constituant une unité économique, ou quote-part indivise d'exploitation agricole même formée pour une part de biens dont il était déjà propriétaire ou copropriétaire avant le décès à la mise de laquelle il participe ou a participé effectivement. Dans le cas de l'héritier, la condition de participation peut avoir été remplie par son conjoint. S'il y a lieu, la demande d'attribution préférentielle peut porter sur des parts sociales, sans préjudice de l'application des dispositions légales ou des clauses statutaires sur la continuation d'une société avec le conjoint survivant ou un ou plusieurs héritiers. Les mêmes règles sont applicables en ce qui concerne une entreprise commerciale, industrielle ou artisanale, dont l'importance n'exclut pas un caractère familial. Au cas où, ni le conjoint survivant, ni aucun héritier copropriétaire ne demande l'application des dispositions du troisième alinéa ci-dessus, l'attribution préférentielle peut être accordée à tout copartageant sous la condition qu'il s'oblige à donner à bail, dans un délai de six mois, le bien considéré à un ou plusieurs des cohéritiers remplissant les conditions personnelles prévues au troisième alinéa ci-dessus ou à un ou plusieurs descendants de ces cohéritiers remplissant ces mêmes conditions.

Article 883 : Le conjoint survivant ou tout héritier copropriétaire peut également demander l'attribution préférentielle :

- de la propriété ou du droit au bail du local qui lui sert effectivement d'habitation, s'il y avait sa résidence à l'époque du décès, et du mobilier le garnissant ;
- de la propriété ou du droit au bail du local à usage professionnel servant effectivement à l'exercice de sa profession et des objets mobiliers à usage professionnel garnissant ce local ;
- de l'ensemble des éléments mobiliers nécessaires à l'exploitation d'un bien rural cultivé par le défunt à titre de fermier ou de métayer lorsque le bail continue au profit du demandeur, ou lorsqu'un nouveau bail est consenti à ce dernier.

Article 884 : L'attribution préférentielle peut être demandée conjointement par plusieurs successibles.

L'attribution préférentielle de la propriété du local et du mobilier le garnissant est de droit pour le conjoint survivant. Dans ce cas le conjoint survivant attributaire peut exiger de ses copartageants des délais ne pouvant excéder dix ans pour le paiement d'une fraction de la soulte, égale au plus à la moitié. Sauf convention contraire, les sommes restant dues portent intérêt au taux légal. En cas de vente du local ou du mobilier le garnissant, la fraction de la soulte y afférente devient immédiatement exigible. En cas de ventes partielles, le produit de ces ventes est versé aux copartageants et imputée sur la fraction de la soulte encore due. Les droits résultants de l'attribution préférentielle ne préjudicient pas aux droits viagers d'occupation et d'usage de l'immeuble reconnu au conjoint survivant à l'article 801 du présent code.

Article 885 : La demande d'attribution préférentielle, à défaut d'accord, est portée devant le tribunal qui se prononce en fonction des intérêts en présence. En cas de pluralité de demandes concernant une exploitation ou une entreprise, le tribunal tient compte de l'aptitude des différents postulants à gérer cette exploitation ou cette entreprise et à s'y maintenir et en particulier de la durée de leur participation personnelle à l'activité de l'exploitation ou de l'entreprise. Les biens faisant l'objet de l'attribution sont estimés à leur valeur au jour du partage. Sauf accord amiable entre les copartageants, la soulte éventuellement due est payable comptant.

Article 886 : L'inégalité des lots en nature se compense par un retour soit en rente, soit en argent.

Article 887 : Les lots sont faits par l'un des cohéritiers s'ils peuvent convenir entre eux sur le choix, et si celui qu'ils avaient choisi accepte la commission. Dans le cas contraire ils sont faits par un expert, que le président du tribunal désigne. Ils sont ensuite tirés au sort.

Article 888 : Chaque copartageant est admis à proposer ses réclamations contre leur formation avant de procéder au tirage des lots.

Article 889 : Les règles établies pour la division des masses à partager, sont également observées dans la subdivision à faire entre les souches copartageantes.

Article 890 : Si dans les opérations renvoyées devant un notaire, ils s'élèvent des contestations, le notaire dressera procès-verbal des difficultés et des dires respectifs des parties, les renverra devant le président du tribunal et, au surplus, il sera procédé suivant les formes prescrites par les lois sur la procédure.

Article 891 : Le partage doit être fait en justice, si tous les héritiers ne sont pas présents suivant les règles des articles 870 à 890 ci-dessus. Il en est de même s'il y a parmi eux des mineurs non émancipés ou des majeurs en tutelle. S'il y a plusieurs mineurs, il peut leur être donné à chacun un tuteur spécial et particulier.

Article 892 : S'il y a lieu à licitation, dans le cas prévu à l'alinéa 1er de l'article précédent elle ne peut être faite qu'en justice avec les formalités prescrites pour l'aliénation des biens des mineurs.

Article 893 : Les partages faits conformément aux règles ci-dessus prescrites au nom des présumés absents et des non-présents sont définitifs. Ils ne sont que provisionnels si les règles prescrites n'ont pas été observées.

Article 894 : Remise doit être faite après le partage, à chacun des copartageants des titres particuliers aux objets qui lui seront échus. Les titres d'une propriété divisée restent à celui qui a la plus grande part, à la charge d'en aider ceux de ses copartageants qui y auront intérêt, quand il en sera requis. Les titres communs à toute l'hérédité seront remis à celui que tous les héritiers ont choisi pour en être le dépositaire, à la charge d'en aider les copartageants à toute réquisition. S'il y a difficulté sur ce choix, il est réglé par le juge.

CHAPITRE II
DES RAPPORTS, DE L'IMPUTATION ET DE LA RÉDUCTION DES LIBÉRALITÉS

Article 895 : Tout héritier, même bénéficiaire, venant à une succession, doit rapporter à ses cohéritiers tout ce qu'il a reçu du défunt, par donation entre vifs, directement ou indirectement. Il ne peut retenir des dons à lui faits par le défunt à moins qu'ils ne lui aient été faits expressément par préciput et hors part, ou avec dispense de rapport. Les legs faits à un héritier sont réputés faits par préciput et hors part, à moins que le testateur n'ait exprimé la volonté contraire, auquel cas, le légataire ne peut réclamer son legs qu'en moins prenant.

Article 896 : Les dons faits par préciput ou avec dispense de rapport ne peuvent être retenus ni les legs réclamés par l'héritier venant à partage que jusqu'à concurrence de la quotité disponible : l'excédent est sujet à réduction.

Article 897 : L'héritier qui renonce à la succession peut cependant retenir le don entre vifs, ou réclamer le don à lui fait, jusqu'à concurrence de la portion disponible.

Article 898 : Le donataire qui n'était pas héritier présomptif lors de la donation, mais qui se trouve successible au jour de l'ouverture de la succession, doit également le rapport, à moins que le donateur ne l'en ait dispensé.

Article 899 : Les dons et legs faits au fils de celui qui se trouve successible à l'époque de l'ouverture de la succession, sont toujours réputés faits avec dispense de rapport. Le père venant à la succession du donateur n'est pas tenu de les rapporter.

Article 900 : Pareillement, le fils venant de son chef, à la succession du donateur, n'est pas tenu de rapporter le don fait par son père, même quand il aurait accepté la succession de celui-ci.

Mais si le fils ne vient que par représentation, il doit rapporter ce qui avait été donné à son père, même dans le cas où il aurait répudié sa succession.

Article 901 : Les dons et legs faits au conjoint d'un époux successible, sont réputés faits avec dispense de rapport. Si les dons et legs sont faits conjointement à deux époux, dont l'un seulement est successible, celui-ci en rapporte la moitié. Si les dons sont faits à l'époux successible, il les rapporte en entier.

Article 902 : Le rapport ne se fait qu'à la succession du donateur.

Article 903 : Le rapport est dû de ce qui a été employé pour l'établissement d'un des cohéritiers, ou pour le payement de ses dettes.
Article 904 : Les frais de nourriture, d'entretien, d'éducation, d'apprentissage, les frais ordinaires d'équipement, ceux de noces et présents d'usage ne doivent pas être rapportés.
Article 905 : Il en est de même des profits que l'héritier a pu retirer de conventions passées avec le défunt, si ces conventions ne représentaient aucun avantage indirect, lorsqu'elles ont été faites.
Article 906 : Pareillement il n'est pas dû de rapport pour les associations faites sans fraude entre le défunt et l'un de ses héritiers lorsque les conditions en ont été réglées par un acte authentique.
Article 907 : Le bien qui a péri par cas fortuit et sans la faute du donataire n'est pas sujet à rapport. Toutefois si ce bien a été reconstitué au moyen d'une indemnité perçue en raison de sa perte, le donataire doit le rapporter dans la proportion où l'indemnité a servi à sa reconstitution. Si l'indemnité n'a pas été utilisée à cette fin, elle est elle-même sujette à rapport.
Article 908 : Les fruits et les intérêts des choses sujettes à rapport ne sons dus qu'à compter du jour de l'ouverture de la succession.
Article 909 : Le rapport n'est dû que par le cohéritier à son cohéritier. Il n'est pas dû aux légataires ni aux créanciers de la succession.
Article 910 : Le rapport se fait en moins prenant. Il ne peut être exigé en nature, sauf stipulation contraire de l'acte de donation. Dans le cas d'une telle stipulation, les aliénations et constitutions de droits réels consenties par le donateur s'éteindront par l'effet du rapport à moins que le donateur n'y ait consenti.
Article 911 : L'héritier a aussi la faculté de rapporter en nature le bien donné qui lui appartient encore à condition que ce bien soit libre de toute charge ou occupation dont il n'aurait pas déjà été grevé à l'époque de la donation.
Article 912 : Le rapport est dû de la valeur du bien donné à l'époque du partage, d'après son état à l'époque de la donation. Si le bien a été aliéné avant le partage, on tiendra compte de la valeur qu'il avait à l'époque de l'aliénation. Si un nouveau bien a été subrogé au bien donné, compte sera tenu de la valeur de ce nouveau bien à l'époque du partage. Le tout sauf stipulation contraire dans l'acte de donation.
S'il résulte d'une telle stipulation que la valeur sujette à rapport est inférieure à la valeur du bien déterminé suivant les règles d'évaluation prévues par l'article 982 ci-dessous, cette différence forme un avantage

indirect acquis au donataire par préciput et hors part.

Article 913 : Lorsque le rapport se fait en nature et que l'état des objets donnés a été amélioré par le fait du donataire, il doit lui en être tenu compte, eu égard à ceux dont leur valeur se trouve augmentée au temps du partage ou de l'aliénation. Il doit être pareillement tenu compte au donataire des impenses nécessaires qu'il a faites pour la conservation du bien encore qu'elles ne l'aient point améliorée.

Article 914 : Le cohéritier qui fait le rapport en nature peut retenir la possession du bien donné jusqu'au remboursement effectif des sommes qui lui sont dues pour impenses ou améliorations.

Article 915 : Le donataire de son côté, doit, en cas de rapport en nature, tenir compte des dégradations et détériorations qui ont diminué la valeur du bien donné par son fait ou par sa faute.

Article 916 : La donation faite en avancement d'hoirie faite à un héritier réservataire qui accepte la succession s'impute sur sa part de réserve et, subsidiairement sur la quotité disponible, s'il n'en pas été autrement convenu dans l'acte de donation. L'excédent est sujet à réduction. La donation faite en avancement d'hoirie à un héritier réservataire qui renonce à la succession est traitée comme une donation préciputaire.

Article 917 : La libéralité faite par préciput et hors part s'impute sur la quotité disponible.

Le reste est sujet à réduction.

Article 918 : Les dons faits à un successible, ou à des successibles conjointement, qui excèdent la portion disponible, peuvent être retenus en totalité par les gratifiés, quel que soit l'excédent, sauf à récompenser les cohéritiers en argent.

Article 919 : Lorsque le legs fait à un successible ou à des successibles conjointement, porte sur un bien ou sur plusieurs biens composant un ensemble, dont la valeur excède la quotité disponible, le ou les légataires peuvent, quel que soit cet excédent, réclamer en totalité l'objet de la libéralité, sauf à récompenser les cohéritiers en argent. Il en est de même si la libéralité porte sur des objets mobiliers ayant été à l'usage commun du défunt et du légataire. Lorsque la réduction n'est pas exigible en nature, le donataire ou légataire est débiteur d'une indemnité équivalente à la portion excessive de la libéralité réductible. Cette indemnité se calcule d'après la valeur des objets donnés ou légués à l'époque du partage, et leur état au jour où la libéralité a pris effet. Elle est payable au moment du partage, sauf accord entre les cohéritiers. Toutefois, lorsque la libéralité a pour effet un des biens pouvant faire

l'objet d'une attribution préférentielle, des délais peuvent être accordés par le tribunal, compte tenu des intérêts en présence, s'ils ne l'ont pas été par le disposant. L'octroi de ces délais ne peut en aucun cas avoir pour effet de différer le paiement de l'indemnité au-delà de dix années à compter e l'ouverture de la succession. À défaut de convention ou de stipulation contraire, ces sommes sont productives d'intérêts au taux légal en matière civile. Les avantages résultant des délais et modalités de paiement accordés ne constituent pas une libéralité. En cas de vente de la totalité du bien donné ou légué, les sommes restant dues deviennent immédiatement exigibles. En cas de ventes partielles, le produit de ces ventes est versé aux cohéritiers et imputé sur les sommes encore dues.
Article 921 : Le rapport d'une somme d'argent est égal à son au montant. Toutefois, si la somme a servi à acquérir un bien, le rapport est dû de la valeur de ce bien, dans les conditions prévues à l'article 912 ci-dessus.

CHAPITRE III :
DU PAYEMENT DES DETTES

Article 922 : Les cohéritiers contribuent entre eux au payement des dettes et charges de la succession, chacun dans la proportion de ce qu'il y prend.
Article 923 : Le légataire à titre universel contribue avec les héritiers au prorata de son émolument.
Mais le légataire particulier n'est pas tenu des dettes et charges, sauf toutefois l'action hypothécaire sur l'immeuble légué.
Article 924 : Lorsque les immeubles d'une succession sont grevés de rentes par hypothèque spéciale, chacun des cohéritiers peut exiger que les rentes soient remboursées et les immeubles rendus libres avant qu'il soit procédé à la formation des lots. Si les cohéritiers partagent la succession dans l'état où elle se trouve, l'immeuble grevé doit être estimé au même taux que les autres immeubles ; il est fait déduction du capital de la rente sur le prix total : l'héritier dans le lot duquel tombe cet immeuble demeure seul chargé du service de la rente, et il doit en garantir ses cohéritiers.
Article 925 : Les héritiers sont tenus des dettes et charges de la succession, personnellement pour leur part et portion virile et hypothécairement pour le tout ; sauf leur recours, soit contre leurs cohéritiers, soit contre les légataires universels, à raison de la part pour laquelle ils doivent y contribuer.

Article 926 : Le légataire particulier qui a acquitté la dette dont l'immeuble légué était grevé, demeure subrogé aux droits du créancier contre les héritiers et successeurs à titre universel.

Article 927 : Le cohéritier ou successeur à titre universel, qui, par l'effet de l'hypothèque, a payé au-delà de sa part de la dette commune, n'a de recours contre les autres cohéritiers ou successeur à titre universel, que pour la part que chacun d'eux doit personnellement en supporter, même dans le cas où le cohéritier qui a payé sa dette se serait fait subroger aux droits des créanciers ; sans préjudice néanmoins des droits d'un cohéritier qui, par l'effet du bénéfice d'inventaire,, aurait conservé la faculté de réclamer le payement de sa créance personnelle comme tout autre créancier.

Article 928 : En cas d'insolvabilité du cohéritier ou successeur à titre universel, sa part dans la dette hypothécaire est repartie sur tous les autres, au marc le franc.

Articles 929 : Les titres exécutoires contre le défunt sont pareillement exécutoires contre l'héritier personnellement ; et néanmoins les créanciers ne pourront en poursuivre l'exécution que huit jours après la signification de ces titres à la personne ou au domicile de l'héritier.

Article 930 : Le cohéritier ou successeur à titre universel peut demander, dans tous les cas, et contre tout créancier, la séparation du patrimoine du défunt d'avec le sien.

Article 931 : Ce droit ne peut cependant plus être exercé lors qu'il y a novation dans la créance contre le défunt par l'acceptation de l'héritier du débiteur.

Article 932 : Il se prescrit, relativement aux meubles, par le délai de trois (3) ans.

À l'égard des immeubles, l'action peut être exercée tant qu'ils existent dans la main de l'héritier.

Article 933 : Les créanciers de l'héritier ne sont point admis à demander la séparation des patrimoines contre les créanciers de la succession.

Article 934 : Les créanciers d'un copartageant, pour éviter que le partage ne soit pas fait en fraude de leurs droits, peuvent s'opposer à ce qu'il n'y soit procédé hors de leur présence. Ils ont le droit d'y intervenir à leurs frais. Mais ils ne peuvent attaquer un partage consommé, à moins toutefois qu'il n'y ait été procédé sans eux et au préjudice d'une opposition qu'ils auraient formée.

CHAPITRE IV
DES EFFETS DU PARTAGE ET DE LA GARANTIE DES LOTS

Article 935 : Chaque cohéritier est censé avoir succédé seul et immédiatement à tous les autres effets de la succession. Il en est de même des biens qui lui sont advenus par tout autre acte ayant effet de faire cesser l'indivision. Il n'est pas distingué selon que l'acte fasse cesser l'indivision en tout ou partie, à l'égard de certains biens ou de certains héritiers seulement. Toutefois les actes valablement accomplis soit en vertu d'un mandat des co-indivisaires, soit en vertu d'une autorisation judiciaire, conservent leurs effets quelle que soit, lors du partage, l'attribution des biens qui en ont fait l'objet.
Article 936 : Les cohéritiers demeurent respectivement garants les uns envers les autres des troubles et évictions seulement qui procèdent d'une cause antérieure au partage. La garantie n'a pas lieu si l'espèce d'éviction soufferte a été exceptée par une clause particulière te expresse de l'acte de partage. Elle cesse, si c'est par sa faute que le cohéritier souffre l'éviction.
Article 937 : Chacun des cohéritiers est personnellement obligé, en proportion de sa part héréditaire, d'indemniser son cohéritier de la perte que lui a causée l'éviction. Si l'un des cohéritiers se trouve insolvable, la portion dont il est tenu doit être également repartie entre le garanti et tous les cohéritiers solvables.
Article 938 : La garantie de la solvabilité du débiteur d'une rente ne peut être exercée que dans les cinq ans qui suivent le partage. Il n'y a pas lieu à garantie à raison de l'insolvabilité du débiteur, quand elle n'est survenue que depuis le partage consommé.

CHAPITRE V
DE LA RESCISION EN MATIÈRE DE PARTAGE

Article 939 : Les partages peuvent être rescindés pour cause de violence ou de dol. Il peut aussi y avoir lieu à rescision, lorsqu'un des cohéritiers établit, à son préjudice, une lésion de plus du quart.
La simple omission d'un objet de la succession ne donne pas ouverture à l'action en rescision, mais seulement à un supplément à acte de partage.
Article 940 : L'action en rescision est admise contre tout acte qui a pour objet de faire cesser l'indivision entre cohéritiers, encore qu'il fût

qualifié de vente, d'échange et de transaction ou de toute autre manière. Mais après le partage ou de l'acte qui en tient lieu, l'action en rescision n'est plus admissible contre la transaction faite sur les difficultés réelles que présentait le premier acte, même quand il n'y aurait pas eu à ce sujet de procès commencé.

Article 941 : L'action n'est pas admise contre une vente de droits successifs faite sans fraude à l'un des cohéritiers, à ses risques et périls, par ses autres cohéritiers, ou par l'un d'eux.

Article 942 : Pour juger s'il y a lésion, on estime les objets suivant leur valeur à l'époque du partage.

Article 943 : Le défendeur à la demande en rescision peut en arrêter le cours et empêcher un nouveau partage, en offrant et en fournissant au demandeur le supplément de sa portion héréditaire, soit en numéraire, soit en nature.

Article 944 : Le cohéritier qui a aliéné son lot en tout ou en partie n'est plus recevable à intenter l'action en rescision pour dol ou violence si l'aliénation qu'il a faite est postérieure à la découverte du dol ou à la cessation de la violence.

LIVRE VIII
(LES LIBÉRALITÉS)

DES DONATIONS ENTRE VIFS ET DES TESTAMENTS

TITRE I
DISPOSITIONS GÉNÉRALES

Article 945 : On ne pourra disposer de ses biens, à titre gratuit, que par donation entre vifs ou par testament dans les formes ci-après établies.

Article 946 : La donation entre vifs est un acte par lequel le donateur se dépouille actuellement et irrévocablement, de la chose donnée, en faveur du donataire qui l'accepte.

Article 947 : Le testament est un acte par lequel le testateur dispose pour le temps où il n'existera plus, de tout ou partie de ses biens et qu'il peut révoquer.

Article 948 : Les substitutions sont prohibées. Toute disposition par laquelle le donataire, l'héritier institué, ou le légataire sera chargé de conserver et de rendre à un tiers, sera nulle, même à l'égard du donataire, de l'héritier institué ou du légataire.

Article 949 : Sont exceptés de l'article précédent, les dispositions permises aux père et mères et aux frères et sœurs, au titre VI du présent livre.

Article 950 : La disposition par laquelle un tiers serait appelé à recueillir le don, l'hérédité, le legs, dans le cas où le donataire, l'héritier institué, ou le légataire, ne le recueillerait pas, ne sera pas regardée comme une substitution, et sera valable.

Article 951 : Il en sera de même de la disposition entre vifs ou testamentaire par laquelle l'usufruit sera donné à l'un et la nue-propriété à l'autre.

Article 952 : Dans toute disposition entre vifs ou testamentaire, les conditions impossibles, celles qui seront contraires aux lois et aux mœurs, seront réputées non écrites.

Article 953 : Les clauses d'inaliénabilité affectant un bien donné ou légué ne sont valables que si elles sont temporaires et justifié par un intérêt sérieux et légitime. Même dans ce cas, le donataire ou le légataire peut être judiciairement autorisé à disposer du bien si l'intérêt qui avait justifié la clause a disparu ou s'il advient qu'un intérêt plus important l'exige. Les dispositions du présent article ne préjudicient pas aux libéralités consenties à des personnes morales ou même à des personnes physiques à charge de constituer des personnes morales.

Article 954 : Tout gratifié peut demander que soit révisé en justice les conditions et charges grevant les donations et legs qu'il a reçus, lorsque, par suite d'un changement de circonstances, l'exécution en est devenue pour lui, soit extrêmement difficile, soit sérieusement dommageable.

Article 955 : La demande en révision est formée par voie principale. Elle peut l'être aussi par voie reconventionnelle, en réponse à l'action en exécution ou en révocation que les héritiers du disposant ont introduite. Elle est formée contre les héritiers. S'il y a doute sur l'existence ou l'identité de certains d'entre eux, elle l'est en même temps contre le ministère public. S'il n'y a pas d'héritier connu, elle est formée contre le Ministère public. Celui-ci doit, dans tous les cas, avoir communication de l'affaire.

Article 956 : Le juge saisi de la demande en révision peut, selon les cas et même d'office, soit réduire en quantité et en périodicité les prestations grevant la libéralité, soit en modifier l'objet en s'inspirant de l'intention du disposant, soit même les regrouper, avec des prestations analogues résultant d'autres libéralités. Il peut autoriser l'aliénation de tout ou partie des biens faisant l'objet de la libéralité en ordonnant que le prix en sera employé à des fins en rapport avec la volonté du disposant. Il prescrit les mesures propres à maintenir, autant qu'il est possible, l'appellation que le disposant avait entendu donner à sa libéralité.

Article 957 : La demande n'est recevable que dix années après la mort du disposant ou, en cas de demandes successives, dix années après le jugement qui a ordonné la précédente révision. La personne gratifiée doit justifier des diligences qu'elle a faites, dans l'intervalle pour exécuter ses obligations.

Article 958 : La tierce opposition à l'encontre du jugement faisant droit à la demande en révision n'est recevable qu'en cas de fraude imputable au donataire ou légataire. La rétractation ou la reformation du jugement attaqué n'ouvre droit à aucune action contre le tiers acquéreur de bonne foi.

Article 959 : Si, postérieurement à la révision, l'exécution des conditions ou des charges, telle qu'elle était prévue à l'origine, redevient possible, elle pourra être demandée par les héritiers.

Article 960 : Est réputée non écrite toute clause par laquelle le disposant prive de la libéralité celui qui mettrait en cause la validité d'une clause d'inaliénabilité ou demanderait l'autorisation d'aliéner.

TITRE II
DE LA CAPACITÉ DE DISPOSER ET DE RECEVOIR PAR DONATION ENTRE VIFS OU PAR TESTAMENT

Article 961 : Pour faire une donation entre vifs ou par testament, il faut être saint d'esprit.

Article 962 : Toute personne peut disposer et recevoir, soit par donation entre vifs, soit par testament, excepté celle que la loi en déclare incapable.

Article 963 : Le mineur âgé de moins de seize ans ne peut aucunement disposer, sauf ce qui est réglé au titre IX du présent livre.

Article 964 : Le mineur parvenu à l'âge de seize ans et non émancipé, ne peut disposer que par testament, et jusqu'à concurrence seulement de la moitié des biens dont la loi permet au majeur de disposer.

A défaut de parent au 6e degré inclusivement, le mineur peut disposer comme le ferait un majeur.

Article 965 : Pour être capable de recevoir entre vifs, il suffit d'être conçu au moment de la donation.
Pour être capable de recevoir par testament, il suffit d'être conçu à l'époque du décès du testateur.
Néanmoins la donation ou le testament aura son effet qu'autant que l'enfant sera né viable.
Article 966 : Le mineur quoique parvenu à l'âge de seize ans ne peut même par testament disposer en profit de son tuteur.
Le mineur devenu majeur ou émancipé ne peut disposer, soit par donation entre vifs, soit par testament, au profit de celui qui a été son tuteur, si le compte définitif de la tutelle n'a pas été préalablement rendu et apuré. Sont exceptés dans les deux cas ci-dessus, les ascendants des mineurs, qui sont ou qui ont été leurs tuteurs.
Article 967 : Dans les dispositions entre vifs ou testamentaires, les expressions « fils et petits fils, enfants et petits-enfants », sans autre addition ni désignation, doivent s'entendre de la descendance naturelle aussi bien que légitime, à moins que le contraire ne résulte de l'acte ou des circonstances.
Article 968 : Les docteurs en médecine ou en chirurgie, les officiers de santé et les pharmaciens qui ont traité une personne pendant la maladie dont elle meurt, ne peuvent profiter des dispositions entre vifs ou testamentaires qu'elles auraient faites en leur faveur pendant le cours de cette maladie.
Sont exceptés :

- les dispositions rémunératoires faites à titre particulier, eu égard aux facultés du disposant et aux services rendus ;
- les dispositions universelles, dans le cas de parenté jusqu'au quatrième degré inclusivement, pourvu toutefois que le décédé n'ait pas d'héritiers en ligne directe ; à moins que celui au profit de qui la disposition a été faite, ne soit lui-même du nombre de ces héritiers.

Les mêmes règles sont observées à l'égard du ministre du culte.
Article 969 : Les dispositions entre vifs ou par testament au profit des hospices, des pauvres d'une commune, d'établissements d'utilité publique, n'auront leur effet qu'autant qu'elles sont autorisées par arrêté du Ministre chargé des Collectivités.
Article 970 : Toute disposition au profit d'un incapable est nulle, soit qu'on la déguise sous la forme d'un contrat onéreux, soit qu'on la fasse sous le nom de personnes interposées.

Sont réputées personnes interposées les père et mère, les enfants et descendants, et l'époux de la personne incapable.

TITRE III

CHAPITRE I
DE LA PORTION DE BIENS DISPONIBLES

Article 971 : Les libéralités, soit par acte entre vifs, soit par testament ne peuvent excéder la moitié des biens du disposant s'il laisse à son décès quatre enfants ou plus, le cinquième s'il laisse plus de quatre enfants, sans qu'il y ait lieu de distinguer entre les enfants légitimes et les enfants naturels.

Article 972 : Sont compris dans l'article précédent sous le nom d'enfants les descendants de quelque degré que ce soit, encore qu'ils ne doivent être comptés que pour l'enfant dont ils tiennent la place dans la succession du disposant.

Article 973 : Les libéralités par acte entre vifs ou par testament ne peuvent excéder le quart des biens, si, à défaut d'enfants, le défunt laisse un ou plusieurs ascendants dans chacune des lignes, paternelle et maternelle et le tiers, s'il ne laisse d'ascendant que dans une ligne.

Les biens ainsi réservés au profit des ascendants sont par eux recueillis dans l'ordre où la loi les appelle à succéder : ils ont seuls droit à cette réserve dans tous les cas où un partage en concurrence avec les collatéraux ne leur donnerait pas la quotité de biens à laquelle elle est fixée.

Article 974 : Les libéralité par acte entre vifs ou par testament ne peuvent excéder le tiers des biens si à défaut de descendant ou d'ascendant, le défunt laisse un conjoint survivant non divorcé contre lequel il n'existe pas de jugement de séparation de corps non passé en force de chose jugée et qui n'est pas engagé dans une instance en divorce ou séparation de corps.

Article 975 : À défaut de descendant, d'ascendant ou de conjoint survivant non divorcé, contre lequel n'existe pas de jugement de séparation de corps passé en force de chose jugée et qui n'est pas dans une instance en divorce ou séparation de corps, les libéralités par acte entre vifs ou testamentaires peuvent épuiser la totalité des biens.

Article 976 : Si la disposition par acte entre vifs ou par testament est d'un usufruit ou d'une rente viagère dont la valeur excède la quotité disponible, les héritiers au profit desquels la loi fait une réserve, ont l'option, ou d'exécuter cette disposition, ou de faire l'abandon de la propriété de la quotité disponible.

Article 977 : La valeur en pleine propriété des biens aliénés, soit à charge de rente viagère, soit à fonds perdu ou avec réserve d'usufruit à l'un des successibles en ligne directe, est imputée sur la portion disponible ; et l'excédent, s'il y en a, est rapporté à la masse.

Cette imputation et ce rapport ne peuvent être demandés par ceux des autres successibles en ligne directe qui ont consenti à ces aliénations, ni dans aucun cas, par les successibles en ligne collatérale.

Article 978 : La quotité disponible peut être donnée en tout ou en partie, soit par acte entre vifs, soit par testament, aux enfants et autres successibles du donateur sans être sujette au rapport par le donataire ou le légataire venant à la succession, pourvu qu'en ce qui touche les dons, la disposition ait été faite expressément à titre de préciput et hors part.

La déclaration que le don est à titre de préciput et hors part peut être faite, soit par l'acte qui contient la disposition, soit postérieurement dans la forme des dispositions entre vifs ou testamentaires.

CHAPITRE II
LA RÉDUCTION DES DONATIONS ET LEGS

Article 979 : Les dispositions soit entre vifs, soit à cause de mort, qui excède la quotité disponible, sont réductibles à cette quotité lors de l'ouverture de la succession.

Article 980 : La réduction des dispositions entre vifs ne peut être demandée que par ceux au profit desquels la loi fait la réserve, par leurs héritiers ou ayants cause.

Les donataires, les légataires, les créanciers du défunt ne peuvent demander cette réduction, ni en profiter.

Article 981 : La réduction se détermine en formant une masse de tous les biens existant au décès du donateur ou testateur.

On y réunit fictivement, après en avoir déduit les dettes, ceux dont il a été disposé par donation entre vifs, d'après leur état à l'époque de la donation et leur valeur à l'ouverture de la succession.

Si les biens ont été aliénés, il est tenu compte de leur valeur à l'époque de l'aliénation et s'il y a eu subrogation, de la valeur des nouveaux biens au jour de l'ouverture de la succession.

On calcule sur tous ces biens, eu égard à la qualité des héritiers qu'il laisse, qu'elle est la quotité dont le défunt a pu disposer.

Article 982 : Il n'y a jamais lieu à réduire les donations entre vifs, qu'après avoir épuisé la valeur de tous les biens compris dans les dispositions testamentaires ; et lorsqu'il y a lieu à cette réduction, elle se fait en commençant par la dernière donation et ainsi de suite en remontant des dernières au plus anciennes.

Article 983 : L'héritier réservataire gratifié par préciput au-delà de la quotité disponible et qui accepte la succession supporte la réduction en valeur, on est dit à l'article 915 ci-dessus ; à concurrence de ses droits dans la réserve, cette réduction se fera en moins prenant.

Il peut réclamer la totalité des objets légués, lorsque la portion réductible n'excède pas sa part de réserve.

Article 984 : Lorsque la valeur des donations réductibles excède la quotité disponible, toutes les dispositions testamentaires sont caduques.

Article 985 : Lorsque les dispositions testamentaires excèdent, soit la quotité disponible, soit la portion de cette quotité qui reste après avoir déduit la valeur des donations entre vifs, la réduction est faite au marc le franc, sans aucune distinction entre les legs universels et les legs particuliers.

Article 986 : Néanmoins, dans tous les cas où a expressément déclaré qu'il entend que tel legs soit acquitté de préférence aux autres, cette préférence a lieu ; et le legs qui en est l'objet n'est réduit qu'autant que la valeur des autres ne remplit pas la réserve légale.

Article 987 : Le donataire restituera les fruits de ce qui excède la portion disponible à compter du jour du décès du donateur, si la demande en réduction a été faite dans l'année ; sinon du jour de la demande.

Article 988 : Les droits réels créés par le donataire s'éteignent par l'effet de la réduction.

Ces droits conservent néanmoins leurs effets lorsque le donateur y a consenti dans l'acte même de constitution ou dans un acte postérieur ; dans ce cas le donataire répond de la dépréciation en résultant.

Article 989 : L'action en réduction ou en revendication peut être exercée par les héritiers contre les tiers détenteurs des immeubles faisant partie des donations et aliénés par les donataires, de la même manière et dans même ordre que contre les donataires eux-mêmes, et discussion préalablement faite de leurs biens.

Cette action doit être exercée suivant l'ordre des dates des aliénations, en commençant par la plus récente.

Lorsque le donateur a consenti à l'aliénation avec l'accord de tous les réservataires nés et vivant au moment de celle-ci, l'action ne peut plus être exercée contre les tiers détenteurs.

TITRE IV
DES DONATIONS ENTRE VIFS

CHAPITRE I
DE LA FORME DES DONATIONS ENTRE VIFS

Article 990 : Tout acte portant donation entre vifs est passé devant notaire, dans la forme ordinaire des contrats ; et il en reste minute sous peine de nullité.

Article 991 : La donation entre vifs n'engage le donateur, et ne produit aucun effet, que du jour qu'elle a été acceptée en terme exprès.

Acceptation peut être faite du vivant du donateur, par un acte postérieur et authentique, dont il reste minute : mais alors la donation n'a d'effet, à l'égard du donateur, que du jour où l'acte qui constate cette acceptation lui a été notifié.

Article 992 : Si le donateur est majeur, l'acceptation doit être faite par lui, ou, en son nom, par la personne fondée de sa procuration, portant pouvoir d'accepter la donation faite, ou un pouvoir général d'accepter les donations qui auraient été ou qui pourraient être faites.

Cette procuration doit être faite devant notaire ; et une expédition doit en être annexée à la minute de la donation, ou à la minute de l'acceptation qui serait faite par acte séparé.

Article 993 : La donation faite à un mineur non émancipé, ou à un majeur en tutelle doit être acceptée par son tuteur.

Néanmoins les père et mère du mineur non émancipé, ou les autres ascendants, même du vivant des père et mère, quoiqu'ils ne soient pas tuteurs du mineur, peuvent accepter pour lui.

Article 994 : Les donations faites au profit des hospices, des pauvres d'une commune, ou d'établissements, d'utilité publique sont acceptés par les administrateurs de ces communes ou établissements, après y avoir été dûment autorisés.

Article 995 : La donation dûment acceptée est parfaite par le seul consentement des parties ; et la propriété des objets donnés est transférée au donataire sans qu'il soit besoin d'autre tradition.

Article 996 : Lorsqu'il y a donation de biens susceptibles

d'hypothèque, la publication des actes contenant la donation et l'acceptation ainsi que la notification de l'acceptation qui aurait eu lieu par acte séparé, doit être faite au service chargé de la Conservation des Domaines.

Article 997 : Lorsque la donation est faite à des mineurs, à des majeurs en tutelle ou à des établissements publics, la publication est faite à la diligence des tuteurs, curateurs ou administrateurs.

Article 998 : Le défaut de publication peut être opposé par toute personne ayant intérêt, exceptées toutefois par celles qui sont chargées de faire la publication ou leurs ayants cause et le donateur.

Article 999 : Les mineurs, les majeurs en tutelle ne sont point restitués contre le défaut d'acceptation ou de publication des donations ; sauf leur recours contre leurs tuteurs, s'il y échet, et sans que la restitution puisse y avoir lieu, dans le cas même ou lesdits tuteurs se trouveraient insolvables.

Article 1000 : La donation entre vifs ne peut comprendre que les biens présents du donateur ; si elle comprend des biens à venir, elle est nulle à cet égard.

Article 1001 : Toute donation entre vifs faite sous des conditions dont l'exécution dépend de la seule volonté du donateur, est nulle.

Article 1002 : La donation est partiellement nulle, si elle a été faite sous la condition d'acquitter d'autres dettes et charges que celles qui existaient à l'époque de la donation ou qui seraient exprimées, soit dans l'acte de donation, soit dans l'état qui devrait y être annexé.

Article 1003 : Lorsque le donateur s'est réservé la liberté de disposer d'un effet compris dans la donation, ou d'une somme fixe sur les biens donnés, s'il meurt sans avoir disposé, ledit effet ou ladite somme appartiendra aux héritiers du donateur, nonobstant toutes clauses ou stipulations contraires.

Article 1004 : Les articles 1000 et 1003 ci-dessus ne s'appliquent point aux donateurs dont est mention au Titre VII et1X du présent livre.

Article 1005 : Tout acte de donation d'effets mobiliers n'est valable que pour les effets dont un état estimatif, signé du donateur, et du donataire, ou de ceux qui acceptent pour lui, a été annexé à la minute de la donation.

Article 1006 : Il est permis au donateur de faire la réserve à son profit ou de disposer au profit d'un autre de la jouissance ou l'usufruit des biens meubles ou immeubles donnés.

Article 1007 : Lorsque la donation d'effets mobiliers a été faite avec réserve d'usufruit, le donataire est tenu à l'expiration de l'usufruit, de prendre les effets donnés qui se trouvent en nature, dans l'état où ils sont ;

et il a action contre le donateur ou ses héritiers pour raison des objets inexistants ; jusqu'à concurrence de la valeur qui leur a été donnée dans l'état estimatif.

Article 1008 : Le donateur peut stipuler le droit de retour des objets donnés, soit pour le cas du prédécès du donataire seul, soit pour le cas du prédécès du donataire et de ses descendants.

Article 1009 : L'effet du droit de retour est de résoudre toutes les aliénations des biens donnés, et de faire revenir ces biens au donateur francs et quittes de toutes charges.

CHAPITRE II
DES EXCEPTIONS À LA RÈGLE DE L'IRREVOCABILITÉ DES DONATIONS ENTRE VIFS

Article 1010 : La donation entre vifs ne peut être révoquée que pour cause d'inexécution des conditions sous lesquelles elle a été faite, pour cause d'ingratitude et pour cause de survenance d'enfants.

Article 1011 : Dans le cas de la révocation pour cause d'inexécution des conditions, les biens rentrent dans les mains du donateur libres de toutes charges et hypothèques du chef du donataire et le donateur a contre les tiers détenteurs des immeubles donnés, tous les droits qu'il aurait contre le donataire lui-même.

Article 1012 : La donation entre vifs ne peut être révoquée pour cause d'ingratitude que dans les cas suivants :

- si le donataire a attenté à la vie du donateur ;
- s'il s'est rendu coupable envers lui de sévices, délit ou injures graves ;
- s'il lui refuse des aliments.

Article 1013 : La révocation pour cause d'inexécution des conditions ou pour cause d'ingratitude, n'a jamais lieu de plein droit.

Article 1014 : La demande en révocation pour cause d'ingratitude doit être formée dans l'année, à compter du jour du délit imputé par le donateur au dona taire, ou du jour que le délit a pu être connu par le donateur.

Cette révocation ne peut être demandée par le donateur contre les héritiers du donataire, ni par les héritiers du donateur contre le donataire, à moins que, dans ce dernier, cas l'action n'ait été intentée par le donateur, ou qu'il ne soit décédé dans l'année du délit.

Article 1015 : La révocation pour cause d'ingratitude ne préjudicie ni aux aliénations faites par le donataire, ni aux hypothèque et autres charges réelles qu'il a pu imposer sur l'objet de la donation, pourvu que tout soit antérieur à la publication, au service chargé de la Conservation des Domaines.

Dans le cas de révocation le donataire sera condamné à restituer la valeur des objets aliénés, eu égard au temps de la demande, et les fruits, à compter du jour de la demande.

Article 1016 : Toutes donations entre vifs faites par personne qui n'avait point d'enfant ou de descendant actuellement vivant dans le temps de la donation, de quelque valeur que ces donations puissent être, et à quelque titre qu'elles aient été faites, et encore qu'elles fussent mutuelles ou rémunératoires, même celles qui auraient été faites en faveur de mariage par autres que par les ascendants aux conjoints, ou par les conjoints l'un à l'autre, demeurent révoquées de plein droit par la survenance d'un enfant légitime du donateur, même d'un posthume, ou par la légitimation d'un enfant naturel par mariage subséquent, s'il est né depuis la donation.

Article 1017 : Cette révocation a lieu, encore que l'enfant du donateur ou de la donatrice, soit conçu au temps de la donation.

Article 1018 : La donation demeure pareillement révoquée, lors même que le donataire soit entré en possession des biens donnés, et qu'il y aurait été laissé par le donateur, depuis la survenance de l'enfant ; sans néanmoins que le donataire soit tenu de restituer les fruits par lui perçus, de quelque nature qu'ils soient, si ce n'est du jour que la naissance de l'enfant, ou sa légitimation par mariage subséquent lui a été notifié par exploit ou autre acte en bonne forme ; et ce, même quand la demande pour rentrer dans les biens donnés n'aurait été formée que postérieurement à cette notification.

Article 1019 : Les biens compris dans la donation révoquée de plein droit, rentrent dans le patrimoine du donateur, libres de toutes charges et hypothèques du chef du donataire, quand bien même la donation aurait été faite en faveur du mariage du donataire et insérée dans le contrat, et que le donateur se serait obligé comme caution, par la donation, à l'exécution du contrat de mariage.

Article 1020 : Les donations ainsi révoquées ne peuvent revivre ou avoir de nouveau leur effet, ni par la mort de l'enfant du donateur, ni par aucun acte confirmatif ; et si le donateur veut donner les mêmes biens au même donataire, soit avant ou après la mort de l'enfant par la naissance duquel la donation avait été révoquée, il ne peut le faire que par une nouvelle disposition.

Article 1021 : Toute clause ou convention par laquelle le donateur a renoncé à la révocation de la donation pour survenance d'enfant, est regardée comme nulle, et ne peut produire aucun effet.

Article 1022 : Le donateur, ses héritiers ou ayants cause ou autres détenteurs des choses données, ne peuvent opposer la prescription pour faire valoir la donation révoquée par la survenance d'enfant, qu'après une possession de vingt années qui ne peuvent commencer à courir que du jour de la naissance du dernier enfant du donateur, même posthume ; et ce sans préjudice des interruptions, telles que de droit.

TITRE V
DES DISPOSITIONS TESTAMENTAIRES

CHAPITRE I
DES RÈGLES GÉNÉRALES SUR LA FORME DES TESTAMENTS

Article 1023 : Toute personne peut disposer par testament, soit sous le titre d'institution d'héritier, soit sous le titre de legs, soit sous toute autre dénomination propre à manifester sa volonté.

Article 1024 : Un testament ne peut être fait dans le même acte par deux ou plusieurs personnes, soit au profit d'un tiers, soit à titre de dispositions réciproque et mutuelle.

Article 1025 : Un testament peut être olographe ou fait par acte public, dans la forme mystique.

Article 1026 : Le testament olographe n'est point valable, s'il n'est écrit en entier, daté et signé de la main du testateur : il n'est assujetti à aucune autre forme.

Article 1027 : Le testament par acte public est reçu par deux notaires ou par un notaire assisté de deux témoins.

Article 1028 : Lorsque le testament est reçu par deux notaires, il leur ait dicté par le testateur ; l'un de ces notaires l'écrit lui-même ou le fait écrire à la main ou mécaniquement.

S'il n'y a qu'un notaire, il doit également être dicté par le testateur ; le notaire l'écrit lui-même ou le fait écrire à la main ou mécaniquement.

Dans l'un et l'autre cas, il doit en être donné lecture au testateur.

Il est fait, du tout, mention expresse.

Article 1029 : Ce testament doit être signé par le testateur en présence des témoins et du notaire ; si le testateur déclare qu'il ne sait ou ne peut signer, il est fait dans l'acte mention expresse de sa déclaration, ainsi que de la cause qui l'empêche de signer.

Article 1030 : Le testament doit être signé par les témoins et par le notaire.

Article 1031 : Les légataires à quelque que titre qu'ils soient, leurs parents ou alliés jusqu'au quatrième degré inclusivement, les clercs des notaires par lesquels les actes sont reçus, ne peuvent être pris pour témoins du testament par acte public.

Article 1032 : Lorsque le testateur veut faire un testament mystique, le papier qui contient les dispositions ou le papier qui sert d'enveloppe, s'il y en a une, est clos, cacheté et scellé.

Le testateur le présente ainsi clos, cacheté et scellé au notaire et à deux témoins, ou il le fait clore, cacheter et sceller en leur présence, et il déclare que le contenu de ce papier est son testament, signé de lui et écrit par lui ou par un autre, en affirmant dans ce dernier cas, qu'il en a personnellement vérifié le libellé ; il indique dans tous les cas, le mode d'écriture employé : à la main ou mécanique.

Le notaire en dresse, en brevet, l'acte de suscription qu'il écrit ou fait écrire à la main ou mécaniquement sur ce papier ou sur la feuille qui sert d'enveloppe et porte la date et l'indication du lieu où il a été passé, la description du pli ou de l'empreinte du sceau, et mention de toutes les formalités ci-dessus ; cet acte est signé tant par le testateur que par le notaire et les témoins.

Tout ce que dessus est fait de suite et sans divertir à autres actes.

Lorsque le testateur par un empêchement survenu depuis la signature du testament, ne peut signer l'acte de suscription, il est fait mention de la déclaration qu'il en a faite et du motif qu'il en a donné.

Article 1033 : Si le testateur ne sait signer ou s'il n'a pas pu le faire lorsqu'il a fait écrire ses dispositions, il est procédé comme il est dit dans l'article précédent ; il est fait en outre mention à l'acte de suscription que le testateur a déclaré ne savoir signer ou n'avoir pu le faire lorsqu'il a fait écrire ses dispositions.

Article 1034 : Ceux qui ne savent ou ne peuvent lire, ne peuvent faire de dispositions dans la forme du testament mystique.

Article 1035 : Lorsque le testateur ne peut parler, mais qu'il peut écrire, il peut faire un testament mystique, à la charge expresse que le testament soit signé de lui, et écrit par lui ou par un autre, qu'il le présente au notaire et aux témoins, et qu'en haut de l'acte de suscription, il écrive en leur présence, que le papier qu'il présente est son testament et signe. Il est fait mention dans l'acte de suscription que le testateur a écrit et signé ces mots en présence du notaire et des témoins et est au surplus, observé tout ce qui est

prescrit par l'article 1032 et n'est pas contraire au présent article.
Dans tous les cas prévus au présent article et aux articles précédents, le testament mystique dans lequel n'ont point été observées les formalités légales, et qui sera nul comme tel, vaut cependant comme testament olographe, si toutes les conditions requises pour sa validité comme testament olographe sont remplies, même s'il a été qualifié de testament mystique.

CHAPITRE II
DES RÈGLES PARTICULIÈRES SUR LA FORME DE CERTAINS TESTAMENTS

Article 1036 : Les testaments des militaires en campagne et des personnels employés par les armées peuvent être reçus :

- soit par un officier ou un médecin militaire en présence de deux témoins ;
- soit par un fonctionnaire de l'intendance ou officier du commissariat en présence de deux témoins ;
- soit enfin dans un détachement isolé, par l'officier commandant ce détachement, assisté de deux témoins.

S'il n'existe pas dans le détachement d'officier supérieur, ou de médecin militaire, de fonctionnaire de l'intendance ou d'officier du commissariat, le testament de l'officier commandant un détachement peut être reçu par l'officier qui vient après lui dans l'ordre de service.
La faculté de tester dans les conditions prévues au présent article s'étend aux prisonniers chez l'ennemi.
Article 1037 : Le Malien qui se trouve en pays étranger peut faire ses dispositions testamentaires par acte sous signature privée, ainsi qu'il est prescrit en l'article 1026, ou par acte authentique avec les formes usitées dans le lieu où cet acte est passé.
Article 1038 : Les testaments faits en pays étranger ne peuvent être exécutés sur les situés au Mali, qu'après avoir été enregistrés :

- pour ce qui concerne les biens meubles au greffe du tribunal civil du domicile du testateur, s'il en a conservé un, sinon celui de son dernier domicile connu au Mali ;
- pour ce qui concerne les biens immeubles au service de la conservation des domaines du lieu de situation de ces immeubles.

Article 1039 : Les formalités auxquelles les divers testaments sont assujettis par les dispositions du présent chapitre et du précédent, doivent être observées à peine de nullité.

CHAPITRE III
DES INSTITUTIONS D'HÉRITIER ET DES LEGS EN GÉNÉRAL

Article 1040 : Les dispositions testamentaires sont, ou universelles, ou à titre universel, ou à titre particulier. Chacune de ces dispositions, soit qu'elle ait été faite sous la dénomination d'institution d'héritier, soit qu'elle ait été faite sous la dénomination de legs, produit son effet suivant les règles ci-après établies pour les legs universels, pour les legs à titre universel et pour les legs particuliers.

SECTION I
DU LEGS UNIVERSEL

Article 1041 : Le legs universel est la disposition testamentaire par laquelle le testateur donne à une ou plusieurs personnes l'universalité des biens qu'il laissera à son décès.

Article 1042 : Lorsqu'au décès du testateur il y a des héritiers auxquels une quotité de ses biens est réservée par la loi, ces héritiers sont saisis de plein droit, par sa mort de tous les biens de la succession ; et le légataire universel est tenu de leur demander la délivrance des biens compris dans le testament.

Article 1043 : Néanmoins, dans les mêmes cas, le légataire universel a la jouissance des biens compris dans le testament, à compter du jour du décès si la demande en délivrance a été faite dans l'année depuis cette époque ; sinon cette jouissance ne commence que du jour de la demande formée en justice, ou du jour que la demande a été volontairement consentie.

Article 1044 : Lorsqu'au décès du testateur il n'y a pas d'héritiers auxquels une quotité de ses biens soit réservée par la loi, le légataire universel est saisi de plein droit par la mort du testateur, sans être tenu de demander délivrance.

Article 1045 : Tout testament olographe ou mystique est avant d'être mis en exécution, déposé entre les mains d'un notaire.

Le testament est ouvert, s'il est cacheté.

Le notaire dresse sur le champ procès-verbal de l'ouverture et de l'état

du testament, en précisant les circonstances du dépôt.
Le testament ainsi que le procès-verbal sont conservés au rang des minutes du dépositaire.
Dans le mois qui suit la date du procès-verbal, le notaire adresse une expédition de celui-ci et une copie figurée du testament au greffier du tribunal civil du lieu d'ouverture de la succession, qui lui accuse réception de ces documents et les conserve au rang de ses minutes.
Article 1046 : Dans le cas de l'article 1044 ci-dessus, si le testament est olographe ou mystique, le légataire universel est tenu de se faire envoyer en possession, par une ordonnance du président, mise au bas d'une requête à laquelle est joint l'acte de dépôt.
Article 1047 : Le légataire universel en concours avec un héritier auquel la loi réserve une quotité des biens, est tenu des dettes et charges de la succession du testateur, personnellement pour sa part et portion et hypothécairement pour le tout ; il est tenu d'acquitter tous les legs, sauf le cas de réduction, ainsi qu'il est expliqué aux articles 985 et 986 ci-dessus.

SECTION II
DES LEGS À TITRE UNIVERSEL ET À TITRE PARTICULIER

Article 1048 : Le legs à titre universel est celui par lequel le testateur lègue une quote-part des biens dont la loi lui permet de disposer telle qu'un cinquième, un quart, ou tous ses immeubles ou tout son mobilier ou une quotité fixe de tous ses immeubles ou de tout son mobilier.
Tout autre legs ne forme qu'une disposition à titre particulier.
Article 1049 : Les légataires à titre universel sont tenus de demander la délivrance aux héritiers auxquels une quotité des biens est réservée par la loi ; à leur défaut, aux légataires universels ; et à défaut de ceux-ci, aux héritiers appelés dans l'ordre établi au titre des successions.
Article 1050 : Le légataire à titre universel est tenu, comme le légataire universel, des dettes et charges de la succession du testateur, personnellement pour sa part, et portion et hypothécairement pour le tout.
Article 1051 : Lorsque le testateur n'a disposé que d'une quotité de la portion disponible, et qu'il l'a fait à titre universel, ce légataire est tenu d'acquitter les legs particuliers par contribution avec les héritiers.
Article 1052 : Tout legs pur et simple donne au légataire, du jour du

décès du testateur, un droit à la chose léguée, droit transmissible à ses héritiers et ayants cause.

Néanmoins le légataire particulier ne peut se mettre en possession de la chose léguée, ni en prétendre les fruits ou intérêts, qu'à compter du jour de sa demande en délivrance, formée suivant l'ordre établi par l'article 1049 ci-dessus, ou du jour auquel cette délivrance lui aurait été volontairement consentie.

Article 1053 : Les intérêts ou fruits de la chose léguée courent au profit du légataire, dès le jour du décès, et sans qu'il ait formé sa demande en justice :

- lorsque le testateur a expressément déclaré sa volonté à cet égard, dans le testament ;
- lorsqu'une rente viagère ou une pension a été léguée à titre d'aliments.

Article 1054 : Les frais de la demande en délivrance sont à la charge de la succession, sans néanmoins qu'il puisse en résulter de déduction de la réserve légale.

Le tout s'il en a été autrement ordonné par le testament.

Chaque legs peut être enregistré séparément sans que cet enregistrement puisse profiter à aucun autre qu'au légataire ou à ses ayants cause.

Article 1055 : Les héritiers du testateur, ou autres débiteurs d'un legs, sont personnellement tenus de l'acquitter, chacun au prorata et portion dont il profite dans la succession.

Ils en sont tenus hypothécairement pour le tout, jusqu'à concurrence de la valeur des immeubles de la succession dont ils sont détenteurs.

Article 1056 : La chose léguée est délivrée avec les accessoires nécessaires, et dans l'état où elle se trouve au jour du décès du donateur.

Article 1057 : Lorsque celui qui a léguée la propriété d'un immeuble, l'a ensuite augmentée par des acquisitions, ces acquisitions, fussent-elles contiguës, ne sont pas censées, sans une nouvelle disposition, faire partie du legs.

Il en est autrement des embellissements, ou des constructions nouvelles faites sur le fond légué, ou d'un enclos dont le testateur aurait augmenté l'enceinte.

Article 1058 : Si, avant le testament ou depuis, la chose léguée a été hypothéquée pour une dette de la succession, ou même pour la dette d'un tiers, ou si elle est grevée d'usufruit, celui qui doit acquitter le legs n'est point tenu de le dégager, à moins qu'il n'ait été chargé de le faire

par une disposition expresse du testateur.
Article 1059 : Le legs de la chose d'autrui est nul, que le testateur ait connu ou non qu'elle ne lui appartient pas.
Article 1060 : Lorsque le legs est d'une chose indéterminée, l'héritier n'est pas obligé de la donner de la meilleure qualité et il ne peut l'offrir de la plus mauvaise.
Article 1061 : Le legs fait au créancier n'est pas censé en compensation de sa créance, ni le legs fait au domestique en compensation de ses gages.
Article 1062 : Le légataire à titre particulier n'est point tenu des dettes de la succession, sauf la réduction du legs ainsi qu'il est dit ci-dessus, et sauf l'action hypothécaire des créanciers.

CHAPITRE IV
DES EXÉCUTEURS TESTAMENTAIRES

Article 1063 : Le testateur peut nommer un ou plusieurs exécuteurs testamentaires.
Article 1064 : Il peut leur donner la saisine du tout ou seulement d'une partie de son mobilier ; mais elle ne peut durer au-delà de l'année à compter de son décès.
S'il ne la leur a pas donnée ils ne peuvent l'exiger.
Article 1065 : L'héritier peut faire cesser la saisine, en offrant de remettre aux exécuteurs testamentaires somme suffisante pour le payement des legs mobiliers, ou en justifiant de ce payement.
Article 1066 : Celui qui ne peut s'obliger, ne peut être exécuteur testamentaire.
Article 1067 : Le mineur ne peut être exécuteur testamentaire, même avec l'autorisation de son tuteur ou curateur.
Article 1068 : Les exécuteurs testamentaires font apposer les scellés, s'il y a des héritiers mineurs, majeurs en tutelle ou absents.
Ils font faire en présence de l'héritier présomptif, ou lui dûment appelé, l'inventaire des biens de la succession.
Ils provoquent la vente du mobilier, à défaut de deniers suffisants pour acquitter les legs.
Ils veillent à ce que le testament soit exécuté ; et ils peuvent en cas de contestation sur son exécution, intervenir pour en soutenir la validité.
Ils doivent, à l'expiration de l'année du décès du testateur, rendre compte de leur gestion.

Article 1069 : Les pouvoirs de l'exécuteur testamentaire ne passent point à ses héritiers.

Article 1070 : S'il y a plusieurs exécuteurs testamentaires qui ont accepté, un seul peut agir au défaut des autres ; et ils sont solidairement responsables du compte du mobilier qui leur a été confié, à moins que le testateur n'ait divisé leur fonction, et que chacun d'eux ne soit renfermé dans celle qui lui était attribuée.

Article 1071 : Les frais faits par l'exécuteur testamentaire pour l'apposition des scellés, l'inventaire, le compte et les autres frais relatifs à ses fonctions, sont à la charge de la succession.

CHAPITRE V
DE LA RÉVOCATION DES TESTAMENTS, DE LEUR CADUCITÉ

Article 1072 : Les testaments ne peuvent être révoqués en tout ou en partie, que par un testament postérieur, ou par un acte devant notaire portant déclaration du changement de volonté.

Article 1073 : Les testaments postérieurs qui ne révoquent pas d'une manière expresse les précédents, n'annulent, dans ceux-ci que celles des dispositions y contenues qui se trouvent incompatibles avec les nouvelles, ou qui y sont contraires.

Article 1074 : La révocation faite dans un testament postérieur a tout son effet, quoique ce nouvel acte reste sans exécution par l'incapacité de l'héritier institué ou du légataire, ou par leur refus de recueillir.

Article 1075 : Toute aliénation, celle même par vente avec faculté de rachat ou par échange, que fait le testateur de tout ou de partie de la chose léguée, emporte la révocation du legs pour tout ce qui a été aliéné, encore que l'aliénation postérieure soit nulle, et que l'objet soit rentré dans la main du testateur.

Article 1076 : Toute disposition testamentaire est caduque, si celui en faveur duquel elle est faite n'a pas survécu au testateur.

Article 1077 : Toute disposition testamentaire faite sous une condition dépendante d'un évènement incertain, et telle que, dans l'intention du testateur, cette disposition ne doive être exécutée qu'autant que l'évènement arrive ou n'arrive pas, est caduque, si l'héritier institué ou le légataire décède avant l'accomplissement de la condition.

Article 1078 : La condition qui, dans l'intention du testateur, ne fait que suspendre l'exécution de la disposition, n'empêche pas l'héritier institué, ou le légataire d'avoir un droit acquis et transmissible à ses héritiers.

Article 1079 : Le legs est caduc si la chose léguée a totalement péri pendant la vie du testateur.

Il en est de même, si elle a péri depuis sa mort, sans le fait et la faute de l'héritier quoique celui-ci ait été mis en retard de la délivrer, lorsqu'elle eût également dû périr entre les mains du légataire.

Article 1080 : La disposition testamentaire est caduque, lorsque l'héritier institué ou le légataire la répudie, ou se trouve incapable de la recueillir.

Article 1081 : Il y a lieu à accroissement au profit des légataires, dans le cas où le legs est fait à plusieurs conjointement.

Le legs est réputé fait conjointement, lorsqu'il l'est par une seule et même disposition et que le testateur n'a pas assigné la part de chacun des colégataires dans la chose léguée.

Article 1082 : Il est encore réputé fait conjointement, quand une chose qui n'est pas susceptible d'être divisée sans détérioration, a été donnée par le même acte à plusieurs personnes, même séparément.

Article 1083 : Les mêmes causes qui, suivant les articles 1010 à 1012 ci-dessus, excepté le refus des aliments, autorisent la demande en révocation de la donation entre vifs, sont [[Merci de vérifier et de compléter]]

Article 1084 : Si cette demande est fondée sur une injure grave à la mémoire du testateur, elle doit être intentée dans l'année, à compter du jour du délit.

TITRE VI
DES DISPOSITIONS PERMISES EN FAVEUR DES PETITS-ENFANTS DU DONATEUR OU TESTATEUR, OU DES ENFANTS DE SES FRÈRES ET SŒURS

Article 1085 : Les biens dont les père et mère ont la faculté de disposer, peuvent être par eux, donnés en tout ou en partie, à un ou plusieurs de ses enfants, par acte entre vifs ou testamentaire, avec la charge de rendre ces biens aux enfants nés et à naître, au premier degré seulement, desdits donataires.

Article 1086 : La disposition que le défunt a faite par acte entre vifs ou testamentaire, ou profit d'un ou plusieurs de ses frères ou sœurs de tout ou partie des biens qui ne sont point réservés dans sa succession, avec la charge de rendre ces biens aux enfants nés et à naître, au premier degré seulement, desdits frères ou sœurs donataires, est valable en cas de mort sans enfant.

Article 1087 : Les dispositions permises par les deux articles précédents, ne sont valables qu'autant que la charge de restitution est au profit de tous les enfants nés et à naître du grevé seulement, sans exception ni préférence d'âge et de sexe desdits frères ou sœurs donataires.

Article 1088 : Si, dans les cas ci-dessus, le grevé de restitution au profit de ses enfants, meurt, laissant des enfants au premier degré et des descendants d'un enfant prédécédé, ces derniers recueillent par représentation, la portion de l'enfant prédécédé.

Article 1089 : Si l'enfant, le frère ou la sœur auxquels ces biens ont été donnés par acte entre vifs, sans charge de restitution, acceptant une nouvelle libéralité faite par acte entre vifs ou testamentaire, sous la condition que les biens précédemment donnés demeurent grevés de cette charge, il ne leur est plus permis de diviser les deux dispositions faites à leur profit, et de renoncer à la seconde pour s'en tenir à la première, quand même ils offriraient de rendre les biens compris dans la seconde disposition.

Article 1090 : Les droits des appelés sont ouverts à l'époque où, par quelque cause que ce soit, la jouissance de l'enfant, du frère ou de la sœur, grevés de restitution, cesse ; l'abandon anticipé de la jouissance au profit des appelés, ne peut préjudicier aux créanciers du grevé antérieur à l'abandon.

Article 1091 : Les épouses ou les époux des grevés ne peuvent avoir sur les biens à rendre, de recours subsidiaires, en cas d'insuffisance des biens libres et dans le cas où le testateur l'a expressément ordonné.

Article 1092 : Celui qui fait les dispositions autorisées par les articles précédents, peut par le même acte, ou par un acte postérieur en forme authentique, nommer un tuteur chargé de l'exécution de ces dispositions ; ce tuteur ne peut être dispensé que pour une des causes exprimées aux articles 671 et suivants.

Article 1093 : À défaut de ce tuteur, il en est nommé un à la diligence du grevé, ou de son tuteur s'il est mineur, dans le délai d'un mois, à compter du jour du décès du donateur ou testateur, ou du jour que, depuis cette mort, l'acte contenant la disposition a été connu.

Article 1094 : Le grevé qui n'a pas satisfait à l'article précédent, est déchu du bénéfice de la disposition ; et dans ce cas le droit peut être déclaré ouvert au profit des appelés, à la diligence soit des appelés s'ils sont majeurs, soit de leur tuteur ou curateur s'ils sont mineurs ou majeurs en tutelle, soit de tout parent des appelés majeurs, mineurs ou majeurs en tutelle, ou même d'office, à la diligence du procureur de la République du lieu où la succession est ouverte.

Article 1095 : Après le décès de celui qui a disposé a la charge de restitution, il est procédé dans les formes ordinaires, à l'inventaire de tous les biens et effets qui composent sa succession, excepté néanmoins le cas où il ne s'agirait que d'un legs particulier.

Cet inventaire contient la prisée à juste prix des meubles et effets mobiliers.

Article 1096 : Il est procédé à la requête du grevé de restitution, et dans le délai fixé au titre des successions, en présence du tuteur nommé pour l'exécution.

Les frais sont pris sur les biens compris dans la disposition.

Article 1097 : Si l'inventaire n'a pas été fait à la requête du grevé dans le délai ci-dessus, il y est procédé dans le mois suivant, à la diligence du tuteur nommé pour l'exécution, en présence du grevé ou de son tuteur.

Article 1098 : S'il n'a point été satisfait aux deux articles précédents, il est procédé au même inventaire, à la diligence des personnes désignées en l'article 1094 ci-dessus en y appelant le grevé ou son tuteur, et le tuteur nommé pour l'exécution.

Article 1099 : Le grevé de restitution est tenu de faire procéder à la vente, par affiches et enchères, de tous les meubles et effets compris dans la disposition, à la condition expresse de les conserver en nature, à l'exception de ceux dont il est mention dans les deux articles suivants.

Article 1100 : Les meubles meublants et autres choses mobilières qui auraient été compris dans la disposition, à la condition expresse de les conserver en nature, sont rendus dans l'état où ils se trouvent lors de la restitution.

Article 1101 : Les animaux et matériels servant à faire valoir les terres, sont censés compris dans les donations entre vifs et testamentaires desdites terres ; et le grevé est tenu seulement de les faire priser et estimer, pour en rendre une égale valeur lors de la restitution.

Article 1102 : Il est fait par le grevé dans le délai de six mois, à compter du jour de la clôture de l'inventaire, un emploi des deniers comptants, de ceux provenant du prix des meubles et effets qui ont été vendus, et de ce qui a été reçu des effets actifs.

Ce délai peut être prolongé, s'il y a lieu.

Article 1103 : Le grevé est pareillement tenu de faire emploi des deniers provenant des effets actifs qui sont recouvrés et des remboursements de rentes ; et ce dans les trois mois au plus tard après qu'il ait reçu ces deniers.

Article 1104 : Cet emploi est fait conformément à ce qui a été ordonné par l'auteur de la disposition, s'il a désigné la nature des effets dans lesquels l'emploi doit être fait ; sinon, il ne peut l'être qu'en immeubles, ou avec privilège sur des immeubles.

Article 1105 : L'emploi ordonné par les articles précédents est fait en présence et à la diligence du tuteur nommé pour l'exécution.

Article 1106 : Les dispositions par acte entre vifs ou testamentaire, à charge de restitution sont à la diligence soit du grevé, soit du tuteur nommé pour l'exécution, rendues publiques quant aux immeubles, conformément aux lois et règlements concernant la publicité foncière.

Article 1107 : Le défaut de publication de l'acte contenant la disposition, peut être opposé par les créanciers et les tiers acquéreurs, même aux mineurs ou majeurs en tutelle, sauf le recours contre le grevé et contre le tuteur à l'exécution, et sans que les mineurs ou majeurs en tutelle puissent être restitués contre ce défaut de publication, quand même le grevé et le tuteur se trouveraient insolvables.

Article 1108 : Le défaut de publication ne peut être suppléé, ni regardé comme couvert par la connaissance que les créanciers ou les acquéreurs pourraient avoir eue de la disposition par d'autres voies que celles de la publication.

Article 1109 : Les donataires, les légataires ni même les héritiers de celui qui a fait la donation, ni pareillement leurs donataires, légataires ou héritiers, ne peuvent en aucun cas, opposer aux appelés le défaut de publication ou inscription.

Article 1110 : Le tuteur nommé pour l'exécution est personnellement responsable, s'il ne s'est pas, en tout point, conformé aux règles ci-dessus établies pour constater les biens, pour la vente du mobilier, pour l'emploi des deniers, pour la publication et l'inscription, et, en général, s'il n'a pas fait toutes les diligences nécessaires pour que la charge de restitution soit bien et fidèlement acquittée.

Article 1111 : Si le grevé est mineur, il ne peut, dans le cas même de l'insolvabilité de son tuteur, être restitué contre l'inexécution des règles qui lui sont prescrites par les articles du présent chapitre.

TITRE VII
DES PARTAGES FAITS PAR LES ASCENDANTS

Article 1112 : Les père et mère et autres ascendants peuvent faire, entre leurs enfants et descendants, la distribution et le partage de leurs biens. Cet acte peut se faire sous la forme de donation-partage ou de testament-partage.

Il est soumis aux formalités, conditions et règles prescrites pour les donations entre vifs dans le premier cas et les testaments dans le second, sous réserve de l'application des dispositions qui suivent.

Si leurs biens comprennent une entreprise personnelle à caractère industriel, commercial, artisanal, agricole ou libéral, les père et mère et autres descendants peuvent, dans les mêmes conditions et avec les mêmes effets, en faire sous forme de donation-partage, la distribution et le partage entre leurs enfants et descendants et d'autres personnes sous réserve que les biens corporels et incorporels affectés à l'exploitation de l'entreprise entrent dans cette distribution et ce partage et que cette distribution et ce partage aient pour effet de n'attribuer à ces autres personnes que la propriété de tout ou partie de ces biens ou leur jouissance.

Article 1113 : Le partage fait par un ascendant ne peut être attaqué pour cause de lésion.

Article 1114 : Si tous les biens que l'ascendant laisse au jour de son décès n'ont pas été compris dans le partage, ceux de ces biens qui n'y auront pas été compris seront attribués ou partagés conformément à la loi.

CHAPITRE I
DE LA DONATION-PARTAGE

Article 1115 : La donation-partage ne peut avoir pour objet que des biens présents.

La donation et le partage peuvent être faits par actes séparés pourvu que l'ascendant intervienne aux deux actes.

Article 1116 : Les biens reçus par les descendants à titre de partage anticipé constituent un avancement d'hoirie imputable sur leur part de réserve, à moins qu'ils n'aient été donnés expressément par préciput et hors part.

Article 1117 : Le descendant qui n'a pas concouru à la

donation-partage ou qui a reçu un lot inférieur à sa part de réserve, peut exercer l'action en réduction, s'il n'existe pas à l'ouverture de la succession des biens non compris dans le partage et suffisants pour composer ou compléter sa réserve, compte tenu des libéralités dont il a pu bénéficier.

Article 1118 : Les donations-partages suivent les règles des donations entre vifs pour tout ce qui concerne l'imputation, le calcul de la réserve et la réduction. L'action en réduction ne peut être introduite qu'après le décès de l'ascendant qui a fait le partage ou du survivant des ascendants en cas de partage conjonctif.

Elle se prescrit par cinq ans à compter dudit décès. L'enfant non encore conçu au moment de la donation-partage dispose d'une semblable action pour composer ou compléter sa part héréditaire.

Article 1119 : Nonobstant les règles applicables aux donations entre vifs, les biens donnés sont, sauf convention contraire, évalués au jour de la donation-partage pour l'imputation et le calcul de la réserve, à condition que tous les enfants vivants ou représentés au décès de l'ascendant aient reçu un lot dans le partage anticipé et l'aient expressément accepté, et qu'il n'est pas été prévu de réserve d'usufruit portant sur une certaine somme d'argent.

Article 1120 : Le lot de certains gratifiés peut être formé, en totalité ou en partie des donations, soit rapportables, soit préciputaires, déjà reçues par eux de l'ascendant, eu égard éventuellement aux emplois et remplois qu'ils ont pu faire dans l'intervalle. La date d'évaluation applicable au partage anticipé est également applicable aux donations antérieures qui lui été ainsi incorporées. Toute stipulation contraire est réputée non écrite.

Article 1121 : Les parties peuvent aussi convenir qu'une donation préciputaire antérieure sera incorporée au partage et imputée sur la part de réserve du donataire à titre d'avancement d'hoirie.

Article 1122 : Les conventions prévues aux deux articles précédents peuvent avoir lieu même en l'absence de nouvelles donations de l'ascendant. Elles ne sont pas regardées comme des libéralités entre les descendants, mais comme un partage fait par l'ascendant.

CHAPITRE II
DU TESTAMENT-PARTAGE

Article 1123 : Le testament-partage ne produit que les effets d'un partage.

Ses bénéficiaires ont qualité d'héritier et ne peuvent renoncer à se prévaloir du testament pour réclamer un nouveau partage de la succession.

Article 1124 : L'enfant ou le descendant qui n'a pas reçu un lot égal à sa part de réserve peut exercer l'action en réduction conformément aux articles 1117 et 1118 ci-dessus.

TITRE VIII
DES DONATIONS FAITES PAR CONVENTIONS MATRIMONIALES AUX ÉPOUX ET AUX ENFANTS À NAÎTRE DU MARIAGE

Article 1125 : Toute donation entre vifs de biens présents, quoique faite par convention matrimoniale aux époux, ou à l'un d'eux, est soumise aux règles générales prescrites pour les donations faites à ce titre. Elle ne peut avoir lieu au profit des enfants à naître, si ce n'est dans les cas énoncés au titre VI du présent livre.

Article 1126 : Les père et mère, les autres ascendants, les parents collatéraux des deux époux, et même les étrangers peuvent par convention matrimoniale, disposer de tout ou partie des biens, qu'ils laisseront le jour de leur décès, tant au profit desdits époux, qu'au profit des enfants à naître de leur mariage, dans le cas où le donateur survivrait à l'époux donataires. Pareille donation, quoique faite au profit seulement des époux ou de l'un d'eux, est toujours dans ledit cas de survie du donateur, présumée faite au profit des enfants et descendants à naître du mariage.

Article 1127 : La donation, dans la forme portée au présent article est irrévocable, en ce sens seulement que le donateur ne plus disposer, à titre gratuit, des objets compris dans la donation, si ce n'est pour somme modique, à titre de récompense ou autrement.

Article 1128 : La donation par convention matrimoniale peut être faite cumulativement des biens présents et à venir ; en tout ou en partie, à la charge qu'il sera annexé à l'acte un état des dettes et charges du donateur existantes au jour de la donation ; auquel cas, il est libre au donataire lors du décès du donateur, de s'en tenir aux biens présents, en renonçant au surplus des biens du donateur.

Article 1129 : Si l'état dont est mention au précédent article n'a point été annexé à l'acte contenant donation des biens présents et à venir, le donataire est obligé d'accepter ou de répudier cette donation pour le tout.

En cas d'acceptation, il ne peut réclamer que les biens qui se trouve existants au jour du décès du donateur, et il est soumis au payement de toutes les dettes et charges de la succession.

Article 1130 : La donation par convention matrimoniale en faveur des époux et des enfants à naître de leur mariage, peut encore être faite à condition de payer indistinctement toutes les dettes et charges de la succession du donateur, ou sous d'autres conditions dont l'exécution dépendrait de sa volonté, par quelque personne que la donation soit faite. Le donataire est tenu d'accomplir ces conditions, s'il n'aime mieux renoncer à la donation. Lorsque le donataire par convention matrimoniale s'est réservé la liberté de disposer d'un effet compris dans la donation de ses biens présents, ou d'une somme fixe à prendre sur ces mêmes biens, l'effet ou la somme, s'il meurt sans en avoir disposé sera compris dans la donation et appartiendra au donataire ou à ses héritiers.

Article 1131 : Les donations faites par convention matrimoniale ne peuvent être attaquées, ni déclarées nulles, sous prétexte de défaut d'acceptation.

Article 1132 : Toute donation faite en faveur du mariage est caduque, si le mariage ne s'ensuit pas.

Article 1133 : Les donations faites à l'un des époux, dans les termes des articles 1126,1128 et 1130 ci-dessus deviennent caduques si le donateur survit à l'époux donataire et à sa postérité. Toutes donations faites aux époux par leur convention matrimoniale sont, lors de l'ouverture de la succession, réductibles à la portion dont la loi lui permettait de disposer.

TITRE IX
DES DISPOSITIONS ENTRE ÉPOUX, SOIT PAR CONVENTION MATRIMONIALE, SOIT PENDANT LE MARIAGE

Article 1135 : Les époux peuvent, par convention matrimoniale, se faire réciproquement, ou l'un des deux à l'autre, telle donation qu'ils jugeront à propos, sous les modifications ci-après exprimées.

Article 1036 : Toute donation entre vifs de biens présents, faite entre époux par convention matrimoniale, n'est point censée faite sous la condition de survie du donataire, si cette condition n'est formellement exprimée ; et elle est soumise à toutes les conditions de règles et formes ci-dessus prescrites pour ces sortes de donations.

Article 1137 : La donation de biens à venir ou de biens présents et à venir faite entre époux par convention matrimoniale, soit simple, soit réciproque est soumise aux règles établies par le titre précédent, à l'égard des donations pareilles qui leur sont faites par un tiers ; sauf qu'elles ne sont point transmises aux enfants issus du mariage, en cas de décès de l'époux donataire avant l'époux donateur.

Article 1138 : L'époux, soit par convention matrimoniale, soit pendant le mariage, peut pour le cas où il ne laisserait point d'enfant ni de descendant légitime ou naturel, disposer en faveur de l'autre époux en propriété, de tout ce dont il pourrait disposer en faveur d'un étranger et en outre de la nue-propriété de la portion réservée aux ascendants par l'article 973 du présent code.

Article 1139 : Pour le cas où l'époux laisserait des enfants ou descendants, soit légitimes, issus ou non du mariage, soit naturels, il peut disposer en faveur de l'autre époux, soit de la propriété de ce dont il pourrait disposer en faveur d'un étranger, soit d'un quart de ses biens en propriété et des trois autres quarts en usufruit, soit encore de la totalité de ses biens en usufruit seulement.

Article 1140 : Les enfants ou descendants peuvent, nonobstant toute stipulation contraire du disposant, exiger, quant aux biens soumis à l'usufruit, qu'il soit dressé inventaire des meubles ainsi qu'état des immeubles.

Article 1141 : Le mineur ne peut par convention matrimoniale donner à l'autre époux, soit par donation simple, soit par donation réciproque, qu'avec le consentement et l'assistance de ceux dont le consentement est requis pour la validité de son mariage ; et avec ce consentement il peut donner tout ce que la loi permet à l'époux majeur de donner à l'autre conjoint.

Article 1142 : Toute donation faite entre époux pendant le mariage, quoique qualifiée entre vifs, est toujours révocable.

Article 1143 : En régime de monogamie, si un époux remarié fait à son second conjoint, dans les limites de l'article 1139 ci-dessus, une libéralité en propriété, chacun des enfants du premier lit aura, en ce qui le concerne, sauf volonté contraire et non équivoque du disposant, la faculté de substituer à l'exécution de cette libéralité l'abandon de l'usufruit de la part de succession qu'il eût recueillie en l'absence de conjoint survivant. Ceux qui ont exercé cette faculté peuvent exiger que soient appliquées les dispositions ci-dessus.

Article 1144 : Les époux ne peuvent se donner indirectement au-delà de ce qui leur est permis par les dispositions ci-dessus. Toute donation, ou déguisée, ou faite à personnes interposées, est nulle.

Article 1145 : Quand un époux acquiert un bien avec des deniers qui lui ont été donnés par l'autre à cette fin, la donation n'est que des deniers et non du bien auquel ils sont employés.

En ce cas, les droits du donateur ou de ses héritiers n'ont pour objet qu'une somme d'argent suivant la valeur actuelle du bien. Si le bien a été aliéné, on considère la valeur qu'il avait au jour de l'aliénation, un si un nouveau bien a été subrogé au bien aliéné, la valeur de ce nouveau bien.

LIVRE IX
DISPOSITIONS GÉNÉRALES

DISPOSITIONS FINALES

Article 1146 : Sont et demeurent abrogées toutes dispositions antérieures contraires au présent code, notamment :

- la loi n° 62-17/ AN-RM du 03 février 1962 portant code du mariage et de la tutelle ;
- l'Ordonnance n° 26 du 10 mars 1970 complétant la loi n° 62/ AN-RM du 03 février 1962 portant code du mariage et de la tutelle ;
- l'Ordonnance n° 73-036 du 31 juillet 1973 portant code de la parenté ;
- la loi n° 89-06 / AN-RM du 18 janvier 1989 relative au changement de nom de famille ;
- la loi n° 06-024 /AN-RM du 28 juin 2006 régissant l'état civil ;
- la loi n° 62/AN-RM du 03 février 1962 portant code de la nationalité modifiée par la loi n° 95-70 du 25 août 1995.

Bamako le 30 décembre 2011
Le Président de la République
Amadou Toumani Touré

BIBLIOGRAPHIE

I
OUVRAGES

Le Saint Coran (tradition et notes) : Dr Salah Ed-Dine Kachrid.
H., L. et J. Mazeaud, *Leçons de droit civil* ; *Successions et Libéralités*, tome 4, vol. 2 (1971).
Louis Milliot, *Introduction à l'étude du Droit musulman*, Éd. Sirey, Paris1953.
Maurice de Lafosse : *Le Haut Sénégal Niger*
Léon J. de la Morandière et Alex Weill, *Les Grands Arrêts de la jurisprudence civile* (1976).
Abdel Kader Boye : *La Condition juridique et sociale de la femme dans quatre pays du Sahel*, Études et Travaux de l'USED… 9 décembre 1987.
Ibrahima Mamadou OUANE : *La Pratique du droit musulman.*
Abul Ala Mandoudi : *Comprendre l'Islam.*
Bahram Elâhi : *La Voie de la perfection.*
El Djazairi : *La Voie du musulman.*
Muhammad Hammidullah : *Initiation à l'islam*, Hilal Yayinhara Ankarah, p. 149, n° 397.
Comité d'études historiques et scientifiques de l'AOF, *Les Coutumiers juridiques du l'AOF*, tome I, Sénégal.
Ministère de la Justice : Recueil des codes et textes usuels de la République du Mali (1959–1992).
Ministère algérien de la Justice : *Des successions musulmanes* (Algérie) par le Pr Aouissi Méchiré.
El Bokhari : *Les Traditions islamiques,* tome IV et V, Librairie d'Amérique et d'Orient; 11 rue St-Sulpice, Paris.
Ibn Abi Zayad Al-Quayrawani, *La Risâla*, éd. bilingue arabe et français Dar El Kitab Al Masri Caire.
Principaux arrêts de la Cour suprême du Mali de 1984.
Principaux arrêts de la Cour suprême du Mali de 1970–1979.
Code civil français du 30 août 1816.
Code de la famille au Sénégal.
Constitution de la 3e République du Mali de 1992.

II
COMMUNICATIONS ET DIVERS

Colloques de Riyad, de Paris, du Vatican, de Genève (23 octobre 1974) et de Strasbourg (4 novembre 1974) sur le Dogme musulman et les Droits de l'homme en Islam.
Pratique du Droit successoral au Mali : in Séminaire de la Justice du 24 au 26 août 1992, par M. Moussa Doumbia Magistrat.
Le Régime actuel de la succession au Mali : Cas particulier de la femme par M. A.A. N'Diaye

Quelle réforme judiciaire pour le Mali : In Séminaire des femmes juristes 1992.
Extrait de la Sunna Nissar, l'un des hadiths les plus célèbres.
Journal officiel de la République du Mali du 15 septembre1973.
L'Essor Magasine série juin 1992.
Loi n° 62-17 AN-RM du 3 février 1962 portant Code du mariage et de la tutelle au Mali.
Loi n° 88-33 AN-RM du 8 février 1988 portant réorganisation judiciaire.
Loi n° 88-02 AN-RM du 17 mars 1988 portant statut des notaires.
Ordonnance n° 36 CMLN du 31 juillet1973.

III
TRAVAUX DE RECHERCHE[107]

Famoussa Keïta : La succession en milieu malinké de Kita : Mémoire (1983).
Augustin Néguésson Diarra : La succession dans le milieu Bamana (1993).
Kassoum Koné : La succession dans les coutumes sénéfo–minianka (1993).
Touféto Mounkoro : La succession dans la coutume bobo du cercle de Tominian (1983).
Ogomo Kassogue : La succession en milieu dogon, Cercle de Bandiagara (1985).
Mohamed Doussouba Dicko : La succession en milieu peulh du Gabero (1985).
Soulé Kasse : La succession en milieu peulh du Macina : (Cercle de Ténenkou) (1993).
Mme Diarra Coumba Diakité : Le problème successoral au Mali : Mémoire (1986).
Mamadou Kassogue : Le Mali à la recherche de son droit successoral (1987).
Kémé Coulibaly : Le droit de la succession au Mali à partir de la jurisprudence (1985)
Gaoussou Sanou : Femmes et successions : Mémoire (1993).

[107] Ces travaux de recherche ont été exécutés par les étudiants sus-nommés de l'ENA sous la direction de l'auteur du présent ouvrage.

TABLE DES MATIÈRES

PRÉFACE 11
AVANT PROPOS 17
ABRÉVIATIONS 21
GÉNÉRALITÉS 23
Qu'est-ce que le patrimoine familial ? 23

LIVRE I
RÉGIMES MATRIMONIAUX 25

INTRODUCTION : IMPORTANCE SOCIALE DE LA NOTION DE FAMILLE DANS LE DROIT MODERNE 27
I. LA FAMILLE, UNE NECESSITÉ SOCIALE 27
II. ASPECT SOCIOLOGIQUE ET JURIDIQUE DE LA FAMILLE TRADITIONNELLE MALIENNE 29
A. AVANT LA PÉRIODE COLONIALE 29
B. PENDANT LA PÉRIODE COLONIALE : LES BOULEVERSEMENTS APPORTÉS DANS L'ORGANISATION DE LA FAMILLE TRADITIONNELLE 31
C. APRÈS LA PÉRIODE COLONIALE 33
D. NOUVEAU DROIT MALIEN SUR LES RÉGIMES MATRIMONIAUX 35

PREMIÈRE PARTIE
STATUT DE BASE DES ÉPOUX, CHOIX DU RÉGIME MATRIMONIAL 39

TITRE I : STATUT DE BASE DES ÉPOUX 41
CHAPITRE I : CAPACITÉ D'EXERCICE ET POUVOIR DES ÉPOUX 44
SECTION I : ACTION DU MARIAGE SUR LA VIE JURIDIQUE DES ÉPOUX 44
SECTION II : ÉTENDUE DE LA CAPACITÉ CIVILE DE LA FEMME MARIÉE 46
I. DANS LE DROIT FRANÇAIS 46
II. DANS LE DROIT MALIEN 46
A. DOMAINE CONTRACTUEL 47
B- DOMAINE PROFESSIONNEL 47
C. GESTION DU PATRIMOINE FAMILIAL 48

1) POSSIBILITÉ DE REPRÉSENTATION DE L'UN DES ÉPOUX PAR L'AUTRE 49
2) SITUATION DES BIENS RÉSERVÉS 50
3) CONSENTEMENT DES ÉPOUX POUR PASSER UN ACTE 50
D. DOMAINE DE LA PUISSANCE PATERNELLE 50
E. CHOIX DU RÉGIME MATRIMONIAL 51
SECTION III : LIMITATIONS À LA CAPACITÉ CIVILE DE LA FEMME MARIÉE 52
I. LIMITATION PAR LE CONTRAT DE MARIAGE 52
II. LIMITATION PAR LA LOI 52
A. PRÉROGATIVES LIÉES À LA PUISSANCE MARITALE 52
B. PRÉROGATIVES DU MARI SUR LA PERSONNE DE SA FEMME 54
CHAPITRE II : CONTRIBUTION AUX CHARGES DU MÉNAGE 56
SECTION I : CAS OÙ LA FEMME EXERCE UNE PROFESSION SALARIALE 57
SECTION II : CAS DE LA FEMME AU FOYER 58
TITRE II : CHOIX DU RÉGIME MATRIMONIAL 59
CHAPITRE I : CARACTÈRES DU CHOIX MATRIMONIAL 59
SECTION I : LIBERTÉ DES CONVENTIONS MATRIMONIALES 59
SECTION II : MUTABILITÉ DES CONVENTIONS MATRIMONIALES 59
CHAPITRE II : CONTRAT DE MARIAGE 60
SECTION I : CONDITIONS DE FOND ET DE FORME 61
I. CONDITIONS DE FOND 61
A. CONSENTEMENT 61
B. CAPACITÉ 61
C. SANCTION 63
II. CONDITIONS DE FORME 65
SECTION II : CONTENU DU CONTRAT DE MARIAGE 65
I. DE L'OPTION MATRIMONIALE 66
II. ADHÉSION À UN RÉGIME MATRIMONIAL PRÉVU PAR LE CODE SUR LES RÉGIMES MATRIMONIAUX 69
III. MODIFICATIONS DU RÉGIME MATRIMONIAL CHOISI 70

IV. CONVENTIONS ANNEXES 72
SECTION III : NULLITÉ, CADUCITÉ ET PUBLICATION
DU CONTRAT DE MARIAGE.. 73
I. NULLITÉ ET CADUCITÉ 73
A. NULLITÉ 73
B. CADUCITÉ 73
II. PUBLICITÉ 74
A. OBLIGATIONS DU NOTAIRE.. 74
B. OBLIGATIONS DE L'OFFICIER D'ÉTAT CIVIL 74

DEUXIÈME PARTIE
DIFFÉRENTS RÉGIMES MATRIMONIAUX 77

TITRE I : RÉGIME DE LA SÉPARATION DES BIENS 79
CHAPITRE I : GESTION DES BIENS 81
CHAPITRE II : CONTRIBUTIONS AUX CHARGES
DU MÉNAGE 83
SECTION I : MODE DE CONTRIBUTION................................. 83
SECTION II : SANCTION DE L'INEXÉCUTION......................... 85
CHAPITRE III : PREUVE DE PROPRIÉTÉ 86
TITRE II : RÉGIME CONVENTIONNEL : COMMUNAUTÉ
DES BIENS... 86
I. GÉNÉRALITÉS.. 86
II. NATURE JURIDIQUE DE LA COMMUNAUTÉ................. 87
III. DE QUELLE COMMUNAUTÉ S'AGIT-IL 88
CHAPITRE I : PARTICULARITÉS DES DIFFÉRENTS
RÉGIMES CONVENTIONNELS DE COMMUNAUTÉ................ 89
SECTION I : RÉGIME DE LA COMMUNAUTÉ
DES ACQUÊTS 89
SECTION II : COMMUNAUTÉ UNIVERSELLE......................... 91
SECTION III : DES AUTRES COMMUNAUTÉS 92
I. RÉGIME DE LA COMMUNAUTÉ DES MEUBLES ET
ACQUÊTS.. 92
II. RÉGIME DE LA PARTICIPATION AUX ACQUÊTS.......... 92
CHAPITRE II : GESTION DES BIENS PENDANT ET À LA
DISSOLUTION DE LA COMMUNAUTÉ.................................. 93
SECTION I : GESTION DES BIENS PENDANT LA
COMMUNAUTÉ 93
I. RÈGLES CONCERNANT L'ADMINISTRATION ET LA

DISPOSITION DES BIENS COMMUNS 93
A. COMMENT ET SUR QUOI S'EXERCE LE DROIT DE CONTRÔLE DE LA FEMME ? 95
B. SITUATION DES BIENS RÉSERVÉS 97
C. CAS DES SOCIÉTÉS COMMERCIALES 98
D. SORT DES DETTES COMMUNES 99
E. VIE PATHOLOGIQUE DE LA COMMUNAUTÉ 100
1) CAS DES MÉSENTENTES ENTRE ÉPOUX 101
2) CAS DE DIFFICULTÉS PROVOQUÉES PAR L'ÉPOUX HORS D'ÉTAT DE MANIFESTER SA VOLONTÉ 101
II. RÉGLES CONCERNANT LA GESTION DES BIENS PROPRES 101
SECTION II : DROITS DES ÉPOUX À LA DISSOLUTION DE LA COMMUNAUTÉ 102
I. CAUSES DE LA DISSOLUTION 102
II. EFFETS DE LA DISSOLUTION : LE PARTAGE 103
III. DROITS DES ÉPOUX AVANT LE PARTAGE 103
A. CAS DE DÉCÈS D'UN CONJOINT 103
B. CAS DE DIVORCE OU DE SÉPARATION DE CORPS 104
IV. DROITS DES ÉPOUX PENDANT LES OPÉRATIONS DE PARTAGE 104
A. REPRISES ET RÈGLEMENTS DES RÉCOMPENSES 104
1) Cas de confusion entre les biens communs et les biens propres. Qu'advient-il lorsque dans le cadre de la communauté de vie il se produit une certaine confusion entre les biens communs et les biens propres ?............... 105
2) Comment opérer des récompenses et comment évaluer leur montant dans les régimes de communauté ? 105
3) À quel titre les époux prélèvent-ils en nature des biens communs pour se couvrir du montant de leurs récompenses (ou reprise en valeur) ?............................ 106
Première situation : Quelle est la nature du droit des époux en dehors de tout conflit avec les créanciers de la communauté ?... 107

a) L'époux demandeur exerce-t-il la reprise en nature en qualité de propriétaire ? 107
b) L'époux agit-il comme créancier ? 108
c) Agit-il alors comme copropriétaire et copartageant ? 108
Deuxième situation : Quelle est la nature du droit des époux en cas de conflit avec les créanciers de la communauté ? 108
a) Exposé du conflit : En cas de conflit entre les créanciers de la communauté et l'époux exerçant un prélèvement, lequel doit être préféré ? 108
b) Dans les autres cas que se passe-t-il ? 109
4) Quelle est la nature juridique des avantages matrimoniaux ? 109
B. PARTAGE DE L'ACTIF COMMUN ET DU PASSIF COMMUN 110
1) ACTIF COMMUN 110
2) PASSIF COMMUN 111

ANNEXES 113
ANNEXE I : LES CONCEPTS DE MARIAGE CIVIL ET DE « MARIAGE RELIGIEUX » VERS UN HYPOTHÉTIQUE CONSENSUS 115
A. MODÈLE DU SÉNÉGAL 120
B. SOLUTION PROPOSÉE 122
ANNEXE II : LOI N° 2011-087 DU 30 DÉCEMBRE 2011 (Livre III) Portant sur LES RÉGIMES MATRIMOIAUX 127
TITRE I : DES DISPOSITIONS GÉNÉRALES 127
BIBLIOGRAPHIE 138

LIVRE II
RÉGIME SUCCESSORAL 139

INTRODUCTION 143
I. OBSERVATIONS GÉNÉRALES 143
II. QUELQUES GÉNÉRALITÉS SUR LE DROIT SUCCESSORAL 144
A. INCESSIBLE 144
B. INDIVISIBLE 144

III. QU'EST-CE QU'UNE SUCCESSION ? 145
IV. PROBLÈME SUCCESSORAL AU MALI 149

PREMIÈRE PARTIE
OUVERTURE ET DÉVOLUTION DE LA SUCCESSION 157

TITRE I : OUVERTURE DE LA SUCCESSION 159
CHAPITRE I: LIEU DE L'OUVERTURE DE LA SUCCESSION 159
SECTION I : IMPORTANCE DU DERNIER DOMICILE DU DE-CUJUS 159
SECTION II : INTÉRÊTS RELATIFS À LA DÉTERMINATION DU LIEU DE L'OUVERTURE DE LA SUCCESSION 159
CHAPITRE II : DATE DE L'OUVERTURE DE LA SUCCESSION 160
SECTION I : DÉCÈS DU DE-CUJUS 160
A. DISPARITION 163
B. ABSENCE 164
1) LA DEMANDE DE PRÉSOMPTION D'ABSENCE 165
2) LA DEMANDE DE DÉCLARATION D'ABSENCE 166
SECTION II : DATE DU DÉCÈS 167
JURISPRUDENCE : FIXATION DE LA DATE D'OUVERTURE D'UNE SUCCESSION, CAS DES COMOURANTS 169
DISPOSITIONS DE LA LÉGISLATION MALIENNE 170
TITRE II : DÉVOLUTION DE LA SUCCESSION 172
CHAPITRE I : GÉNÉRALITÉS 172
CHAPITRE II : ÉTUDE DES DIFFÉRENTS MODES DE LA DÉVOLUTION SUCCESSORALE 176
SECTION I : SUCCESSION CONTRACTUELLE 176
I. DÉFINITION 176
II. INTERDICTION DES PACTES SUR SUCCESSION FUTURE 177
SECTION II : TRANSMISSION DE LA SUCCESSION PAR LA LOI 179
PRINCIPES 179
Observations : 180

PARAGRAPHE I : HÉRITIERS AUXQUELS LA SUCCESSION EST DÉVOLUE 181
I. HÉRITIERS LÉGITIMES 182
A. LES ÉLÉMENTS DE LA DÉVOLUTION SUCCESSORALE 182
1) L'ORDRE 182
2) LA LIGNE 183
3) LE DEGRÉ 184
B. LE SYSTÈME DE LA REPRÉSENTATION 185
C. DISTRIBUTION DE LA SUCCESSION À L'INTÉRIEUR DES DIVERS ORDRES D'HÉRITIERS 187
1) DANS LE SYSTÈME JURIDIQUE MUSULMAN. 187
a) Les héritiers légitimaires 187
b) Les héritiers universels ou aceb 192
L'aceb par lui-même 193
L'aceb par un autre. 193
L'aceb avec un autre 194
c) Particularités de la succession musulmane : les éliminations 195
Élimination par privation : 195
Élimination par diminution des parts successorales :. 196
d) Quelques exemples de succession dans le droit musulman 197
2) DANS LE SYSTÈME JURIDIQUE FRANÇAIS 199
a) Ordre des descendants 199
b) Ordre des ascendants privilégiés et collatéraux privilégiés 199
c) Ordre des ascendants ordinaires 200
d) Ordre des collatéraux ordinaires 200
3) DANS LE SYSTÈME JURIDIQUE MALIEN 201
a) Les coutumes 201
Les coutumes à coloration animiste 201
Coutumes où la femme est objet de succession : 201
Coutume bamanan 201
Coutume malinké 202
Coutume sénoufo 203
Coutume minianka 203
Coutume bobo 204
Coutume où la femme est héritière : 205

Coutume bozo et dogon 205
Coutume bozo : 205
Coutume dogon 206
Les coutumes à coloration islamique 207
b) La loi n° 2011 du 30 décembre 2011 sur les
successions (Livre VII) 208
Observations préliminaires 208
Exposé : 209
Interprétation 210
Les héritiers légitimes 210
***Premier ordre : L'ordre des enfants et leurs
descendants*** 210
LE COLLOQUE : 212
***Deuxième ordre : L'ordre des père et mère, des
conjoints survivants, des frères et sœurs et leurs
descendants*** 214
1) CAS DES PÈRE ET MÈRE 214
2) Cas des frères et sœurs ou leurs descendants 215
3) Cas du conjoint survivant (voir aux pages à venir)... 215
***Troisième ordre : L'ordre des ascendants autres que
les père et mère*** 215
Quatrième ordre : L'ordre des collatéraux ordinaires 215
*****Les héritiers naturels*** 215
*****Le conjoint survivant*** 218
Dans la dévolution successorale française 219
1) Concours entre le conjoint survivant et les enfants ou
descendants du de-cujus 219
2) En concours avec les père et mère du de-cujus 219
3) Cas du conjoint successible lorsqu'il est seul 220
Dans le droit coutumier 220
Dans le droit successoral actuel 221
a) Concours avec les enfants ou les descendants du
de-cujus 222
b) En concours avec les père et mère du de-cujus 222
c) En concours avec les frères et sœurs ou leurs
descendants 223
d) Le ou les conjoints survivants sont seuls 223
PARAGRAPHE II : DES DROITS SUCCESSORAUX
DE L'ÉTAT 223

I. L'ÉTAT A-T-ELLE UNE VOCATION SUCCESSORALE ? ... 224
II. QUELLE EST LA NATURE DU DROIT DE L'ÉTAT ? ... 224
A. INTÉRÊT DE LA QUESTION ... 225
B. CONCEPTION DU DROIT MUSULMAN ... 225
C. CONCEPTION DU DROIT FRANÇAIS ... 226
D. CONCEPTION DU DROIT MALIEN ... 227
PARAGRAPHE III : RETOUR LÉGAL, UNE FORME DE SUCCESSION ... 229
I. DANS LE DROIT FRANÇAIS ... 230
A. ANALYSE ... 230
B. NATURE JURIDIQUE ... 230
II. DANS LE DROIT MALIEN ... 231
III. APPRÉATION CRITIQUE ... 232
PARAGRAPHE IV : QUALITÉS REQUISES POUR SUCCÉDER ... 233
GÉNÉRALITÉS ... 233
I. DANS LES DIVERSES COUTUMES ... 233
II. DANS LE SYSTÈME DU CODE CIVIL MALIEN ... 235
A. CAPACITÉ ... 235
B. INDIGNITÉ ... 237
III. APPRÉCIATION CRITIQUE ... 240
SECTION III : DÉVOLUTION TESTAMENTAIRE ... 242
GÉNÉRALITÉS ... 242
PARAGRAPHE I : DANS LE DROIT COUTUMIER ... 244
PARAGRAPHE II : DANS LE CODE CIVIL MALIEN ... 248
I. DÉFINITION ... 248
A. LE TESTAMENT AUTHENTIQUE ... 248
B. LE TESTAMENT OLOGRAPHE ... 248
C. LE TESTAMENT MYSTIQUE ... 249
II. CARACTÈRES ... 250
III. CAPACITÉ DE TESTER ... 251
IV. FORMALISME ET SANCTION DE L'INOBSERVATION DES RÈGLES DE FORME ... 251
A. FORMALISME ... 251
B. SANCTION DE L'INOBSERVATION DES RÈGLES DE FORME : NULLITÉ, RÉVOCATION, CADUCITÉ ... 253
1) NULLITÉ ... 253

2) RÉVOCATION 254
3) CADUCITÉ 255
CHAPITRE II : LES TECHNIQUES JURIDIQUES DE LA DÉVOLUTION SUCCESSORALE 255
SECTION I : TECHNIQUE PERMETTANT UNE EMPRISE DE FAIT OU DE DROIT SUR LES BIENS SUCCESSORAUX 255
I. SAISINE 255
II. ATTRIBUTION ET CARACTÈRES 255
A. ATTRIBUTION 255
B. CARACTÈRE DE LA SAISINE 256
III. ENVOI EN POSSESSION 257
SECTION II : TECHNIQUES PERMETTANT D'ASSURER LA PROTECTION DES BIENS SUCCESSORAUX ET DES HÉRITIERS 258
I. PRINCIPE DE LA CONTINUATION DE LA PERSONNE DU DÉFUNT 258
II. TECHNIQUE DE L'OPTION 259
A. L'ACCEPTATION PURE ET SIMPLE 260
B. L'ACCEPTATION SOUS BÉNÉFICE D'INVENTAIRE 261
C. LA RENONCIATION 263
III. RETRAIT SUCCESSORAL 264
IV. PÉTITION D'HÉRÉDITÉ 265
SECTION III : INSTITUTION D'HÉRITIERS ET MESURES D'ÉGALITÉ 266
I. INSTITUTIONS D'HÉRITIERS 266
A. LEGS UNIVERSEL 267
B. LEGS À TITRE UNIVERSEL ET À TITRE PARTICULIER 267
II. MESURES D'ÉGALITÉ 269
A. LES RAPPORTS 269
B. LA RÉSERVE ET LA QUOTITÉ DISPONIBLE 274
1) LA RÉSERVE 274
2) LA QUOTITÉ DISPONIBLE 275
C. LA RÉDUCTION 275
D. L'IMPUTATION DES LIBÉRALITÉS 276
E. LES SUBSTITUTIONS PERMISES 277

DEUXIÈME PARTIE
LIQUIDATION ET PARTAGE DE LA SUCCESSION........... 281

TITRE I : DE L'EXÉCUTION DE LA SUCCESSION................ 283
CHAPITRE I : CONTEXTE COUTUMIER................................. 283
CHAPITRE II : L'EXÉCUTEUR TESTAMENTAIRE................ 284
SECTION I : DÉFINITION.. 284
SECTION II : EXÉCUTION DU TESTAMENT...................... 284
I. QUEL EST LE RÔLE DE L'EXÉCUTEUR TESTAMENTAIRE ?.. 285
II. L'EXÉCUTEUR TESTAMENTAIRE EST LE REPRÉSENTANT DE LA SUCCESSION............................ 286
TITRE II : DU PARTAGE... 287
I. GÉNÉRALITÉS.. 287
II. LES CONDITIONS DE MAINTIEN DANS L'INDIVISION.. 288
III. MESURES DE CONSERVATION DES BIENS INDIVIS.. 290
IV. ADMINISTRATION DES BIENS INDIVIS................ 290
V. DROIT DE JOUISSANCE DES BIENS INDIVIS.............. 291
VI. ACTES DE DISPOSITIONS DES BIENS INDIVIS.......... 292
VII. LA PRÉSENCE DES CRÉANCIERS.............................. 293
VIII. USUFRUIT ET INDIVISION.. 293
SECTION II : ACTION EN PARTAGE.................................. 294
I. DEMANDE EN PARTAGE.. 294
II. CARACTÈRES DU PARTAGE....................................... 296
1) CARACTÈRES FORMELS.................................. 296
2) CARACTÈRES ESSENTIELS................................ 296
3) INTERPRÉTATION... 296
SECTION III : OPÉRATIONS DU PARTAGE........................ 298
I. PARTAGE AMIABLE.. 299
II. PARTAGE JUDICIAIRE.. 300
A. PROCÉDURE.. 300
B. PROBLÈME JURIDIQUE...................................... 309
1) EXPOSE... 309
2) DISCUSSION.. 311
a) Analyse critique.. 311
Premier cas :... 311
Deuxième cas :.. 312

Troisième cas : 312
b) Solution doctrinale 313
SECTION IV : RÈGLEMENT DU PASSIF HÉRÉDITAIRE .. 313
I. PRÉSENCE DE CRÉANCIERS OPPOSANTS 314
II. ABSENCE DE CRÉANCIERS OPPOSANTS 315
SECTION V : DES EFFETS DU PARTAGE, DE LA GARANTIE DES LOTS, DE LA RESCISION 317
I. DES EFFETS DU PARTAGE ET DE LA GARANTIE DES LOTS 317
A. EFFETS DU PARTAGE 317
B. GARANTIE DES LOTS 317
II. DE LA RESCISION 318
CHAPITRE II : PARTAGE D'ASCENDANT 318
SECTION I : DÉFINITION ET CARACTÈRES GÉNÉRAUX ... 318
SECTION II : PARTAGE D'ASCENDANT, ACTE DE NATURE MIXTE 320
I. OPÉRATIONS DE PARTAGE 320
II. LE PARTAGE D'ASCENDANT A POUR SUPPORT UNE LIBÉRALITÉ 320
A. DONATION-PARTAGE 320
B. TESTAMENT-PARTAGE 321

LIVRE III
LIBÉRALITÉS 329

INTRODUCTION 331
DONATIONS ENTRE VIFS 331
GÉNÉRALITÉS 331
CHAPITRE I : CONDITIONS DE VALIDITÉ D'UNE DONATION ENTRE VIFS 332
SECTION I : CONDITION DE FOND : CAPACITÉ 332
1) ÊTRE CAPABLE DE DISPOSER 333
2) ÊTRE CAPABLE DE RECEVOIR 333
SECTION II : CONDITIONS DE FORME : ACTE CONTRACTUEL NOTARIE 334
CHAPITRE II : LE PRINCIPE « DONNER ET RETENIR NE VAUT » 336
SECTION I : PRINCIPE À CARACTÈRE DANGEREUX 336
SECTION II : EXCEPTIONS À LA RÈGLE DE

L'IRREVOCABILITÉ 337
SECTION III : ÉTENDUE DE LA PORTION DES BIENS DISPONIBLES 339
CHAPITRE III : DIFFÉRENTES FORMES DE DONATIONS ENTRE VIFS 341
SECTION I : DONATIONS-PARTAGE 341
SECTION II : DONATIONS FAITES PAR CONVENTION MATRIMONIALE, AUX ÉPOUX ET AUX ENFANTS À NAÎTRE DU MARIAGE 343
SECTION III : DONATIONS ENTRE ÉPOUX, SOIT PAR CONVENTION MATRIMONIALE, SOIT PENDANT LE MARIAGE 345
SECTION IV : DONATIONS PERMISES EN FAVEUR DES PETITS-ENFANTS DU DONATEUR (OU TESTATEUR), OU DES ENFANTS DE SES FRÈRES ET SŒURS 347
CHAPITRE IV : TECHNIQUES DE PROTECTION DE LA FAMILLE 350
SECTION I : MESURES RELATIVES À UNE JUSTE DISTRIBUTION DE LA JUSTICE 351
I. SUR LA PROTECTION MORALE DE LA FAMILLE 351
A. RÉVOCATION POUR INEXÉCUTION DES CONDITIONS DE LA DONATION 351
B. RÉVOCATION POUR CAUSE D'INGRATITUDE 352
II. SUR LA PROTECTION DU PATRIMOINE FAMILIAL 352
A. DONATION ENTRE ÉPOUX, CADUCITÉ 352
B. RÉVOCATION POUR SURVENANCE D'ENFANT 353
C. RAPPORT, RÉDUCTION ET RETOUR LÉGAL 354
a) Rapport et réduction 354
– Rapport : 354
– Réduction : 355
b) Retour légal 355
SECTION II : MESURES D'INTERDICTION, D'AUTORISATION OU DE REQUALIFICATION 356
I. DONATION AVEC CHARGE, LES SUBSTITUTIONS 356
II. DONATIONS FAITES PAR UN MINEUR, DONATION SOUS ASSISTANCE 356
III. DONATIONS INTERDITES, SOUS AUTORISATION OU REQUALIFICATION 357
1) DONATIONS INTERDITES 357

2) DONATIONS SOUS AUTORISATION 357
3) DONATIONS SOUS REQUALIFICATION 357
ANNEXES 359
ANNEXE I : POURQUOI LE DROIT MUSULMAN DÉFAVORISE LA FEMME DANS LA SUCCESSION ? 361
ANNEXE II : « RÉGIME DE SUCCESSION AU MALI » 362
ANNEXE III : « DÉVOLUTION SUCCESSORALE ET FISC AU MALI » 380
ANNEXE IV : JURISPRUDECE
QUELQUES GRANDS ARRÊTS DE LA JURISPRUDENCE DE LA COUR SUPRÊME EN MATIÈRE DE SUCCESSION (1966–2014).. 391
ANNEXE V : LOI N° 2011-087 /DU 30 DÉCEMBRE 2011
PORTANT CODE DES PERSONNES ET DE LA FAMILLE........... 443
BIBLIOGRAPHIE 501

Structures éditoriales du groupe L'Harmattan

L'Harmattan Italie
Via degli Artisti, 15
10124 Torino
harmattan.italia@gmail.com

L'Harmattan Hongrie
Kossuth l. u. 14-16.
1053 Budapest
harmattan@harmattan.hu

L'Harmattan Sénégal
10 VDN en face Mermoz
BP 45034 Dakar-Fann
senharmattan@gmail.com

L'Harmattan Cameroun
TSINGA/FECAFOOT
BP 11486 Yaoundé
inkoukam@gmail.com

L'Harmattan Burkina Faso
Achille Somé – tengnule@hotmail.fr

L'Harmattan Guinée
Almamya, rue KA 028 OKB Agency
BP 3470 Conakry
harmattanguinee@yahoo.fr

L'Harmattan RDC
185, avenue Nyangwe
Commune de Lingwala – Kinshasa
matangilamusadila@yahoo.fr

L'Harmattan Congo
67, boulevard Denis-Sassou-N'Guesso
BP 2874 Brazzaville
harmattan.congo@yahoo.fr

L'Harmattan Mali
ACI 2000 - Immeuble Mgr Jean Marie Cisse
Bureau 10
BP 145 Bamako-Mali
mali@harmattan.fr

L'Harmattan Togo
Djidjole – Lomé
Maison Amela
face EPP BATOME
ddamela@aol.com

L'Harmattan Côte d'Ivoire
Résidence Karl – Cité des Arts
Abidjan-Cocody
03 BP 1588 Abidjan
espace_harmattan.ci@hotmail.fr

Nos librairies en France

Librairie internationale
16, rue des Écoles
75005 Paris
librairie.internationale@harmattan.fr
01 40 46 79 11
www.librairieharmattan.com

Librairie des savoirs
21, rue des Écoles
75005 Paris
librairie.sh@harmattan.fr
01 46 34 13 71
www.librairieharmattansh.com

Librairie Le Lucernaire
53, rue Notre-Dame-des-Champs
75006 Paris
librairie@lucernaire.fr
01 42 22 67 13

www.ingramcontent.com/pod-product-compliance
Lightning Source LLC
LaVergne TN
LVHW021133061026
849535LV00002B/219
9782343247427